ÉTUDES ROMANTIQUES ET DIX-NEUVIÉMISTES
sous la direction de Pierre Glaudes et Éléonore Reverzy
111

Le Réseau de Lautréamont

Ouvrage publié avec le soutien du laboratoire
Héritages et constructions dans le texte et l'image (HCTI)
de l'université de Bretagne occidentale

Kevin Saliou

Le Réseau de Lautréamont

Itinéraire et stratégies d'Isidore Ducasse

PARIS
CLASSIQUES GARNIER
2021

Kevin Saliou est le président de l'association des Amis passés, présents et futurs d'Isidore Ducasse et le directeur des *Cahiers Lautréamont*. Il a publié le fruit de sa thèse consacrée à *La Réception de Lautréamont*.

ISBN 978-2-406-11512-0 (livre broché)
ISBN 978-2-406-11513-7 (livre relié)
ISSN 2103-4672

INTRODUCTION

Il est des écrivains qui, malgré les avancées de la recherche biographique, conservent une aura de mystère propre à exciter l'imagination. Ainsi en est-il de Rimbaud, sur lequel Étiemble avait compilé les pages écrites par ses lecteurs qui avaient fini par élaborer, au fil du temps, un mythe kaléidoscopique où le fantasme prenait largement le pas sur la réalité. Ainsi en est-il également de Sade, et de quelques autres. Marchant sur les traces d'Étiemble, c'est l'élaboration d'un autre mythe que nous avons étudiée en examinant dans le détail les premiers temps de la réception de l'œuvre d'Isidore Ducasse, comte de Lautréamont, autre poète maudit non moins mystérieux que l'auteur du « Bateau ivre ». Nous avons montré comment cette image avait été façonnée par les premiers lecteurs posthumes de l'œuvre d'un poète mort dans l'anonymat quasi-complet[1].

Pour que le mythe prenne, il faut qu'il conserve une part de mystère irréductible, le plus souvent relative au contenu de l'œuvre. Comment, par exemple, expliquer le génie, encore plus quand il est précoce ? Comment expliquer encore le vœu de silence d'un Rimbaud ? Cette dimension mystérieuse est également constitutive du mythe de Lautréamont, comme l'a montré Pierre Belisle qui y consacre quelques pages de son mémoire[2]. À côté de l'attitude de certains lecteurs qui consiste à combler le vide par la prolifération de micro-récits pittoresques, il en est une autre qui cherche à revendiquer l'ignorance et l'opacité. Ainsi Genonceaux, le premier biographe de Ducasse, écrit-il cette phrase, encore recevable à l'époque : « Nos actives investigations n'ont pas abouti à pénétrer, dans son intégralité, le mystère dont la vie de l'auteur à Paris semble avoir été entourée[3]. » À sa suite, les surréalistes, puis les auteurs de *Tel Quel*, n'ont

---

1 Kevin Saliou, *La Réception de Lautréamont*, Paris, Classiques Garnier, 2021, 923 p.

2 Pierre Belisle, *La Personne mythique du comte de Lautréamont*, mémoire de maîtrise dactylographié dirigé par Marc Angenot, Montréal, McGill University, 1970, 146 p.

3 Léon Genonceaux, « Préface », *in* Lautréamont, *Les Chants de Maldoror*, Paris, Genonceaux, 1890, p. IV.

eu de cesse de revendiquer haut et fort l'inaccessibilité fondamentale de Ducasse, ce suprême inconnu. Plus étrange, la critique elle-même avoue son impuissance : d'Edmond Jaloux (« un homme dont nous ne savons presque rien[4] ») à Léon Pierre-Quint (« Nous ne savons rien[5]. »), tous cèdent à la séduction de l'inconnu et contribuent à opacifier le mystère pour le sublimer. Comme l'écrit Jean Rudhardt, « le mythe exprime ce qui du fait d'existence échappe aux catégories de la pensée claire[6]. » L'ignorance est cultivée, proclamée parce qu'elle fait de Ducasse un être inconnaissable, hors d'atteinte, à la manière de Rimbaud. Cette attitude crée un mystère au lieu de le résoudre. Certains, comme Remy de Gourmont ou Marcelin Pleynet, constatent une disparition progressive de l'écrivain dans son œuvre et concluent que c'est volontairement qu'il aura travaillé à sa dissolution.

Pierre Belisle, dans la suite de son travail, relève les différentes images qui contribuent à cette construction. De Ducasse, il n'y a rien à dire, mais il faut tout de même le dire métaphoriquement. Lautréamont est celui qui aveugle ou qui déstabilise, il n'est déjà plus humain mais quelque chose d'inconnu et de supérieur, un météore venu d'ailleurs et dont le passage terrestre a été bref et énigmatique. Il est également un phénomène nocturne, jailli des ténèbres pour y retourner aussitôt : c'est que la nuit est propice au mystère. Contre cette attitude, nous nous proposons de désépaissir le mystère pour exhiber les mécanismes qui construisent le mythe et aborder Isidore Ducasse sous un aspect plus réaliste, afin d'observer le jeune écrivain à l'œuvre et de comprendre ses stratégies pour accéder à la reconnaissance de ses contemporains.

Les études que nous proposons dans les pages qui suivent sont pour l'essentiel issues de notre travail de thèse. Elles ont été remaniées et repensées afin de proposer une nouvelle approche de la biographie d'Isidore Ducasse. La sociologie nous permettra de mettre en lumière le réseau des relations qu'il tisse et de cartographier, dans le champ littéraire de l'époque, sa trajectoire d'écrivain en construction. On pourrait s'étonner d'une telle entreprise, véritable gageure pour un auteur sur lequel il nous reste tant à apprendre. En réalité, il n'y a guère

4 Lautréamont, *Œuvres complètes*, étude par Edmond Jaloux, Paris, José Corti, 1938 ; réédité en 1953, p. 23.

5 Léon Pierre-Quint, *Le Comte de Lautréamont et Dieu*, Paris, Fasquelle, 1929, p. 37.

6 Jean Rudhardt, « Image et structure dans le langage mythique », *Cahiers internationaux du symbolisme*, n° 17-18, 1969, p. 106.

de paradoxe : si l'on accepte de se départir du mystère et si l'on admet que la biographie de l'auteur nous est en réalité bien connue, il devient possible de reconstituer une partie de sa vie sociale et de se faire une idée plus précise de qui fut Isidore Ducasse. Ces quelques études seront complétées par un *addendum* au premier volume tiré de notre thèse, qui était consacré à la réception de l'œuvre d'Isidore Ducasse entre 1870 et 1917. Tout en continuant à explorer la sociologie des réseaux dont il sera question dans ces pages, nous tenterons de proposer au lecteur une cartographie qui illustre et met au jour la circulation des exemplaires des *Chants de Maldoror* parmi les cercles de la vie littéraire de l'époque. S'appuyant sur les démonstrations qui ont été faites ailleurs, ces graphes viendront mettre en lumière quelques cénacles où Lautréamont est admiré et quelques acteurs majeurs qui ont joué le rôle de passeurs dans la diffusion de l'œuvre. Ces études auront enfin pour but de proposer modestement quelques manipulations à partir d'outils et de concepts tirés de la sociologie des réseaux, et qui pourraient trouver un autre usage dans la recherche en histoire littéraire.

POUR UNE REPRÉSENTATION D'ISIDORE DUCASSE

Dans son article « La Fausse Vie d'Isidore Ducasse[1] », Jean-Jacques Lefrère donne au lecteur une antibiographie de Lautréamont. Il recense, non les faits connus et avérés, mais les mythes et les légendes qui viennent donner à la vie terne de l'écrivain une couleur chatoyante. Il part du postulat que, même si l'on connaît mieux désormais la vie d'Isidore Ducasse, on ne sait rien de plus à son sujet que les faits biographiques avérés : la personnalité du poète demeure mystérieuse. L'affirmation est ironique venant de la part de l'auteur d'une importante biographie de Lautréamont[2], mais elle permet de recentrer l'intérêt sur la légende de Lautréamont tissée par ses lecteurs successifs – les derniers en date, les membres de *Tel Quel*, Marcelin Pleynet en tête, ayant tout fait pour effacer les traces de l'auteur derrière l'ombre du scripteur. Or, cette légende n'est pas dénuée d'intérêt : elle donne, pour qui découvre les *Chants de Maldoror*, du sel à la lecture d'une œuvre atypique et déconcertante.

LE FANTASME

À la fin du XIXe siècle, les informations biographiques sur Ducasse étaient minces et peu accessibles. Un lecteur de 1890 – Léon-Paul Fargue ou Alfred Jarry par exemple – découvrait d'abord l'œuvre

1 Jean-Jacques Lefrère, « La Fausse Vie d'Isidore Ducasse », *Maldoror hier et aujourd'hui. Lautréamont : du romantisme à la modernité*, actes du sixième colloque international sur Lautréamont, Tokyo, 4-6 octobre 2002, Tusson, Éditions Du Lérot, *Cahiers Lautréamont*, livraisons LXIII et LXIV, 2002, p. 11-15.

2 Id., *Isidore Ducasse, auteur des Chants de Maldoror par le comte de Lautréamont*, Paris, Fayard, 1998, 686 p.

par sa réputation sulfureuse et le mystère qui entourait la figure du poète y contribuait grandement. Valery Larbaud insiste sur le caractère confidentiel de cette lecture qu'il fit sur les bancs du lycée : « Nous ne savions pas que Lautréamont avait, en dehors de Remy de Gourmont, quelques fidèles – alors aussi obscurs que lui – au *Mercure de France* : André Gide par exemple[3]. » Il y revient à plusieurs reprises par allusions et confirme combien la découverte des *Chants de Maldoror* était liée au plaisir de braver un interdit : « Nos éducateurs nous persécutaient parce que nous lisions *Maldoror*, les *Complaintes* et les *Moralités*[4]. » Larbaud décrit l'œuvre comme « un de nos petits classiques » et « un des livres excitateurs » et ajoute : « Il suffit qu'ils aient été le livre extraordinaire qu'un collégien bon latiniste cache au plus profond de son pupitre ; l'œuvre de fou, dont on ne sait pas si on doit rire ou se scandaliser, mais dont la leçon est claire et utile : tout dire et tout oser[5]. » Et dans *Le Gouverneur de Kerguelen*, interrogé sur ses livres les plus chers, il évoque la forte impression produite par l'œuvre de Lautréamont sur son imagination : « Un classique de demain sans doute, et qui fut, après avoir surpris et scandalisé ma toute première adolescence, un de mes vingt-cinq ou trente livres de chevet [...] de mes seize à mes dix-huit ans[6]. »

Larbaud associe le livre de Lautréamont au scandale et à la subversion. Sa lecture est un interdit et il faut du courage pour l'entreprendre puisqu'elle ne laisse pas intact son lecteur. Cette idée est exprimée par l'auteur lui-même dès le début des Chants :

> Plût au ciel que le lecteur, enhardi et devenu momentanément féroce comme ce qu'il lit, trouve, sans se désorienter, son chemin abrupt et sauvage, à travers les marécages désolés de ces pages sombres et pleines de poison ; car, à moins qu'il n'apporte dans sa lecture une logique rigoureuse et une tension d'esprit égale au moins à sa défiance, les émanations mortelles de ce livre imbiberont son âme comme l'eau le sucre. Il n'est pas bon que tout le monde lise les pages qui vont suivre ; quelques-uns seuls savoureront ce fruit amer sans danger[7].

3 Valery Larbaud, « *Lautréamont et Laforgue* par Gervasio et Alvaro Guillot-Muñoz », *La Nouvelle Revue française* n° 148, janvier 1926, p. 114.

4 *Ibid.*

5 *Id.*, « Les *Poésies* d'Isidore Ducasse », *La Phalange*, 20 février 1914, p. 148.

6 *Id.*, « Le Gouverneur de Kerguelen », *Aux couleurs de Rome*, Paris, Gallimard, 1938, p. 170.

7 Lautréamont, *Œuvres complètes*, édition établie, présentée et annotée par Hubert Juin avec une préface de Jean-Marie-Gustave Le Clézio, Paris, Gallimard, coll. « Poésie », 1973, p. 17. Nous avons choisi cette édition de référence car elle reprend le texte de l'édition de 1869 avec ses coquilles et ses bizarreries orthographiques.

Ce mythe du livre maudit appartient à la légende de Lautréamont, même si l'on ne saurait accuser Larbaud, au regard de ses travaux sur Isidore Ducasse, de trop la fortifier. Quelle était cette représentation dominante pour les *happy few* de 1890 ? Comment se représentaient-ils l'auteur fantôme Isidore Ducasse, ce comte sans portrait ni biographie ?

LE MYTHE

L'antibiographie de Jean-Jacques Lefrère résume les différents aspects du mythe de Lautréamont. Le poète naquit en 1846 à Montevideo, en Uruguay, pendant le siège sanglant de la ville. En 1843, le tyrannique gouverneur argentin Juan Manuel de Rosas assiège la capitale uruguayenne afin de rétablir son allié le général Oribe, destitué par les partisans démocrates de Fructuoso Rivera. La ville se trouve ainsi encerclée par l'ennemi et cette situation durera jusqu'en 1851. Cette atmosphère de guerre et de mort n'aurait pas manqué d'imprégner fortement l'imaginaire d'Isidore Ducasse, qui devait d'ailleurs mourir dans une autre capitale assiégée, Paris. Sa mère mourut très jeune dans des circonstances mystérieuses : certains biographes allaient bien vite conclure au suicide[8]. L'absence de la mère aurait également eu un impact durable sur l'enfance d'Isidore, élevé par un père souvent présenté comme monstrueux. Ancien instituteur, François Ducasse, qui travaillait au Consulat de France, fut au mieux un père absent, pris par son travail et par son ambition, au pire un mauvais père. Lorsqu'il vécut à Montevideo en pleine *Guerra Grande*, on rapporte maintes anecdotes qui lui donnèrent l'occasion de se confronter au spectacle de la mort et de la souffrance. Ainsi, comme pour Rimbaud pendant la Commune de Paris, on raconte qu'il fut aperçu sur les barricades, le fusil à la main, alors qu'il n'avait pas dix ans[9]. Isidore est un enfant étrange : les propos que l'on colporte sur ses premières années concourent à faire de lui un génie précoce, mais aussi,

8 Enrique Pichon-Rivière, « Notas para la biografia de Isidore Ducasse, Conde de Lautréamont (1846-1870) », *La Nación*, 14 avril 1946, recueilli dans les *Cahiers Lautréamont*, livraisons XXI-XXII, 1er semestre 1992, p. 156-157.

9 Tous ces événements constituent le « mythe uruguayen » de Lautréamont.

de manière inquiétante, un individu sadique attiré par le spectacle de la cruauté. En somme, il est une incarnation de Maldoror.

Isidore Ducasse s'installa à Paris en 1867, après avoir passé huit années à Tarbes, puis à Pau pour faire ses classes. Son père le destinait à préparer l'École Polytechnique. C'est le moment qu'il choisit pour se rebeller contre l'autorité paternelle : il refusa les appuis que les amis de son père pouvaient constituer, rejeta radicalement la classe bourgeoise dont il était issu et se plongea corps et âme dans une vie de bohème, en espérant vivre de sa plume. Il vécut dans la pauvreté, bataillant avec François Ducasse qui menaçait de lui couper les vivres s'il ne remettait pas un peu d'ordre dans sa vie. Il fréquentait les cafés, les maisons d'édition et les prostituées. On lui prête une rencontre avec Verlaine[10] et une relation avec une femme rousse de petite vertu. Après la publication des *Chants de Maldoror*, les relations d'Isidore Ducasse avec son père se dégradèrent encore plus. C'était le moment où le Second Empire touchait à sa fin. Isidore aurait très mal supporté d'être le fils d'un haut fonctionnaire de l'État et il aurait radicalisé sa révolte en devenant un orateur de talent dans les clubs révolutionnaires. La Commune éclata et les pistes se brouillent. Le poète aurait été sur les barricades. Pour d'autres, devenu fou, il aurait été enfermé dans un cabanon où il serait décédé sans aucun secours. D'autres encore pensent qu'il serait mort de faim dans la plus grande misère ou d'une trop grande absorption de belladone, qu'il prenait pour stimuler ses visions poétiques. D'autres rapportent à mots couverts qu'on aurait fait disparaître le jeune homme, devenu trop gênant pour les autorités. Cette mort mystérieuse (« Sans autres renseignements », indique de manière laconique l'acte de décès[11]) marquerait, selon la légende uruguayenne, le début d'une malédiction appelée à frapper ceux qui, de près ou de loin, se mêlent de la figure du comte. Enfin, d'autres théories suggèrent qu'Isidore Ducasse aurait mis en scène sa mort avant de s'enfuir pour New York ou pour le Texas.

---

10 Ce propos est rapporté par Alvaro Guillot-Muñoz, qui écrit que « le poète bilingue Paul Minelly, diplomate uruguayen à Bruxelles, a entendu des écrivains belges affirmer que Lautréamont et Verlaine s'étaient liés d'une étroite amitié. Les recherches de Minelly en ce sens furent infructueuses. » *Lautréamont à Montevideo. Témoignages inédits*, Paris, La Quinzaine littéraire, 1972, p. 77.

11 Cet acte de décès fut enregistré et consigné dans le registre des décès de la mairie du neuvième arrondissement de Paris. Il fut signé par le logeur François Dupuis et par le garçon d'étage, Antoine Milleret.

Jean-Jacques Lefrère conclut ce tour d'horizon des hypothèses biographiques sur le comte de Lautréamont sur une note nostalgique : il est vrai que ce récit, si invraisemblable soit-il, participe à la fascination qu'Isidore Ducasse peut susciter. Pendant près d'un siècle, il y eut ainsi un vide biographique qu'il s'agissait de combler et l'imaginaire fit souvent la majeure partie du travail, les lecteurs successifs d'Isidore Ducasse négligeant de distinguer leurs théories personnelles des faits avérés. Citant Leyla Perrone-Moises, Jean-Jacques Lefrère écrit : « La vie d'Isidore Ducasse, si on la connaissait dans le détail, resterait de toute façon très décevante comparée à son texte[12]. » Ce qui ressort en effet de ce « mythe », c'est une vision très romanesque de la vie de l'auteur qui n'est en fait qu'une projection de la tonalité de son œuvre sur sa vie. En réalité, ce qui a longtemps nourri cette image, c'est l'absence d'indices confirmant la présence de Ducasse dans la vie littéraire de son temps, qui confortait l'idée qu'il s'agissait d'un autre Rimbaud, un poète maudit oublié par Verlaine. On ne tarda pas à l'affubler de tous les lieux communs liés à cette représentation florissante de l'artiste : la misère, le refus de la compromission, la révolte, la vie sacrifiée au nom de l'art... Isidore Ducasse apparut dès lors comme un auteur marginal, isolé et incompris.

CE QUE L'ON SAIT D'ISIDORE DUCASSE, COMTE DE LAUTRÉAMONT

Au lieu de cette image mythique, il est possible d'établir une représentation plus juste de la vie d'Isidore Ducasse. Le temps est loin où Robert Desnos pouvait écrire :

> Sur Isidore Ducasse, on ne connaît que :
>
> – Sa date de naissance,
> – Sa date de décès,
> – Quelques renseignements sur sa famille et ses années de lycée,
> – Les *Chants de Maldoror*,

12 Jean-Jacques Lefrère, *ibid.* p. 15.

- Les *Poésies*,
- Quelques lettres, qui révèlent des préoccupations économiques et des préoccupations littéraires.
- Rien d'autre[13].

La plus synthétique des biographies de Lautréamont est peut-être celle que Maurice Saillet écrivit pour son édition de 1963, en prenant le parti d'apporter peu de faits nouveaux mais de retrancher tous ceux dont l'exactitude était discutable[14].

Né à Montevideo le 4 avril 1846, Isidore Lucien Ducasse est le fils de François Ducasse et de Célestine Jacquette Davezac. Ses parents s'étaient connus dans le Sud de la France, non loin de Tarbes, à Sarniguet où François Ducasse était instituteur. Le couple traversa l'Atlantique, comme de nombreux Béarnais et Bigourdans, afin de faire fortune en Uruguay. François Ducasse entra au Consulat de France, d'abord en qualité de commis. Montevideo était alors en guerre et subissait l'assaut des troupes du dictateur argentin Rosas. C'est dans ce contexte qu'Isidore Ducasse vit le jour. Il ne fut baptisé que dix-neuf mois après sa naissance et sa mère mourut quelques mois plus tard. On ne sait rien de l'enfance d'Isidore Ducasse. Pendant ces années, François Ducasse, fonctionnaire exemplaire, gravit les échelons jusqu'à occuper le poste de chancelier. En 1859, il envoya son fils en France, peut-être pour le protéger de la guerre qui n'avait toujours pas pris fin, sans doute aussi pour lui donner une solide éducation. Isidore Ducasse fut interne au Lycée Impérial de Tarbes jusqu'en 1862 ; c'était un élève moyen, mais appliqué, qui devait rattraper un retard de deux ans sur ses condisciples. À Tarbes, il eut pour correspondant Jean Dazet, un ami de son père avec le fils duquel il se lia d'une grande amitié : Georges Dazet sera mentionné dans *Les Chants de Maldoror* et sera l'un des dédicataires des *Poésies*. Au cours de l'année scolaire 1862-1863, Isidore Ducasse ne semble plus être inscrit dans un établissement scolaire, mais sa présence à Tarbes est attestée par son nom sur le registre des emprunts de la bibliothèque municipale, où il lit la *Revue des Deux Mondes*. Entre 1863 et 1865, il fut scolarisé au

13 Robert Desnos, « Lautréamont », *Iman*, avril 1931, p. 98-99. L'article original étant en espagnol, nous en publions la traduction proposée par Jean-Jacques Lefrère dans *Isidore Ducasse, auteur des Chants de Maldoror par le comte de Lautréamont*, *op. cit.* p. 7.

14 Maurice Saillet, « Notes pour une vie d'Isidore Ducasse et de ses écrits », *Œuvres complètes*, Le Livre de poche, 1963, p. 7-32.

Lycée Impérial de Pau où il fit ses classes de rhétorique et de philosophie et obtint un baccalauréat ès lettres. Il y fit la connaissance de Gustave Hinstin, professeur de rhétorique, autre dédicataire des *Poésies*. En 1866, il tenta d'obtenir le baccalauréat ès sciences en suivant la classe de mathématiques élémentaires. S'il est avéré qu'il était inscrit sur la liste des élèves autorisés à concourir, on ignore quel fut le résultat.

Jusqu'à très récemment, on ne connaissait guère la façon dont Isidore Ducasse avait occupé les mois qui suivirent l'été de 1866, avant qu'il n'embarque pour l'Amérique du Sud en mai 1867. Sur le registre des passeports, il donne Tarbes comme ville de domicile et indique « Sans profession ». Daniele Bertacchi a retrouvé, en mars 2016, la conscription d'Isidore Ducasse sur un registre de la Garde nationale mobile à Tarbes[15]. Sa carrière militaire reste encore mal connue, mais le jeune homme n'exerça peut-être pas longtemps, car il partit bientôt pour l'Uruguay. Après un voyage de deux mois et demi, il débarqua à Buenos Aires et prit la route de Montevideo où il retrouva son père. On ne sait guère la raison de ce retour au pays natal, mais il fut sans doute question de l'avenir du jeune homme : quand il rentra en France, il s'installa à Paris afin d'embrasser la profession d'homme de lettres. Il s'établit dans un quartier qui n'était pas celui de la Bohème littéraire, mais qui était situé près de la Bourse et des grands boulevards : on y trouvait des théâtres et de nombreuses maisons d'édition. Pour un jeune homme soucieux de faire carrière dans les lettres, c'est un choix stratégique mais qui n'est pas à la portée de toutes les bourses[16]. Ducasse n'a donc rien du poète miséreux que l'on a voulu voir en lui et il avait certainement convaincu son père, qui allait financer toutes ses publications, de lui laisser sa chance. Isidore semble avoir vécu confortablement. Ces informations nous éclairent sur les milieux qu'il souhaitait fréquenter.

Au cours de l'été de 1868, le jeune poète fit imprimer, à ses frais, le *Chant Premier* de *Maldoror*. L'œuvre fut mise en vente en novembre à la

15 Daniele Bertacchi, « Isidore Ducasse, garde national mobile », *Cahiers Lautréamont numérique*, 16 mars 2016, https://cahierslautreamont.wordpress.com/2016/03/16/isidore-ducasse-garde-national-mobile-2/ [consulté le 20 juillet 2020].

16 On lira avec intérêt l'article de Christophe Charle, « Situation spatiale et position sociale », *Actes de la recherche en sciences sociales*, vol. 13, février 1977, p. 45-59, où il est démontré, à l'aide d'analyses sociologiques, combien le 9e arrondissement était un choix judicieux pour tout auteur désireux de se faire connaître. Outre les théâtres, c'est aussi là qu'on trouve une grande concentration de revues à gros tirages. Nous reviendrons plus loin sur ces choix stratégiques.

librairie du *Petit Journal* et chez Weil et Bloch. Ducasse en adressa une vingtaine d'exemplaires à des critiques, espérant obtenir ainsi quelque publicité. Une autre plaquette fut envoyée à Victor Hugo, accompagnée d'une lettre respectueuse mais étonnante. Malgré les efforts qu'il déploya, la publication de son œuvre passa inaperçue. Ducasse participa à un Concours poétique lancé par Évariste Carrance. Cet homme de lettres et surtout d'affaires était très actif dans la région de Bordeaux où il s'était spécialisé dans la production de recueils poétiques. Il organisait des concours ouverts aux amateurs : les jeunes auteurs envoyaient leurs poèmes et versaient une somme avec l'espoir d'emporter le concours. En réalité, il s'agissait d'une simple publication à compte d'auteur déguisée. Ducasse envoya une version légèrement remaniée du *Chant Premier* et paya une forte somme afin de la faire imprimer en entier. Cette publication ne rencontra pas beaucoup plus de succès que la précédente, mais Ducasse était déjà passé à autre chose : les négociations avec Albert Lacroix semblaient aboutir et les six *Chants de Maldoror* avaient trouvé un éditeur. C'était encore une publication à compte d'auteur. Ducasse versa une première partie de la somme, et le manuscrit fut envoyé à Bruxelles et imprimé au cours de l'été de 1869 avec pour nom d'auteur ce pseudonyme : « le comte de Lautréamont ».

Mais Isidore Ducasse dut subir une nouvelle déconvenue : au dernier moment, Albert Lacroix, probablement inquiété par la lecture de ce qu'il venait de faire imprimer, refusa de mettre l'ouvrage en vente. Il craignait certainement des problèmes avec la censure impériale, lui qui s'était déjà beaucoup compromis en soutenant Victor Hugo et le jeune Émile Zola. Afin d'offrir une seconde chance aux volumes imprimés, il mit l'auteur en contact avec un éditeur subversif exilé en Belgique et spécialisé dans les publications clandestines : Auguste Poulet-Malassis, l'éditeur de Baudelaire. Une correspondance débuta qui devait aboutir à un accord, mais les négociations étaient longues et laborieuses. Ducasse continua cependant d'écrire et il entreprit de se reconvertir et de ne chanter désormais que le Bien. Était-ce pour apaiser son père, de plus en plus soucieux de mettre un frein à ses dépenses ? Les deux volumes de *Poésies*, que Ducasse fit imprimer en 1870, semblent cependant correspondre à cette étrange tentative de corriger la littérature dans le sens de la morale. Comme Rimbaud, Ducasse eut pour projet de s'adresser à Alphonse Lemerre, l'éditeur des poètes du *Parnasse contemporain*, mais il y renonça. Il faut dire que ces *Poésies* n'en étaient pas : ce sont plutôt des recueils de maximes déroutantes, aux antipodes des *Chants de Maldoror*, et dont la froideur ne pouvait que décontenancer. Le sort s'acharna sur Isidore Ducasse : les événements politiques qui agitèrent Paris et qui précipitèrent la fin du Second Empire ne pouvaient que détourner l'attention d'une telle publication. Malgré la publicité qu'elles reçurent dans les revues des amis de l'auteur, les *Poésies* ne suscitèrent pas le moindre engouement.

Les derniers mois de la vie d'Isidore Ducasse furent étroitement liés au destin de Paris. Alors que le siège s'installait, il se fit plus discret. Faut-il l'imaginer, comme le fait Philippe Soupault[17], s'attelant fiévreusement à mettre un terme à son Grand Œuvre, luttant contre la mort pour mettre un point final à son projet ? Ducasse mourut le 24 novembre 1870, à un moment où la mortalité atteignait un pic à cause des conditions de vie des Parisiens. On compte plus de deux mille décès au cours du mois de novembre[18]. Sa mort n'a sans doute rien de mystérieux : Ducasse ne fut qu'un citoyen anonyme parmi d'autres ayant vraisemblablement succombé aux maladies qui décimaient la population. Dans son article « La Mort d'Isidore Ducasse[19] », Sylvain-Christian David signale une recrudescence des cas de variole au cours de novembre 1870. L'épidémie devint la première cause de mortalité. Genonceaux affirmait que Ducasse avait été emporté par une fièvre maligne.

Sa mort mit un terme à une publication qu'il annonçait « permanente » : il y aurait sans doute eu des *Poésies III*. Il ne reste qu'une œuvre dont l'inachèvement est difficile à interpréter. Ducasse fut inhumé au cimetière de Montmartre après une messe d'enterrement. François Ducasse revint en France en 1873 : il venait régler quelques affaires d'héritage liées au décès de son frère Marc à Tarbes. Il avait obtenu un congé de six mois, d'avril à octobre. Sans doute en profita-t-il pour récupérer les affaires de son fils, que le banquier Joseph Darasse avait pu conserver.

17 Philippe Soupault, « Mon cher ami Ducasse », *Le Disque vert*, numéro spécial « Le Cas Lautréamont », 1925, p. 10-13.

18 Jean-Jacques Lefrère, *op. cit.* p. 605. Pour le mois d'octobre, ce nombre était de 1878 tandis qu'en septembre, il n'était encore que de 980. La variole, la scarlatine et la fièvre typhoïde étaient les principales maladies, d'après les *Bulletins hebdomadaires des décès dus aux principales maladies régnantes, d'après les déclarations de l'état-civil.*

19 Sylvain-Christian David, « La Mort d'Isidore Ducasse », *Cahiers d'Occitanie*, nouvelle série n° 51, décembre 2012, p. 103-121.

Michel Pierssens a récemment découvert un fait curieux[20] : le 4 mai 1874, François et son frère Lucien étaient encore à Bordeaux et embarquaient pour Buenos Aires. Que fit François Ducasse pendant ces six mois qui correspondent aussi à la période où Albert Lacroix céda les exemplaires imprimés des *Chants de Maldoror* à l'éditeur belge Jean-Baptiste Rozez ? Il est fort probable qu'il ait participé à la transaction. Il ne put en tout cas se recueillir sur la tombe de son fils : la section du cimetière où il avait été enterré fut détruite quand la municipalité saisit les divisions des concessions temporaires afin de construire à cet emplacement un nouvel hôpital. Tous les ossements furent déplacés vers une concession commune. Ainsi la vie d'Isidore Ducasse se dissout-elle dans la légende : l'auteur a disparu, dématérialisé, de même que ses manuscrits et toute autre trace de lui.

TÉMOIGNAGES SUR ISIDORE DUCASSE

Il est possible aujourd'hui de se représenter Isidore Ducasse, tandis que Louis Forestier, dans sa préface de 1991[21], était encore contraint de faire de Lautréamont le Masque de fer de la littérature. Si le sens de l'œuvre échappe au lecteur par son étrangeté unique, Ducasse n'est plus tout à fait ce poète sans visage baignant dans une aura de mystère et nous avons sur lui quelques témoignages directs qui peuvent nous permettre de reconstruire une image sans doute assez juste. Il est vrai que celui de Paul Lespès recueilli par François Alicot a maintes fois été glosé parce qu'il constitue l'information la plus importante que l'on ait obtenue émanant d'une personne qui avait connu l'auteur, mais on a trop souvent insisté sur l'idée que le récit était peu fiable. Il convient de le relire en évitant les partis pris. L'image que Paul Lespès dessinait d'un Ducasse fantaisiste à la douce folie heurtait trop le culte surréaliste d'un Lautréamont démiurge, de même qu'elle ne pouvait s'accorder avec la position de Marcelin

20 Michel Pierssens, « Lucien et François vont en bateau », *Cahiers Lautréamont numériques*, 12 décembre 2012. URL : http://cahierslautreamont.wordpress.com/2012/12/13/54/ [consulté le 20 juillet 2020].

21 Lautréamont, *Les Chants de Maldoror. Poésies. Lettres*, édition établie par Louis Forestier et illustrée par Louis Cane, Paris, Imprimerie nationale, 1991, 429 p.

Pleynet, soucieux de faire oublier l'existence matérielle de l'auteur. Il valait mieux que Ducasse reste un auteur désincarné, plutôt que d'être un adolescent décevant. Les mêmes levées de boucliers et commentaires sceptiques ont accueilli la découverte par Jean-Jacques Lefrère, en 1977, d'une photographie qui paraît assez vraisemblablement celle d'Isidore Ducasse[22]. En dépit des protestations de ceux qui considèrent comme un blasphème toute représentation iconique, on peut aujourd'hui tenter de donner corps à l'auteur des *Chants de Maldoror.* « S'il y a un mystère des *Chants*, écrit Louis Forestier, il commence avec cette évanescence de l'auteur[23]. » Cette évanescence est toute relative.

Le témoignage de Paul Lespès sur Isidore Ducasse n'est pas le seul. Léon Genonceaux rapporte, dans sa préface, des informations qu'il tient certainement d'Albert Lacroix[24]. Il avait dû l'interroger afin de mener son enquête, car Lacroix avait eu affaire à Ducasse en personne au moment des négociations. Avait-il de lui un souvenir très net au moment où, vingt ans plus tard, il se confiait à l'éditeur ? Peut-être Genonceaux interrogea-t-il Antoine Milleret, le jeune garçon d'étages dont le nom figure sur l'acte de décès, ou bien le propriétaire du logement. Nous pouvons également prêter attention à quelques Montevidéens qui fréquentaient François Ducasse et qui eurent l'occasion de voir Isidore enfant, mais peut-être aussi en 1868 au moment de son retour au pays natal. Les propos de Prudencio Montagne constituent une troisième source de renseignements, mais on peut aussi relire ceux de Louis Cazeaux et du père Plantet, tous interrogés par les frères Guillot-Muñoz dans les années 1920. Enfin, dans la famille, que ce soit du côté sud-américain ou du côté français, il existe aussi un certain nombre de récits que l'on peut recouper.

Paul Lespès fut l'un des condisciples palois d'Isidore, qui devait suffisamment le considérer comme un ami pour faire de lui l'un des dédicataires des *Poésies.* C'était un bon élève, meilleur que Ducasse, toujours en compétition avec Georges Minvielle, dont le nom figure également parmi les dédicaces. Le témoignage de Lespès a été maintes fois tenu pour suspect : il faut dire que François Alicot commit peut-être une erreur lorsqu'il tenta de raviver les souvenirs du vieil homme

22 [Jean-]Jacques Lefrère, *Le Visage de Lautréamont*, Paris, Pierre Horay, 1977, 200 p.

23 Lautréamont, *Les Chants de Maldoror. Poésies. Lettres*, édition établie par Louis Forestier et illustrée par Louis Cane, *op. cit.*, p. 14.

24 Comte de Lautréamont, *Les Chants de Maldoror*, avec un frontispice de José Roy et une préface de Léon Genonceaux, Paris, Genonceaux, 1890, 385 p.

en lui faisant parvenir un exemplaire des *Chants.* Il y a en effet des passages d'une trop grande précision dans ses souvenirs. En outre, Paul Lespès, qui fit une carrière de juriste, était un esprit classique et discipliné : le regard qu'il porte sur son ancien camarade est amusé et quelque peu condescendant, la relecture des *Chants* ne suscitant chez lui qu'incompréhension. Il n'est donc pas certain que Lespès soit la personne la plus à même de nous éclairer sur la personnalité du comte de Lautréamont, mais son témoignage mérite attention. Il parut dans le *Mercure de France* du 1er janvier 1928 sous un titre révélant que le mythe de Lautréamont éclipse la véritable existence de l'auteur : « À propos des *Chants de Maldoror.* Le Vrai Visage d'Isidore Ducasse. » Lespès décrit d'abord son camarade vers 1864 : « Je vois encore ce grand jeune homme mince, le dos un peu voûté, le teint pâle, les cheveux longs tombant en travers sur le front, la voix aigrelette. Sa physionomie n'avait rien d'attirant[25]. » Il fait ensuite de lui un portrait moral :

> Il était d'ordinaire triste et silencieux et comme replié sur lui-même. [...] Souvent, dans la salle d'études, il passait des heures entières, les coudes appuyés sur son pupitre, les mains sur le front et les yeux fixés sur un livre classique qu'il ne lisait point ; on voyait qu'il était plongé dans une rêverie. Je pensais avec mon ami Minvielle qu'il avait la nostalgie et que ses parents ne pourraient mieux faire que de le rappeler à Montevideo[26].

Réalité ou imagerie romantique ? Lespès accrédite la vision d'un poète tourmenté et spleenétique par une accumulation de clichés. Mais ce portrait de l'artiste en écolier taciturne a souvent été conforté par ce passage des *Chants de Maldoror,* où Ducasse parlerait de lui-même :

> Il va de contrée en contrée, abhorré partout. Les uns disent qu'il est accablé d'une espèce de folie originelle, depuis son enfance. D'autres croient savoir qu'il est d'une cruauté extrême et instinctive, dont il a honte lui-même, et que ses parents en sont morts de douleur. Il y en a qui prétendent qu'on l'a flétri d'un surnom dans sa jeunesse ; qu'il en est resté inconsolable le reste de son existence, parce que sa dignité blessée voyait là une preuve flagrante de la méchanceté des hommes, qui se montre aux premières années, pour augmenter ensuite. Ce surnom était *le vampire*[27] !

25 François Alicot, « À propos des *Chants de Maldoror.* Le Vrai Visage d'Isidore Ducasse », *Mercure de France,* 1er janvier 1928, p. 202.

26 *Ibid.,* p. 202-203.

27 Lautréamont, *op. cit.,* p. 42.

Cette hypothèse se trouve renforcée par ce conseil de la fin du *Chant premier* : « Toi, jeune homme, ne désespère point ; car, tu as un ami dans le vampire, malgré ton opinion contraire[28]. » Mais à d'autres moments, il semble que Lespès ait forcé le trait lorsqu'il accumule les anecdotes « sanguinaires », par exemple le goût de Ducasse pour les tragédies violentes.

Le témoignage de Lespès s'attarde beaucoup sur les conflits qui opposèrent le jeune Isidore à son professeur de rhétorique et qui rappellent les rapports du jeune Rimbaud avec Georges Izambard. Est-ce à tort ? Peut-être le souvenir de Gustave Hinstin avait-il été réactivé par la lecture des *Poésies* ? Lespès ne rapporte-t-il pas également une anecdote sur le pélican de Musset, auquel Ducasse fait lui-même référence dans son dernier ouvrage publié ? Quoi qu'il en soit, ce conflit avec Hinstin a été largement réinterprété par les surréalistes, qui ont voulu y voir une rébellion contre l'autorité et contre l'école[29]. De même, les lettres de Ducasse qui nous sont restées mettent l'accent sur un conflit avec le père auquel on a peut-être, faute d'éléments supplémentaires, donné une importance trop grande. Lespès, bon élève, a gardé de son camarade l'image d'un individu contestataire et difficile à cerner :

> Nous le tenions au lycée pour un esprit fantasque et rêveur, mais au fond pour un bon garçon ne dépassant pas alors le niveau moyen d'instruction, en raison probablement d'un retard dans ses études. Il m'a montré un jour quelques vers à sa façon. Le rythme, autant que j'en ai pu juger dans mon inexpérience, me parut un peu bizarre et la pensée obscure[30].

Il tire de cette opinion une généralité sur son état de santé : « Il s'était plaint souvent à moi de migraines douloureuses qui n'étaient pas, il le reconnaissait lui-même, sans influence sur son esprit et sur son caractère[31]. » Il rapporte les paroles que Ducasse aurait lui-même proférées un jour qu'il se baignait : « J'aurais grand besoin, me dit-il un jour, de rafraîchir plus souvent à cette eau de source mon cerveau malade[32]. »

L'idée de la folie d'Isidore Ducasse et, plus généralement, son association à toutes sortes de pathologies pouvant expliquer le caractère étonnant des *Chants de Maldoror* est une constante dans la réception de

28 *Ibid.*, p. 57.
29 C'est aussi la thèse de Bachelard dans son *Lautréamont*, Paris, Corti, 1939, p. 61 et suivantes.
30 François Alicot, *ibid.* p. 203.
31 *Ibid.*, p. 204.
32 *Ibid.*

son œuvre pendant la période décadente. Un autre élément fréquemment reproché à Ducasse est le caractère baroque, voire incorrect, de son style :

> Vers la fin de l'année scolaire, Hinstin, qui avait souvent déjà reproché à Ducasse ce qu'il appelait ses outrances de pensée et de style, lut une composition de mon condisciple. Les premières phrases, très solennelles, excitèrent tout d'abord son hilarité, mais bientôt il se fâcha. Ducasse n'avait pas changé de manière, mais il l'avait singulièrement aggravée. [...] Pas une phrase où la pensée, faite en quelque sorte d'images accumulées, de métaphores incompréhensibles, ne fût encore obscurcie par des inventions verbales et des formes de style qui ne respectaient pas toujours la syntaxe. Hinstin, pur classique dont la fine critique ne laissait échapper aucune faute de goût, crut que c'était là une sorte de défi jeté à l'enseignement classique, une mauvaise plaisanterie faite au professeur[33].

Si cet événement eut bien lieu, est-ce par provocation ironique que Ducasse inclut Hinstin dans les dédicataires de son ouvrage proclamant la supériorité du beau style, les *Poésies* ? C'est probable même si, hormis ce témoignage, on ne connaît guère les rapports entre l'élève et son maître. Mais faut-il remettre en question une telle anecdote quand on sait que *Les Chants de Maldoror* allaient être taxés de « chef-d'œuvre de mauvais goût » par Henri Duvernois[34] ? Un autre passage des lettres de Lespès, que François Alicot n'avait pas intégré dans son article et qui resta inédit jusqu'en 1988, caractérise ce style désordonné de Ducasse :

> Mes premières impressions à l'époque bien lointaine où Ducasse m'avait envoyé ce livre n'ont point changé. À côté de diverses pages où se marquent un sentiment poétique réel, une grande richesse de vocabulaire et de formes, quelles aberrations de pensée, quel étrange mélange d'hallucinations ou de fantasmagories, quel désordre dans une tête en ébullition. Je comprends mieux maintenant la violente migraine dont Ducasse se plaignait à moi[35].

Lespès perdit de vue Ducasse à la sortie du lycée, en 1865. Il reçut quelques années plus tard un exemplaire des *Chants de Maldoror*, dans l'édition originale de 1868, sans dédicace particulière ni le moindre nom d'auteur[36]. « Mais le style, écrit-il, les idées étranges s'entrechoquant

33 *Ibid.*

34 Henri Duvernois, « La Fleur de mauvais goût », *Je sais tout*, 15 septembre 1911, p. 173-180.

35 Paul Lespès, « Lettre II », 17 septembre 1927, texte inédit reproduit dans *Cahiers Lautréamont*, Livraisons V-VI, 1er semestre 1988, p. 13.

36 Dans sa deuxième lettre à François Alicot, Paul Lespès précise : « J'ai perdu l'exemplaire de la première édition que m'avait envoyé Ducasse sans un mot, sans une signature. »

parfois comme dans une mêlée, me firent supposer que l'auteur n'était autre que mon ancien condisciple. Minvielle me dit qu'il avait, lui aussi, reçu un exemplaire envoyé sans doute par Ducasse[37]. » À moins que l'ouvrage n'ait été accompagné d'une lettre du poète aujourd'hui perdue et dont le destinataire n'aurait eu aucun souvenir, il faut s'en remettre au témoignage de Lespès et supposer que Minvielle et lui avaient reconnu les excentricités de leur ancien camarade. C'est en tout cas ce que Lespès affirme dans une lettre à Alicot restée longtemps inédite : « Le discours français qui avait tant irrité Hinstin et surpris les condisciples de Ducasse n'avait, non plus, rien de lycéen, et c'est sans doute pour cela que, quelques années après, nous avons, Minvielle et moi, reconnu Ducasse dans *Les Chants de Maldoror*[38]. » Il s'agissait très probablement de l'un des exemplaires que Ducasse avait fait brocher pour son usage personnel. L'année suivante, il dédiait ses *Poésies* à ses deux anciens condisciples qu'il n'avait visiblement pas oubliés. L'image qu'ils gardaient d'Isidore n'était pas flatteuse :

> Son attitude distante, [...] une sorte de gravité dédaigneuse et une tendance à se considérer comme un être à part, les questions obscures qu'il nous posait à brûle-pourpoint et auxquelles nous étions embarrassés de répondre, ses idées, les formes de son style dont notre excellent professeur Hinstin relevait l'outrance, enfin l'irritation qu'il manifestait parfois sans motif sérieux, toutes ces bizarreries nous inclinaient à croire que son cerveau manquait d'équilibre. La folle du logis se révéla tout entière dans un discours français où il avait saisi l'occasion d'entasser, avec un luxe effrayant d'épithètes, les plus affreuses images de la mort. Ce n'était qu'os brisés, entrailles pendantes, chairs saignantes, ou en bouillie[39].

Cette anecdote a longuement été discutée, car ce texte sanglant, s'il a véritablement existé, correspond assez bien à l'imaginaire qui se déploie dans les strophes les plus noires des *Chants de Maldoror*. Lespès poursuit le portrait :

> Nous considérions Ducasse comme un brave garçon, mais un peu, comment dirais-je ? timbré. Il n'était pas sans moralité ; il n'avait rien de sadique. Je

Paul Lespès, *ibid.*

37 François Alicot, *op. cit.* p. 205.

38 Paul Lespès, « Lettre VI », 8 novembre 1927, texte inédit reproduit dans *Cahiers Lautréamont*, Livraisons V-VI, 1er semestre 1988, p. 24.

39 François Alicot, *op. cit.* p. 205.

> me souviens bien du jugement humoristique porté par mon ami Georges Minvielle, esprit très fin, aimable, poète à ses heures ; nous avions reçu chacun un exemplaire de la première édition de *Maldoror*. – Tu te souviens de son discours ? me dit-il. Il avait une araignée dans le plafond, mais elle a beaucoup grossi[40] ! ! !

Enfin, interrogé sur la confusion entre Isidore Ducasse et l'orateur Félix Ducasse évoqué par Jules Vallès dans *L'Insurgé*, Lespès donne des informations sur la diction de son camarade :

> Le Ducasse que j'ai connu s'exprimait le plus souvent avec difficulté et quelquefois avec une sorte de rapidité nerveuse. À coup sûr, il n'a jamais été un orateur capable de soulever les masses et jamais, au lycée, il n'a parlé de politique et de révolution sociale. Le portrait que fait Vallès de l'agitateur Ducasse ne me paraît pas d'une parfaite ressemblance, bien qu'il rappelle quelques traits de la physionomie de mon condisciple. Ce dernier n'écarquillait ni les jambes ni les bras et avait les cheveux bien plus châtains que carotte[41].

Le témoignage de Paul Lespès constitue un document important pour nous représenter Isidore Ducasse. Il a souvent éclipsé les autres portraits que nous avions de lui. Fait particulier, ni Paul Lespès ni François Alicot ne se sentaient de goût particulier pour l'œuvre de Lautréamont, ce qui explique aussi les aspects négatifs, réels ou non, qui ressortent de la personnalité du jeune homme. Il est vrai que ce témoignage surgit de manière tardive, à la fin des années 1920, lorsqu'il n'y avait plus guère de témoins directs pour rectifier les dires du vieil homme. Lespès avait déjà commencé à parler de Lautréamont avant de reprendre la lecture de l'œuvre envoyée par Alicot, et certains de ses souvenirs semblent nets. On constate le même phénomène lorsque Genonceaux écrit sa préface sur Isidore Ducasse : beaucoup d'éléments de son « enquête » que l'on a jugés fantaisistes n'ont pas été démentis, et certains ont même trouvé confirmation. À défaut de sources plus crédibles, nous devons nous contenter de ces témoignages.

Sur les neuf lettres qu'il reçut de Paul Lespès, François Alicot n'en utilisa que deux pour composer son article du *Mercure de France*. Les *Cahiers Lautréamont* ont reproduit ces lettres dans leur intégralité, mais il manque celles que le journaliste envoya à son correspondant, ce qui

40 *Ibid.* p. 206.
41 *Ibid.* p. 206-207.

est regrettable car il aurait été intéressant de savoir comment il avait orienté ses questions, en particulier au moment de la première prise de contact avec Lespès. La correspondance dura environ quatre mois, entre septembre 1927 et janvier 1928, date à laquelle parut l'article contenant le témoignage de Lespès. La lecture de ces neuf lettres appelle quelques remarques. Tout d'abord, semblant anticiper le reproche qu'on allait lui faire, Paul Lespès rassure François Alicot sur sa bonne mémoire : « Vous ne commettez certes aucune indiscrétion en faisant appel à des souvenirs que le temps n'a point encore effacés. Mais je regrette fort de ne pouvoir vous donner tous les renseignements désirables[42]. »

Malheureusement, Alicot agit avec maladresse en envoyant, dès sa prise de contact, un exemplaire des *Œuvres complètes*[43] de Lautréamont à son correspondant. Dans cette première lettre, Paul Lespès affirme rapporter ses souvenirs de mémoire et termine en supposant qu'une fois sa lecture des *Chants* achevée, il sera plus à même de renseigner le journaliste. Pourtant, il évoque déjà le style « sanguinaire » d'Isidore Ducasse, le présente comme un jeune homme taciturne, insiste sur les rapports conflictuels avec Gustave Hinstin et mentionne l'envoi par Ducasse en 1869 de la première édition des *Chants de Maldoror*. Ces éléments lui reviennent-ils spontanément, ou a-t-il déjà parcouru le volume reçu afin de se les remettre en mémoire ? Il répète pourtant que ses dires sont fiables : « Je vous ai dit tout ce que je sais, tout ce que je pense de Ducasse. J'ai écarté quelques réminiscences confuses : je m'en suis tenu aux souvenirs dont je suis à peu près sûr[44]. » Il est impossible de savoir à quel point on peut s'appuyer sur ce témoignage, mais les informations apportées par Paul Lespès coïncident bien avec la représentation que l'on peut se faire d'Isidore Ducasse d'après la lecture de son œuvre. Le récit conforte ainsi un mythe déjà construit au moment où Alicot le publie.

En cherchant à relativiser le talent de Ducasse et à mettre à mal le succès de Lautréamont, Paul Lespès donna sans le vouloir aux futurs lecteurs

---

42 Paul Lespès, « Lettre I », 11 septembre 1927, texte inédit reproduit dans *Cahiers Lautréamont*, Livraisons V-VI, 1er semestre 1988, p. 9.

43 Il s'agit de l'édition de Philippe Soupault qui venait de paraître au Sans Pareil : *Œuvres complètes du Comte de Lautréamont. Les Chants de Maldoror, Poésies, Correspondance*, étude, commentaires et notes de Philippe Soupault, Paris, Au Sans Pareil, 1927, 446 p.

44 Paul Lespès, « Lettre II », 17 septembre 1927, texte inédit reproduit dans *Cahiers Lautréamont*, Livraisons V-VI, 1er semestre 1988, p. 15.

des *Chants* matière à alimenter le mythe : il confirmait la représentation d'un jeune homme mal intégré et incompris, confortant ainsi la thèse du poète maudit. Il relança le débat sur la folie de Ducasse. Les surréalistes n'ont pas manqué de discréditer Lespès, faisant de lui un notable petit-bourgeois, condescendant et certainement jaloux de l'attention qu'on accordait à l'une de ses connaissances les plus insignifiantes.

Le second témoignage sur la vie d'Isidore Ducasse est celui que Genonceaux recueillit auprès d'Albert Lacroix, alors qu'il travaillait à une réédition de l'œuvre. Premier éditeur de Ducasse, Lacroix avait eu l'occasion de négocier avec lui la publication de *Maldoror* avant de le rediriger vers Auguste Poulet-Malassis. Ducasse l'avait rencontré, comme le prouve sa lettre à Victor Hugo :

> Il y a 3 semaines que j'ai remis le 2e chant à Mr Lacroix pour qu'il l'imprime avec le 1er. Je l'ai préféré aux autres, parce que j'avais vu votre buste dans sa librairie, et que je savais que c'était votre libraire. Mais jusqu'ici il n'a pas eu le temps de voir mon manuscrit, parce qu'il est très occupé, me dit-il[45].

Dans sa préface, Genonceaux ne dit pas précisément de qui il tient ses informations. Son enquête recoupe plusieurs sources, parmi lesquelles le banquier Dosseur, successeur du Darasse que consultait Isidore Ducasse pour la gestion de ses comptes. Mais puisqu'il a dédié sa préface à Albert Lacroix, puisqu'il prétend aussi avoir pu consulter le manuscrit original des *Chants de Maldoror* – aussi douteux que soient ces dires –, on peut certainement supposer que l'ancien éditeur est la source de Genonceaux lorsqu'il écrit : « C'était un grand jeune homme brun, imberbe, nerveux, rangé et travailleur. Il n'écrivait que la nuit, assis à son piano. Il déclamait, il forgeait ses phrases, plaquant ses prosopopées avec des accords[46]. » Si le portrait est avéré, il contient encore des éléments pittoresques qui renforcent l'image d'un poète romantique. Mais cette préface bien documentée de Genonceaux a pour fonction principale de dissiper les rumeurs sur la folie d'Isidore Ducasse que Léon Bloy avait été le premier à suggérer. Paul Lespès, écrivant trente ans plus tard, emploie aussi à l'égard d'Isidore Ducasse et de son écriture l'adjectif « nerveux ». Il parle d'une tignasse, et Genonceaux d'un « jeune homme

45 Lautréamont, *op. cit.* p. 503-504.
46 Léon Genonceaux, « Préface à l'édition des *Chants de Maldoror* », *op. cit.*, p. v.

brun, imberbe ». Quant à l'aspect rangé et travailleur de Ducasse, il inspirera l'imagination de Philippe Soupault qui le décrira cloîtré chez lui, se consacrant entièrement à sa tâche, le piano à portée de main pour l'assister dans sa composition. Ces éléments sont moins fiables : rien ne nous permet d'accréditer l'anecdote du piano, mais il serait étonnant que Ducasse ait choisi de s'établir dans le quartier des théâtres et de la vie culturelle du Paris aisé pour ne pas sortir de chez lui.

Les autres descriptions physiques de Ducasse ont été faites par des Montevidéens et ont été recueillies par les frères Alvaro et Gervasio Guillot-Muñoz. Ainsi le Père Plantet, Béarnais né en 1842 et arrivé dans la capitale uruguayenne en 1846, décrit Isidore enfant :

> C'était un garçon qui ne manquait de rien. Souvent il montrait son vrai caractère, par moment un peu mélancolique, mais surtout gai et généreux. Parfois, il tombait dans la méditation. C'est là qu'il témoignait de sa précocité de petit gars intelligent. D'ailleurs il était grand pour son âge et d'un physique agréable et sympathique[47].

Il le revit quelques années plus tard, au théâtre Solis de Montevideo. Le jeune homme venait de rentrer de France. La description est assez vague : « Il avait grandi et affichait un air désinvolte, avec ses pattes de lapin romantiques et son gilet fantaisiste. À ce moment-là il devait avoir vingt ans[48]. »

Les témoignages sur Ducasse sont plus nombreux du côté uruguayen. Louis Cazeaux, commerçant qui le fréquenta quand tous les deux étaient enfants, insiste aussi sur sa grande taille. Il complète ainsi le portrait :

> Le jeune Ducasse avait la peau brune et une belle allure de fils à papa cossu. Je me rappelle qu'il portait une montre en or que j'admirais diablement [...] Isidore aimait se sentir seul au milieu de la campagne, ou au bord de la mer, mais cela ne veut pas dire qu'il était pour autant taciturne ou lunatique[49].

En 1925, le poète Edmundo Montagne publia dans la revue *El Hogar* le témoignage de son oncle Prudencio, qui avait bien connu François Ducasse. Dans ces souvenirs, il écrit : « Isidore était un gamin (à cette

---

47 Alvaro et Gervasio Guillot-Muñoz, *Lautréamont à Montevideo. Témoignages inédits*, *op. cit.*, p. 24.

48 *Ibid.*, p. 26.

49 *Ibid.*, p. 36.

époque, nous étions gamins jusqu'à vingt ans) beau, mais extrêmement polisson, bruyant, insupportable[50]. »

Des propos qui circulaient dans la famille Ducasse ont été recueillis grâce à Marie-Jeanne Dours, épouse de Marc Guinle et lointaine cousine d'Isidore, qu'elle avait eu l'occasion de voir à maintes reprises à la Maison Mètre de Bazet[51]. On parlait assez peu de lui dans la famille : on le tenait pour un cousin un peu fou et les témoignages à son sujet restent vagues. Si l'on excepte la fausse cousine Eudoxie Ducasse, qui prétendait être de la famille mais qui n'était qu'une homonyme, la branche sud-américaine des Ducasse ne s'est pas révélée une source d'informations très riche. Enfin, vers 1927, Marius Boisson, dans une note de *Comœdia*, avait retrouvé la trace d'Antoine Milleret, le garçon d'étage qui avait signé l'acte de décès d'Isidore. Mais ce témoin fut retrouvé trop tard :

> Nous avons retrouvé un vieillard nommé M…, qui fut garçon d'hôtel à Paris dans sa jeunesse; ce serait lui qui aurait enseveli « Maldoror ». Mais nous l'avons connu malheureusement trop tard, et le père M…, d'ailleurs un peu gâteux, est mort, dans le Charolais, avant que nous ayons pu tirer de lui certaines déclarations, que nous eussions désirées plus positives[52].

PORTRAITS D'ISIDORE DUCASSE OU LE MYTHE ICONOGRAPHIQUE

Si les descriptions physiques d'Isidore Ducasse sont rares, les portraits iconographiques ont en revanche été en vogue à une époque où Lautréamont était encore entouré de mystère. Ce phénomène, lié à la réception d'un auteur fantasmé, a pris une autre forme avec les débats qui ont entouré la découverte d'une photographie supposée du jeune

50 Edmundo Montagne, « El Conde de Lautréamont, poeta infernal, ha existido. Su vida en Montevideo, su misterio, su libro execrable y genial », *El Hogar* [Buenos Aires], vol. XX, novembre 1925, p. 11-12 et 61-62 ; texte traduit Francisco Contreras dans « L'Origine du comte de Lautréamont », *Mercure de France*, 15 juillet 1927, p. 478.

51 Ces propos sont rapportés par Jean-Jacques Lefrère, qui le tient de l'un des descendants, Marcel Guinle. Jean-Jacques Lefrère, *Isidore Ducasse, auteur des Chants de Maldoror par le comte de Lautréamont*, Paris, Fayard, 1998, p. 303.

52 Marius Boisson, « Un poète mystérieux – Les deux Ducasse – Les *Chants de Maldoror* ne sont pas l'œuvre d'un orateur des clubs », *Comœdia*, 16 septembre 1927, p. 1.

homme. Le mythe véhiculé par les textes se double ainsi d'un mythe iconographique, qui cherche à donner un visage au poète.

Pendant plus de cent ans, Lautréamont n'avait pas de visage. Plusieurs représentations s'étaient imposées dans l'imaginaire collectif comme plus ou moins authentiques, notamment le portrait de Félix Vallotton, jusqu'à ce que l'auteur explique lui-même qu'il n'était qu'une construction imaginaire. Mais au tournant des années 1970, il était admis que, tout comme le marquis de Sade, la figure du comte ne nous était pas connue. En 1975, Jean-Jacques Lefrère révéla dans son ouvrage *Le Visage de Lautréamont*[53] une photographie qu'il présentait comme celle d'Isidore Ducasse. Il l'avait découverte en fouillant l'album de photographies familiales de la famille Dazet. Dans un volume comprenant des clichés pris entre 1858 et 1875, seuls deux portraits ne renvoyaient pas à des membres de la famille : l'un était celui d'un homme barbu correspondant assez bien à la description du Chancelier François Ducasse, l'autre, placé à côté du jeune Georges Dazet, d'un « grand jeune homme brun » inconnu. Les descendants de la famille Dazet n'avaient pu l'identifier. Conservée en bon état, la photographie avait été prise par M. Blanchard, photographe tarbais installé place Maubourguet. Jean-Jacques Lefrère ajoute quelques remarques qui l'incitent à voir dans ce « jeune homme brun » Isidore Ducasse : les Ducasse de la région n'étaient pas fortunés et ne se faisaient pas photographier, alors que le Chancelier et son fils – dont une légende rapporte qu'il sillonnait le pays en fiacre au grand scandale des paysans locaux – en avaient les moyens. En outre, Marcel Guinle, l'un des descendants de la famille Ducasse, disait y retrouver « le même front, les mêmes yeux, la même chevelure[54] » que son grand-père, Marc Guinle, cousin germain d'Isidore.

Sur cette photographie, le jeune homme regarde l'objectif. Il ne sourit pas et pose d'une façon un peu maladroite, appuyé contre un meuble d'une façon peu naturelle. Mince, élancé et brun, il paraît ailleurs et peu à l'aise. Ce document ne conforte-t-il pas l'image mythique du poète en adolescent mélancolique ? Le jeune homme ne sourit pas, il semble même un peu triste ou pensif. Un Isidore Ducasse avec sourire radieux aurait davantage heurté la représentation la plus communément admise. Comme pour les ténébreux portraits de Baudelaire, la plupart

53 Jean-Jacques Lefrère, *Le Visage de Lautréamont*, Paris, Pierre Horay, 1977, 200 p.
54 *Ibid.* p. 16.

des lecteurs s'attendent à ce que l'image qu'on se fait de l'auteur soit renforcée par le portrait.

L'identification de la photographie n'est pas certaine, mais on peut comparer ce portrait aux descriptions des parents d'Isidore. En effet, pour effectuer une demande de passeport, Céleste Davezac et François Ducasse avaient dû remplir à Bordeaux un formulaire comprenant une description. Il est regrettable que le passeport d'Isidore, délivré le 21 mai 1867 en prévision de son voyage à Montevideo par la préfecture des Hautes-Pyrénées, n'ait pas été retrouvé. Son existence est avérée puisque la mention figure dans les cahiers d'enregistrement des passeports de l'année :

> Le 21 mai 1867, la préfecture des Hautes-Pyrénées délivra à Isidore-Lucien Ducasse, domicilié à Tarbes, un passeport pour Montevideo. Les cahiers d'enregistrement des passeports accordés la même année donnent la date, le nom, le prénom, la résidence et la destination du quémandeur. Ni la profession ni l'âge ne sont indiqués. [...] Sur le registre, la mention des villes ou des villages de résidence est toujours précise : en mai 1867, Ducasse est bien domicilié à Tarbes, et non à Bazet[55].

Comme le précise Jean-Jacques Lefrère dans une note, « la demande d'un passeport devait s'accompagner d'une lettre de justification. Celle de Ducasse fut détruite comme les autres par l'administration, passé le délai réglementaire. Le signalement du titulaire du passeport suivit le même chemin[56]. » Nous avons néanmoins le signalement de Céleste Davezac, tel que le résume Michel Pierssens à partir de la fiche signalétique :

> Céleste Jacquette, avec ses 20 ans, son teint clair, son mètre soixante-sept (elle était grande pour l'époque et pour la région), partait pour Montevideo avec l'intention de « travailler de son état », celui de « tailleuse en robes ». Elle n'était donc pas domestique chez les Ducasse comme on l'a prétendu. Née à Sarniguet, elle demeurait au moment de sa demande au 19 rue Esprit des Lois (un bon immeuble près des quais, aujourd'hui siège d'une mutuelle des Arts et Métiers – si la numérotation n'a pas changé depuis 1842).

Le document esquisse ensuite une description physique que rapporte Michel Pierssens :

---

55 Jean-Jacques Lefrère, *Isidore Ducasse, auteur des Chants de Maldoror par le comte de Lautréamont*, Paris, Fayard, 1998, p. 275.

56 *Ibid.* p. 303.

> Tout était normal chez elle : nez moyen, front rond, menton rond, bouche moyenne, visage ovale. Difficile de dire de quelle couleur étaient ses yeux, peut-être clairs, de même pour ses cheveux, vraisemblablement châtains foncés. Et elle savait écrire, au moins son nom. [...] Il est vrai que François était sans doute celui qui le lui avait appris lors de son passage comme instituteur à Sarniguet. Elle ne devait pas avoir beaucoup changé quand elle a donné naissance à Isidore, en avril 1846. Il lui restait moins de deux ans à vivre[57].

Les réserves émises par Michel Pierssens tiennent à l'écriture difficile à déchiffrer de la « demoiselle Davezac ». Mais les archives de la Gironde contiennent également les descriptions de François Ducasse et de son frère Lucien :

> Né le 13 mars 1809 (à Tarbes, prétend-il), François a bien 65 ans comme il le confirme au fonctionnaire qui remplit le registre. Avec son mètre soixante-huit, ses cheveux et ses yeux gris, son nez effilé, sa barbe grise, son menton à fossette, son front découvert, sa bouche moyenne, son visage ovale et son teint coloré, aucun doute, c'est bien lui. [...] Nous laisserons les physiognomonistes discuter de ces signes, de leurs ressemblances et de leurs différences, et spéculer sur ce qu'un héritage génétique partagé a pu faire du visage d'Isidore et si la photo qu'on pense le représenter confirme ou non ces extrapolations[58].

Dans le numéro 57 d'*Histoires littéraires*[59], Jacques Desse s'essaye à un exercice stimulant de comparaison des différents portraits de Rimbaud. Malheureusement, l'entreprise est plus délicate dans le cas de Lautréamont, car il nous est impossible de comparer *plusieurs* portraits d'Isidore Ducasse. Au mieux pouvons-nous nous livrer à une périlleuse comparaison avec le portrait de son père ou avec les signalements de ses parents. En outre, Jacques Desse mentionne la présence, dans les photographies rimbaldiennes, de nombreuses retouches. Certaines sont dues aux opérations malhonnêtes d'Isabelle Rimbaud et de Paterne Berrichon ; d'autres sont une pratique d'époque :

---

57 Michel Pierssens, « Demoiselle Davezac (Jacquette Céleste) », *Cahiers Lautréamont numériques*, 16 décembre 2012. URL : http://cahierslautreamont.wordpress.com/2012/12/16/demoiselle-davezac-jacquette-celeste/ [consulté le 20 juillet 2020].

58 Michel Pierssens, « Lucien et François vont en bateau », *Cahiers Lautréamont numériques*, 12 décembre 2012. URL : http://cahierslautreamont.wordpress.com/2012/12/13/54/ [consulté le 20 juillet 2020]. Le signalement de François Ducasse a été fait lors de son retour en 1873, alors que celui de son épouse date de leur départ en 1842. Archives départementales de la Gironde, cotes 4 M 764/260 et 4 M 722/643.

59 Jacques Desse, « Fantasmes biographiques : les portraits de Rimbaud par sa sœur Isabelle », *Histoires littéraires* n° 57, janvier-mars 2014, p. 27-55.

> Les portraits photographiques, au XIXe siècle, étaient fréquemment rehaussés de touches d'encre ou de crayon. Cela pouvait se faire à deux moments : soit dans l'atelier même du photographe, y compris chez les plus grands, et y compris pour les clichés les plus soignés ; soit par la suite, lorsque le possesseur de l'image estimait que tel ou tel détail était trop illisible. [...] L'épreuve Sotheby's, dégradée, a été « barbouillée » (interventions sur la chevelure, sur le côté droit du visage, sur le col gauche de la veste). [...] Il n'y a là, répétons-le, rien que de très banal, c'était un usage du temps[60].

La photographie présumée de Ducasse a subi un traitement similaire. Céleste a à peu près le même âge que Ducasse lors de la description. Il aurait hérité d'elle son teint pâle, sa grande taille, son menton rond et ses cheveux châtains foncés, ou peut-être bruns. Isidore Ducasse – sur la photographie présumée – est un grand jeune homme élancé, conformément aux descriptions recueillies. De François, il est plus difficile de tirer une comparaison recevable : le Chancelier a soixante-cinq ans au moment de la déclaration, ses cheveux et sa barbe sont gris. Sur la photographie des Dazet, il est plus jeune, mais il est difficile de lui donner un âge avec précision. La barbe qu'il porte masque les traits du bas de son visage mais on peut se fier à la description du cahier des passeports. Ducasse aurait hérité de lui un nez effilé que possède aussi Lucien. Isidore et François ont aussi en commun un grand front. Les yeux de François sont gris, ceux de Céleste « clairs », ceux d'Isidore semblent au contraire presque noirs. Enfin, les deux parents ont un visage ovale et c'est également le cas de leur fils. Faut-il conclure de ces comparaisons que la photographie est authentique ? Cela serait sans doute imprudent. On peut trouver, à l'examen comparé des photographies de François et du présumé Isidore, des ressemblances dans les traits, mais autant de différences – la tête de François est plus arrondie que celle d'Isidore par exemple. Les arguments les plus convaincants pour plaider en faveur de l'authenticité sont encore les conditions de sa découverte dans un album de photographies de la famille Dazet. En revanche, la photographie présumée possède un trait de visage caractéristique qui n'est jamais mentionné par les témoins qui décrivent Isidore Ducasse : le jeune homme semble affecté d'un léger strabisme. Mais celui-ci est peut-être dû à l'une des retouches qui avaient été maladroitement faites au crayon sur la photographie.

---

60 Jacques Desse, « Claudel et les visages de Rimbaud. Des photographies inconnues », *Histoires littéraires* n° 57, janvier-mars 2014, p. 15.

FIG. 1 – Photographie présumée d'Isidore Ducasse, révélée pour la première fois dans Jean-Jacques Lefrère, *Le Visage de Lautréamont*, Paris, Pierre Horay, 1977, 200 p. Collection particulière.

La découverte de la photographie par Jean-Jacques Lefrère a déclenché une vague de protestations allant de l'expression d'un scepticisme modéré à la contestation la plus franche. On a craint que la photographie ne vienne tuer le mythe. Depuis lors, d'autres photographies ont été présentées afin de contrer celle qui avait été retenue. Dans son édition des *Chants de Maldoror* de1992, Jean-Pierre Goldenstein propose, à côté du « portrait présumé authentique », une « photo assurément fausse du même » qui fit pourtant fortune : le chercheur a bien précisé sa démarche et affirmé que cette représentation était une invention de sa main. Jean-Pierre Goldenstein évoque les problèmes d'identification sur des photographies d'individus dont on sait peu de choses et la fabrication d'un faux était le meilleur moyen de le prouver. On voit sur cette image un jeune homme légèrement plus trapu que sur celle proposée par Jean-Jacques Lefrère, mais aux cheveux bouclés, dans une posture faussement décontractée. Les deux photographies ne sont pas sans se ressembler. Goldenstein écrit : « Que cherche-t-on au juste ? Les secrets d'une œuvre ? Le grand cercle bleuâtre qui cerne les yeux spleenétiques ? Génie ou maladie mentale[61] ? » Cette fabrication visait à démontrer combien il est facile de trouver de quoi combler le vide.

Jean-Jacques Lefrère dresse lui-même la liste des autres portraits possibles et les faux fabriqués, parmi lesquels une photographie exposée au Musée du Site Balnéaire de Dinard prise par le photographe local Émile Ordinaire et publiée en 1993 dans une monographie sur Albert Lacroix[62]. L'auteur de cette photographie, Henri Fermin, nous a personnellement confirmé que la personne sur la photographie, aujourd'hui identifiée, n'était pas Isidore Ducasse. Albert Lacroix avait investi, après la faillite de sa maison d'édition, dans des spéculations immobilières à Saint-Énogat, près de Dinard. C'est en enquêtant sur cette période de sa vie qu'Henri Fermin était parvenu à ce portrait qu'il avait supposé être celui de Ducasse[63].

FIG. 2 – Émile Ordinaire, portrait d'un jeune homme inconnu, Saint-Enogat, s.d., conservé autrefois au Musée du Pays de Dinard et aujourd'hui disparu,

61 Jean-Pierre Goldenstein, dans Lautréamont, *Les Chants de Maldoror. Poésies*, préface et commentaires de Jean-Pierre Goldenstein, Paris, Pocket, coll. « Pocket classiques », 1992, feuillets iconographiques, p. 2.

62 Henri Fermin, *Albert Lacroix, promoteur de Saint-Enogat*, Association des amis du musée du pays de Dinard, n° 13, mai 1993. Cette photographie, si peu fiable soit-elle, est évoquée dans le roman de Camille Brunel, *Vie imaginaire de Lautréamont*, Paris, Gallimard, coll. « L'Arbalète », 2011, 181 p.

63 Pour une enquête détaillée sur cette photographie, on pourra consulter Kevin Saliou, « Le Cinquième Portrait d'Isidore Ducasse », *Cahiers Lautréamont* n° 2, 2020, p. 167-175.

reproduit par Henri Fermin dans le *Bulletin de l'Association des Amis du Musée du Pays de Dinard*, n° 13, 1993. Avec l'aimable autorisation de Marc Bonnel et de l'Association des Amis du Musée du Pays de Dinard.

Si nous résumons ce que nous savons d'Isidore Ducasse, nous nous trouvons face à des témoignages directs, mais tardifs et peut-être peu fiables, et à des photographies dont l'origine est discutable. Faisant le constat de ces maigres documents, Louis Forestier conclut : « Il est peu d'écrivains modernes qui soient à ce point absents et sollicitent davantage notre curiosité. L'homme est l'homologue de son œuvre : clair et obscur, manifeste et caché[64]. » Il nous reste en dernier lieu la correspondance de Ducasse : seul document autographe qui nous permet de mieux l'appréhender, bien que ses lettres relèvent encore de l'énigme et de la dissimulation.

DUCASSE ÉPISTOLIER

Ducasse avance toujours masqué, tantôt sous la figure ténébreuse de Maldoror, tantôt sous le nom du comte de Lautréamont, tantôt sous le masque impassible du moraliste des *Poésies*, pourtant publiées sous son vrai patronyme. Il s'efface dans son œuvre et gomme à l'occasion les trop évidentes références biographiques[65]. Son jeu avec les pseudonymes est caractéristique de cette disparition : le premier Chant est anonyme, le poète qui participe au concours d'Évariste Carrance signe ***, et les *Chants* sont attribués au Comte de Lautréamont d'une façon très discutable : jamais Isidore Ducasse ne fera mention de ce pseudonyme ni ne le commentera. On a avancé l'hypothèse qu'il avait peut-être été suggéré par Albert Lacroix, qui venait de rééditer le *Latréaumont* d'Eugène Sue, auteur qu'Isidore Ducasse avait lu. Il n'est pas même certain que le néologisme « Lautréamont » ait été inventé consciemment : il s'agit peut-être d'une simple coquille typographique, car le mot n'apparaît

64 Louis Forestier, *op. cit.*, p. 10.

65 Ducasse biffe le nom de Dazet dans ses révisions successives du *Chant Premier*. Seule exception notable à cette volonté d'anonymat, l'affirmation très nette d'une identité sud-américaine à la fin de ce même chant, p. 56-57.

qu'une seule fois, imprimé sur la couverture de l'édition de 1869. Quoi qu'il en soit, dans sa correspondance et dans sa dernière œuvre, Isidore Ducasse signe de son propre nom. Faut-il y voir le signe d'une mise à nu et d'une volonté de paraître au grand jour ? Rien n'est moins sûr : même quand il dit « je », l'auteur des *Poésies* ne renonce pas à poser au philosophe et au pédagogue.

Qu'en est-il de sa correspondance ? Pourrait-on y trouver des indices sur la personnalité d'Isidore Ducasse ? L'une de ses autres « signatures » laisse plutôt présager le contraire. En 1994, Jean-Pierre Lassalle dressa l'inventaire de la bibliothèque du Lycée Impérial de Pau et découvrit un exemplaire des *Esquisses de philosophie morale* de Dugald Stewart dans une édition de 1841. Sur la page de garde du manuel, plusieurs promotions de lycéens avaient laissé leurs noms avec une épithète. Pour la promotion de 1864-1865, on peut ainsi lire :

Lespès	philosophe déïste [*sic*]
Minvielle Georges	philosophe omnibus
Catalàa	philosophe sceptique
de Sabbathier	« fataliste
Lafont	philosophe quiétiste
Dupont [*sic*]	philosophe cynique
Ducasse	philosophe incompréhensibiliste
Brun Émile	philosophe rustique[66]

Ducasse avait-il choisi lui-même son qualificatif ? Par ce néologisme, affirmait-il se sentir incompris de ses semblables ou bien il se targuait de détenir quelque obscur savoir incompréhensible pour les non-initiés ? ou bien encore le sobriquet fut-il choisi par les autres, qui le jugeaient obscurs dans ses propos ? Dans tous les cas, ce qualificatif est la première marque d'une incompréhension fondamentale entre Isidore Ducasse et ses lecteurs. Ce témoignage vient conforter l'idée que l'on peut se faire de la bizarrerie du jeune homme.

La correspondance retrouvée d'Isidore Ducasse ne comporte que sept lettres. Les réponses ont disparu avec les affaires du poète. Une des sept lettres est adressée à un critique inconnu, trois à Auguste Poulet-Malassis,

66 Jean-Pierre Lassalle, « La bibliothèque du lycée de Pau », *Lautréamont et Laforgue dans leur siècle*, actes du deuxième colloque international sur Lautréamont, Tarbes et Pau, 21-24 septembre 1994, *Cahiers Lautréamont*, Livraisons XXXI-XXXII, 2e semestre 1994.

deux au banquier Joseph Darasse et une à Victor Hugo. Le détail de ces lettres sera analysé dans un chapitre suivant ; nous n'étudierons pour l'instant que les précisions qu'elles donnent sur la personnalité de Ducasse.

La lettre au critique est datée du 9 novembre 1868[67]. Elle a été retrouvée et rendue publique par Jacques Guérin en 1938[68]. Elle se trouvait dans un exemplaire du *Chant premier*, dont le dépôt avait été fait en août 1868. Ducasse signe « L'Auteur », ce qui confirme qu'à ce moment-là l'anonymat semble être son souhait. Le contenu de la lettre est impersonnel : Ducasse souhaite obtenir un compte rendu de son livre. Il s'attarde sur les retards de publication et annonce les points de vente de la brochure. Enfin, il annonce la publication prochaine du deuxième chant, chez Lacroix cette fois, pour la fin novembre. La formule de politesse est elle aussi concise. On peut supposer que cette lettre est l'une de celles qui furent envoyées à la « vingtaine de critiques » dont Ducasse parle dans une autre lettre et qui devaient rendre compte de sa publication.

Le lendemain, à la date du 10 novembre 1868, le jeune poète écrit une lettre un peu plus soignée à l'attention d'un illustre correspondant : Victor Hugo[69]. Cette lettre fut découverte en 1980 par François Chapon et Jacqueline Lafargue, qui la publièrent, trois ans plus tard, dans le *Bulletin du bibliophile*[70]. Elle se trouvait dans la maison de Guernesey, dans un placard qui n'avait pas été fouillé de longue date, insérée dans un exemplaire des *Chants de Maldoror* (Ducasse avait envoyé à Hugo l'édition de 1868 puis celle de 1869, comportant les six chants). Ducasse n'opte pas pour la déférence du débutant s'adressant à un mentor ; il commence par un simple « Monsieur », là où d'autres auraient écrit « Cher Maître ». Les flatteries qu'il adresse à Hugo sont confuses et indirectes, comme s'il feignait le désintéressement tout en voulant retenir l'attention du grand écrivain : « J'ai vu hier à la poste un gamin qui tenait l'*Avenir National* entre ses mains avec votre adresse et alors j'ai

67 Lautréamont, *op. cit.* p. 269.

68 Lautréamont, *Œuvres complètes*, avec une préface par André Breton et des illustrations par Victor Brauner, Oscar Dominguez, Max Ernst, Espinoza, René Magritte, André Masson, Matta Echaurren, Juan Miro, Paalen, Man Ray, Seligmann et Tanguy, Paris, Guy Levis Mano, 1938, 421 p.

69 *Ibid.* p. 503-504.

70 François Chapon et Jacqueline Lafargue, « Une lettre de Lautréamont à Victor Hugo », *Bulletin du bibliophile*, n° 1, 1983, p. 13-22.

résolu de vous écrire. [...] Je l'ai préféré aux autres [Albert Lacroix], parce que j'avais vu votre buste dans sa librairie, et que je savais que c'était votre libraire[71]. » Ducasse n'hésite pas à se prétendre « sans le sou », alors que toutes les informations biographiques que nous possédons sur lui indiquent le contraire. Mais Hugo ne pouvait pas le savoir et c'était peut-être un prétexte pour éviter la visite au maître, souvent de mise pour les jeunes poètes. Ducasse ne semble pas un fervent admirateur de Hugo : s'il lui écrit et lui envoie ses publications, c'est d'abord pour obtenir un soutien. Nous verrons en effet que les rapports entre Ducasse et Hugo sont complexes. Les dernières lignes étonnent par leur ton, qui n'est plus celui de l'humilité :

> Vous ne sauriez croire combien vous rendriez un être humain heureux, si vous m'écriviez quelques mots. Me promettez-vous en outre un exemplaire de chacun des ouvrages que vous allez faire paraître au mois de janvier ? Et maintenant, parvenu à la fin de ma lettre, je regarde mon audace avec plus de sang-froid, et je frémis de vous avoir écrit, moi qui ne suis encore rien dans ce siècle, tandis que vous, vous y êtes le Tout[72].

On retrouve la grandiloquence solennelle propre à l'auteur des *Chants de Maldoror*. L'adverbe « encore » suggère, plus qu'une audace, une ambition voire un défi lancé au maître, du moins la certitude de devenir un écrivain reconnu dans son siècle. Que pensa Hugo à la lecture de cette lettre où les basses manœuvres côtoient une insolence à peine masquée ? Il est certain que l'exilé répondit à Ducasse puisque la lettre est marquée de l'initiale « R », mais nous ignorons ce qu'il put lui dire.

Ce sont les lettres au banquier Darasse[73] qui révèlent certainement le plus la personnalité de Ducasse, puisqu'il ne s'agit pas cette fois de s'attirer l'estime d'une personne bien placée dans le monde des lettres. Au contraire, le rapport de force est ici d'un tout autre genre. Isidore Ducasse écrit afin de demander de l'argent et de se plaindre de ce que son père ne lui en envoie pas assez. Il est donc en position de demandeur, mais il adopte cette fois un ton hautain et désagréable envers celui qu'il considère comme son obligé. On a beaucoup interprété cette attitude, qui a nourri l'hypothèse d'un conflit entre le fils et le père, mais en oubliant souvent

71 Lautréamont, *op. cit.*, p. 503.
72 *Ibid.* p. 504.
73 *Ibid.* p. 270-271 et 274-275.

de préciser que la lettre avait été publiée par Genonceaux de manière fragmentaire. L'autographe n'ayant jamais été rendu public, il nous est difficile de juger à quel point la missive a été tronquée. Sans doute les passages coupés sont-ils relatifs aux affaires financières des Ducasse et la discrétion a-t-elle conduit Dosseur, le successeur de Darasse auprès de qui Genonceaux a probablement obtenu le document, à censurer quelques éléments. On s'est étonné des singularités stylistiques nombreuses. Après une froide formule de politesse, Ducasse écrit cette tautologie : « C'est hier même que j'ai reçu votre lettre datée du 21 mai ; c'était la vôtre[74]. » À d'autres endroits, certaines tournures interpellent par leur bizarrerie : le jeune homme prend-il volontairement à l'égard du banquier un ton pédant et moqueur afin de lui être désagréable ?

> Pardon, Monsieur, j'ai une prière à vous faire : si mon père envoyait d'autres fonds avant le 1er septembre, époque à laquelle mon corps fera une apparition devant la porte de votre banque, vous aurez la bonté de me le faire savoir ? Au reste, je suis chez moi à toute heure du jour ; mais vous n'auriez qu'à m'écrire un mot, et il est probable qu'alors je le recevrai presque aussitôt que la demoiselle qui tire le cordon, ou bien avant, si je me rencontre sur le vestibule[75]...

À lire ces seules lignes, on adhérerait à la thèse de Jean-Pierre Soulier qui faisait d'Isidore Ducasse un schizophrène, tant il semble se dissocier de son propre corps. Il faut probablement n'y voir que la fantaisie d'un écrivain spirituel, exprimée dans un contexte inattendu. La fin de la lettre est tout aussi confuse : « Présenter dix ongles secs au lieu de cinq, la belle affaire ; après avoir réfléchi beaucoup, je confesse qu'elle m'a paru remplie d'une notable quantité d'importance nulle[76]. » La référence aux « ongles secs » a laissé perplexe nombre de critiques, ainsi que ce curieux syntagme antithétique, « une notable quantité d'importance nulle ». Certaines tournures étranges sont peut-être aussi à mettre sur le compte d'hispanismes ou de calques maladroits de formules espagnoles, ce qui expliquerait en partie la maîtrise approximative des codes de la sociabilité épistolaire française.

Tous ces éléments ont été utilisés pour soutenir l'hypothèse d'un Isidore Ducasse qui n'aurait pas été sain d'esprit, faisant preuve de

74 *Ibid.* p. 270.
75 *Ibid.* p. 270-271.
76 *Ibid.* p. 271.

bizarrerie jusque dans sa correspondance la plus quotidienne. Il y a peut-être simplement un esprit de fumisterie dans lequel Ducasse se complaît, s'amusant à mystifier son banquier ; il est certain qu'il témoigne à travers cette lettre d'un mépris évident à l'égard de l'homme d'affaires, notamment quand il le rappelle à son rang. Après avoir ironiquement présenté des excuses, le jeune homme l'attaque avec hauteur :

> Si vous m'aviez annoncé l'autre jour, dans l'ignorance de ce qui peut arriver de fâcheux aux circonstances où ma personne est placée, que les fonds s'épuisaient, je n'aurais eu garde d'y toucher ; mais certainement, j'aurais éprouvé autant de joie à ne pas écrire ces trois lettres que vous en auriez éprouvé vous-même à ne pas les lire.

Ducasse renverse un lieu commun utilisé par de nombreux écrivains pour présenter leur œuvre aux lecteurs : la formule « J'espère que vous prendrez autant de plaisir à lire ces lignes que j'en eus à les composer » devient, chez le jeune homme qui s'est promis de renverser des propositions pour en faire un correctif, « j'aurais éprouvé autant de joie à ne pas écrire ces trois lettres que vous en auriez éprouvé vous-même à ne pas les lire ».

> Vous avez mis en vigueur le déplorable système de méfiance prescrit par la bizarrerie de mon père ; mais vous avez deviné que mon mal de tête ne m'empêche pas de considérer avec attention la difficile situation où vous a placé jusqu'ici une feuille de papier à lettre venue de l'Amérique du Sud, dont le principal défaut était le manque de clarté ; car je ne mets pas en ligne de compte la malsonnance de certaines observations mélancoliques qu'on pardonne aisément à un vieillard, et qui m'ont paru, à la première lecture, avoir eu l'air de vous imposer, à l'avenir peut-être, la nécessité de sortir de votre rôle strict de banquier, vis-à-vis d'un monsieur qui vient habiter la capitale[77]...

Sarcasmes mordants, attaques directes (« Vous avez mis en vigueur le déplorable système de méfiance prescrit par la bizarrerie de mon père »), témoignage d'une condescendance qui touche à la fois François Ducasse et le banquier... Que dut penser le notable lorsqu'il reçut cette lettre singulière ? Le plus bizarre des deux Ducasse était-il à ses yeux le « vieillard », diplomate respectable, ou son fils insolent et dépensier ? Nous découvrons ici un Isidore Ducasse qui affecte une posture hautaine (« un monsieur qui vient habiter la capitale ») et qui attend donc d'être traité avec certains égards.

---

77 *Ibid.* p. 270.

La deuxième lettre à Darasse, bien plus tardive (12 mars 1870), est un peu plus apaisée et contient des considérations littéraires sur lesquelles nous reviendrons. Ducasse justifie ses activités d'homme de lettres, qui expliquent également les dépenses qu'il doit couvrir pour se faire publier, et cherche à montrer à Darasse qu'il n'est pas inactif. Il s'agit sans doute de rassurer François Ducasse : le fils promet d'envoyer prochainement une préface à son père. « C'est ainsi qu'il verra que je travaille, et qu'il m'enverra la somme totale du volume à imprimer plus tard[78]. » S'il n'est pas certain que François Ducasse avait pleinement donné son consentement pour qu'Isidore entreprenne sa carrière littéraire, le sujet avait en tout cas été abordé et il avait dû être question du financement de ses publications. Le fonctionnaire semble avoir accepté de le couvrir à condition que l'avancement des travaux soit régulier. La première phrase de cette lettre a beaucoup été commentée : « Laissez-moi reprendre d'un peu haut[79]. » Faut-il y voir une autre marque de mépris ? Nous pensons qu'Isidore reprend simplement ses explications depuis le commencement. Du reste, la formule de politesse finale est cette fois cordiale, encore que très conventionnelle : « J'ai l'honneur de vous saluer. I. Ducasse[80] »

Les trois dernières lettres connues, adressées à Poulet-Malassis, sont d'un autre registre puisqu'elles abordent surtout des questions éditoriales. L'individu s'efface volontiers derrière l'écrivain. Aussi reviendrons-nous plus loin sur ces trois courriers lorsque nous aborderons les stratégies éditoriales de l'auteur.

LE CAS DUCASSE

Ce tour d'horizon des représentations possibles d'Isidore Ducasse montre qu'il n'est guère facile de cerner l'individu derrière ses différentes *personas*. Aleksander Labuda écrit : « Parmi les auteurs de trois courtes notes critiques parues du vivant d'Isidore Ducasse, aucun n'envisage la

78 *Ibid.* p. 275.
79 *Ibid.* p. 274.
80 *Ibid.* p. 275.

possibilité de lire *Les Chants* comme un ouvrage autobiographique[81]. » Mais vouloir retrouver Isidore Ducasse à travers la lecture des *Chants* est une opération risquée. Il n'y a qu'un seul passage que nous pouvons avec certitude rattacher à l'auteur, il s'agit de la dernière strophe du *Chant premier* :

> Ne soyez pas sévère pour celui qui ne fait encore qu'essayer sa lyre : elle rend un son si étrange ! [...] Quant à moi, je vais me remettre au travail, pour faire paraître un deuxième chant, dans un laps de temps qui ne soit pas trop retardé. La fin du dix-neuvième siècle verra son poète (cependant, au début, il ne doit pas commencer par un chef-d'œuvre, mais suivre la loi de la nature) ; il est né sur les rives américaines, à l'embouchure de la Plata, là où deux peuples, jadis rivaux, s'efforcent actuellement de se surpasser par le progrès matériel et moral. Buenos-Ayres, la reine du Sud, et Montevideo, la coquette, se tendent une main amie, à travers les eaux argentines du grand estuaire[82].

La référence géographique apparaît comme une signature, une revendication identitaire même. À la fin de la strophe, Ducasse fait son envoi à un « vieillard », terme qu'il emploiera également dans sa lettre à Joseph Darasse de mai 1869 pour parler de son père. François Ducasse fut-il le premier lecteur des *Chants*, celui pour qui l'œuvre est donnée à lire ? Combien de surinterprétations ces strophes ont-elles fournies ! Ici un passage sur la belladone fait de Ducasse un drogué[83], là c'est une réflexion sur les internats qui le présente comme traumatisé par le système scolaire[84]... Pierre Belisle écrit à ce sujet que « la sincérité n'est pas un problème ducassien[85]. » Il s'agit d'une œuvre de poésie et Maldoror ne saurait être la transposition littérale d'Isidore Ducasse. Le flou dans les pronoms, l'emploi indifférencié de la première et de la troisième personne tout au long de l'œuvre, doivent nous inciter à la méfiance. Ducasse n'hésite pas à mentir, sur son âge par exemple, et l'œuvre, elle aussi, abonde en contradictions. *Les Chants de Maldoror* et l'ensemble de l'œuvre ducassienne sont contaminés par l'emphase et le grotesque, ce qui rend dangereuse toute lecture littérale du texte. N'est-ce pas l'auteur lui-même qui a averti ses lecteurs, dès le seuil de

---

81 Aleksander Labuda, *Lectures des Chants de Maldoror*, Wroclaw, Universitas Wratislaviensis, 1977, p. 19.

82 Lautréamont, *ibid.* p. 56-57.

83 Maurice Heine, « Maldoror et la Belle Dame », *Minotaure*, n° 12-13, mai 1939, p. 87-88.

84 Gaston Bachelard, *Lautréamont*, Paris, Corti, 1939, p. 61 et suivantes.

85 Pierre Belisle, *op. cit.* p. 14.

son livre, des dangers de la confrontation avec son texte ? Il insistait en outre sur la nécessité de faire preuve d'une « logique rigoureuse » qui a souvent manqué aux lecteurs. La lecture est trompeuse ; y chercher Ducasse est d'autant plus malaisé qu'il note lui-même dans ses *Poésies* : « Je ne laisserai pas des Mémoires[86]. »

Cerner un auteur aussi fuyant à travers les témoignages des autres est une tâche difficile. Réfléchissant, à la suite d'Alain Viala[87] et de Jérôme Meizoz[88], sur la notion de posture, Denis Saint-Amand et David Vrydaghs rappellent qu'à une époque où les médias ne permettaient pas de fixer en images la posture du poète, les traces comportementales qu'il nous reste transmettent souvent des anecdotes hautes en couleur, partisanes, propres à façonner un mythe – ainsi du homard de Nerval ou des poux que Rimbaud jetait sur les curés qu'il croisait. À défaut de sources directes, nous ne pouvons que nous en remettre à la description des pairs et à une certaine presse tout aussi sujette à caution[89]. Nous sommes confronté à ce problème épistémologique : toute tentative de saisir Isidore Ducasse se fait par le biais de témoignages plus ou moins fiables. François Caradec présente une image contradictoire d'Isidore Ducasse lorsqu'il écrit, dans une lettre inédite adressée à Pascal Pia :

> Je vois Isidore Ducasse comme un garçon fort sain, très gai, très réaliste (bien qu'il ait bouffé inutilement beaucoup d'argent de son papa – un papa qui voulait peut-être se faire pardonner son attitude envers la mère de son fils), qui écoutait ses amis, très homme de lettres, mais finalement sans vanité, puisqu'il ne mettait même pas ses œuvres en vente[90]...

Ce portrait imaginaire bouscule les stéréotypes qui composent le mythe de Lautréamont : le jeune homme ne serait plus un adolescent taciturne et turbulent, mais un garçon sain et joyeux. François Caradec suggère une autre interprétation du conflit parental : le Chancelier aurait accepté de laisser son fils suivre la voie des lettres afin d'apaiser sa

86 Lautréamont, *op. cit.* p. 281.

87 Alain Viala, *Naissance de l'écrivain*, Paris, Éditions de Minuit, coll. « Le Sens commun », 1985, 317 p.

88 Jérôme Meizoz, *Postures littéraires : mises en scène modernes de l'auteur*, Genève, Slatkine, 2007, 210 p.

89 Denis Saint-Amand et David Vrydaghs, « Retours sur la posture », *COnTEXTES* n° 8, 2011. URL : http://contextes.revues.org/4712 [consulté le 20 juillet 2020].

90 François Caradec, « Lettre inédite à Pascal Pia », *Histoires littéraires* n° 57, janvier-mars 2014, p. 117.

conscience. Nous ne savons rien des rapports familiaux entre François et Isidore Ducasse, mais François devait compenser l'absence de mère qui avait sans doute affecté Isidore. Les choix que fit le père pour le bien-être et l'avenir de son fils furent peut-être perçus par celui-ci comme une trahison : tenu à distance, exilé sur un autre continent, il a pu avoir l'impression de ne pas recevoir l'amour d'un père. L'hypothèse de François Caradec invite à repenser le conflit entre le père et le fils : ce n'est peut-être pas tant un père autoritaire et injuste qu'un père témoignant maladroitement à son fils son amour et son soutien.

LE PARIS D'ISIDORE DUCASSE

Sur son acte de décès, rédigé le 24 novembre 1870, Isidore Ducasse est désigné par son logeur parisien comme un « homme de lettres[1] ». Son activité professionnelle l'inscrit dans un milieu social défini et implique des interactions avec les autres écrivains parisiens, mais aussi avec les éditeurs, les imprimeurs et les libraires, qui constituent autant de personnes susceptibles de diffuser ses écrits. Le prétendu isolement du jeune homme ne résiste pas à l'examen de sa carrière d'écrivain : on dénombre parmi ses relations une vingtaine de personnes habitant la capitale, et ce n'est que la maigre partie d'un réseau de relations personnelles qui, faute d'archives où apparaîtrait son nom, échappe à toute tentative de reconstitution. Les premiers lecteurs de Ducasse furent ses contemporains, et le premier foyer de réception de son œuvre fut le Paris de son époque. Avant d'examiner dans le détail ses interactions sociales connues de nous, il convient de mieux cerner le Paris que fréquenta le poète.

Lorsqu'il s'installe à Paris à son retour d'Amérique en 1868, Ducasse a un objectif clair : faire une carrière littéraire. À son banquier Joseph Darasse il se présente comme « un monsieur qui vient habiter la capitale[2] ». Tel Rastignac, il espère trouver le succès dans une ville où l'on bataille pour percer ; et pour y parvenir, il ne ménage pas ses efforts. Il faut interroger la vie et l'œuvre du poète et se demander ce que l'on sait du Paris de Ducasse : comment ce jeune ambitieux vit-il dans la capitale et quels sont les lieux qu'il fréquente ? Quels sont ses choix et ses stratégies pour s'intégrer dans le milieu littéraire et se créer des contacts ? Ces données, liées au réseau social de Ducasse, nous permettraient d'en savoir plus sur la manière dont il s'est ménagé une place dans le champ littéraire, et elles expliqueraient les liens possibles entre l'échec de Lautréamont pour

1 Jean-Jacques Lefrère, *Isidore Ducasse, auteur des Chants de Maldoror par le comte de Lautréamont*, *op. cit.* p. 602.

2 Lautréamont, *Œuvres complètes*, *op. cit.*, p. 270.

s'imposer littérairement et la nature des milieux qu'il fréquente. Il peut sembler paradoxal d'appliquer la sociologie des réseaux à un écrivain qui semble taciturne, voire asocial ; mais cette représentation d'Isidore Ducasse en poète marginal reste à prouver : elle relève d'abord de la construction mythique et est une conséquence de l'ignorance qui persiste, à la fin du XIXe siècle, sur la vie de l'auteur. Le réseau que nous proposerons dans les pages suivantes tend au contraire à montrer les efforts entrepris par Ducasse pour s'intégrer dans un milieu social et pour faire parler de lui.

La notion de champ littéraire, développée par Pierre Bourdieu et analysée dans son processus d'autonomisation dans *Les Règles de l'art*[3], renvoie à une conception de la structure sociale comme un ensemble de sous-domaines autonomes. Le monde littéraire est considéré comme une structure à part qui suit ses propres règles et fonctionne comme un ensemble de relations sans cesse réévaluées entre des acteurs dont le pouvoir et l'influence sont toujours mouvants. Toute œuvre et tout auteur sont alors perçus comme les productions d'un système qu'on ne peut négliger. C'est précisément à l'époque de Ducasse, entre les années 1850 et les années 1870, que le champ littéraire acquiert son autonomie et se structure en plusieurs cercles de prestige divers. La période du Second Empire est en effet marquée par une censure importante et une imbrication des sphères politiques et littéraires, dont le salon de la princesse Mathilde est l'exemple le plus notable. Parallèlement à la littérature consacrée par l'État se développe une Bohème littéraire qui se dote de ses propres valeurs et, notamment, contre celle de l'argent, de celle du génie artistique. La particularité de ce champ est qu'il se construit en partie contre les valeurs de la société bourgeoise et capitaliste, en déclarant que la valeur d'une œuvre n'est pas définie par son succès commercial, mais par un capital symbolique et proprement artistique : c'est ce qui explique, par exemple, l'attrait qu'exerce le mythe de la Bohème, contre-pied de l'univers des écrivains de salons. Pour un jeune écrivain comme Ducasse, la question est donc, plus encore que de vendre, d'être connu et auréolé de ce prestige qui lui conférera une visibilité et la reconnaissance de ses pairs. Mais si la notion inventée par Bourdieu permet de replacer l'activité littéraire dans le jeu social, elle propose en revanche une vue d'ensemble des mécanismes qui se révèle trop générale pour l'étude d'une situation

3 Pierre Bourdieu, *Les Règles de l'art. Genèse et structure du champ littéraire*, Paris, Éditions du Seuil, 1992, 480 p.

particulière comme celle de Ducasse. Dans le domaine de la sociologie, les réseaux sociaux permettent davantage de mettre en avant la spécificité de sa position dans le champ.

LE QUARTIER DE DUCASSE

Il ne faut pas se méprendre sur les propos de Ducasse lorsqu'il déclare être chez lui à toute heure du jour. On a conclu parfois que le jeune homme ne sortait pas et qu'il était totalement isolé[4]. Il s'est pourtant installé dans le quartier de la Bourse et des Grands Boulevards, le quartier des théâtres et des mondanités du Second Empire. Isidore Ducasse ne fut pas nécessairement un jeune homme rangé ; et s'il voulait être seul, il ne pouvait plus mal choisir que de s'installer dans les rues très en vogue de ce quartier de Paris. En outre, la formulation de sa lettre n'exclut pas qu'il ait pu mener une vie nocturne très active. S'installer dans ce secteur de la ville était un choix délibéré, puisqu'il déménagea trois fois en restant toujours dans le même périmètre : ses logements successifs furent l'Hôtel des Nations au 23 de la rue Notre-Dame-des-Victoires, le 32 de la rue du Faubourg-Montmartre, le 15 de la rue Vivienne, et le 7 de la rue du Faubourg-Montmartre. Il nous faut interroger les motivations de ce choix.

Jean-Jacques Lefrère signale par exemple les conseils qu'Adolphe Joanne donne au début de son très populaire *Guide parisien* de 1863 :

> Le choix d'un logement doit être basé sur le but du séjour à Paris : affaires, études, ou plaisirs, et aussi sur l'importance du budget dont on dispose. [...] L'étranger qui cherche avant tout les distractions et qui désire voir le Paris du plaisir, des promenades, des grands restaurants, des spectacles, doit choisir les boulevards, depuis le faubourg Poissonnière jusqu'à la Madeleine, ou les quartiers limitrophes, tels que le Faubourg-Montmartre [...]. Nommons encore, comme quartier d'affaires en général, la rue Vivienne, la place de la Bourse, la rue Notre-Dame-des-Victoires[5].

4 C'est l'image de Lautréamont que se feront Léon Genonceaux dans sa préface à la réédition de 1890 et Philippe Soupault dans ses préfaces successives.

5 Cité dans Jean-Jacques Lefrère, *Isidore Ducasse, auteur des Chants de Maldoror par le comte de Lautréamont*, Paris, Fayard, 1998, p. 316.

Le même guide vante l'agrément de la rue Vivienne :

> La rue Vivienne, qui s'étend du Palais-Royal au boulevard Montmartre, est une des rues les plus fréquentées par le monde élégant. De somptueux magasins la bordent des deux côtés. Les galeries ou passages Vivienne, Colbert et des Panoramas, ont une de leurs issues dans cette rue magnifique. La Bibliothèque impériale, la Bourse et le théâtre du Vaudeville sont les principaux édifices qu'on y trouve[6].

C'est précisément le lieu que choisira Ducasse, jeune bourgeois parisien aidé par son père qui lui envoie de l'argent depuis le consulat de Montevideo, situé au 12 de la rue Grange-Batelière. Ducasse était un dandy aisé, non un poète maudit. Un des hauts lieux du luxe est alors la galerie Vivienne, la plus fréquentée des galeries de la capitale, située près de chez le jeune homme. Le guide *Paris-album* donne ces précisions :

> La galerie Vivienne est peut-être la plus spacieuse de tous les passages [...]. C'est sans contredit un des passages les mieux situés de Paris et les plus fréquentés ; il offre le grand avantage d'éviter aux piétons l'angle de la rue Vivienne et de la rue Neuve-des-Petits-Champs, presque continuellement obstruées par les voitures qui s'y croisent et y stationnent sans le vouloir. La rue Vivienne est toute coquette et toute pimpante ; des marchandes de modes, des bijoutiers, des magasins de rubans et des parures de toute espèce la garnissent des deux côtés[7].

Ducasse mentionne la rue Vivienne avec tous ses symboles de luxe dans un passage du sixième des *Chants de Maldoror*. Cette dernière partie de l'œuvre s'ouvre sur un épisode qui a des traits communs avec le genre du roman réaliste. Le jeune Mervyn, aristocrate anglais, rentre chez lui à travers les rues de Paris, sans savoir qu'il est épié par le protagoniste. Il part de la rue Vivienne, rapidement transformée en lieu inquiétant et presque fantastique :

> Les magasins de la rue Vivienne étalent leurs richesses aux yeux émerveillés. Éclairés par de nombreux becs de gaz, les coffrets d'acajou et les montres en or répandent à travers les vitrines des gerbes de lumière éblouissante. Huit heures ont sonné à l'horloge de la Bourse : ce n'est pas tard ! À peine le dernier coup de marteau s'est-il fait entendre, que la rue, dont le nom a été cité, se met à trembler, et secoue ses fondements depuis la place Royale jusqu'au

6 Adolphe Joanne, *Guide parisien*, Paris, Hachette, 1863, p. 111.
7 Léo Lespès, *Paris-album*, Paris, Administration et bureaux, 1861, p. 92.

> boulevard Montmartre. Les promeneurs hâtent le pas, et se retirent pensifs dans leurs maisons. Une femme s'évanouit et tombe sur l'asphalte. Personne ne la relève : il tarde à chacun de s'éloigner de ce parage. Les volets se referment avec impétuosité, et les habitants s'enfoncent dans leurs couvertures[8].

Ducasse s'inspire des lieux qu'il fréquente au quotidien : ce qu'il décrit se passe juste devant sa porte.

Dans son ouvrage *Rimbaud, la Commune de Paris et l'invention de l'histoire spatiale*[9], Kristin Ross combine une approche marxiste, qui propose une relecture politique et historique de Rimbaud, à une étude de la géographie parisienne dans l'œuvre du poète. Elle explique que les lieux sont des symboles chargés de sens et que les faire parler permet de comprendre la vie des personnes. Elle tente de mettre en place une « histoire spatiale » qui éclaire par l'histoire et par la géographie l'œuvre et la vie de Rimbaud. L'idée de Kristin Ross selon laquelle l'espace est divisé et diversement occupé par les classes sociales est intéressante. En effet, à l'époque où Ducasse arrive à Paris, un étudiant ou un littérateur sans le sou aurait probablement choisi le Quartier Latin, qui est celui de la Bohème. C'est le choix que feront la plupart des confrères de Ducasse, moins fortunés que lui et qui auront à recourir à des emplois alimentaires, notamment au journalisme. Mais Ducasse a de l'argent ; il peut se permettre de ne pas vendre sa plume et choisit de vivre dans le quartier huppé de la Bourse, où l'on croise Académiciens et auteurs de renom à la sortie des théâtres. Il publie ses livres à compte d'auteur, à défaut de parvenir à convaincre les éditeurs.

Le quartier du boulevard Montmartre offre encore bien des atouts à un jeune littérateur : c'est peut-être la seconde raison qui motive son installation dans ces rues. Près du passage Jouffroy, l'un des plus animés de Paris, se trouve le Café des Variétés, fréquenté par les hommes de lettres et de théâtre. Ducasse se rendit plusieurs fois à la Librairie Internationale de Lacroix et Verboeckhoven, à l'angle de la rue Vivienne. C'était l'une des maisons d'édition les plus florissantes, qui publiait notamment les œuvres de Victor Hugo. Théodore de Banville en fait cette description en 1864 :

---

8 Lautréamont, *Œuvres complètes*, édition établie, présentée et annotée par Hubert Juin, *op. cit.* p. 232-233.

9 Kristin Ross, *Rimbaud, la Commune de Paris et l'invention de l'histoire spatiale*, Paris, Les Prairies ordinaires, 2013, 233 p.

> C'est aussi dans une boutique naguère impossible à dompter que MM. Lacroix et Verboeckhoven vont nous donner les *Chansons des Rues et des Bois.* Celle-ci, où on vendait encore naguère l'*Eau Écarlate*, (je n'ai fait que passer, elle n'était déjà plus,) est située au coin du boulevard et de la rue Vivienne. Quoi, de la rue Vivienne ! Ces deux librairies pour chacune desquelles le monde est une trop petite proie à dévorer, la Librairie Michel Lévy et la Librairie Internationale, vont demeurer dans la même rue ! Quoi ! César et Pompée enfermés ensemble dans un espace qu'on mesure en quelques pas ! Paris, habitué à toutes les audaces, n'a pu s'empêcher d'admirer, avec un mélange d'effroi, l'audace des nouveaux venus, à côté de laquelle le combat de Roland contre les Infants paraît misérable. Il est vrai que MM. Lacroix et Verboeckhoven sont des révolutionnaires dans leur art ; leurs prédécesseurs se bornaient à dire qu'il faut, coûte que coûte, vendre un livre qu'on a édité ; leur axiome à eux, c'est qu'il faut le vendre en trois jours, ou jamais ! Mais quelle étrange chose que ces deux lions venant se mettre dans la gueule de l'autre lion ! Sont-ce MM. Lacroix et Verboeckhoven qui ne feront qu'une bouchée de Michel Lévy, ou est-ce Michel Lévy qui ne fera que deux bouchées de MM. Lacroix et Verboeckhoven[10] ?

La rivalité entre les deux « lions » allait prendre fin huit ans plus tard avec la faillite de la Librairie Internationale, en juin 1872. Éditeur de grande envergure, Lacroix s'était fait un nom par les opérations commerciales qui avaient accompagné la sortie des œuvres de Victor Hugo et contribué dans le même temps à sa ruine. Son catalogue comprenait *Les Misérables*, *William Shakespeare*, *Chansons des rues et des bois*, *Les Travailleurs de la mer* et *L'Homme qui rit*. Il fit également paraître les écrits de Joseph Proudhon, les premières œuvres d'Émile Zola, et une réédition de *La Sorcière* de Michelet. Il eut des démêlés avec la censure impériale pour ses prises de position ouvertement républicaines et hostiles à Napoléon III, aussi sa librairie était-elle un lieu de rendez-vous pour les hommes de lettres, essentiellement de gauche. Rien ne nous permet d'affirmer que ce furent les opinions politiques de Ducasse, mais pouvait-il faire un meilleur choix que de s'adresser, en tant que jeune poète, à l'éditeur de Victor Hugo, que l'exil auréolait d'un prestige sans égal ? C'est l'hypothèse de Maurice Saillet, qui estime que Ducasse a choisi Lacroix avec l'envie de « bien vendre » et d'obtenir une bonne visibilité[11].

---

10 Théodore de Banville, « Chronique de la semaine », *La Presse*, 24 octobre 1864, p. 3. C'est à propos de la publication des *Chansons des rues et des bois* que le chroniqueur eut l'occasion d'évoquer la librairie. Nous tenons à remercier Baudouin Contzen de nous avoir communiqué cette référence.

11 Maurice Saillet, *Les Inventeurs de Maldoror*, Cognac, Le Temps qu'il fait, 1992, p. 27.

Dans ce quartier se trouvaient de nombreux éditeurs que Ducasse pouvait approcher : la maison Balitout, Questroy et Cie, au 7 de la rue Baillif, où il fit imprimer son *Chant premier* en 1868 et ses *Poésies* en 1870 ; Alphonse Lemerre, l'éditeur des Parnassiens, que Ducasse approcha pour faire imprimer ses deux plaquettes ; la librairie Gabrie, passage Verdeau ; la librairie Dentu, au Palais-Royal. Enfin, la Bibliothèque Impériale se situait entre la rue Richelieu et la rue Vivienne. Le quartier offrait aussi des cabinets de lecture au 18, rue Vivienne, dans le passage de l'Opéra et dans le passage Jouffroy. Or Ducasse fit preuve d'une boulimie de lecture et il recycla, en inventant la pratique du collage, ses lectures les plus diverses. Ainsi, le quartier n'est pas seulement le lieu des mondanités où l'on voit les élégants se pavaner à la sortie des théâtres sur les Grands Boulevards, c'est aussi l'un des foyers de l'activité littéraire.

Mais les Grands Boulevards sont aussi le symbole du nouveau Paris. Dans ses plans d'urbanisme, Haussmann a cherché à supprimer le dédale des petites ruelles médiévales insalubres pour le remplacer par de grandes artères dégagées. Ces travaux ont été contestés par une partie de l'opinion publique qui criait au saccage. Le Paris d'Haussmann répondait au projet de Napoléon III de construire une ville monumentale et majestueuse qui fût un pôle d'attraction. Marcel Raval[12] souligne, à proximité des boulevards, la présence d'une forte immigration de jeunes bourgeois venus d'Amérique du Sud, pour qui Paris représente la capitale culturelle du monde : c'est précisément la situation de Ducasse.

Ce quartier constitue l'essentiel du Paris d'Isidore Ducasse, tant du point de vue biographique que du point de vue littéraire. Les rues que traverse Mervyn au début du sixième des *Chants de Maldoror* sont nommées, et le parcours, bien balisé, peut être reproduit, comme le firent Alfred Jarry et Léon-Paul Fargue au début des années 1890. Ducasse multiplie les références à un quartier qu'il connaît bien, décrivant parfois les façades des bâtiments et les sculptures. La dernière phrase de l'œuvre invite par une bravade ironique à la déambulation parisienne : « Allez-y voir vous-même, si vous ne voulez pas me croire[13]. » Jean-Jacques Lefrère a suivi la suggestion et retrouvé une partie des références évoquées dans les strophes[14]. Mais

12 Marcel Raval, « Haussmann contre Paris », *Destinée de Paris*, Paris, Les Éditions du Chêne, 1943, p. 43-78.

13 Lautréamont, *op. cit.*, p. 266.

14 Jean-Jacques Lefrère, *Lautréamont*, Paris, Flammarion, 2008, p. 163-172. On pourra également consulter la section « Le Paris d'Isidore » de la page : http://www.maldoror.

Maldoror ne se contente pas d'arpenter la rive droite : après un passage par le Palais-Royal et la place Vendôme, près de chez lui, Ducasse situe l'acte final de son récit dramatique à l'autre bout de Paris, sur le dôme du Panthéon où le jeune Mervyn, transformé en fronde humaine par la malveillance de son ravisseur, finit sa course en s'écrasant d'une manière aussi violente qu'inattendue. Le Panthéon, tombeau des grands hommes et des gloires littéraires, est un symbole majeur pour qui entreprend de subvertir la littérature. Mais on peut se demander quel rôle joua le Quartier Latin dans la vie du poète pour que celui-ci le fasse figurer dans son texte.

On ne trouve pas chez Ducasse de description des petites rues de la Montagne Sainte-Geneviève : c'est probablement un quartier qu'il arpente moins, bien qu'il s'y soit rendu à plusieurs reprises. Lorsque l'on s'intéresse au réseau social de Ducasse, on constate qu'une moitié de ses relations parisiennes vit sur la rive droite tandis que l'autre se trouve sur la rive gauche, à proximité de la place du Panthéon. Dans le quartier où il vit, ce sont essentiellement les éditeurs, libraires et imprimeurs, c'est-à-dire les relations de travail, tandis qu'au Quartier Latin sont établis les locaux des différentes revues étudiantes avec lesquelles Ducasse semble lié, bien qu'il n'y publie rien. Alfred Sircos, *alias* Paul Emion, dirigeait la revue *La Jeunesse*, petite revue estudiantine du Quartier Latin avec laquelle Ducasse a noué des liens. Frédéric Damé était le directeur d'une revue similaire : *L'Avenir*. Sircos et Damé avaient établi le siège de leurs revues près du Panthéon, où ils étudiaient le droit : les bureaux de *La Jeunesse* sont situés rue d'Ulm. Ce réseau forme un microcosme où tout le monde se connaît : Damé est imprimé chez Balitout, comme Ducasse ; Sircos a été au lycée Charlemagne avec Georges Dazet, ami intime de Ducasse. Les deux revues sont en vente dans une librairie du boulevard Montmartre, près de chez Ducasse, de même que la revue de Louise Bader, *La Revue populaire de Paris*, bien que cette dernière n'appartienne pas aux cercles étudiants dont il est question ici. Sircos connaissait Ducasse personnellement. Dans le compte rendu que fait *La Jeunesse* à la parution du *Chant Premier*[15], l'endroit où l'on peut se procurer l'œuvre est indiqué, information que la brochure ne fournissait pas. Le chroniqueur tient probablement cette information de Ducasse, puisque

org/documents/index.html. [consultée le 20 juillet 2020]

15 Épistémon, « *Les Chant de Maldoror* par *** », *La Jeunesse* n° 5, 1er-15 septembre 1868, p. 20.

c'est dans une autre librairie que l'ouvrage paraîtra. Enfin, il existe des interactions entre Ducasse et ses connaissances, puisqu'ils s'échangeaient des réclames à la fin des volumes ou dans les revues[16]. Ducasse n'est donc pas isolé ; il n'est pas un créateur enfermé dans sa tour d'ivoire, mais un jeune homme intégré dans un microcosme, qui fréquente plusieurs cercles et lieux de sociabilité. Mais nous devons également imaginer que, comme tout individu, ses goûts et ses accointances aient parfois pu être moins utilitaristes, et pas nécessairement toutes guidées par le souci d'une réussite littéraire. Il faut, à ce sujet, évoquer au moins deux microcosmes qu'Isidore Ducasse, pour des raisons d'appartenance qu'il nous faut mesurer, a pu côtoyer de près ou de loin : les milieux homosexuels parisiens et la communauté des expatriés d'Amérique du Sud.

La question de la vie amoureuse d'Isidore Ducasse reste l'un des grands mystères encore non-résolus de sa biographie. De conquête féminine, nous ne lui en connaissons guère, sauf à accorder du crédit à cette histoire de « rouquine tatouée[17] ». En revanche, celui qui a témoigné de sa compassion pour les pédérastes, dans une strophe très audacieuse pour son temps, a vu ses années de jeunesse parsemées de drames d'amitié qui semblent faire écho aux déceptions de Maldoror dans le domaine. À défaut de réponses définitives, l'étude du Paris gay de la fin du Second Empire nous éclaire également sur les rapports d'Isidore Ducasse à l'homosexualité.

16 C'est bien Ducasse qui a choisi les réclames qu'il a insérées à la fin de son volume. On y trouve le Bordelais Évariste Carrance, qui l'avait publié l'année précédente, ainsi que des revues parisiennes qui firent en retour la publicité pour les *Poésies*, comme *L'Annuaire philosophique* de Louis-Auguste Martin.

17 Propos rapportés par l'architecte Masquelez, qui côtoya la Bohème montévidéenne vers 1910, cités dans Alvaro Guillot-Muñoz, *Lautréamont à Montevideo. Témoignages inédits*, complétés par François Caradec avec une iconographie par Albano Rodriguez, Paris, La Quinzaine Littéraire, 1972, p. 76.

QUELQUES PRÉCISIONS TERMINOLOGIQUES PRÉALABLES

Les termes « homosexualité » et « homosexuel » n'existent pas encore au moment où Ducasse écrit. Le concept n'a pas le sens qu'il a aujourd'hui : on ne raisonnait pas alors en termes d'orientation sexuelle, car on ne concevait pas que de l'amour puisse exister entre individus de même sexe. Sous le Second Empire, l'homosexuel, qualifié alors de pédéraste – c'est aussi le mot qu'emploie Ducasse –, était désigné en fonction de ses actes : on parlait aussi de sodomite, et l'acte sexuel entre hommes était vu comme une perversion, une déviance, c'est-à-dire un trouble psychologique qu'il fallait soigner.

Le mot « homosexualité » (« *Homosexualität* ») apparaît précisément en 1869 sous la plume du journaliste hongrois germanophone Karl Maria Kertbeny. Militant, Kertbeny est l'un des premiers à affirmer que l'homosexualité est innée, bouleversant ainsi la conception dominante qui voulait en faire un vice choisi. Le terme, ainsi que son antonyme « hétérosexualité » encore plus récent, ne seront repris et divulgués à grande échelle qu'une quinzaine d'années plus tard, grâce au succès de l'ouvrage du psychiatre Richard von Krafft-Ebing, *Psychopathia sexualis*. Au même moment, toujours en Allemagne, Karl Ulrichs fonde la théorie du troisième sexe, dans laquelle il distingue, entre la femme qui a du désir pour l'homme et l'homme qui a du désir pour la femme, une troisième nature, celle d'êtres contrariés dont l'instinct sexuel s'est en quelque sorte inversé et retourné contre leur propre sexe. Il forge ainsi le terme d'« uraniste », qui connaîtra un succès jusqu'en France à la fin du siècle, mais guère au-delà, l'appellation poétique sympathisante n'ayant pas eu le bonheur de convaincre la communauté scientifique. La théorie de l'inversion[18], qui domine encore chez Proust, n'est pas encore parvenue jusqu'en France au moment où Ducasse écrit. Dans son œuvre, il n'est question ni d'invertis, ni d'uraniens, ni d'homosexuels. On est bien en

18 C'est Carl Westphal qui, en 1870, théorise l'inversion et avance l'idée qu'elle puisse être innée. Carl Westphal, « Die Konträre Sexualempfindung : Symptom eines neuropathologischen (psychopathischen) Zustandes », *Archiv für Psychiatrie und Nervenkrankheiten*, Berlin, n° 2, 1870, p. 73-108.

peine de dire d'ailleurs si Ducasse se serait défini comme tel : le protagoniste des *Chants de Maldoror*, qui ne théorise pas nécessairement ses actes, obéit essentiellement à des instincts et des pulsions, conformément au discours de l'époque qui veut définir la pédérastie comme un acte, ponctuel ou répété, et non comme une essence. La strophe 5 du Chant V est tout de même un aveu en ce qui concerne les amours de Maldoror[19].

Le terme de « sodomie » comporte alors une acception plus large que celle d'aujourd'hui. Depuis le Moyen-Âge, relevait de la sodomie toute pratique condamnable car jugée « contre nature », et donc blasphématoire. Sur le plan sexuel, la bestialité et le coït anal rejoignaient les autres pratiques ne visant pas la reproduction, comme la masturbation ou le sexe oral. Sur le plan moral, l'Ancien Régime avait également condamné sous le terme de « sodomie » les crimes contre Dieu et contre l'État, tels que la sorcellerie ou l'hérésie. On désignait comme sodomite l'individu qui remettait en cause, d'une manière ou d'une autre, l'ordre naturel créé par Dieu, commettant ainsi des actes sacrilèges. L'interprétation de l'épisode biblique de la destruction de Sodome n'était d'ailleurs pas aussi clairement établie qu'elle ne l'est aujourd'hui, et le péché commis par les habitants de la ville était sujet à diverses interprétations. Progressivement, le sens de « sodomie » se restreignit, d'abord à l'idée de rapports entre individus de même sexe, puis à une pratique sexuelle spécifique. Nous verrons que, sous le Second Empire, le pédéraste continue d'inquiéter, non seulement pour les actes sexuels qu'il commet, mais aussi pour le péril qu'il représente pour l'ordre social : en niant la différence des sexes, en bouleversant les rôles sociaux et les genres, il représentait un danger dont il convenait de circonscrire la propagation.

Les contemporains de Ducasse, médecins et policiers, qui se saisissent de la question homosexuelle, ne le font qu'à contrecœur, parce qu'elle constitue un véritable problème à traiter. Leur examen de la situation est empreint de préjugés homophobes. On peut le voir à la difficulté qu'ils éprouvent à nommer, faute de terme adéquat, ceux dont ils parlent : pédérastes, antiphysiques ou tantes, suivant le terme argotique issu du vocabulaire des prisons ? Ils associent également systématiquement

---

19 « La justice humaine ne m'a pas encore surpris en flagrant délit, malgré l'incontestable habileté de ses agents. J'ai même assassiné (il n'y a pas longtemps !) un pédéraste qui ne se prêtait pas suffisamment à ma passion ; j'ai jeté son cadavre dans un puits abandonné, et l'on n'a pas de preuves décisives contre moi. »

homosexualité et criminalité, élaborant leur étude sur la base de criminels pris en flagrant délit. Chez Ambroise Tardieu, Louis Canler ou Félix Carlier, la pédérastie n'est qu'affaire de prostitution, de chantage, d'intérêts d'argent, mais jamais d'amour, quand bien même on relève quelques cas d'homosexuels s'étant installés en ménage et vivant leur liaison dans la plus grande discrétion. Tardieu donne néanmoins cette confession qu'il a récupérée d'un procès :

> Comment à quelque temps de là se trouva près de moi un gentil garçon, au teint pâle, aux yeux noirs, je n'ose vraiment vous le dire… Toutefois, puisque ma plume veut se vouer à la vérité, et que mon cœur doit ici trahir tous ses secrets, j'avouerai que cette nouvelle passion ne fut pas seulement un de ces épisodes piquants qui passent dans la vie d'un homme, comme ces étoiles éphémères, qui glissent a travers le ciel sans en déranger l'harmonie. Mon jeune amour vint prendre sa part aimante dans mon âme ; et pour l'y fixer, je lui prodiguai mes plus intimes caresses. J'aimai à suivre le développement de ses premiers sens, à rapporter à moi seul tous les efforts de sa sensibilité. Je ne dus point résister au nouveau qui s'offrait, j'en devins fou[20].

Ducasse avait-il lu ce rare témoignage de discours amoureux homosexuel en son temps ? Aussitôt le propos rapporté, Tardieu balaie ensuite l'hypothèse d'un amour véritable pour conclure à la déraison. Ainsi donc, quel crédit accorder à ces sources, qui sont les seuls outils dont nous disposons aujourd'hui pour étudier la question homosexuelle à Paris en 1869 ? Il faut garder cela à l'esprit, quand on aborde l'épineux problème du célibat d'Isidore Ducasse.

La strophe 5 du chant V constitue, par son caractère explicite, un texte extrêmement novateur et audacieux : non seulement Ducasse nomme les pédérastes sans chercher à cacher, par des euphémismes, ce dont les savants de son temps répugnent tant à parler, mais il donne aussi l'une des premières défenses ouvertes de l'homosexualité dans la littérature française. Plus franchement que ne l'a fait un Balzac, qui soulevait la question à mots couverts, et quarante ans avant le *Corydon* d'André Gide, il prend parti contre les législateurs et les médecins à l'esprit obtus, sans rien occulter non plus des pratiques sexuelles pédérastiques. La sodomie en tant qu'acte est évoquée explicitement, par des références scientifiques qui, nous le verrons, prouvent l'intérêt d'Isidore

---

20 Ambroise Tardieu, *Étude médico-légale sur les attentats aux mœurs*, 5e édition, Paris, Baillière, 1867, p. 188-189.

pour le sujet. Le mot qu'il emploie pour les nommer, « pédérastes », est alors le plus neutre et le moins connoté. Ajoutons enfin que le parcours sentimental de Maldoror, jusqu'au petit récit de séduction homosexuelle du Chant VI, fait la part belle aux amours masculines, même si elles se terminent souvent par la mise à mort de l'aimé. À l'exception du roman de Joseph Méry, *Monsieur Auguste*, paru en 1859, on ne connaît guère de textes publiés sous le Second Empire, qui constituent une littérature homosexuelle masculine. Il faudra attendre la Troisième République et les scandales de Jean Lorrain, Georges Eekhoud (*Escal-Vigor* en 1899), André Gide ou Marcel Proust, pour voir émerger la libération d'une parole homosexuelle qui se pense comme telle et s'exprime à la première personne.

« RAPPELONS LES NOMS DE CES ÊTRES IMAGINAIRES, À LA NATURE D'ANGE… »

L'œuvre écrite d'Isidore Ducasse porte, dans sa genèse, le secret d'une origine qui est peut-être homosexuelle. Dans la version du *Chant premier* de 1868, le nom de Georges Dazet apparaît à de multiples reprises, avant de faire l'objet d'une censure dans les rééditions suivantes du vivant de l'auteur. Cette rature[21], largement commentée, est peut-être l'aveu d'un secret honteux : on a ainsi avancé que l'effacement du nom avait été fait à la demande de la famille Dazet, qui ne souhaitait pas voir leur respectable fils associé à des strophes aussi douteuses sur le plan moral[22]. Mais cette concession n'aura pas eu pour conséquence de brouiller Isidore Ducasse et son ami le poulpe au regard de soie : Georges Dazet figure encore parmi les dédicataires des *Poésies*. Cet épisode, lié à l'écriture des *Chants de Maldoror* et bien connu des ducassiens, n'est peut-être

21 Jean Peytard, « La rature de Dazet ou la métamorphose du sens », *Littérature*, n° 4, décembre 1971 ; recueilli dans l'étude plus générale des variantes stylistiques, *Lautréamont et la cohérence de l'écriture : études structurales des variantes du Chant premier des Chants de Maldoror*, Paris, Didier-Érudition, 1977, p. 62-75.

22 C'est l'une des hypothèses que reprend par exemple Jean-Jacques Lefrère dans sa biographie *Isidore Ducasse, auteur des Chants de Maldoror par le comte de Lautréamont*, Paris, Fayard, 1998, p. 483 et suivantes.

que la trace la plus flagrante des drames qui entachèrent les amitiés particulières d'Isidore Ducasse. Que se passa-t-il pour que la famille d'Edmond Dragon de Gomiécourt décide de l'éloigner d'Isidore, comme semble l'indiquer les recherches d'Édouard Peyrouzet et de Jean-Jacques Lefrère[23] ? Et quelle fut, exactement, la nature de la relation houleuse entre Isidore Ducasse et son professeur de rhétorique, Gustave Hinstin, à qui sont aussi dédiées les *Poésies* et qui vit la fin de sa carrière dans l'enseignement gâchée par plusieurs scandales homosexuels étouffés par sa hiérarchie[24] ? Combien, parmi les douze dédicataires de *Poésies*, ont eu le privilège de figurer au tableau de chasse d'Isidore ? Probablement pas les sages Lespès et Minvielle, mais peut-être quelques autres. Nous avançons une hypothèse audacieuse et très fragile : la première série de noms sur la page des dédicaces pourrait correspondre aux amants d'Isidore. C'est dans cette série que figurent les deux seuls noms qui résistent à nos investigations, ceux de Joseph Bleumsteim et Joseph Durand[25]. S'il est délicat de spéculer sur la nature de l'amitié avec Henri Mue, faute de lettres ou de témoignages, nous pouvons néanmoins apporter deux considérations nouvelles.

Les récentes découvertes de Gérard Touzeau[26] ont permis d'identifier Louis Durcour comme le baron Louis Joseph Robert-d'Hurcourt, escrimeur reconnu et secrétaire général de la Ligue des patriotes. Né en 1853, il n'avait encore que seize ans au moment où il fréquentait Isidore Ducasse, en 1869. Gérard Touzeau a montré que d'Hurcourt est bien la clé du Chant VI : c'est lui que Ducasse représente sous les traits de Mervyn, revenant de sa leçon d'escrime et regagnant le domicile

---

23 Édouard Peyrouzet, *Vie de Lautréamont*, Paris, Grasset, 1970, 381 p. Ces découvertes sont reprises et synthétisées dans Jean-Jacques Lefrère, *op. cit.*, p. 196-199.

24 Jean-Jacques Lefrère, *op. cit.*, p. 236-248.

25 Sur Joseph Bleumsteim, on pourra lire les recherches de Michel Pierssens sur le site des *Cahiers Lautréamont numériques :* Michel Pierssens, « Joseph Bleumsteim reste introuvable », *Cahiers Lautréamont numériques*, 17 décembre 2012. URL : https://cahierslautreamont.wordpress.com/2012/12/17/joseph-bleumsteim-reste-introuvable/ [consulté le 20 juillet 2020] Quant à Joseph Durand, Jean-Paul Goujon a retrouvé un article de 1925 dans lequel on rapporte que Bertrand Guégan a identifié Joseph Durand comme un professeur du lycée de Tarbes. L'information reste à vérifier. « Informations littéraires », *L'Europe nouvelle*, 4 avril 1925, p. 460.

26 Gérard Touzeau, « Louis d'Hurcourt, dédicataire des *Poésies* d'Isidore Ducasse », *Cahiers Lautréamont numériques*, 5 avril 2016. URL : https://cahierslautreamont.wordpress.com/2016/04/05/louis-dhurcourt-dedicataire-des-poesies-disidoreducasse-1/ [consulté le 20 juillet 2020].

paternel ; c'est donc lui que Ducasse-Maldoror assassine au terme d'un jeu de séduction lentement tendu comme un piège à rat perpétuel. Il n'est pas certain que Louis d'Hurcourt, devenu à l'âge adulte un farouche conservateur, réputé pour laver les affronts faits à son honneur et s'étant plusieurs fois battu pour des affaires de dames, ait apprécié de voir son nom associé à celui du jeune homme qui se laisse entraîner au vice par Maldoror. Enfin, à cette liste déjà longue des amants d'Isidore, il faut ajouter celui de Pedrito Zumarán, qui est peut-être le Pedro Zumarán de la liste des dédicataires. Une tradition familiale, recueillie par nous en juin 2018 à Montevideo, continue aujourd'hui de circuler oralement chez les Zumarán. Pedro Saenz de Zumarán père, vice-consul d'Espagne à Montevideo, avait été le protecteur et le mécène d'Isidore. Mais il avait également un fils du même nom, surnommé Pedrito, de deux ans plus jeune qu'Isidore, qui aurait été l'un de ses premiers amours. Cet épisode, connu dans les deux familles, aurait été étouffé, et pour éviter le scandale dans les cercles prestigieux de la capitale uruguayenne, François Ducasse aurait fait le choix d'envoyer Isidore en France pour l'éloigner de Pedrito. Si l'anecdote n'a pas pu être confirmée, les Zumarán rappellent que Pedrito n'eut jamais d'épouse ni d'enfant, car, dit-on, « il n'aimait pas les femmes[27] ». Nous ne spéculerons pas sur la nature des relations que Ducasse a pu avoir avec Joseph Bleumsteim et Joseph Durand, mais leur identification permettra peut-être, un jour, de valider ou d'infirmer cette hypothèse.

ÊTRE HOMOSEXUEL EN FRANCE EN 1868

Nous retrouvons Isidore Ducasse, installé en France, et bientôt à Paris. Mais que signifie exactement être homosexuel en 1868 ? Comment un individu peut-il vivre son homosexualité dans le cadre du Second Empire, généralement très répressif sur les questions de morale ? Nous laisserons de côté la question des amours saphiques pour nous concentrer uniquement sur l'homosexualité masculine.

---

27 Voir également Gérard Touzeau, « Sur la piste de Pedrito », *Cahiers Lautréamont*, n° 2, 2020, p. 159-165.

Les années qui suivent la Révolution française voient s'opérer un bouleversement du droit français. Soucieux de retirer à l'Église une partie de son autorité, les révolutionnaires suppriment, en 1791, le crime de sodomie. Le code pénal, établi en 1810, n'évoque pas non plus la question de l'homosexualité. Un vide judiciaire s'installe, conforté par l'opinion de Napoléon, qui estime alors que, sur cette question honteuse, le plus sage est de ne pas s'exprimer, par crainte de la propagation[28]. Ainsi, contrairement à une idée reçue, l'homosexualité était parfaitement licite au cours du XIXe siècle, et jusqu'au déploiement, en 1942 par le régime de Vichy, de mesures répressives sévères. C'est d'ailleurs le sujet de nombreuses doléances des policiers et juristes qui voudraient mettre de l'ordre dans les mœurs de la capitale. Les homosexuels parisiens sont en effet surveillés, et réprimés, sous des chefs d'accusation qui sont en fait des prétextes : outrage public à la pudeur, attentat à la pudeur, excitation de mineurs à la débauche, vagabondage, pédophilie, sans compter les arrêtés préfectoraux établis çà et là. Après la période de laxisme qu'aura constitué la Monarchie de Juillet, le Second Empire mettra en place une répression de l'homosexualité acharnée et virulente, comme en témoigne Félix Carlier[29]. Après 1870, la Troisième République verra une nette diminution des descentes de police et des rafles, bien que la presse continue à relater, à intervalles réguliers, des faits divers scandaleux survenus dans les jardins de Paris.

La religion et la justice étant désormais impuissantes à contrôler la sexualité, c'est la science qui va progressivement élaborer un discours médical et psychiatrique contre l'homosexualité, afin de lutter contre ce qu'on estime être une déviance ou une perversion. Comme l'a montré Michel Foucault dans son *Histoire de la sexualité*[30], le XIXe siècle est marqué par la prolifération d'un discours sur le sexe au moment même où la sexualité n'a jamais été aussi censurée par l'idéologie bourgeoise. Pris au sérieux, objet de honte caché et tu, le sexe se voit réduit à sa fonction de reproduction, et toute pratique stérile est niée, réprimée ou condamnée comme perverse. Médecins et législateurs partent en croisade

---

28 Michael Sibalis, « Une subculture d'efféminés ? L'homosexualité masculine sous Napoléon Ier », dans Régis Revenin (dir.), *Hommes et masculinités de 1789 à nos jours. Contributions à l'histoire du genre et de la sexualité en France*, Paris, Éditions Autrement, 2007, p. 78.

29 Félix Carlier, *Études de pathologie sociale : les deux prostitutions*, Paris, Dentu, 1887, p. 446.

30 Michel Foucault, *Histoire de la sexualité*, t. 1, *La volonté de savoir*, Paris, Gallimard, 1976.

contre l'onanisme ou la prostitution, en s'appuyant notamment sur un dispositif qui autorise depuis 1838 les parents proches ou les voisins à faire interner n'importe quelle personne jugée malade ou mentalement irresponsable. Le discours médical qui se construit cherche à s'emparer, à nommer et à classifier, afin de mieux surveiller. Les arguments religieux, ou moraux, ont progressivement cédé le pas à un discours hygiéniste, se voulant rationnel et œuvrant pour le bien commun. La dépénalisation inquiète, et on fait de l'homosexuel un pédophile, selon l'étymologie de « pédéraste », ainsi qu'un pervers[31] dont il faut protéger la jeunesse. Certes, la place du pédéraste n'est plus dans les prisons, lieu où la promiscuité masculine pourrait avoir un effet des plus néfastes, mais entre les mains des médecins et psychiatres, ce que la psychanalyse viendra bientôt confirmer. L'homosexuel se situe donc quelque part entre le fou et le criminel.

La construction progressive du discours médical sur l'homosexualité a fait l'objet de plusieurs excellents travaux universitaires[32]. Christian Bonello, dans sa thèse de 1984[33], montre que c'est un sujet dont la médecine s'empare sans plaisir mais par nécessité, présentant une vision catastrophiste de la situation en France – propagation de l'homosexualité qui s'affiche de plus en plus ouvertement, effondrement de la natalité, influences étrangères qui viennent corrompre les mœurs françaises… – pour justifier par avance le choix du sujet, et écarter ainsi, chez le lecteur, tout soupçon sur les intentions de l'auteur. Au besoin, les médecins redoublent d'ailleurs de fermeté pour condamner avec dégoût le vice infâme. On redoute la contagion, et le simple fait d'en parler pourrait banaliser ce qui ne doit pas l'être. C'est pourquoi certains médecins font le choix de voiler les passages trop crus en employant un latin et une terminologie scientifique propres à rebuter le profane. Mais paradoxalement, Christian Bonello souligne aussi la curiosité malsaine qui

---

31 Pierre Hahn, *Nos ancêtres les pervers. La vie des homosexuels sous le Second Empire*, Paris, Orban, 1979, 335 p. Rappelons aussi que la célèbre étude de Krafft-Ebbing, *Psychopathia sexualis*, se voulait une classification des différentes perversions et pathologies sexuelles. L'homosexualité figure parmi elles.

32 Le plus récent à notre connaissance est l'excellent travail de Romain Courapied, *Le traitement esthétique de l'homosexualité dans les œuvres décadentes face au système médical et légal : accords et désaccords sur une éthique de la sexualité*, thèse soutenue à Rennes 2 sous la direction de Steve Murphy, 2014, 509 p.

33 Christian Bonello, *Discours médical sur l'homosexualité en France au* XIX*e* *siècle*, thèse soutenue à Paris VII sous la direction de Michelle Perrot, 1984, 3 volumes.

pousse le corps médical à vouloir tout savoir, à cerner, dans les moindres détails, les modes de vie et les manières des homosexuels. Comme le note Michel Foucault, la médecine reproduit la pratique de la confession par une injonction à dévoiler ce qui est caché.

Du vivant d'Isidore Ducasse, la médecine légale est encore hésitante sur la question de la pédérastie. Elle ne l'envisage d'ailleurs que sous un angle anatomique, cherchant les signes de sodomie qui serviront de preuve définitive. Les médecins travaillent alors avec la police, abordant le phénomène sous l'angle de la criminalité, parce que l'homosexualité apparaît comme un facteur de désordre social. Les premiers traités, le *Traité pratique de médecine légale* de Johann Ludwig Casper et l'*Étude médico-légale* d'Ambroise Tardieu, condamnent moralement la pédérastie. Seuls Casper et ses compatriotes allemands Ulrichs et Westphal, envisagent la possibilité que l'inversion sexuelle soit innée, et non le fruit d'une inclination au vice ; mais si l'homosexualité n'est pas un choix, elle est alors jugée majoritairement comme le résultat d'une dégénérescence héréditaire. Ducasse, lui, n'a sans doute pas pu avoir accès à ces théories encore balbutiantes, étant donné le contexte de tension politique entre la France et la Prusse.

ISIDORE DUCASSE, LECTEUR D'AMBROISE TARDIEU

L'*Étude médico-légale sur les attentats aux mœurs* d'Ambroise Tardieu était parue en 1857, mais elle fit l'objet de nombreuses rééditions jusqu'à la mort de son auteur[34]. Il est certain qu'Isidore Ducasse l'avait parcourue, ce qui conforte d'ailleurs le pressentiment qu'avait eu Remy de Gourmont lorsqu'il supposait, parmi les sources du poète, des « rapports médicaux sur des cas d'érotisme[35] ». Tardieu, non sans malice, se disait embarrassé du succès de son ouvrage, qu'il continua cependant à augmenter et à republier.

La parution de ce volume a lieu au moment où l'Empire est au plus fort : Napoléon III a vaincu ses adversaires politiques, bannis ou

34 La cinquième édition, parue en 1867, était la plus récente qu'ait pu consulter Isidore Ducasse.

35 Remy de Gourmont, « La Littérature "Maldoror" », *Le Mercure de France*, février 1891, p. 98.

déportés ; la presse, muselée, est sous contrôle ; l'armée a rétabli l'ordre et désormais, l'État autoritaire interdit les réunions secrètes, le droit de grève et les protestations des milieux ouvriers. En 1857, Tardieu est déjà un médecin très célèbre, et l'auteur de nombreuses études médico-légales sur des sujets variés. Il n'a plus rien à prouver, et c'est cette notoriété bien acquise qui lui permet d'aborder un sujet aussi délicat et compromettant. Dès l'avertissement liminaire, il prend pourtant un ton révolté pour parler des « monstruosités physiques » qui vont faire l'objet de son livre. S'excusant d'aborder aussi franchement de tels sujets, il se retranche derrière la nécessité, pour la science et la justice, et commence par poser la méthode qui sera la sienne : un examen rigoureux et l'exactitude médicale dans le diagnostic. Pourtant, c'est précisément un manque dans ce domaine qui sera plus tard reproché au médecin français, et notamment par ses confrères allemands : Tardieu n'hésite pas en effet à tirer des conclusions rapides, à généraliser ses observations pour poser des diagnostics fantaisistes, sous l'influence de sa répulsion pour son objet d'étude, et à prendre certaines déformations physiologiques pour les conséquences de l'acte de sodomie. La première partie de son volume est consacrée aux outrages publics à la pudeur, condamnés par l'article 330 du code pénal visant à punir l'exhibitionnisme. Il aborde ensuite les viols et les cas d'attentats à la pudeur ; et ce n'est que dans une troisième partie, la plus importante, qu'il en vient à la question des pédérastes, non sans avoir d'abord renouvelé ses réticences à parler de leurs « infâmes turpitudes ».

Tardieu note d'emblée que ce « vice », s'il n'est pas plus répandu qu'avant, occupe désormais une place non-négligeable dans les questions de médecine légale, en raison des scandales publics qui ont conduit à un accroissement des surveillances policières et à une sévère répression. L'homosexualité lui apparaît en effet comme une pente fatale menant à la criminalité, par son association avec les malfaiteurs en tout genre, proxénètes, maîtres chanteurs ou assassins. S'appuyant à la fois sur la médecine antique et sur la Bible, il recense les avertissements les plus célèbres contre la pédérastie avant d'expliquer qu'il s'appuie, pour sa part, sur son expérience personnelle et sur les examens qu'il a eu à mener, à la demande de la justice, sur des homosexuels arrêtés lors de descentes de police. On voit, à ce sujet, que les persécutions sont réelles, quand bien même l'homosexualité n'a plus rien d'illégal, et tandis que Tardieu rapporte l'épisode d'une arrestation massive de quatre-vingt-dix-sept personnes, les mémoires des différents chefs de police, que nous examinerons plus loin, nous confirment ce fait. Tardieu fait une distinction lexicologique entre la pédérastie, qui désigne le « vice honteux » de l'amour entre hommes, et la sodomie, en tant qu'« acte contre-nature », quel que soit le sexe. La sodomie conjugale et hétérosexuelle est rapidement examinée, et désormais le médecin ne s'intéressera plus qu'aux cas de sodomie homosexuelle, vice qu'il estime d'ailleurs, « incompréhensible[36] ».

Son étude est abondamment nourrie par ses observations de nombreux cas au cours des années. Ainsi, on peut lire celui-ci, qui n'est pas sans rappeler l'attitude corruptrice de Maldoror :

> Un individu attirait habituellement chez lui un certain nombre de jeunes garçons pour se livrer avec eux à des actes obscènes ; il en réunissait plusieurs dans un lit commun, se livrait devant tous et sur chacun d'eux à des actes de débauche, et leur tenait des discours de nature à les pervertir, les flétrissant autant par le rapprochement les uns des autres que par son contact personnel[37].

Les jeunes garçons, mineurs, sont évoqués, puis vient le domaine de la prostitution masculine. Dans ce monde interlope, régi par ses codes et son argot, les affaires de vol et de chantage sont monnaie courante, car le bourgeois qui s'adonnerait occasionnellement à la pédérastie met en péril sa réputation et devient une cible facile. Il est donc dangereux d'arpenter les nuits parisiennes à la recherche de jeunes prostitués, comme en témoignent quelques faits divers scandaleux au sujet de personnalités brisées. Tardieu procède ensuite à un relevé des pratiques, en employant le latin par pudeur, établissant une classification savante des masturbateurs, fellateurs, sodomites et autres renifleurs, que l'on peut cueillir dans les latrines publiques. Même les confidences amoureuses sont, pour le médecin, la preuve d'une perversion homosexuelle : l'amour entre individus de même sexe est à ce point inconcevable, sous le poids de la morale et des préjugés, qu'il faut inévitablement conclure à la folie.

Dans la partie la plus discutée de l'ouvrage, Ambroise Tardieu s'intéresse aux signes qui permettent de reconnaître un pédéraste. S'il

---

36 Dans son article « Beau comme l'infundibulum anatomique », Naruhiko Teramoto notait d'ailleurs que Ducasse semble directement répondre à Tardieu en défendant les « pédérastes incompréhensibles ». *Cahiers Lautréamont*, livraisons LXXXI-LXXXIV, 2007, p. 39.

37 Ambroise Tardieu, *op. cit.*, p. 177.

commence, prudemment, par noter qu'un pourcentage réel mais infime d'entre eux ne présente aucun signe distinctif, il se dépouille rapidement de ces précautions pour élaborer une véritable typologie de la « tante » : cheveux frisés, teint fardé, bijoux, allures féminines, parfums capiteux, broderies, tenues excentriques et, comme signe de reconnaissance, un mouchoir dépassant de la poche arrière ou une fleur à la boutonnière. Mais cette élégance n'est, d'après Tardieu, qu'une façade qui forme un contraste sordide avec la malpropreté du corps et de l'âme, au point que cette coquetterie en devient abjecte. De manière générale, l'homosexuel n'est pas sain, et ses actes contre-nature altèrent sa santé : sa constitution est maladive, appauvrie, son teint pâle, ses forces physiques épuisées. Il manque de vigueur en un mot, c'est-à-dire de virilité. Psychologiquement, le portrait n'est guère plus flatteur : le pédéraste est sujet à toute sorte de dépérissements et de dérèglements psychologiques, en raison de son âme féminine qui le rend plus sensible à l'hystérie, et les maladies vénériennes qui l'affligent bien souvent n'arrangent rien.

Ces signes extérieurs trouvent souvent une confirmation de leur cause par un examen médical. Tardieu note que la sodomie passive laisse un certain nombre de preuves : déchirures plus ou moins marquées, rougeurs, douleurs, sensibilité anale, inflammation de la membrane, et parfois difficulté même à marcher, selon la violence de l'acte et sa régularité. Mais Tardieu affirme aussi qu'à la longue, la pratique de la sodomie modifie l'anatomie : les fesses se développent et se bombent, le sphincter se relâche, les plis de l'anus disparaissent, et d'autres observations sont à noter : dilatation, incontinence, ulcérations, hémorroïdes, fistules, blennorragie rectale, syphilis, chancre vénériens… On aura reconnu un certain nombre de symptômes repris par Ducasse dans son texte : l'écoulement de « pus blennorhagique [*sic*] », les « chancres vénériens », d'ailleurs occasionnés par « un grand vice », et surtout l'« anus infundibuliforme ». Cette expression apparaît chez Tardieu[38], qui va contribuer à la rendre célèbre. Selon le médecin, il s'agit d'une déformation de la forme de l'anus, à la suite d'une pratique de la sodomie ancrée depuis un certain temps déjà. Tardieu estime que cet entonnoir, qui se forme par le refoulement des parties externes de l'anus et par l'affaiblissement de la résistance du sphincter, est la seule véritable preuve aux yeux des médecins. Le terme, formé sur le latin *infundibulum*, n'a pourtant pas été

38 Le terme revient vingt-quatre fois dans l'édition de 1867, et notamment aux pages 199-201.

forgé par Tardieu : il l'emprunte à son confrère Auguste Cullerier, auteur de plusieurs travaux sur la syphilis[39]. L'expression latine « *infundibulum ani* », se retrouve également en 1841 dans l'étude du Docteur Hubert Lauvergne, *Les Forçats*[40]. Sauf erreur de notre part, Cullerier, puis Tardieu, auront été les premiers à traduire le syntagme et à proposer l'adjectif « infundibuliforme », qui existait dans le domaine de la botanique pour désigner certaines formes de corolles. Les affirmations de Tardieu sur les déformations provoquées par la sodomie n'ont aujourd'hui plus de valeur scientifique. De même, le médecin relevait, chez les fellateurs, une bouche molle, tombante, déformée et de travers, avec des dents petites et courtes. Les pédérastes actifs, quant à eux, se voyaient affublés de verges très minces et longues, amincies vers le bout, à la manière de celle des chiens. L'emprunt par Ducasse d'un terme technique pour évoquer la pratique de la sodomie confirme l'intérêt que le jeune poète portait, sinon à la question homosexuelle elle-même, du moins à la littérature médicale. Dans un article de 1987, Steve Murphy s'intéressait à l'origine du mot et notait que Ducasse, dans sa strophe aux pédérastes, fournit une sorte de réponse à Tardieu et à Cullerier : « Législateurs d'institutions stupides, inventeurs d'une morale étroite, éloignez-vous de moi, car je suis une âme impartiale[41]. » La fin de la strophe présente un infundibulum cosmique que Ducasse rêve de pénétrer. Comme le note Steve Murphy, c'est à une caricature du discours hygiéniste qu'il se livre, fantasmant sur l'effondrement démographique plusieurs fois invoqué par Tardieu.

39 Et notamment d'un *Précis iconographique des maladies vénériennes*, Paris, 1866. Le terme « infundibuliforme » apparaît dans l'article « Anus » du *Dictionnaire de médecine et de chirurgie pratique* de 1829 auquel il a contribué, t. 3, p. 112. Le mot apparaît aussi dans sa thèse de 1832, *Propositions sur les maladies syphilitiques*, où il l'emploie cette fois pour désigner un type d'ulcération à la verge : il semble bien avoir forgé le mot pour en décrire la forme.

40 Hubert Lauvergne, *Les Forçats*, Paris, Baillière, 1841, p. 289.

41 Steve Murphy, « Ducasse satyrique », *Europe*, n° 700-701, août-septembre 1987, p. 60-67.

LES HOMOSEXUELS PARISIENS DU SECOND EMPIRE

1868. Revenu d'Uruguay où il est allé voir son père, Isidore Ducasse s'installe à Paris pour devenir homme de lettres. Parfois présenté comme un nouveau Rastignac, il s'est logiquement installé à deux pas des grands éditeurs, parmi lesquels Albert Lacroix, à qui il fera bientôt appel. Pour un écrivain studieux et besogneux, qui aurait été chez lui « à toute heure du jour », mais pas nécessairement de la nuit, on ne pouvait plus mal choisir que ce quartier empli de théâtres et de tentations mondaines. Nous avons rappelé que le choix de ce secteur fut délibéré et que Ducasse n'eut de cesse de déménager en restant toujours dans le même périmètre. Nous avons à interroger les causes possibles de ces changements répétés. Ce que la critique ducassienne sait moins, c'est que la rue Vivienne, ainsi que la plupart des lieux parisiens mentionnés au Chant VI, sont en réalité le cœur de la vie homosexuelle à l'époque d'Isidore Ducasse.

Sous le Second Empire, l'homosexualité commence à faire parler d'elle : elle s'organise en fait social, commence à occuper l'espace public, et donc à engendrer le scandale. Perçue comme un danger pour la société, elle devient une question d'ordre politique qui peut de moins en moins être ignorée. C'est la raison pour laquelle la police ne tarde pas à s'en saisir, en même temps que le corps médical. Parmi les sources dont nous disposons et qui couvrent la période qui nous intéresse, les mémoires de deux chefs de la brigade des mœurs constituent un matériau de première main.

Louis Canler a dirigé le service de sûreté jusqu'en 1851. Ses *Mémoires*, republiés dans une version non-censurée en 1882, ne couvrent que le début du Second Empire. Ils abordent de nombreux domaines, tant sur la vie politique de son temps que sur la question des mœurs. Un chapitre est intitulé « Les Antiphysitiques [*sic*] et les chanteurs » : il traite de la corruption chez les jeunes garçons, qui les conduit, selon Canler, à la prostitution[42]. Selon le policier, il y a une pente fatale qui mène un jeune homme en quête d'argent à la débauche, puis bientôt au crime. Tout comme Ambroise Tardieu, Louis Canler décrit le microcosme homosexuel

42 Louis Canler, *Mémoires de Canler, ancien chef du service de Sûreté*, Paris, F. Roy, 1882, t. II, p. 117 et suivantes.

comme un espace de criminalité : quiconque y pénètre s'expose à devenir la proie de maîtres-chanteurs et d'escrocs en tout genre, qui mettront en péril la réputation du jeune innocent pour mieux le rançonner. Canler dresse également une typologie de ceux qu'il appelle les *tantes*, distinguant les persilleuses, issues des milieux ouvriers, racolant les passants avec leurs allures provocantes – visage rasé de près, cheveux longs, regards langoureux, voix féminine, redingote corsetée et souliers vernis –; les honteuses, qui se cachent pour s'adonner à leur vice; les travailleuses, qui rejoignent leurs amants le soir après leur journée de labeur; et enfin les rivettes, homosexuels impossibles à soupçonner mais qui se font parfois piéger à cause de leurs goûts pour les petits jeunes. Ceux qui retiennent le plus l'attention des policiers, ainsi que de Tardieu, sont les persilleuses, par leurs allures tapageuses. Elles fréquentent les passages à la tombée de la nuit, et notamment le passage des Panorama, mais aussi le Palais-Royal, où l'on peut les voir se promener par deux, bras-dessus bras-dessous, sous les arcades mal éclairées. Canler fait remarquer, comme Tardieu, qu'ils affectent tous une propreté extérieure pour mieux cacher leur saleté repoussante, et que leur hygiène est en réalité très négligée. Ils se donnent entre eux des petits surnoms affectueux. Enfin, il propose une explication assez courante dans la littérature consacrée à ce sujet à l'époque : l'homosexualité viendrait souvent de circonstances de réclusion, où la seule promiscuité masculine favorise ces habitudes. Si la prison est l'exemple le plus évident, le pensionnat et l'internat sont également cités.

Félix Carlier fut le chef de la brigade des mœurs à Paris entre 1860 et 1870. En 1887, le fonctionnaire à la retraite fit paraître un ouvrage intitulé *Études de pathologie sociale : les deux prostitutions*[43]. Après une première partie consacrée à la prostitution féminine, Carlier abordait, reprenant le terme également choisi par Canler, la « prostitution antiphysique ». Ce document est le plus intéressant des témoignages de ce type, car il est directement contemporain d'Isidore Ducasse. Carlier commence par déplorer, dans un avant-propos, le flou juridique sur la question de l'homosexualité :

> Officiellement, l'opinion publique ne les connaît pas, la législation ne veut pas les connaître ; la police se trouve seule pour réagir contre elles, et sa lutte inégale pourrait bien un jour ne plus se poursuivre, car elle ne s'appuie sur aucun texte de loi, sur aucun règlement[44].

---

43 Félix Carlier, *Études de pathologie sociale : les deux prostitutions*, Paris, Dentu, 1887, 514 p.
44 *Ibid.*, p. 273.

Comme ses prédécesseurs, Carlier fait également un lien explicite entre l'homosexualité et le monde de la pègre, en citant ce mot d'un magistrat : « [L'homosexualité] était, à Paris, l'école à laquelle se formaient les plus habiles et les plus audacieux criminels[45]. » Précautions prises et condamnations faites, le policier peut maintenant s'attacher à décrire le monde des pédérastes, aussi nommés tantes ou tapettes, ainsi que leur vice qu'il qualifie de « stigmate de honte pour ceux de ses adeptes qui se laissent deviner[46] ». Il décrit d'abord la catégorie des pédérastes amateurs, ceux qui, véritables dépravés à ses yeux, « vivant au milieu de la société, ayant toutes les facilités de satisfaire naturellement leurs désirs, s'adressent néanmoins à d'autres hommes, parce que la femme ne leur inspire que répulsion et dégoût[47] ». Si l'on en croit les proclamations de Maldoror, et si l'on veut bien céder à une lecture biographique des *Chants de Maldoror*, Isidore Ducasse ferait partie de cette catégorie composée d'hommes de bonne éducation, souvent aisés, parfois oisifs, avec des dehors convenables, distingués même[48]. Carlier explique comment ce groupe masque sa dépravation aux yeux des gens, faisant par-là même sciemment preuve de cynisme et d'hypocrisie. Il aborde ensuite le monde de la prostitution homosexuelle, insistant essentiellement, comme ses prédécesseurs, sur le caractère efféminé de ces hommes et sur leur saleté corporelle.

Il est intéressant de remarquer les lieux que Carlier mentionne dans les différentes anecdotes qu'il rapporte. Le jardin des Tuileries, avec ses bosquets mal éclairés, devient à la nuit tombée un célèbre endroit de racolage très surveillé par la police. Dans le portrait de cet homme, ne croirait-on pas voir Maldoror, abordant, au même endroit, l'enfant à qui il tient ses étranges discours ?

> Il s'asseyait sur un banc et liait conversation avec ceux qui, fatigués, venaient reprendre haleine sur le même banc que lui. Sa voix douce et mielleuse disposait en sa faveur[49].

La police est en effet très zélée quand il s'agit de traquer les homosexuels qui se regroupent dans l'espace public. Ambroise Tardieu s'en

45 *Ibid.*
46 *Ibid.*, p. 276.
47 *Ibid.*, p. 315.
48 *Ibid.*, p. 316.
49 *Ibid.*, p. 433.

félicitait déjà. Une période particulièrement répressive commence avec le Second Empire : « De 1850 à 1870, la répression fut tellement sévère qu'il y eut des moments de véritable panique[50]. » Les années 1864-1865 sont marquées par un redoublement des rafles et descentes de police, et le *Dictionnaire érotique moderne* d'Alfred Delvau rapporte, par exemple, le scandale des Émiles, du nom d'une société secrète homosexuelle qui se réunissait sous ce nom, et qui fut prise en flagrant délit dans l'arrière-salle d'un restaurant. La présence de hauts-fonctionnaires ne changea rien au scandale[51]. En 1876, c'est une affaire d'une autre ampleur qui agitera la presse : l'arrestation du comte de Germiny, politicien conservateur et catholique, surpris dans un urinoir public des Champs-Élysées en compagnie d'un jeune ouvrier de dix-huit ans. Les chiffres que donne Félix Carlier sont impressionnants : dans la seule décennie 1860-1870, la police parisienne s'est occupée de 6342 pédérastes, parmi lesquels 2049 parisiens, 3709 provinciaux et 584 étrangers[52]. Ces personnes ont fait l'objet de fichage, et parmi elles, 4711, soit les trois-quarts, uniquement en leur qualité d'homosexuels, aucun délit n'ayant pu être relevé à leur charge. Voilà des chiffres qui devraient pourtant atténuer quelque peu les liens systématiquement faits entre homosexualité et criminalité, mais Carlier estime au contraire ce fichage nécessaire car connaître les milieux homosexuels, c'est connaître les petits délinquants qui sévissent à Paris. Victoria Thompson constate également un changement après la révolution de 1848 : si le premier XIXe siècle était relativement ouvert et permissif, le tournant des années 1850 est marqué par une perte des illusions. La bourgeoisie, qui attendait beaucoup de changements sociaux par le progrès, aspire désormais à un retour à l'ordre et à une plus grande fermeté de la part du gouvernement. Les structures sociales se rigidifient et la question homosexuelle est traitée avec intransigeance, car la fluidité et le brouillage des genres sont désormais perçus comme des facteurs de désordre[53].

---

50 *Ibid.*, p. 446.

51 Alfred Delvau, *Dictionnaire érotique moderne*, Bâle, Karl Schmidt, 1864, p. 147-148.

52 Félix Carlier, *op. cit.*, p. 445.

53 Victoria Thompson, « Creating Boundaries. Homosexuality and Changing Social Order in France : 1830-1870 », dans Jeffrey Merrick et Bryant T. Ragan, *Homosexuality in Modern France*, New York-Oxford, Oxford University Press, 1996, p. 102-127.

LES LIEUX HOMOSEXUELS

Ces dispositifs de répression expliquent qu'à Paris à l'époque d'Isidore Ducasse, le désir homosexuel ne puisse s'épanouir et se vivre que dans la clandestinité. La surveillance policière prend pour cibles des endroits reconnus comme les lieux de sociabilité homosexuelle : promenades, parcs, bains, cabarets... La lecture des rapports tenus soigneusement par les agents de Félix Carlier fait émerger une sorte de parcours type, que pourrait suivre un jeune homosexuel cherchant aventure chaque soir. C'est avec surprise que nous constatons que tous ces lieux coïncident avec ceux mentionnés dans le Chant VI et fréquentés par Maldoror. Pour le dire autrement, le Paris de Ducasse est exactement le même que le Paris des homosexuels à la nuit tombée, et l'on mesure combien Mervyn s'expose à une rencontre de ce type en remontant seul la rue Vivienne devenue déserte. Généralement, les homosexuels parisiens commencent leur soirée sur les Grands Boulevards, fréquentant les théâtres ou les restaurants, seuls ou en bande. On les voit ensuite descendre la rue Vivienne et s'attarder sur la place de la Bourse, où ils font souvent, d'après les policiers, grand tapage. Ils s'arrêtent ensuite au Palais-Royal. Un rapport de police, daté du 28 juin 1870, signale que « des sodomites avérés ont leur rendez-vous chaque soir dans les jardins[54] ». On affectionne également les arcades ombragées, désertées par les bourgeois qui les fréquentent en journée, et l'on voit fréquemment, sous la Galerie d'Orléans, des couples d'hommes marcher côte à côte et conclure leurs affaires.

Puis la promenade continue vers le jardin des Tuileries, que Carlier et Tardieu mentionnent à de nombreuses reprises, et si l'on ne trouve toujours pas ce que l'on est venu chercher, on poursuivra jusqu'aux quais de Seine. Après 1870, le Palais-Royal sera quelque peu délaissé au profit des Champs-Élysées et des Invalides, où l'on trouve les régiments de militaires, mais à l'époque de Ducasse, ce sont bien les 2e et 9e arrondissements qui proposent le plus de lieux de rencontre à Paris. S'intéressant exclusivement à la décennie suivante, William Peniston

54 Cité par Nicole Canet, *Garçons de joie. Prostitution masculine, 1860-1960*, Paris, Galerie Au Bonheur du jour, 2018, p. 12.

propose dans son livre *Pederasts and Others. Urban culture and sexual identity in Nineteenth Century Paris* une cartographie basée sur les lieux où sont arrêtés les homosexuels[55]. Les chiffres précisent le nombre d'arrestations : les passages, la Bourse, le Palais Royal et les Tuileries figurent parmi les lieux les plus importants[56].

Il faut attendre la Troisième République, et le tournant de 1870, pour voir émerger à Paris une communauté homosexuelle qui occupe l'espace urbain en se cachant de moins en moins. Il n'est guère étonnant que la littérature décadente ait alors accordé une place nouvelle au personnage de l'homosexuel, pour le railler ou pour le défendre. C'est que la fin du Second Empire aura permis le déploiement de lieux de sociabilité de plus en plus tolérés, et la naissance d'un monde interlope dans la capitale. Le développement d'une économie des loisirs et du divertissement, notamment à la Belle-Époque, achèvera de favoriser l'éclosion de cette sous-culture, qui se retrouve dans les bals, les cabarets, les guinguettes, les bistrots et les bains publics. Jusqu'à la première Guerre Mondiale, le quartier de la Bourse, poumon financier de la ville, sera aussi celui qui propose le plus d'établissements pour une clientèle homosexuelle. Régis Revenin, qui s'est intéressé au « Paris gay » de la Troisième République, explique la raison de cette occupation de l'espace public, en dépit des risques que cela comporte : le manque de discrétion, la contiguïté et la petitesse des logements à Paris, et notamment des garnis comme ceux que Ducasse dut habiter, excluent souvent la possibilité de recevoir chez soi. Les dénonciations des voisins, quand on ne vit pas tout simplement avec sa famille, conduisent les jeunes hommes à se retrouver en extérieur, dans des lieux discrets, au risque d'être arrêtés pour outrage à la pudeur – l'article 330 du Code pénal, motif le plus fréquemment brandi pour justifier les persécutions de la police[57]. Par sa densité de population, près de deux millions d'habitants, Paris peut offrir un certain anonymat,

55 William A. Peniston, *Pederasts and Others. Urban culture and sexualidentity in Nineteenth Century Paris*, New York-London-Oxford, Harrington Park Press, 2004, p. 134.

56 Ce sont encore les mêmes lieux qui sont évoqués dans le volume de Pierre Hahn au titre prometteur, *Nos ancêtres les pervers. La vie des homosexuels sous le Second Empire*, *op. cit.* Bien que précurseur des études de genre, Pierre Hahn livre une histoire de l'homosexualité masculine au XIXe siècle qui s'appuie essentiellement sur de longs passages cités des ouvrages de Tardieu et de Carlier. Le livre s'ouvre sur le début de la strophe d'Isidore Ducasse, citée en exergue avec une coquille remarquable : « Isodore Ducasse ».

57 Régis Revenin, « Paris gay 1870-1918 », *Hommes et masculinité de 1789 à nos jours*, Paris, Autrement, 2007, p. 22-41.

surtout la nuit tombée. La ville, nouvellement repensée par le Baron Haussmann, présente de nouveaux espaces urbains, parcs et jardins, à l'abri des éclairages.

QUELQUES COÏNCIDENCES ET ANECDOTES GÉOGRAPHIQUES

Nous voudrions achever notre reconstitution du Paris Gay de 1870 par quelques coïncidences relevées au cours de nos recherches. Il ne s'agit pas de preuves qui viendraient attester de l'homosexualité d'Isidore, mais de faits peu connus qui achèvent de dessiner ce Paris homosexuel au centre duquel Isidore évolue, peut-être par le plus grand des hasards.

En 1996, Liliane Durand-Dessert avait proposé, lors du colloque *Isidore Ducasse à Paris*, un article très précieux. S'appuyant sur une riche iconographie d'époque, il reconstituait le quartier d'Isidore à l'aide de bottins et de cadastres. Une dimension lui avait pourtant échappé : l'importance de ce périmètre pour les homosexuels. Liliane Durand-Dessert relevait la présence, au 15 de la rue Vivienne, d'un entrepreneur de bains publics nommé Pochinot. Celui-ci s'était installé en 1860, et allait faire commerce jusqu'en 1872, date à laquelle l'établissement fut revendu à un certain Ducôme[58]. Les lecteurs de Jean Lorrain connaissent ce bain, qui existe encore au début du XXe siècle et que l'écrivain homosexuel fréquentait assidûment. Dans un ouvrage de Nicole Canet, *Garçons de joie. Prostitution masculine*, les Bains russes, situés au 15, rue Vivienne, sont signalés parmi les bains et hammams de la capitale connus de tous les homosexuels de la fin du siècle comme un établissement de prostitution clandestine[59]. À l'époque de Ducasse, l'établissement est le seul signalé dans le bottin à cette adresse, à la rubrique « bains et pédicure », entre 1867 et 1870. Liliane Durand-Dessert nous apprend que l'établissement disposait de 32 baignoires, avec des cabinets particuliers. C'est au-dessus de cet établissement

58 Liliane Durand-Dessert, « Iconographie du Paris d'Isidore Ducasse », *Isidore Ducasse à Paris*, Actes du troisième colloque international sur Lautréamont, Paris, 2-4 octobre 1996, *Cahiers Lautréamont*, livraisons XXXIX-XXXX, 2e semestre 1996, Tusson, Du Lérot, p. 197-198.

59 Nicole Canet, *Garçons de joie. Prostitution masculine*, *op. cit.*, p. 248.

thermal qu'Isidore vécut en mars 1870, et sans doute là qu'il écrivit *Poésies I*. Liliane Durand-Dessert donnait cette illustration publicitaire :

FIG. 3 – Publicité pour les bains du 15, rue Vivienne, datée des années 1850. © Bibliothèque nationale de France, département des Estampes et de la photographie, cote VA 239 (I)-FOL [Recueil. Topographie de Paris – IIe arrondissement. 6e quartier. Rue Vivienne]. Présentée par Liliane Durand-Dessert dans « Iconographie du Paris d'Isidore Ducasse », *Isidore Ducasse à Paris*, Actes du troisième colloque international sur Lautréamont, Paris, 2-4 octobre 1996, *Cahiers Lautréamont*, livraisons XXXIX-XXXX, 2e semestre 1996, Tusson, Du Lérot.

La rue du Faubourg-Montmartre, quant à elle, est évoquée par l'historien Régis Revenin dans son étude très riche sur l'homosexualité masculine à Paris[60]. Si ses recherches portent davantage sur la Troisième République, elles débutent en 1870 et peuvent nous donner une idée d'un Paris qu'Isidore a pu entr'apercevoir. Revenin nous apprend ainsi que le passage Jouffroy et le passage Verdeau sont des lieux extrêmement fréquentés par les homosexuels. Ce dernier donne sur la rue du

60 Régis Revenin, *Homosexualité et prostitution masculines à Paris*, Paris, L'Harmattan, 2005, 225 p.

Faubourg-Montmartre, dans laquelle on trouve beaucoup de jeunes prostitués mâles, qui officient sous les porches et derrière les portes cochères. Le boulevard Montmartre, haut lieu de la prostitution masculine, est également mentionné. Enfin, nous relevons cette anecdote piquante, qui provient des Archives de la Préfecture de Police :

> Les devantures des magasins d'estampes, de gravures et de tableaux des places et grands boulevards parisiens sont également des lieux de rencontres et de prostitution homosexuelles : « On y a remarqué comme toujours une réunion d'individus qui tout en feignant de regarder les gravures se racolaient entr'eux du geste ou de la voix[61] ».

Le lecteur des *Chants de Maldoror* ne manquera pas de se rappeler que le Chant VI s'ouvre sur une description des vitrines luxueuses de la rue Vivienne. Dans l'incipit du roman de Mervyn, le lecteur est amené à adopter la position d'un passant, resté seul dans la rue déserte tandis que la nuit tombe et qu'il s'attarde à regarder les vitrines, jusqu'au moment où l'angélique Mervyn fait irruption au coin de la rue Colbert. Mais ne quittons pas la rue Vivienne sans descendre vers la place de la Bourse, où dès 1865, le promeneur pouvait voir une vespasienne à six loges, peut-être l'une des premières de Paris. Ces urinoirs publics étaient recherchés par les homosexuels, qui en firent un lieu de rencontre fréquent. Ils avaient l'avantage d'offrir un accès gratuit, caché et clos, et ainsi d'éviter d'être pris en flagrant délit d'exhibition dans l'espace public. Dans les années 1870, 13 % des arrestations par la police étaient faites aux urinoirs de la Bourse, particulièrement fréquentés dans ce quartier d'affaires devenu calme le soir[62]. Parfois, les cloisons intermédiaires étaient percées pour créer ce que les milieux gays ont appelé par la suite un *gloryhole*[63]. La police prit très vite les urinoirs pour objet de surveillance, traquant sans relâche ceux que Félix Carlier et Ambroise Tardieu, dans un élan d'homophobie inspiré, avaient baptisé « les renifleurs ». Isidore Ducasse, comme Mervyn, aura pu en croiser quelques-uns autour de la vespasienne de la Bourse[64].

---

61 La citation provient d'un registre conservé aux Archives de la Préfecture de Police de Paris, série DA 230, document n° 359. Il s'agit d'un rapport de police daté du 23 mars 2869.

62 Régis Revenin, *op. cit.*, p. 38. C'est aussi dans cet ouvrage que nous avons trouvé la photo qui suit.

63 Un rapport de police du 27 février 1862, conservé aux Archives de la Préfecture de Police de Paris sous la cote DA 230, document n° 299, en fait déjà mention.

64 Ces pages constituent une version légèrement remaniée de notre article « Isidore Ducasse, pédéraste incompréhensibiliste » paru dans les *Cahiers Lautréamont*, n° 1, 2019, p. 197-226.

DUCASSE DANS LES REGISTRES DES ARCHIVES DE LA PRÉFECTURE DE POLICE DE PARIS ?

Pour compléter cette étude, il restait à retrouver le nom d'Isidore parmi les 6342 homosexuels fichés entre 1860 et 1870. Ces fichiers de renseignements, conservés aux Archives de la Préfecture de Police de Paris, se trouvent malheureusement dans un état lacunaire : seule une partie a échappé aux incendies de la Commune, et la destruction n'a guère épargné les dossiers individuels de chaque cas. Il reste donc des listes de noms renvoyant à des affaires plus ou moins commentées, parfois non-datées. De même, les registres des plaintes et des mains-courantes déposées aux commissariats de la rue du Faubourg-Montmartre, de la Bourse et du Palais Royal ont également disparu pour les années qui nous intéressent. Notre Isidore Ducasse a-t-il été fiché, pris en filature, étroitement surveillé ? Qu'est-ce qui l'a conduit à changer de domicile quatre fois en moins de deux ans ? Avait-il besoin d'échapper à des maîtres chanteurs, ou avait-il fait l'objet de plaintes de ses voisins, non parce qu'il jouait du piano la nuit, mais parce qu'il ramenait à son domicile de jeunes hommes au visage imberbe ? Au début du Chant VI, son personnage Maldoror, criminel avéré cette fois, devait redoubler de ruse pour échapper aux agents de la police :

> Il savait que la police, ce bouclier de la civilisation, le recherchait avec persévérance, depuis nombre d'années, et qu'une véritable armée d'agents et d'espions était continuellement à ses trousses. Sans, cependant, parvenir à le rencontrer. Tant son habileté renversante déroutait, avec un suprême chic, les ruses les plus indiscutables au point de vue de leur succès, et l'ordonnance de la plus savante méditation. Il avait une faculté spéciale pour prendre des formes méconnaissables aux yeux exercés. Déguisements supérieurs, si je parle en artiste ! Accoutrements d'un effet réellement médiocre, quand je songe à la morale. Par ce point, il touchait presqu'au génie.

Malheureusement, nos investigations aux Archives de la Préfecture de Police de Paris n'ont pas permis de retrouver le nom d'Isidore Ducasse

---

Le lecteur pourra consulter, dans cet article, quelques photographies d'époque et notamment une de cette vespasienne.

dans les registres consultés[65]. Elles ont en revanche confirmé plusieurs faits fréquemment mentionnés : l'importance des latrines comme lieu fréquenté par les homosexuels et surveillés par les policiers, la centralité de la Galerie d'Orléans du Palais Royal, ainsi que le racolage fait sur les boulevards, en faisant mine de regarder les vitrines luxueuses des magasins.

L'absence du nom d'Isidore Ducasse clôt-elle de manière définitive le chapitre de l'homosexualité du poète ? Non, évidemment, et ce pour plusieurs raisons. Tout d'abord, parce que même dans des rapports de police où les arrestations sont supposées être rigoureuses, il n'est pas rare de trouver des individus mentionnés sous des sobriquets qu'ils se sont choisis. Leur état-civil demeure ainsi un mystère. Mais plutôt que de se risquer à supposer qu'Isidore Ducasse ait pu se cacher sous les traits de l'un de ces inconnus, il est plus prudent de penser que sa fiche de signalement a pu disparaître avec les archives détruites, ou encore, qu'il a pu être homosexuel et parfaitement échapper aux filatures de la police, notamment parce qu'il disposait, en sa qualité de jeune célibataire installé seul à Paris, d'un garni où ramener ses conquêtes. Mais peut-être l'intérêt d'Isidore Ducasse pour la pédérastie n'a-t-il été que littéraire, Maldoror incarnant alors, en tant que criminel et qu'homosexuel, tous les vices de l'homme qui s'affranchit de la morale divine ? La théorie d'un Ducasse homosexuel a pourtant suffisamment de poids pour avoir été cautionnée et soigneusement examinée par plusieurs ducassiens importants, parmi lesquels les biographes Jean-Jacques Lefrère et François Caradec. En 1970 déjà, ce dernier rapportait les positions du situationniste Raoul Vaneigem, dont il citait ce propos :

> Que Ducasse liquide ses problèmes sexuels, la strophe des pédérastes, à mi-chemin entre l'aveu et la provocation, en fait foi. Sans doute laisse-t-il à une conduite active le soin de normaliser son état psychologique, de rétablir en lui un équilibre trop longtemps compromis par les tabous d'une société qu'il détestait à force de la sentir toute-puissante[66].

65 Nous avons consulté les passeports étrangers antérieurs à 1910 (AC 6-7) ; le registre du Commissariat de la Bourse de Paris entre 1864 et 1901 (AF 16) ; le registre CB 109 relatif aux mains courantes dans les commissariats les plus proches ; plusieurs registres administratifs de police des séries DA et DB, en particulier DA 138, DA 221, DA223, DA 229, DA 230, DA 851, DB 411 à 416 ; et le registre EB 87. Spécifiquement liés à l'homosexualité masculine, les registres BA 1690, BB 3 à BB 7 (intitulés « Pédérastes et dames galantes »), et le dossier de la Brigade Mondaine JC O4, anciennement BM 1 et 2 n'ont rien donné non plus.

66 Raoul Vaneigem, « Isidore Ducasse et le Comte de Lautréamont dans les *Poésies* », *Synthèses*, décembre 1958, cité par François Caradec, *Isidore Ducasse, comte de Lautréamont*, Paris,

Dans cette fameuse strophe, pièce centrale de notre dossier, et dans le reste de l'œuvre, suffisamment d'indices tendent à laisser croire à l'homosexualité de Ducasse. Il faut donc en revenir au texte. Il ne s'agit pas, au fond, de savoir si Isidore Ducasse était ou non homosexuel, mais, à la lumière de cette hypothèse, de porter un regard neuf sur le Chant VI et le reste de l'œuvre : comme l'identité du poulpe au regard de soie et celle du jeune Mervyn, d'autres clés se cachent peut-être dans les amours ducassiennes. Et les amours ducassiennes expliquent peut-être aussi ce choix d'habiter le quartier que nous étudions de près.

PARIS LATIN : DUCASSE ET LE MILIEU DES LITTÉRATEURS SUD-AMÉRICAINS DANS LA CAPITALE

Les explications qui justifient le choix d'Isidore Ducasse d'occuper ce quartier de Paris plutôt qu'un autre commencent à se faire nombreuses. À toutes ces raisons, on peut encore ajouter que les environs de la Bourse sont aussi le quartier de la culture sud-américaine installée à Paris, qu'on y trouve l'ambassade uruguayenne et la banque où François Ducasse, depuis l'Uruguay où il était resté, faisait parvenir à son fils les ressources nécessaires. Ces détails intriguent, d'autant plus que, si Isidore Ducasse avait fait le choix du quartier de la Bourse pour sa centralité dans la vie littéraire parisienne, il fut mal payé en retour : pas un acteur de la scène littéraire des années 1890 n'est venu proclamer, au moment où l'œuvre était redécouverte, qu'il avait fréquenté ce comte de Lautréamont à ses débuts, pas même dans un groupe restreint et secret. On peut donc imaginer que, dans notre reconstitution du réseau de Ducasse, nous ayons omis tout un pan de ses relations dont l'existence ne nous est pas connue. C'est l'hypothèse qu'a soulevée Michel Pierssens et que nous retranscrirons brièvement.

Dans son article « Paris latin[67] », Michel Pierssens suggère d'étudier le milieu sud-américain parisien que notre poète semble connaître. Le

---

Éditions de la Table Ronde, 1970, édition revue et augmentée, Paris, Gallimard, 1975, p. 238.

67 Michel Pierssens, « Paris latin », *Ducasse et Lautréamont, l'envers et l'endroit*, Tusson, Éditions du Lérot, 2006, p. 29-40.

Paris-Guide de 1867 indique que cette communauté s'était installée non loin du boulevard Montmartre, près du boulevard des Italiens. Était-ce par hasard que le jeune homme avait choisi la rue Vivienne ? Michel Pierssens note que deux hôtels recommandés par les guides espagnols de Paris se trouvaient dans cette rue[68]. Il y avait passage Jouffroy une Libreria española. Très actifs, les Sud-Américains de Paris avaient leurs propres publications, comme la revue *El Eco Hispano-Americano* de Ramon de la Sagra, qui paraît à Paris entre 1854 et 1872 et présente l'actualité sur le continent américain. Ducasse pouvait lire aussi *El Correo internacional. Monitor de los extranjeros*[69], *El Correo de ultramar*[70], *La Revista americana. Periodico mensual de Paris*[71], *El Correo hispano-americano*[72]ou encore *Los Dos Mundos*[73] : les organes ne manquent pas à cette communauté pour diffuser ses idées et faire le lien entre sa propre activité, l'actualité parisienne et celle de l'Amérique du sud à l'intention des expatriés. Il existait également une Sociedad latino-americana cientifico-literaria, à laquelle participaient plusieurs personnalités intellectuelles, comme David Guzman, journaliste d'*El Eco Hispano-Americano*, ou José Pedro Varela, qui deviendra le fondateur du système scolaire moderne en Uruguay. Ducasse devait donc croiser de nombreux hispanophones dans les rues près de chez lui et il a pu fréquenter cette jeune intelligentsia comprenant des artistes, des exilés politiques et des fils de diplomates venus faire comme lui leurs études en France. Que reste-t-il de ce milieu dont on ne sait rien ? Les publications étaient en espagnol, et beaucoup de ses acteurs sont ensuite retournés dans leur pays natal, rapportant avec eux des anecdotes sur le Paris littéraire qui fascinait les Sud-Américains. Dans les années 1890, c'est le même phénomène qui conduira Rubén

68 *Ibid.*, p. 33.

69 Le premier numéro était paru le 12 décembre 1866. La publication, dirigée par Henry Tournier, devait se poursuivre jusqu'en 1881.

70 *El Correo de ultramar. Periódico político, literario, mercantil e industrial* était un journal important qui parut entre 1842 et 1886 et donna lieu à plusieurs éditions mettant davantage l'accent sur un pays en particulier. Ducasse pouvait avoir lu l'édition de La Plata.

71 Cette revue mensuelle, dont Michel Pierssens signale l'existence bien qu'il n'en reste aucun exemplaire à la Bibliothèque nationale, avait ses locaux place de la Bourse, non loin de chez Ducasse.

72 Dirigée par Henri Prudhomme, cette revue bimensuelle parut entre février et septembre 1870.

73 Cette revue, plutôt de gauche, fut lancée par D. Eduardo G. Gordon le 1er juillet 1870. Les troubles politiques qui agitèrent Paris eurent raison d'elle : après le numéro d'octobre, elle disparut.

Darío à rapporter, dans ses chroniques réunies outre-Atlantique sous le titre de *Los Raros*, sa découverte de Lautréamont, créant ainsi un nouveau foyer pour la réception de l'œuvre hors de France. Il n'est donc pas exclu que quelqu'un ait mentionné Isidore Ducasse dans les publications sud-américaines dès 1868. Ce serait alors le signe que le poète était actif dans ces milieux.

Ce qui avait amené Michel Pierssens à supposer des liens entre Ducasse et ce milieu, c'était la mention, dans les *Poésies*, du suicide de la poétesse Dolorès de Veintemilla, encore peu connue du public. Si Ducasse avait été parmi les premiers informés, c'est qu'il devait fréquenter des intellectuels d'Amérique du Sud à Paris qui pouvaient le tenir informé des actualités les plus récentes. Dans le prolongement des travaux de Michel Pierssens, Sylvain-Christian David a découvert[74] une anthologie de poésie en langue espagnole, *Lira ecuatoriana*[75], contenant des notices sur plusieurs personnalités de la scène littéraire sud-américaine. Dès 1866, Isidore Ducasse put ainsi lire une présentation de Dolorès de Veintemilla établie par l'auteur du livre, Vicente Emilio Molestina. Né en 1832 en Équateur, fils d'un Grand-maître de la franc-maçonnerie locale, Molestina était avocat mais aussi le directeur d'*El Album literario, histórico, cientifico, religioso*, revue équatorienne fondée en 1857 et consacrée à la littérature du pays. Le père de Molestina, doté d'une grande fortune, était également bibliophile. Son fils entreprit de célébrer les poètes d'Équateur, et son anthologie présente, en 340 pages, quatorze d'entre eux. L'ouvrage eut un succès considérable et contribua à faire connaître à travers le continent les lettres équatoriennes, laissant entrevoir dans l'esprit de nombreux littérateurs la possibilité d'une littérature nationale aussi prestigieuse que les grandes littératures européennes.

Dans cette *Lira ecuatoriana*, Sylvain-Christian David a repéré deux poèmes de Miguel Angel Corral, « Un dia en el Panteon » et « A la infausta memoria de la señora Dolor es [*sic*] Veintemilla ». Une coquille typographique vient isoler, dans le nom de la poétesse, le mot « Dolor », et

74 Sylvain-Christian David, « Oiseaux, douleur, dieux sanguinaires », *Cahiers d'Occitanie* n° 50, juin 2012, p. 91-120 ; repris dans les *Cahiers Lautréamont numériques* : https://cahierslautreamont.wordpress.com/2012/12/09/oiseaux-douleur-dieux-sanguinaires1/ [consulté le 20 juillet 2020].

75 *Lira ecuatoriana. Colección de poesias líricas nacionales escojidas i ordenadas con apuntamientos biográficos por Vicente Emilio Molestina, doctor en jurisprudencia*, Guayaquil, Imprenta y Encuadernación de Calvo, 1866, 340 p.

transforme le titre-hommage en « l'infâme mémoire de la dame douleur est Veintemilla. » Comme Rimbaud, Miguel Angel Corral abandonna la poésie. Ducasse avait-il lu ce livre, quand il implorait la pitié du lecteur, à la fin du *Chant premier*, pour « celui qui ne fait encore qu'essayer sa lyre[76] » dans un passage où il rappelle justement son origine uruguayenne ? C'est l'opinion de Sylvain-Christian David, pour qui Ducasse a cherché à s'inscrire dans ce mouvement de littérature nationale émergente en affirmant son origine dès les premières pages. C'était également l'avis de Leyla Perrone-Moisés[77], qui a dénoncé l'appropriation, par les Français, d'Isidore Ducasse, dont on a fait un auteur exclusivement français au détriment de sa double nationalité. Guy Laflèche affirme au contraire que l'œuvre de Ducasse abonde en hispanismes[78], que l'on a longtemps pris pour des incorrections grammaticales. De même, Sylvain-Christian David note que l'expression « le Grand Tout », employée par Ducasse pour désigner Dieu, renvoie peut-être à la vision panthéiste de Dolorès de Veintemilla[79]. En effet, l'emploi de cette expression par la poétesse avait déclenché la colère d'un fanatique religieux, qui mena contre elle une campagne de persécution jusqu'à la pousser au suicide. Après sa mort, Dolorès fut réhabilitée et devint une sorte de martyre, victime de l'acharnement d'un prêtre malintentionné.

Sylvain-Christian David conclut que, vers 1867 et 1868, Ducasse semble avoir, une conscience vive des préoccupations de la littérature sud-américaine. Cette conscience semble par la suite se résorber à mesure qu'il intègre le microcosme parisien, au point qu'en 1870, il pourra rejeter Dolorès de Veintemilla avec tous les auteurs romantiques français coupables du relâchement des mœurs en ces temps dissolus. L'époque où Ducasse fréquentait les cercles sud-américains serait certainement celle des débuts de l'écriture des *Chants* : c'est là que l'on trouve les trois mentions du « Grand Tout », et l'écriture n'y est pas encore subvertie par une ironie grinçante qui va à l'encontre des inspirations lyriques, modernistes et romantiques des poètes réunis par Molestina. Ducasse a pu cependant conserver quelques liens avec le milieu sud-américain, ou

76 Lautréamont, *op. cit.*, p. 56.

77 Leyla Perrone-Moisés et Emir Rodriguez Monegal, *Lautréamont, l'identité culturelle*, Paris, L'Harmattan, coll. « Recherches Amériques latines », 2001, 106 p.

78 La Moustache de Lautréamont, site sur les hispanismes dans l'œuvre de Ducasse tenu par Guy Laflèche : http://singulier.info/ma. [consulté le 20 juillet 2020].

79 Sylvain-Christian David, *op. cit.*, p. 113-114.

se procurer des revues, comme la *Revista de Sud-America* : en 1861, une étude de Ricardo Palma consacrée à Dolorès y était parue, où figurait sa citation sur le Grand Tout. Pour affiner cette piste, un colossal travail de lecture attend les chercheurs : les collections de la Bibliothèque nationale ont conservé une grande partie de ces journaux et de ces revues hispanophones, mais avec plus d'une trentaine de titres[80] sans compter les feuilles plus modestes qui auront échappé à la vigilance des archivistes, il faudra du courage et beaucoup de patience pour parcourir l'ensemble de ce corpus. Qu'y trouvera-t-on ? Peut-être de nouvelles sources pour quelques plagiats non-identifiés des *Chants* ? Et pourquoi pas quelque texte inédit de la main d'Isidore Ducasse. En ce cas, il est à craindre qu'une telle contribution n'ait été signée que d'un mystérieux pseudonyme, ou de trois astérisques qui rendent l'attribution très incertaine…

DUCASSE HOMME DE LETTRES

Le 21 novembre 1870, sur l'acte de décès d'Isidore Ducasse, est portée la mention « homme de lettres ». C'est ainsi que le jeune homme se présentait à son logeur – et non pas, comme on a pu le supposer, comme étudiant à Polytechnique ou autre. Ce qualificatif inscrit Ducasse dans le champ littéraire de son temps, même s'il en est peut-être relégué à la marge, faute d'avoir pu s'intégrer. La question des stratégies de Ducasse est primordiale pour comprendre son insertion dans un milieu avec ses règles de fonctionnement propres. Il reste peut-être encore beaucoup d'inconnues dans le réseau personnel du poète : lui découvrir un contact sud-américain à Paris conduirait peut-être à repenser entièrement cette carrière avortée que l'on avait qualifiée d'échec ou de début laborieux. Quoi qu'il en soit, l'isolement du jeune homme n'a pas été total : il est temps maintenant de dresser la liste de ses connaissances parisiennes.

---

80 L'article de Michel Pierssens a été complété dans Diana Cooper-Richet et Michel Pierssens, « Bohemia latina », *in* Pascal Brissette et Anthony Glinoer, *Bohème sans frontière*, Rennes, Presses universitaires de Rennes, p. 279-293.

LE RÉSEAU SOCIAL D'ISIDORE DUCASSE

On ne sait guère quand Isidore Ducasse commença la rédaction de son œuvre. Dans son témoignage, qui porte sur l'année 1864, Paul Lespès raconte que le jeune homme écrivait déjà au lycée[1]. Plusieurs anecdotes insistent sur l'orgueil du jeune écrivain[2], qui semble avoir déjà développé une réflexion sur son style et sur sa pratique, et qui recherche l'innovation formelle :

> Jamais encore il n'avait tant lâché la bride à son imagination effrénée. Pas une phrase où la pensée, faite en quelque sorte d'images accumulées, de métaphores incompréhensibles, ne fût encore obscurcie par des inventions verbales et des formes de style qui ne respectaient pas toujours la syntaxe[3].

Les flamboyances stylistiques des *Chants de Maldoror* sont en germe dans les premiers écrits du jeune Ducasse, qui se rêve poète d'avant-garde.

Le *Chant premier* parut en novembre 1868. Ducasse en avait fait le dépôt chez Balitout au cours de l'été. Entre mai 1867 et août 1868, à défaut de dates plus précises, il avait effectué un voyage à Montevideo : on a souvent avancé que certaines strophes, dont celle du Vieil Océan, avaient été inspirées par ce retour au pays natal. La rédaction des *Chants* fut rapide et dut commencer en 1867 ou 1868 : au moment de la publication du premier *Chant*, le deuxième, qui serait publié avec les cinq

---

1 François Alicot, « À propos des *Chants de Maldoror*. Le vrai visage d'Isidore Ducasse », *Mercure de France*, 1er janvier 1928, p. 203, recueilli dans Lautréamont, *Œuvres complètes*, *op. cit.* p. 454.

2 Le récit des relations tendues entre Ducasse et son maître Gustave Hinstin révèle le caractère insoumis et contestataire du jeune Isidore. « Il y avait, je crois, écrit Paul Lespès, des choses qu'il ne voulait pas comprendre pour ne rien perdre de ses antipathies et de ses dédains. » Et plus loin : « Son attitude distante, si je puis employer cette expression, une sorte de gravité dédaigneuse et une tendance à se considérer comme un être à part. » *Ibid.* p. 455-456.

3 *Ibid.* p. 455.

autres, était déjà annoncé. Finalement, il n'allait être publié qu'avec les cinq autres. La version achevée des six *Chants de Maldoror* était sous presse au cours de l'été de 1869, et moins d'un an plus tard, Ducasse publiait ses deux brochures, *Poésies I* et *II*, certes plus minces. Il écrivait sans relâche et parfois avec une certaine négligence, au vu des coquilles qu'il a laissé passer et des bizarreries orthographiques qui parsèment l'édition de 1869.

Jacques Noizet se demande : « Que sont devenus les manuscrits des *Chants de Maldoror* et des *Poésies* ? Et les pages qu'il composa, sans nul doute, en vue des fascicules III, IV, V, VI, VII de sa "publication permanente" ? Durant les six derniers mois de sa vie, Isidore Ducasse, jeune homme *rangé et travailleur*, n'a pas pu manquer de produire, s'il a observé son rythme ordinaire de production, quelques 150 à 200 pages imprimables, soit la matière d'environ cinq livraisons des *Poésies*[4]. » Hubert Juin, quant à lui, prétendait qu'il existait, jusqu'en 1946, un document administratif répertoriant les objets trouvés dans la chambre du défunt, document qui aurait été perdu à la suite de l'erreur d'un archiviste qui classait les papiers de la mairie[5]. Doit-on supposer alors, comme le fit Philippe Soupault[6], que les *Poésies* n'étaient que la préface d'une œuvre à venir plus importante ? Il existe peut-être encore quelque part, dans la fameuse malle perdue d'Isidore Ducasse, un manuscrit inédit et inachevé qui attend d'être découvert[7].

À défaut de connaître dans le détail la vie quotidienne d'Isidore Ducasse et de ses relations proches, nous dénombrons néanmoins une vingtaine de connaissances avérées en lien avec son activité d'homme de lettres et à qui il donna certainement sa production à lire. Ces premiers lecteurs contemporains feront l'objet de notre étude. En nous appuyant

---

4 Jacques Noizet, « Dictionnaire du Cacique », *Cahiers Lautréamont*, livraisons L-LI, 2e semestre 1999, p. 46.

5 Rapporté par Jacques Noizet, *ibid.*

6 Isidore Ducasse, Comte de Lautréamont, *Préface à un livre futur*, Paris, La Sirène, 1922, 125 p.

7 Sylvain-Christian David suppose que ces affaires personnelles sont encore dans l'un des deux châteaux du village d'Agy. Le premier appartient à la famille de Raymond Dosseur, associé de Joseph Darasse, le banquier de Ducasse ; le deuxième est celui de la famille Gomiécourt, à laquelle appartenait Edmond, un ami d'enfance du poète. Une autre hypothèse voudrait que François Ducasse ait récupéré les affaires de son fils. S'il ne les a pas détruites, il les aura probablement rapportées en Uruguay. Sylvain-Christian David, « Darasse, etc. (fin) », *Cahiers Lautréamont*, 2e semestre 1993, livraisons XXVII-XXVIII, p. 111-119.

sur une construction théorique empruntée à la sociologie des réseaux, nous pouvons mettre en lumière la stratégie de Ducasse pour diffuser son livre.

ISIDORE DUCASSE DANS LE CHAMP LITTÉRAIRE PARISIEN

Ducasse s'efforce de faire sa place dans les milieux littéraires. Sa correspondance confirme qu'il se préoccupait de l'accueil critique de ses publications et qu'il souhaitait une reconnaissance[8]. Elle apprend aussi qu'il avait demandé à son éditeur une vingtaine d'exemplaires brochés afin de les distribuer à ses amis et aux critiques[9]. Que sont devenus ces exemplaires ? On en a retrouvé une dizaine. La mise au jour d'un nouvel exemplaire permet, en reconstituant son parcours, d'élargir le réseau de Ducasse : ce fut le cas de l'exemplaire d'Eugène Loudun, conservateur à la bibliothèque de l'Arsenal, à qui Ducasse avait envoyé ses volumes avec une dédicace. Chaque nouvelle découverte matérielle de ce type en révèle davantage sur Isidore Ducasse, et chaque nouvelle trouvaille biographique éclaire ses stratégies d'écrivain. À l'image d'un poète isolé totalement ignoré de ses contemporains, se substitue désormais une représentation plus exacte, celle d'un jeune homme ambitieux essayant de publier ses textes dans des revues. Son attitude ne reflète donc pas le mépris du public, geste aristocratique d'un écrivain répugnant à « livrer aux porcs[10] » le fruit de son labeur. Il faut plutôt y voir une tentative de se faire connaître avortée par une mort précoce à vingt-quatre ans. En attendant la notoriété, Ducasse ne pouvait que compter sur ses amis et sur ses relations. Il n'apparaît ni dans le salon de Louise Bader, ni dans celui d'Eugène Loudun, ni dans les bureaux de *La Jeunesse*, ni parmi les habitués de la librairie Lacroix, mais

8 « Ainsi donc, ce que je désire avant tout, c'est être jugé par la critique, et, une fois connu, ça ira tout seul. » Lettre du 23 octobre 1869 à Auguste Poulet-Malassis. Lautréamont, *op. cit.*, p. 272.

9 Lettre du 27 octobre 1869 à Auguste Poulet-Malassis. *Ibid.*, p. 274.

10 André Breton, « En réponse à votre lettre… », *Le Disque vert*, « Le Cas Lautréamont », 1925, recueilli dans Lautréamont, *Œuvres complètes*, édition établie, présentée et annotée par Jean-Luc Steinmetz, *op. cit.*, p. 397.

ce n'est peut-être qu'une question de temps avant que l'on ne trouve son nom mentionné dans les journaux d'un écrivain de l'époque.

Le réseau de relations personnelles d'Isidore Ducasse n'est que partiellement connu, car une partie des interactions sociales de la vie quotidienne ne laisse aucune trace administrative. La sociologie distingue deux types de relations, celles qui sont contraintes, comme les relations de travail, et celles qui sont électives[11], comme l'amitié, qui repose sur une affinité et une volonté réciproque de passer du temps ensemble. Il est facile de relever les interactions professionnelles, même dans un milieu aux frontières aussi mal définies que le milieu littéraire : il suffit de relever la présence des mêmes noms dans les comités de rédaction des revues littéraires, dans les comptes rendus d'événements artistiques ou mondains, etc. En revanche, comment savoir qui fréquente Ducasse, en l'absence de toute correspondance retrouvée ou de tout journal intime ? Il est possible de se représenter le réseau de ses relations professionnelles, mais celui de ses amitiés nous échappe encore. On peut néanmoins s'étonner de la discrétion de certains noms, tandis que d'autres prennent une place parfois centrale dans le réseau de Ducasse. Au sujet des *Poésies* et de ses dédicataires, Jean-Jacques Lefrère s'interroge :

> Ne faut-il pas se demander s'il y eut des « dédicataires exclus » ? Pourquoi le professeur de rhétorique et pas celui de mathématiques, puisque Ducasse appréciait cette science ? Pourquoi Sircos et Damé, qui ne semblent pas s'être beaucoup démenés pour aider l'auteur de *Maldoror*, et pas Évariste Carrance, qui publia le *Chant I* ? Pourquoi Lespès et Minvielle, et pas les sympathiques Paul de Sabbathier ou Émile Brun, qui se seraient peut-être dispensés, eux, d'évoquer plus tard, avec un sourire entendu, l'araignée logeant dans le plafond de leur camarade du lycée impérial de Pau ? Et pourquoi le fameux Edmond Dragon de Gomiécourt n'a-t-il pas mérité de figurer dans la liste[12] ?

---

11 Lire par exemple Alain Degenne et Michel Forsé, *Les Réseaux sociaux*, Paris, Armand Colin, 2004, p. 37 et suivantes : « Il est enfin très classique de différencier les *relations électives ou affinitaires* de celles qui ne le sont pas, ou moins. [...] La relation amicale ou amoureuse est purement affinitaire. Rien n'oblige à choisir tel ou tel ami. » Au contraire, Bourdieu considérait les relations humaines d'un point de vue uniquement utilitariste, estimant que l'amitié n'était qu'une sorte de contrat implicite d'échange de ressources, et s'interrogeait : « Un acte désintéressé est-il possible ? » Il y aurait même, selon lui, un « intérêt au désintéressement ». Pierre Bourdieu, « Un acte désintéressé est-il possible ? », *Raisons pratiques*, Paris, Seuil, 1994, p. 149-167.

12 Jean-Jacques Lefrère, « Les *Poésies* n'ont pas progressé d'un millimètre », *Les* Poésies *d'Isidore Ducasse*, actes du cinquième colloque international sur Lautréamont, Marseille, 13-15 octobre 2000, Tusson, Du Lérot, p. 14.

On voit combien la reconstitution d'un réseau à partir de documents d'archives peut poser problème. Les sociologues travaillent par sondages, par observations empiriques ou par interviews des acteurs. Souvent, ils choisissent de petites structures closes en étudiant par exemple les relations au sein d'une entreprise. Or, il s'agit ici de reconstituer un réseau social datant d'il y a cent cinquante ans, et les archives sont lacunaires. En outre, le champ littéraire de la fin du XIXe siècle n'est pas un milieu aux frontières très bien définies, et Isidore Ducasse est lui-même en marge de ce réseau. Il y a donc une part d'incertitude qui vient pondérer la pertinence des résultats. Cependant, les historiens qui exploitent eux aussi les réseaux sont confrontés aux mêmes problèmes avec les archives. Claire Lemercier explique que, s'il peut sembler peu pertinent de travailler sur des analyses de réseaux quand les sources sont lacunaires, on peut tout de même arriver à des résultats intéressants qui mettent en avant certaines particularités, comme la notion de centralité ou la cohésion du réseau. Elle explique que la perfection n'est pas le but :

> Nos collègues sociologues s'accommodent toujours d'un certain taux de non-réponse : nous n'avons pas à considérer les lacunes de nos sources comme un problème spécifique et gravissime, simplement à prendre en compte les limites qu'elles peuvent imposer à certaines analyses [...] Le problème central vient de l'ambition informulée, mais qui affleure souvent dans le vocabulaire, de reconstituer exhaustivement « le réseau d'une personne » ou « les réseaux dans tel lieu à telle date ». [...] L'exhaustivité n'est qu'un rêve ; mais aurait-elle beaucoup de sens et d'intérêt historique ? À combien d'individus chacun de nous est-il lié à un moment donné, si l'on agrège absolument tous les types de liens possibles ? Et ce nombre a-t-il le moindre sens, la moindre influence sur des comportements[13] ?

Il faut donc prendre l'outil non pas comme une fin en soi mais en ce qu'il permet de se faire une idée, une représentation schématique des interactions de Ducasse avec le monde extérieur.

Reconstituer un réseau implique des choix méthodologiques : certaines relations d'Isidore Ducasse sont laissées de côté parce qu'elles ne semblent pas jouer de rôle particulier dans les activités littéraires du poète. Un ami comme Edmond Dragon de Gomiécourt fut peut-être

---

13 Claire Lemercier, « Conclusion », *Tout est-il réseau ?*, journée d'études organisée par le CRESC le 14 mars 2008 à l'université Paris XIII. URL : http://www.univ-paris13.fr/cresc/images/stories/PDF%20JE%202008-03-14/c._lemercier.pdf. [consulté le 20 juillet 2020].

très cher à Ducasse, qui ne décida pourtant pas de l'inclure dans la liste des dédicataires des *Poésies*, contrairement à Georges Dazet, Paul Lespès, Georges Minvielle ou Auguste Delmas. Par ce geste d'inscrire les noms en ouverture de sa plaquette, Ducasse a fait entrer plusieurs de ses amis dans l'histoire littéraire, et pour certains, comme Lespès et Minvielle, ce fut, semble-t-il, malgré eux. Ducasse a probablement voulu remercier ses anciens condisciples de leurs conseils, ou bien il s'agissait simplement d'un geste amical. Une autre hypothèse serait de voir dans cette page de remerciements une dédicace ironique : en associant ces bons élèves issus de familles bourgeoises à sa littérature subversive, Ducasse les embarrassait et réglait ses comptes avec d'anciens condisciples qui n'avaient pas su apprécier la beauté de ses *Chants de Maldoror*.

Un reproche souvent fait aux réseaux sociaux est de favoriser une lecture utilitariste des relations interpersonnelles. En excluant du schéma les relations amicales pour ne garder que les relations professionnelles ou celles qui constituent des tremplins vers d'autres relations, nous mettons en évidence l'inscription de Ducasse dans un milieu avec lequel il entretient des relations qui sont d'abord littéraires : éditeurs, diffuseurs, confrères… Une amitié peut se créer par ailleurs, mais, sociologiquement, l'amitié est une relation de sociabilité particulière car elle repose sur l'élection et sur l'affinité, grâce à une liberté de choix. En réalité, le lien amical est très souvent conditionné par la recherche d'une homophilie : l'individu va naturellement vers les personnes avec qui il a des « atomes crochus ». Ducasse ne fait pas exception : les autres littérateurs avec qui il tisse des relations (Frédéric Damé, Alfred Sircos, etc.) sont de sa génération et proviennent d'un même milieu social. Ils sont pour la plupart des fils de bourgeois exerçant des professions libérales. Mais ce sont des étudiants alors que Ducasse, à notre connaissance, n'est inscrit nulle part. L'une des explications à cette tendance à l'homophilie est l'homogénéité des lieux de rencontre. Ducasse ne fréquente pas la Bohème sans le sou, mais des cercles plus aisés. Politiquement et éthiquement, le milieu est de tendance libérale et hostile au Second Empire, se plaçant volontiers sous la figure tutélaire de Victor Hugo ; mais dans le domaine des idées, ces jeunes gens héritent d'un éclectisme venu de Victor Cousin, qui se manifeste en littérature par un retour à l'ordre et à la raison et par une critique du romantisme finissant.

Ducasse a eu quelques vrais amis. Mark Granovetter définit la force d'une amitié comme une combinaison entre le temps consacré à l'autre, l'investissement et l'intensité émotionnelle, l'intimité et la confiance mutuelle et les services réciproques[14]. Il semble qu'un individu comme Georges Dazet, pour qui Ducasse écrit sur un mode très lyrique, corresponde à cette définition. Mais du point de vue du réseau, ces liens forts ne constituent que rarement des passerelles : les amis intimes restent généralement entre eux, dans une relation plus centripète qui tourne le dos aux autres. Les amis intimes fonctionnent souvent comme un circuit fermé, gardant pour eux les informations. Granovetter a ainsi démontré que les liens faibles sont généralement les plus utiles[15]. En effet, les individus avec lesquels on est plus faiblement liés fréquentent d'autres milieux ; ils ont donc accès à d'autres ressources et d'autres informations. Pour un individu qui cherche des opportunités, qui veut intégrer un milieu ou atteindre un objectif, ces liens faibles sont intéressants car ils ouvrent de nouvelles perspectives. Ducasse a essayé de prendre contact avec des groupes divers. Il a voulu créer des liens et diffuser ses textes dans un maximum de cercles. Chaque appel est une possibilité nouvelle : il espère que quelqu'un le remarquera et le prendra sous sa protection pour le distinguer parmi l'abondante production des jeunes auteurs qui, comme lui, essaient d'obtenir l'attention du public. Par exemple, la relation Ducasse-Dazet est une relation d'amitié, d'intimité, peut-être même plus, tandis que la relation Ducasse-Sircos, semble d'abord une relation professionnelle consistant en une collaboration littéraire (compte rendu, dédicace). Ducasse n'a pas l'air présent dans les locaux de *La Jeunesse.* Ainsi, le lien est bien plus faible. Ducasse a cherché à créer des liens dans des groupes qui ne sont pas forcément liés entre eux, mais avec qui il partage des idées : *La Jeunesse* de Sircos, *L'Avenir* de Frédéric Damé, *La Revue populaire* de Louise Bader, sans oublier la « vingtaine de critiques » qui ne nous est pas connue et à qui il a envoyé ses publications en espérant avoir une recension en retour[16]. Il choisit donc ses premiers lecteurs consciemment parce qu'ils peuvent servir de relais à la circulation du livre. La probabilité qu'il y ait effectivement une rencontre intellectuelle lorsqu'on fait jouer un lien faible est moindre qu'avec un lien fort, et cela explique aussi l'absence de retours qui aura certainement frustré Ducasse. En faisant appel à la

14 Mark Granovetter, « The Strength of Weak Ties », *American Journal of Sociology* vol. 78, issue 6, May 1973, p. 1361.

15 *Ibid.*, p. 1360-1380.

16 Lettre du 27 octobre 1869 à Auguste Poulet-Malassis. Lautréamont, *op. cit.*, p. 274.

notion de réseau, nous mettons l'accent sur la valeur d'échange, qu'il soit intellectuel, symbolique ou relationnel, et laissons de côté la notion d'œuvre close pour favoriser les pratiques qui permettent la transmission. On ne peut pas dire que Ducasse ait été isolé, même si rien ne permet d'affirmer que ses relations aient été réciproques et satisfaisantes. Il n'est pas certain que celles-ci aient été prêtes à faire jouer leur influence pour lui, ni qu'il se soit bien intégré dans les cercles qu'il approchait.

UNE VINGTAINE D'EXEMPLAIRES

La situation particulière d'Isidore Ducasse en 1868-1870 nous autorise à spéculer sur le sort des premiers exemplaires des *Chants de Maldoror.* C'est à cette hypothèse bibliographique que se livre Éric Walbecq dans son article « Une histoire des *Chants de Maldoror*[17] ». Dans sa lettre du 27 octobre 1869, Ducasse demandait à Auguste Poulet-Malassis, désormais chargé d'assurer la diffusion de l'édition Lacroix, une vingtaine d'exemplaires[18] destinés à être diffusés auprès des critiques. Dans sa lettre à Victor Hugo, au sujet du *Chant premier*, il ne se montre guère plus précis : « Et je me suis décidé à écrire à une vingtaine de critiques, pour qu'ils en fassent la critique. Cependant au mois d'Août, un journal, *La Jeunesse*, en avait parlé[19] ! »

À défaut de voir les critiques saluer d'eux-mêmes la parution de sa plaquette, l'auteur semble, presque à contrecœur, s'être résigné à démarcher lui-même et à envoyer un exemplaire à Victor Hugo. Ni Victor Hugo ni Epistémon n'ont l'air d'être inclus dans la « vingtaine de critiques ». Il y aurait donc eu au moins vingt-trois exemplaires en circulation, auxquels il faut ajouter les envois à François Ducasse, à quelques amis comme Lespès, Dazet et Minvielle et les dépôts dans quelques librairies ainsi qu'à la Bibliothèque nationale. Éric Walbecq estime finalement qu'il y aurait

17 Éric Walbecq, « Une histoire des *Chants de Maldoror* », dans *Les Lecteurs de Lautréamont*, actes du quatrième colloque international sur Lautréamont, Montréal, 5-7 octobre 1998, *Cahiers Lautréamont*, 2e semestre 1998, livraisons XLVII et XLVIII, Tusson, Du Lérot, p. 479-493.

18 Lautréamont, *op. cit.* p. 273. Une note d'Hubert Juin, p. 444-445, ajoute que Genonceaux demanda à Lacroix combien d'exemplaires avaient été donnés à Ducasse, ce à quoi l'éditeur répondit qu'on lui en avait broché une dizaine.

19 *Ibid.*, p. 503.

eu une centaine d'exemplaires au total. Ses recherches bibliophiliques remettent en cause la rareté des exemplaires connus. Il souligne que ce recensement n'est possible que grâce à la nature des *Chants* :

> La rareté des éditions, l'absence quasi-totale de distribution ou de publicité à l'époque, si elle représente pour le biographe une sorte d'enfer paradisiaque, se transforme pour le bibliophile en une aubaine jamais rencontrée. La non-diffusion de l'œuvre, puis sa redécouverte une dizaine d'années plus tard, a permis de sauver les exemplaires. L'aura autour du texte a permis aux différents propriétaires de garder leurs volumes et, ce qui est un fait assez rare, de parler de leurs livres en tant qu'objet de collection. Avec *Les Chants de Maldoror*, nous avons la chance d'avoir un livre rare dans tous les sens du terme. Les exemplaires ont peu circulé au XIXe siècle et sont restés la plupart du temps dans les mêmes mains[20].

On sait que la plaquette de l'édition de 1868 du *Chant premier* fut elle aussi distribuée par Ducasse, comme en témoigne le compte rendu dans *La Jeunesse*, signé Epistémon, sur lequel nous reviendrons plus loin. Quelques critiques reçurent donc l'opuscule anonyme. Éric Walbecq dénombre cinq exemplaires connus : celui du dépôt légal à la BnF, retrouvé par Remy de Gourmont en 1890 mais aujourd'hui manquant ; celui qui fut envoyé à Victor Hugo et retrouvé en 1893 à Hauteville House avec l'édition complète de 1869 et la lettre déjà évoquée[21] ; l'exemplaire acheté par Fernand Vandérem dans des conditions et à une date inconnues[22] ; l'exemplaire de la bibliothèque littéraire Jacques Doucet, dont l'origine est inconnue mais qui fut acheté sur le conseil des surréalistes ; enfin l'exemplaire décrit dans les *Carnets* de Paul Bonet, relié en noir par une grille de diverses peaux (lézard, serpent) et dont on ne sait rien non plus, sinon que sa circulation semble également remonter aux années 1930. Éric Walbecq relève encore les exemplaires supposés, dont l'existence n'est que spéculation : un volume mis en vente par Henri Matarasso en 1937 dans son catalogue *Beaux livres et autographes*, mais disparu de la circulation depuis lors[23] ; un dernier détenu par le baron de Sadeleer, bibliophile belge. Le *Chant premier*, s'il fut imprimé et mis en circulation, ne connut aucun succès. Il est probable que le stock resta quelque temps à

20 Éric Walbecq, *op. cit.* p. 480.

21 Lautréamont, *op. cit.* p. 503. Dans cette lettre, Ducasse écrit qu'il envoie à son mentor deux exemplaires de la plaquette.

22 Éric Walbecq suppose qu'il l'acheta pour quelques francs dans une boîte sur les quais ou sous les galeries de l'Odéon, mais en quelle année ? Il ne s'en sépara qu'en 1921.

23 *Beaux livres et autographes*, catalogue publié par Henri Matarasso, Paris, 1937, p. 83.

la devanture de la librairie qui le distribuait, avant d'être retiré et bradé. Nul ne sait ce que sont devenus, aujourd'hui, les invendus de 1868.

L'édition du volume des *Parfums de l'âme*, publiée par le Bordelais Évariste Carrance en 1869 et contenant la seconde version du *Chant premier*, est encore plus mystérieuse. La bibliothèque de l'Arsenal, la BnF et la bibliothèque municipale de Toulouse possèdent chacune un exemplaire ; Éric Walbecq rapporte qu'un autre exemplaire a été vendu à Drouot mais ne précise pas la date ni le catalogue. Cette publication présente un intérêt moindre pour nous, car Ducasse n'a pas veillé lui-même à la diffusion de ce recueil collectif et n'est donc pour rien dans la circulation des exemplaires connus, à moins qu'il n'en ait acheté quelques-uns pour les distribuer, mais nous n'en avons aucune preuve.

« Il a toujours été dit, écrit Éric Walbecq, que [l'édition des *Chants de Maldoror* de 1869] n'était connue qu'à quatre ou cinq exemplaires[24]. » André Breton, qui avait mené une recherche pour mettre la main sur des exemplaires de cette édition, pensait qu'on surestimait le nombre de volumes en circulation, souvent confondus avec la réédition de 1874. Pourtant, le recensement d'Éric Walbecq fait mention d'un nombre plus important. Cette édition était celle de Lacroix et Verboeckhoven, imprimée mais finalement non mise en vente, cédée à Poulet-Malassis qui devait s'assurer de sa diffusion clandestine. Ducasse se procura quelques exemplaires afin de les distribuer en attendant que le conflit entre les deux éditeurs soit résolu. Dix exemplaires ont été localisés : celui de Poulet-Malassis, qui passa en vente chez Drouot en 1878, avant la redécouverte par les Jeunes Belgique, et qui semble avoir été récupéré plus tard par Remy de Gourmont, puis par Jacques Doucet ; celui de la BnF ; celui de Victor Hugo ; celui d'un collectionneur parisien qu'Éric Walbecq ne nomme pas ; celui que l'on trouve sur le catalogue d'Henri Matarasso[25] en 1937 et dont on a perdu la trace depuis lors ; celui qui fut proposé chez le même libraire un an plus tard[26] ; celui qui figure sur le treizième catalogue de la vente Berès[27] en 1936, revendu à plusieurs

24 *Ibid.*, p. 486.

25 *Beaux livres et autographes*, *op. cit.*, p. 83.

26 *Livres choisis en divers genres. Éditions originales, livres illustrés, beaux-arts*, catalogue publié par Henri Matarasso, n° 15, Paris, novembre 1938, p. 6.

27 Nos recherches ne nous ont pas permis de retrouver ce catalogue sur lequel Éric Walbecq ne donne pas de précisions. Les catalogues Berès de 1936 archivés à la BnF ne mentionnent pas d'éditions, mais la collection est lacunaire.

reprises au cours du siècle ; celui du catalogue de la librairie Gallimard de 1963[28] ; celui de la Harvard University de Cambridge, dont on a pu remonter la provenance jusqu'en 1943 seulement ; un autre exemplaire encore, vendu en Belgique à la fin du XXe siècle[29]. Si nous ne pouvons reconstituer le parcours de ces livres et identifier leurs propriétaires successifs, nous pouvons cependant affirmer qu'il y eut au moins dix exemplaires en circulation, et probablement plus.

Enfin, les volumes des *Poésies I* et *II* sont plus rares encore : pour la première plaquette, on connaissait l'exemplaire du dépôt légal à la BnF et celui d'Henri Mue, l'un des dédicataires, ancien condisciple de Ducasse. Le nom de Mue est écrit à l'encre de la main de Ducasse, et le cachet de la poste indique que l'envoi fut effectué depuis la rue Vivienne[30]. Quant à *Poésies II*, seul l'exemplaire de la BnF était connu. Mais Jean-Jacques Lefrère fit, en 1999, une découverte à la bibliothèque de l'Arsenal : un exemplaire de chacune des plaquettes de *Poésies*, accompagné de deux ex dono à Eugène Loudun. Ce dernier y avait occupé un poste de bibliothécaire entre 1849 et 1861, avant de quitter ses fonctions tout en conservant le titre de conservateur honoraire jusqu'à sa mort. Aucun autre exemplaire n'a été identifié depuis lors. Où sont passés les cinq cents exemplaires qui furent tirés de chacun des fascicules[31] ? Comme le pseudonyme de Lautréamont n'apparaissait pas sur la couverture, l'intérêt que durent susciter ces deux minces plaquettes signées Isidore Ducasse était nul jusque dans les années 1930, et il est probable que les quelques détenteurs de ces exemplaires n'ont pas cherché à les conserver avec soin.

Ce sont les seuls exemplaires connus d'œuvres distribuées par Isidore Ducasse. Il y en eut d'autres, à commencer par *Les Chants de Maldoror* envoyés à Lespès et Minvielle, et très certainement à Dazet ; mais il nous est impossible d'établir le nombre exact de ces exemplaires, de même qu'il nous manque combien trouvèrent un acheteur depuis la librairie où ils

---

28 *Éditions originales. Quelques livres illustrés. Autographes – manuscrits*, catalogue publié par Martin Gallimard, n° 34, Paris, 1963, p. 22.

29 L'existence de cet exemplaire, sans plus de précisions, est rapportée par Éric Walbecq, *op. cit.*, p. 490.

30 L'exemplaire d'Henri Mue a fait surface en 1975 sur le catalogue n° 343 de la librairie Auguste-Blaizot. On peut consulter une reproduction de l'annotation dans l'ouvrage de Jean-Jacques Lefrère, *Lautréamont*, *op. cit.* p. 189.

31 C'est ce qu'affirme le registre du contrôle des Archives nationales des imprimeries, consulté par Jean-Jacques Lefrère dans « Les Tirages du *Chant premier* et de *Poésies* », *Cahiers Lautréamont*, livraison XLIX-L, 1er semestre 1999, p. 100.

avaient été déposés. En 1874, l'édition invendue de 1869 fut dotée d'une nouvelle couverture et remise en vente par un éditeur belge, Rozez. Bertrand Combaldieu en a entrepris le recensement, et a localisé, de par le monde, plus de cent-vingt exemplaires[32]. Mais Ducasse n'était plus de ce monde depuis quatre ans déjà, et il n'est en rien responsable de leur mise en circulation.

RECONSTITUTION DU RÉSEAU DUCASSIEN

Un réseau est constitué d'individus qui tissent des liens entre eux et se regroupent. L'analyse structurale peut privilégier deux approches : celle du réseau personnel d'un individu, comme Isidore Ducasse, ou bien un réseau global, comme le milieu littéraire des années 1868-1870. Ce « milieu littéraire », à la fin du XIXe siècle, comprend quelques centaines de personnes, rassemblées en petits groupes autour de revues, de salons, de cénacles ou de mentors ; mais il est impossible de donner un nombre exact ni de fixer nettement les frontières de ce réseau. Les groupes délimités et les ensembles sont difficiles à établir : que doit-on inclure ou au contraire laisser en dehors du réseau ? Faut-il considérer comme un littérateur toute personne qui vit de sa plume ou, dans un sens plus large, toute personne qui aurait publié dans un intervalle de temps choisi ? Ou bien, au contraire, faut-il restreindre la liste aux habitués des lieux de sociabilités ? Si l'on opte pour ce choix, il faut encore définir ce qui constitue une habitude de fréquentation et l'on se heurte alors à un problème de premier ordre : à ce moment-là, Isidore Ducasse n'apparaît nulle part, sa présence n'est jamais mentionnée par qui que ce soit. On sait pourtant qu'il n'a pas fui le monde littéraire et qu'il a au contraire tenté d'établir des contacts, mais il passe certainement inaperçu parce qu'il n'a pas encore percé.

---

32 Bertrand Combaldieu, « *Les Chants de Maldoror* de 1874 : combien d'exemplaires ? Éléments de réponse », *Cahiers Lautréamont numériques*, 13 juillet 2019. URL : https://cahierslautreamont.wordpress.com/2019/07/13/les-chants-de-maldoror-de-1874-combien-dexemplaires-elements-de-reponse/. Recensement mis à jour dans « Les Deux Derniers Exemplaires (et quelques autres) », *Cahiers Lautréamont numériques*, 19 février 2020. URL : https://cahierslautreamont.wordpress.com/2020/02/19/les-deux-derniers-exemplaires-et-quelques-autres/ ; et dans « Possédé. Actualisation du recensement des éditions de 1869 et 1874 », *Cahiers Lautréamont numériques*, 14 avril 2020. URL : https://cahierslautreamont.wordpress.com/2020/04/14/possede-actualisation-du-recensement-des-editions-originales-de-1869-et-1874/. [consultés le 20 juillet 2020].

Quelles sont les ressources dont il dispose pour se faire reconnaître dans le monde littéraire ? Pour Pierre Bourdieu, le capital désigne un ensemble de ressources dont dispose un individu. Il distingue trois types de capitaux : économique, culturel et social. Ducasse dispose d'un bon capital économique[33], puisqu'il bénéficie assez librement de l'argent de son père, et d'un capital culturel[34] solide – une éducation bourgeoise, une formation littéraire, un style singulier fait de vocables rares. Mais son capital social, que Bourdieu définit comme « l'ensemble des ressources actuelles ou potentielles qui sont liées à la possession d'un réseau durable de relations plus ou moins institutionnalisées d'interconnaissance et d'interreconnaissance[35] », fait défaut : il a peu de connaissances pouvant favoriser son insertion dans le milieu. Nan Lin résume ce concept comme l'utilisation de ressources relationnelles pour parvenir à un résultat[36] : en d'autres termes, Ducasse n'a peut-être pas choisi les bons contacts et aucun des cercles qu'il a fréquentés n'aura pu lui servir de passerelle. Enfin, le temps lui aura aussi manqué : mort subitement à vingt-quatre ans, Ducasse n'avait embrassé la carrière des lettres que depuis un peu plus de deux ans. Cette approche utilitariste a souvent été reprochée aux sociologues des réseaux, car elle tend à n'étudier les interactions entre individus que sous l'angle de l'intérêt. Bourdieu supposait que l'acte gratuit et désintéressé n'existait pas, postulant même que l'individu peut parfois avoir un intérêt au désintéressement. Il convient de faire la part des choses : dans la situation de Ducasse, les démarches auprès des acteurs du monde littéraire sont intéressées – il s'agit de prendre contact, de faire parler de soi, de trouver de l'aide et des diffuseurs –, mais l'envoi des *Poésies* à Lespès et à Minvielle, qui étaient loin de Paris et de toute

33 La notion de *capital* a été développée par Pierre Bourdieu dans « The Forms of Capital », *in* John George Richardson, *Handbook of Theory and Research for the Sociology of Education*, Wesport [Connecticut], Greenwood Press, 1986, p. 241-258. D'autres traditions sociologiques proposent des formes de capitaux supplémentaires. Le capital économique désigne les ressources économiques de l'individu, c'est-à-dire ses revenus et son patrimoine matériel et financier.

34 Le capital culturel correspond à un ensemble de ressources symboliques, de dispositions et de qualifications intellectuelles. Il s'agit d'un capital puisqu'on peut accumuler ces ressources tout au long de sa vie. Outre les diplômes décernés par le système scolaire, ce capital comprend également l'éducation transmise par les parents aux enfants. *Ibid.*

35 Pierre Bourdieu, « Le capital social. Notes provisoires », *Actes de la Recherche en Sciences Sociales*, nº 31, janvier 1980, p. 2-3.

36 Nan Lin, « Les Ressources sociales : une théorie du capital social », *Revue française de sociologie*, vol. XXXVI, nº 4, octobre-décembre 1995, p. 685-704.

préoccupation littéraire, prouve qu'il l'a fait par sympathie, par amitié, pour se rappeler à leur bon souvenir mais sans attendre d'aide en retour.

Son attitude est ambiguë : en marge du milieu littéraire, Ducasse est obligé de chercher à entrer dans les bonnes grâces de ceux qui occupent des positions plus centrales et qui disposent de plus de ressources ou de prestige. Or, il doute peu de sa réussite future et il les courtise parfois avec une certaine répugnance. Sa correspondance montre son assurance et parfois même de l'arrogance. Il s'active à sa réussite littéraire en cherchant à diffuser ses écrits. Outre les envois aux critiques, il fait plusieurs choix stratégiques : publier son *Chant Premier* dans un recueil collectif de poésie, ou encore insérer dans son livre des réclames pour les nouveautés d'auteurs qu'il a pu côtoyer. Ducasse espère aussi un échange de bons procédés, car son souci, c'est d'être visible parmi les nombreuses productions du moment et de faire sa place dans un milieu social déjà structuré. Quels atouts possède-t-il pour négocier sa place ? A-t-il mobilisé beaucoup de temps et de moyens pour entretenir ses relations et faire fonctionner ses contacts ? En gardant à l'esprit que sa mort précoce a annihilé tous ses efforts, on peut légitimement se demander s'il sait s'y prendre. Il ne semble pas publier dans les revues, il n'intègre aucun groupe qui nous soit connu, il ne s'investit dans rien. Était-ce parce que ses textes ont tous été refusés ? Dans ce cas, il aurait été peu probable que l'auteur maintienne ses rapports avec les directeurs. Inversement, si une revue avait régulièrement publié des textes de sa plume, le directeur aurait peut-être figuré dans les dédicaces. On peut penser que Ducasse s'est volontairement tenu à l'écart, se consacrant exclusivement à son œuvre de poète et à sa diffusion. Ce caractère individualiste explique sa marginalité, et s'il a besoin des autres pour exister littérairement, il n'est en revanche indispensable à personne, ce qui renforce encore la précarité de sa situation.

L'absence de sources nous oblige à formuler des hypothèses dont la validité scientifique peut être contestée. Les découvertes biographiques viennent modifier la perception que l'on a de ses fréquentations. Louise Bader, directrice de *La Revue populaire* qui tenait salon et rassemblait autour d'elle de nombreux littérateurs aujourd'hui oubliés, a pris une importance croissante dans le réseau. En plus des échanges de réclames qu'ils ont opérés, Louise Bader est souvent un relai entre Ducasse et certains de ses contacts. On peut alors lui conférer une position dite de centralité. Isidore Ducasse est toujours à la marge, quel que soit le groupe ou le milieu que l'on observe : s'il faut relativiser son isolement – par exemple parce qu'il doit fréquenter la Librairie internationale de Lacroix, où il pouvait croiser les grands auteurs publiés par l'éditeur –, difficile de dire s'il a su y créer des relations. Il semble en tout cas n'avoir laissé aucun souvenir dans la mémoire des gens. Les cercles où il gravite sont d'importance discutable ; on n'y trouve guère de grand littérateur et la postérité a oublié presque tous les contacts du jeune homme, même les mieux établis alors. Il y a également, parmi les milieux qu'il fréquente, des zones d'ombre, comme le milieu des littérateurs hispano-américains. C'est dans les petites revues étudiantes du Quartier latin qu'il trouve ses amis, des gens qui cherchent aussi une reconnaissance, même si lui appartient plus aux quartiers huppés de la « rive droite ». Les relations de Ducasse sont plutôt égalitaires : il n'est pas sous la coupe d'un mentor, il ne courtise pas un « grand » – excepté Hugo –, il essaie, avec ses amis, de gagner quelque notoriété. Mais ses amis ayant choisi la voie du journalisme, ils bénéficient d'une tribune et d'une visibilité, bien que très relatives, qui lui font défaut.

CARTOGRAPHIE DES RELATIONS SOCIALES D'ISIDORE DUCASSE

Le réseau social d'Isidore Ducasse, tel que nous le connaissons actuellement, peut être représenté par un graphe. Afin de constituer ce réseau, plusieurs critères ont été retenus : la personne doit vivre à Paris ou bien avoir des liens avec le Paris littéraire. C'est ce qui explique la présence de certaines relations de Ducasse dont nous ne sommes pas certain qu'ils aient lu ses œuvres, et au contraire l'absence de Paul Lespès et de Georges Minvielle, qui ont effectivement reçu des exemplaires mais qui n'avaient aucun lien avec la vie littéraire : comme ils figurent néanmoins parmi les premiers lecteurs avérés, nous les réunissons sous une catégorie plus englobante. Dans cette approche des relations d'Isidore, nous considérerons souvent les interactions d'un point de vue utilitariste afin de voir en quoi elles éclairent les stratégies de l'auteur. Il n'est pas exclu que certaines relations professionnelles se soient doublées d'une relation d'amitié par ailleurs.

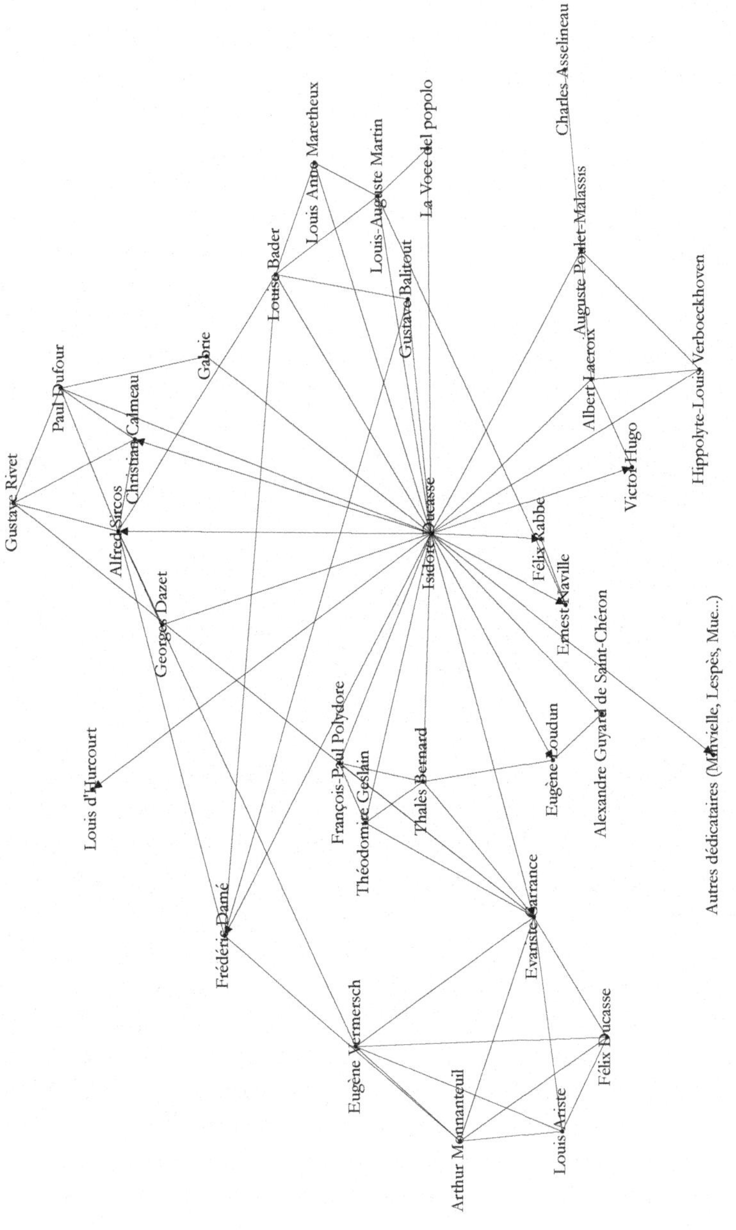

FIG. 4 – Graphe 1 – Le Réseau social d'Isidore Ducasse (1868-1870).

GEORGES DAZET

Georges Dazet tient une place importante dans la vie de Ducasse. Fils de Jean Dazet, un ami que François Ducasse avait choisi pour être le correspondant d'Isidore Ducasse à Tarbes pendant ses années de lycée, Georges était plus jeune que son ami de six années. Leur amitié fut probablement forte : le poète mentionne Dazet neuf fois dans son *Chant premier* de 1868. Dans la version du texte qu'il soumit l'année suivante à Évariste Carrance pour le concours littéraire des *Parfums de l'âme*, il réduisit le nom à son initiale « D. », avant de le supprimer totalement. Dans la version finale de 1869, Dazet fut remplacé par un bestiaire déroutant : le célèbre « poulpe au regard de soie[37] », le rhinolophe[38], le « pou vénérable[39] », « les quatre pattes-nageoires de l'ours marin de l'océan Boréal[40] », le « crapaud[41] » et enfin l'« acarus sarcopte qui produit la gale[42]. » L'amitié adelphique de Ducasse et Dazet ne fut peut-être pas si pure ; il semble d'ailleurs que celui qui célèbre la pédérastie dans son *Chant cinquième* était hanté par le fantasme de ces amitiés particulières adolescentes[43]. La famille Dazet s'opposa-t-elle, pour étouffer un scandale, à ce que le nom de leur fils apparaisse dans *Les Chants de Maldoror* ? Ce sont peut-être des négociations de ce genre qui retardèrent de quelques mois la publication du *Chant premier* en 1868.

Ducasse en prit-il ombrage, lui qui accepta de retirer le nom, et, un an plus tard, dédiait encore ses *Poésies* à son ami Georges ? La dédicace est peut-être un règlement de compte ironique avec d'anciens amis, détenteurs d'une morale bourgeoise que Ducasse aurait voulu railler dans la suite de cette plaquette où il dynamite la rhétorique et la

37 Lautréamont, *op. cit.*, p. 31.
38 *Ibid.* p. 40.
39 *Ibid.* p. 52.
40 *Ibid.* p. 53.
41 *Ibid.* p. 54.
42 *Ibid.* p. 57.
43 Jean-Jacques Lefrère suppose que c'est un scandale de ce genre qui mena la famille d'Edmond Dragon de Gomiécourt à l'écarter d'Isidore Ducasse. Gustave Hinstin, le professeur de rhétorique à qui l'auteur dédie ses *Poésies*, eut également des démêlés avec la justice vers la fin de sa carrière, à cause d'une relation qu'il avait entretenue avec l'un de ses élèves. Jean-Jacques Lefrère, *op. cit.*, p. 198.

littérature classique. Dazet fut certainement le confident d'Isidore et le témoin privilégié d'une œuvre en cours d'élaboration. Il est regrettable qu'aucun des lecteurs de Lautréamont n'ait eu l'idée d'aller interroger celui qui, entre-temps, était devenu conseiller général ainsi que le secrétaire de Jules Guesde. Il mourut en 1920 : Léon Genonceaux, Remy de Gourmont et Valery Larbaud avaient déjà fait des découvertes biographiques importantes mais pas plus que les surréalistes, qui se revendiquèrent de Lautréamont dès 1917, ils n'eurent l'idée de faire des recherches sur les dédicataires des *Poésies*. Quand François Alicot se mit à interroger Lespès, Georges Dazet n'était plus et il avait emporté avec lui dans la tombe de nombreux secrets des *Chants de Maldoror* qu'il n'aurait peut-être pas souhaité révéler. C'est ainsi que Lespès écrivit dans une lettre à Alicot :

> Qui aurait pu mieux que Dazet vous documenter ? J'ai eu plusieurs fois l'occasion dans ma vie d'apprécier cet esprit si fin, si souple et le dirai-je ? au fond si classique, cet avocat de talent qui n'a pu malheureusement donner toute sa mesure. Dazet a, si je ne me trompe, bien connu Ducasse à Paris en 1868 et 1869. Mieux que pas un, il a pu dire à ses amis de Tarbes ce qu'il savait, ce qu'il pensait de son compagnon[44].

Proche de Ducasse, Dazet fut certainement l'un de ses premiers lecteurs, puisque c'est à lui que Maldoror s'adresse ; peut-être joua-t-il également un autre rôle en introduisant son ami auprès de l'un de ses contacts, offrant ainsi une opportunité pour Ducasse de s'intégrer à la vie journalistique parisienne. En effet, Dazet et Paul Émion, qui allait bientôt se faire appeler Alfred Sircos, avaient tous deux fait leurs classes au lycée Charlemagne au cours de l'année 1867-1868. Élève brillant, le jeune Georges Dazet avait été repéré à Tarbes et il fut invité à rejoindre l'établissement prestigieux. Il allait y mener une scolarité remarquable. Le soir, Dazet était pensionnaire de l'institution Massin, dans le Marais. Son correspondant dans la capitale était Charles Tronsens, célèbre caricaturiste, directeur de *L'Image – Paris Comique*, que Ducasse eut peut-être l'occasion de visiter.

Comment Ducasse rencontra-t-il Paul Émion, et, par son intermédiaire, tout le microcosme des petites revues du Quartier latin ? L'hypothèse

44 Lettre à François Alicot, 1927, reproduite dans les *Cahiers Lautréamont*, livraisons V-VI, 1er semestre 1988, p. 30.

selon laquelle Dazet a servi d'intermédiaire le place dans une position forte au sein de cette triade et lui confère un rôle plus grand qu'il n'y paraît dans l'accession de Ducasse au monde littéraire parisien. Dès lors que l'on passe de l'étude d'une dyade à celle d'une triade relationnelle, la présence de facteurs inconnus oblige à des suppositions. Dazet et Émion se connaissaient-ils vraiment, ou seulement de vue ? Étaient-ils en relation directe ou indirecte par des amis communs ? Il est probable que Dazet ait introduit Ducasse auprès de Paul Émion. En 1905, à la mort de ce dernier, Dazet figura parmi les anciens du lycée Charlemagne conviés aux obsèques. Jean-Jacques Lefrère en déduit que les deux condisciples étaient des amis de jeunesse et qu'ils restèrent en contact après le temps du lycée[45]. Il est tout du moins certain que les deux se connaissaient. Difficile, dans cette triade d'amis, de savoir quelles sont les relations les plus anciennes et les plus fortes. Dazet, qui semble avoir joué les intercesseurs entre Ducasse et Sircos, était en position de force pour négocier, faire circuler les informations ou au contraire les retenir s'il le désirait. Heureusement pour Ducasse, son ami n'avait pas l'intention de se lancer dans les lettres ni de publier dans la revue de Paul Émion ; il n'y avait donc pas concurrence entre eux et, s'il a joué les médiateurs, on peut penser que Dazet n'avait aucune raison de s'opposer à la prise de contact entre ses deux amis.

Quelle fut la place qu'occupait Dazet dans cette triade, qui allait s'ouvrir à un groupe de jeunes gens ? Son amitié avec Ducasse constitue un lien très fort. Avec Paul Émion, le lien a pu être fort également si tous deux étaient amis au lycée Charlemagne. En ce cas, le lien le plus faible de cette triade serait entre Ducasse et Émion, et cela pourrait expliquer pourquoi Ducasse ne fut jamais publié dans les colonnes de *La Jeunesse* : Sircos ne le connaissait peut-être pas directement. Si, en revanche, le lien entre Dazet et Émion ne fut jamais que celui de camarades éloignés, Dazet a pu mettre Ducasse en relation avec son condisciple, mais leur relation s'est ensuite construite sans lui. C'est l'hypothèse la plus probable, car Dazet n'a pas cherché à faire une carrière dans les lettres. Cette triade montre comment prend place, dans un réseau qui peut être encore plus élaboré, un jeu complexe de pouvoir, d'influences, de coalitions et de médiations. Les « trous structuraux », ces inconnues qui posent problème, sont nombreux dans le réseau très lacunaire des

45 Jean-Jacques Lefrère, *op. cit.*, p. 344.

relations d'Isidore Ducasse, mais une des caractéristiques de sa position, sa malchance, est de ne jamais se situer du bon côté des choses : il ne peut jamais exploiter une situation privilégiée dans laquelle il jouerait un intermédiaire et bénéficierait d'une forme de pouvoir pour négocier. La seule ressource dont il dispose, c'est l'argent de son père. Peut-être en fait-il profiter ses amis littérateurs, mais face à des gens déjà en place dans le monde des lettres, c'est bien peu de choses. En revanche, c'est toujours lui qui est en position de dépendance et contraint de démarcher pour obtenir des comptes rendus, des recommandations ou des appuis. Ainsi, pour approcher Victor Hugo et capter son attention, il fait savoir à celui-ci qu'il publie chez son éditeur Lacroix ; pour négocier avec Poulet-Malassis, il est encore dépendant de l'évolution des négociations avec Lacroix, et ses lettres révèlent qu'il n'est pas tenu au courant de l'avancée de l'affaire puisqu'il est contraint de demander des détails à l'éditeur de Baudelaire. Ducasse ne dispose pas d'informations précieuses à négocier, il n'a rien à échanger si ce n'est un texte dont la teneur, trop sulfureuse, embarrasse les éditeurs plus qu'elle ne les attire.

PAUL ÉMION

Parmi les douze dédicataires de *Poésies I*, il en est au moins deux qui sont la preuve d'une activité littéraire parisienne de Ducasse : les directeurs de revue Alfred Sircos et Frédéric Damé. Sircos est en réalité le pseudonyme de Paul Émion, directeur de la revue *La Jeunesse* qui publia l'un des seuls comptes rendus connus des *Chants de Maldoror*. Cet échange de bons procédés – un article contre une dédicace – est une preuve qu'il y eut bien une relation entre Ducasse et Sircos. N'était-elle que purement professionnelle ? Il est impossible de le savoir. Fils de juriste, Paul Émion était né en 1850 et était donc plus jeune que Ducasse de quatre ans. Il était issu d'une famille bourgeoise aux opinions républicaines. Il fit ses études au lycée Charlemagne jusqu'en 1868 et c'est là qu'il rencontra probablement plusieurs de ceux qui allaient collaborer à sa revue. Parmi ses camarades de classe, il eut, à partir de sa classe de rhétorique, Jean Richepin, le futur auteur de la *Chanson des gueux*, également pensionnaire de l'institution Massin. Dès le temps du lycée, Émion avait entrepris des activités de directeur de revues en amateur. Il avait, dès 1865, adopté ce pseudonyme pour composer des vers et une petite pièce de théâtre ; mais c'est en 1868, au moment de commencer ses études de droit, qu'il fonda avec quelques amis *La Jeunesse, revue littéraire, critique et philosophique*, dont il devint rédacteur en chef. La publication, qui reçut comme tant d'autres un encouragement de Victor Hugo, allait s'échelonner sur vingt-huit numéros, entre le 1er juillet 1868 et le 12 avril 1869. Elle était financée par les parents de Paul Émion et son siège social était la chambre d'étudiant du directeur, au 9 de la rue d'Ulm. Parmi les collaborateurs réguliers figuraient Gustave Rivet, Jean-Christian Calmeau, ainsi que Jean Richepin.

De nombreux articles étaient signés de pseudonymes. C'est ce qui a conduit Curt Muller à attribuer à Isidore Ducasse un texte en prose intitulé « Choses trouvées dans un pupitre », signé *** comme l'était l'édition du *Chant premier* de 1868[46]. Il s'agit d'un texte en trois parties datées du 7 novembre 1866, de janvier 1867 et de 1868. Curt Muller estimait que le texte se rapprochait, par son style et par ses thèmes, de la prose de Ducasse. C'est également l'opinion de Jean-Luc Steinmetz, qui le fait entrer dans le corpus des œuvres complètes de Ducasse[47]. Pourtant, le texte convoque de nombreuses images qui sont des lieux communs du romantisme. Ce rapprochement est justifié par une seule phrase, « C'est la pieuvre du romancier qui me saisit, me tient, me serre dans ses hideux embrassements », et encore cela est-il à relativiser : avec le succès des *Travailleurs de la mer*, les pieuvres étaient à la mode dans la littérature de l'époque. Cette pieuvre-là tient cependant du vampire : « elle me boit, m'aspire, s'assimile mon être. » Mais c'est surtout l'étrangeté du syntagme qui interpelle. Le reste du texte semble un peu fade comparé à la flamboyance de la prose du comte de Lautréamont. Une signature commune (qui n'est qu'une convention éditoriale pour les textes anonymes) et la mention d'une pieuvre suffisent-elles à faire de Ducasse l'auteur de ces *Choses trouvées dans un pupitre* ? Il y aurait bien d'autres articles anonymes, dans *La Jeunesse*, qui pourraient tout autant

46 Curt Muller, « Documents inédits sur le comte de Lautréamont (Isidore Lucien Ducasse) et son œuvre », *Minotaure*, n° 12-13, mai 1939, p. 73-83.

47 Lautréamont, *Œuvres complètes*, édition établie, présentée et annotée par Jean-Luc Steinmetz, *op. cit.*, p. 314-315.

être de la plume de Ducasse. Ducasse écrivit-il sous un pseudonyme dans les colonnes de *La Jeunesse*? C'est possible, mais non prouvé. Il entretenait cependant de nombreux liens avec ses collaborateurs. Dans sa lettre à Victor Hugo, il mentionnait également le compte rendu qui avait été fait de son œuvre et donnait le nom du journal.

Des relations entre Alfred Sircos et Isidore Ducasse nous ne savons rien. Pendant longtemps, on a pensé qu'Épistémon, l'auteur du compte rendu, était le directeur, remercié parmi les dédicataires des *Poésies*. Il n'en est rien : Paul Émion délégua la tâche à Jean-Christian Calmeau ; aussi n'est-il même pas certain qu'il ait lu l'ouvrage[48]. Pourtant, deux ans plus tard, Isidore Ducasse estimait toujours Alfred Sircos au point de lui dédier son œuvre. Sircos avait également publié, en 1868, une petite plaquette, *De l'égoïsme dans la vie – Fragments trouvés dans la poche d'un pendu*, qui possède avec les *Poésies* de Ducasse certaines similitudes, tant dans la forme – il s'agit d'un essai philosophique prétendument retrouvé dans les poches d'un pendu – que dans le fond – Sircos y fustige l'égoïsme comme le mal moderne qui rend l'homme hideux et engendre en lui un individualisme profond et regrettable. Le ton employé, péremptoire, n'est pas si éloigné de celui du moraliste intransigeant qu'adoptera Ducasse dans ses *Poésies*, le moment venu de déplorer avec emphase la décadence de la société de son temps. Il est probable que Ducasse a lu cet opuscule, dont *La Jeunesse* avait souligné la sortie, et qui se présentait comme le premier fragment d'une publication permanente – un format que Ducasse adopterait plus tard pour ses *Poésies*. Les rapports qu'il a entretenus avec les autres personnes du groupe de *La Jeunesse* nous conduisent à penser qu'il avait une certaine proximité avec Paul Émion. S'il n'écrivit pas dans la revue – du moins pas à visage découvert –, il est presque certain qu'il fréquentait ce groupe de jeunes littérateurs étudiants.

Nous ne saurons guère s'il partageait leurs convictions politiques. *La Jeunesse* allait bientôt se radicaliser et, d'un simple hommage à Victor Hugo en exil, renforcer progressivement ses positions républicaines. À partir de 1869, Sircos fit de sa revue un organe politique et ne tarda pas à s'attirer des ennuis. *La Jeunesse* connut son dernier numéro en avril.

48 Jean-Jacques Lefrère, *Isidore Ducasse, auteur des Chants de Maldoror par le comte de Lautréamont*, *op. cit.* p. 357-358. L'identité d'Épistémon se trouvait explicitement dévoilée dans les papiers personnels de Paul Émion conservés par la famille.

Par la suite, Paul Émion fonda une nouvelle revue, *L'Union des Jeunes*, qui allait être distribuée chez plusieurs marchands parmi lesquels la librairie Gabrie où Ducasse déposerait ses *Poésies*. Le poète ne figure pas dans la liste des adhérents publiée par *L'Union des Jeunes*. Parti en province, Émion devint secrétaire de rédaction au *Doubs*, puis rédacteur en chef de *La Commune*, journal d'opposition de Blois. Ses articles virulents dans cette dernière publication lui valurent d'être condamné à six mois de prison et à mille cinq cents francs d'amende pour « excitation à la haine et au mépris du gouvernement ». Frans De Haes s'interroge : « Ainsi surgit le problème des relations qui ont pu exister entre Ducasse et le jeune révolutionnaire Sircos. Sont-ce les idées de ce dernier qui ont provoqué la "conversion" de Lautréamont et qui lui ont fait renier l'esprit de Maldoror ? Autrement dit, les *Poésies* seraient-elles l'écho de ce groupe de jeunes, écœurés par les hypocrisies de l'époque et soucieux d'établir un nouvel ordre ? Ducasse a-t-il fréquenté leurs réunions[49] ? » Les surréalistes feront beaucoup pour propager l'image d'un poète révolutionnaire, et pour le situationniste Raoul Vaneigem, il ne fait non plus aucun doute que Ducasse a partagé leurs opinions et qu'il ne s'est pas montré le plus passif dans leurs activités subversives. Il convient de nuancer ces affirmations, car Ducasse peut tout autant avoir été réactionnaire, ou simplement indifférent à la politique, comme le suggérait Paul Lespès.

GUSTAVE RIVET

Gustave Rivet ne figure pas parmi les dédicataires des *Poésies*. Ami de Paul Émion, Rivet était secrétaire de rédaction de *La Jeunesse*. Il était lui aussi passé par le lycée Charlemagne avant de faire sa classe de philosophie à Louis-le-Grand. Il échoua au concours d'entrée à l'École normale supérieure et devint répétiteur au lycée de Vendôme, puis maître d'études au lycée Napoléon. Il vivait lui aussi dans le Quartier latin, au 72 de la rue des Feuillantines, non loin de la rue d'Ulm. Très actif au

49 Frans De Haes, *Images de Lautréamont. Histoire d'une renommée et état de la question*, Gembloux, Duculot, 1970, p. 25.

sein de *La Jeunesse*, il y publiait ses articles sous différents pseudonymes, parmi lesquels Giuseppe Minuccio, Hector L'Estraz ou encore Enjolras, du nom d'un personnage des *Misérables*, ce qui indique ses opinions politiques républicaines[50].

S'il n'y a aucune preuve d'une quelconque interaction entre Isidore Ducasse et Gustave Rivet, il est néanmoins intéressant de constater que leurs deux noms se retrouvent sur une même page dans un autre contexte. En février 1869, l'éditeur bordelais Évariste Carrance fait paraître une anthologie poétique, *Les Parfums de l'âme*, constituée de textes envoyés dans le cadre d'un concours qu'il a organisé à Bordeaux. Il s'agit d'une publication à compte d'auteur déguisée : chaque participant payait à la ligne le texte qu'il souhaitait insérer. Ducasse fut le meilleur client de Carrance, puisqu'il publia dans le volume une seconde version du *Chant premier*, légèrement différente de celle qu'il avait publiée en 1868 et qui occupe trente-cinq pages dans un volume de cent quatre-vingt-dix. Gustave Rivet, quant à lui, publia un poème versifié, « Les Joies du collège », sous son pseudonyme d'Hector L'Estraz. Il est très probable que Ducasse a entendu parler d'Évariste Carrance par Rivet et qu'il a décidé de saisir lui aussi cette opportunité de toucher le public. Ducasse semble suivre les conseils de ses amis pour trouver des moyens de se faire publier, à défaut d'avoir, lui-même, ses entrées dans les milieux éditoriaux.

La théorie selon laquelle Rivet aurait orienté Ducasse vers Évariste Carrance renforce sa présence parmi les membres de *La Jeunesse* et indique qu'au-delà de Paul Émion, le poète entretenait des amitiés avec d'autres collaborateurs. Néanmoins, en l'absence de preuves tangibles d'un lien entre Ducasse et Rivet, on pourrait penser qu'il ne s'agit que d'une coïncidence. Après tout, Rivet et Ducasse, tous deux jeunes et désireux de se voir imprimés, pouvaient bien avoir chacun entendu parler du concours poétique d'Évariste Carrance. Ducasse, qui était passé par Bordeaux en 1867, avait peut-être ses propres contacts là-bas. Le sociologue Stanley Milgram a énoncé, en 1967, une théorie connue aujourd'hui sous le nom de « théorie du petit monde[51] » : les individus peuvent tous être reliés entre eux par des chaînes qui comptent en moyenne 5,2 intermédiaires.

50 Enjolras est, dans le roman de Victor Hugo, le meneur charismatique d'un petit groupe de révolutionnaires républicains qui vont participer activement à l'insurrection de 1832. Il devint rapidement un symbole du combat politique et sous la Commune, la militante anarchiste Louise Michel adopta également ce pseudonyme.

51 Stanley Milgram, « The Small-World Problem », *Psychology Today*, n° 1, May 1967, p. 62-67.

On peut relier assez aisément deux personnes qui ne se connaissent pas, et cela est d'autant plus vrai lorsqu'elles fréquentent les mêmes milieux. Le milieu littéraire est lui aussi un petit monde, constitué de groupes qui se côtoient et se mélangent parfois. Quant aux littérateurs de province, ils ont tout intérêt à conserver un grand nombre de contacts parisiens, afin d'être informés de tout ce qui s'y passe. La biographie de Ducasse est pleine de ces coïncidences où les individus se recroisent de manière surprenante et inattendue, parfois sans même savoir qu'ils ont des connaissances communes : le successeur de Joseph Darasse à la tête de la banque dont dépend Ducasse, Raymond Dosseur, est un cousin éloigné de son ami d'enfance Edmond Dragon de Gomiécourt, mais également un parent par alliance de Charles Asselineau, qui sera l'un des premiers critiques des *Chants de Maldoror*. La clique[52] réunie autour de la revue de Louis Ariste, et à laquelle appartient Évariste Carrance, est un autre exemple d'une réunion, probablement due au hasard, d'individus qui se connaissaient entre eux mais que l'on peut relier à Ducasse par l'intermédiaire de connaissances communes[53]. Enfin, la fille d'Auguste Delmas, condisciple du poète au lycée de Tarbes, sera, des années plus tard, une amie de Léon Bloy, l'un des premiers écrivains à contribuer à la redécouverte des *Chants de Maldoror*.

JEAN-CHRISTIAN CALMEAU, *ALIAS* ÉPISTÉMON

Rares sont les critiques qui signalèrent l'édition du *Chant premier*. Le premier d'entre eux écrivait dans les colonnes de *La Jeunesse* sous le pseudonyme d'Épistémon et son compte rendu, bien que très synthétique, constituait un commentaire fin et plutôt pertinent de l'œuvre de Ducasse. Né en 1851, il s'appelait de son vrai nom Jean-Christian Calmeau, et il était l'ami d'Alfred Sircos, qu'il avait rencontré au lycée

52 En sociologie, on désigne par le terme « clique » un groupe où tous les individus se connaissent et ont des interactions. Les cliques sont de petits ensembles au sein d'un réseau plus vaste ; elles supposent des liens forts entre leurs membres.

53 La biographie de Jean-Jacques Lefrère souligne régulièrement ces rencontres qui se produisent de manière fortuite dans ce qu'il appelle le « lautréamonde ». *Op. cit.*

Charlemagne. *Épistémon* signifie en grec « celui qui sait », c'est le nom du précepteur de Pantagruel. Pendant longtemps, il était admis que ce pseudonyme était celui de Sircos, puisque Ducasse le remerciait dans ses *Poésies*. Jean-Jacques Lefrère a néanmoins retrouvé, dans les affaires personnelles de Paul Émion, une chemise cartonnée réunissant des documents liés à Calmeau. Une indication manuscrite signale un autre de ses pseudonymes : Sylvius. Fils d'un notaire, Calmeau resta au lycée Charlemagne jusqu'en septembre 1869. Il fit ensuite des études de médecine ; en 1880, il publia une thèse intitulée *De l'étiologie de la scrofule*[54]. Cette fréquentation aurait pu expliquer l'insertion de vocables issus du lexique médical dans les *Chants de Maldoror*, mais en 1869, alors que Ducasse achève la rédaction des *Chants*, Calmeau est encore en classe de philosophie. La scrofule, maladie porcine proche de la tuberculose, n'aurait pas détonné dans les « beau comme » des *Chants de Maldoror*.

PAUL DUFOUR

Membre du groupe de *La Jeunesse*, Paul Dufour a été négligé par les chercheurs ducassiens. Les Archives de Paris font état d'un Paul Thomas Dufour né le 28 mars 1852 et d'un Paul Jean Dufour né le 19 février 1853, tous deux dans le XIIe arrondissement. Jean-Jacques Lefrère ne le mentionne qu'en passant : dans le dernier numéro de la revue, Rivet, en sa qualité de secrétaire de rédaction, informa les lecteurs que Dufour, collaborateur régulier, allait remplacer Sircos à la direction. On le retrouve ensuite en tant qu'administrateur de *L'Union des jeunes*, toujours aux côtés de Sircos, mais il abandonna son poste en septembre 1869 pour poursuivre sa carrière de journaliste en province. Sircos fit de même, et lorsqu'il était secrétaire de rédaction au *Doubs*, il reproduisit un feuilleton que Dufour avait donné pour *La Jeunesse*. Puisqu'il est désormais certain que Ducasse avait, avec les membres de *La Jeunesse*, des échanges professionnels et peut-être amicaux, on peut penser qu'il connaissait aussi Paul Dufour. Un autre élément vient renforcer cette idée : Ducasse et Dufour ont choisi le même point de vente pour leurs

54 Jean-Christian Calmeau, *De l'étiologie de la scrofule*, Paris, 1880, Derenne, 95 p.

publications. Dans sa biographie de Ducasse, Jean-Jacques Lefrère note que *L'Union des jeunes* était distribuée « chez plusieurs marchands de livres et de journaux, dont la librairie Gabrie, 25 passage Verdeau, qui sera l'année suivante le dépositaire des deux fascicules de *Poésies*[55]. » Gabrie n'a eu en fait que deux auteurs à son catalogue : Isidore Ducasse était le dernier ; Paul Dufour le premier, un an auparavant. En 1869, celui-ci fit paraître une comédie en un acte en vers, *L'Écolier*[56]. Sircos, Dufour et Ducasse partagèrent donc un dépositaire pour leurs plaquettes : sans doute ne faut-il pas y voir l'effet du hasard, mais plutôt celui d'un échange de conseils entre collaborateurs littéraires.

La pièce de Dufour est assez étrange : sous son air édifiant, il s'agit d'une saynète subversive quand on considère les rapports entre les personnages. Un professeur, bon bourgeois, fait la cour à sa maîtresse dans le dos de sa femme, mais la maîtresse se méfie de lui et le voit, à raison, comme un séducteur. Elle a déjà été trompée par un homme dans le passé, qui l'a abandonnée avec un enfant dont elle s'est depuis délestée. Un élève du professeur le surprend en pleine tentative d'infidélité. Or, cet adolescent a lui-même des vues sur la femme de son maître. Pour le plaisir de lui nuire, il révèle à la maîtresse la situation d'homme marié de son soupirant, faisant ainsi échouer la tentative de séduction. Au cours de cet entretien, la femme reconnaît dans cet élève, orphelin, le fils qu'elle avait abandonné et qu'elle croyait mort. S'estimant néanmoins indigne de le reprendre, elle va menacer le professeur de tout révéler à sa femme à moins qu'il n'adopte sur-le-champ le petit orphelin. Les dernières paroles témoignent de la vertu édifiante de la mère, qui vient de faire acte de sacrifice en renonçant au bonheur de retrouver son fils, afin de lui assurer un avenir meilleur. Ce drame bourgeois un peu mièvre, qui repose sur une scène de reconnaissance éculée et sur une utilisation grossière du pathos, est pourtant désigné comme une comédie.

Il y a en effet dans ce texte, à première lecture, des éléments troubles qui détonent. Ainsi, la mère et le fils se ressemblent et sont tous deux comparés à des chérubins : ce lieu commun introduit une confusion des sexes et des identités[57], en même temps qu'une ambiguïté sur les jeux

55 Jean-Jacques Lefrère, *op. cit.*, p. 361.

56 Paul Dufour, *L'Écolier*, Paris, Gabrie, 1869, 23 p. Nous remercions Sylvain-Christian David qui nous a signalé cet ouvrage.

57 Une note de mise en scène indique également que l'élève doit être joué en travesti, conformément à la tradition théâtrale de l'époque.

amoureux auxquels se livre un enfant précoce. Amoureux de la femme de son maître, il n'exclut pas pour autant de séduire la maîtresse, qu'il a jugée au premier abord attirante. Il profite de son trouble et ne vient pas vers elle avec des intentions louables. L'élève n'est qu'un double de son maître libertin puisqu'il choisit les mêmes cibles que lui. S'instaure un carré amoureux : le maître séduit la mère, tandis que le fils entend séduire la femme du maître. La jeune femme n'est pas non plus insensible à ce jeune chérubin, qu'elle trouve « gentil » au premier regard, avant de reconnaître en lui son fils. Les épithètes qu'elle lui confère témoignent d'un jeu de séduction qui dure anormalement : au moment où elle va le reconnaître, elle l'appelle encore « mon séduisant conteur ». Enfin, la pièce s'achève non pas sur une fin vertueuse, mais sur une nouvelle promesse d'immoralité diffuse : le fils, qui ne sait pas qu'il vient de rencontrer sa mère, se réjouit à l'idée d'être adopté par le maître et de pouvoir considérer la femme de celui-ci comme sa mère : « J'aurais été le fils de ma mère adoptive / Mais… doublement son fils – et d'une ardeur plus vive[58]. » *L'Écolier* est donc une curieuse entreprise qui sape les fondements de la morale sous les apparences d'un texte inoffensif : c'est peut-être au même jeu que se prêtait Ducasse dans ses *Poésies*, tentative proclamée haut et fort de célébrer la vertu, le devoir et l'espoir et de chasser le doute et l'immoralité en art.

LOUISE BADER

Femme de lettres méconnue, Louise Bader eut, avec Isidore Ducasse, des rapports qui sont encore mal connus. Elle est cependant un relais entre certaines de ses relations et lui, preuve que dans ce milieu, tout le monde se connaît et se fréquente. Née à Tours en 1821, elle était la sœur du docteur Auguste-Joseph Bader. En janvier 1867, son frère racheta à Henri Thiers *La Revue populaire de Paris*, fondée en 1866 et qui se voulait apolitique et purement littéraire. Le journal avait obtenu le soutien de Victor Hugo, et quelques articles de Louise Bader allaient lui valoir un avertissement par les autorités impériales. Elle occupait le titre de

58 Paul Dufour, *op. cit.* p. 21.

directrice de la revue, tandis que son frère en était le propriétaire-gérant. La revue était imprimée chez l'éditeur Gustave Balitout, qui publiait également ses plaquettes – de la poésie, des essais, ainsi qu'un roman.

Louise Bader réunissait dans son salon du 18 de la rue du Pré-aux-Clercs, sur la rive gauche, de nombreux littérateurs aujourd'hui oubliés. Ducasse fréquenta-t-il ces soirées ? Jean-Jacques Lefrère suggère qu'il aurait pu être introduit auprès de la maîtresse des lieux par Frédéric Damé, l'un des dédicataires des *Poésies*, qui rédigeait, au cours de l'année 1869, la chronique théâtrale de *La Revue populaire de Paris*. Damé était directeur d'une petite revue étudiante, *L'Avenir*, fondée à la fin de 1868, et qui avait reçu les encouragements de Louise Bader dans le numéro du 27 décembre. Il n'est pas certain que Ducasse et Bader eurent de réels contacts : leurs interactions tiennent à un échange de réclames. Dans le numéro de janvier 1869, *La Revue populaire* fait une publicité pour le *Chant premier*, paru au mois de novembre. La plaquette de Ducasse avait elle aussi été imprimée chez Balitout, comme la revue de Louise Bader et comme celle de Frédéric Damé. Était-ce Balitout, collaborateur occasionnel de *La Revue populaire*, qui avait demandé que l'on signale sa publication ? Il n'y eut en tout cas aucun compte rendu, et si Louise Bader figurait parmi la vingtaine de critiques à qui Ducasse envoya sa plaquette, elle ne donna pas suite aux attentes de Ducasse. Son journal faisait pourtant régulièrement les comptes rendus des parutions qu'on lui faisait parvenir. Autre contact commun, *La Revue populaire* était déposée à la librairie Defaux, au 8 de la rue du Croissant. Ce point de vente était aussi celui où l'on pouvait acheter *L'Image – Paris comique*, la revue de Charles Tronsens, le correspondant parisien de Georges Dazet. Lorsque *La Jeunesse* d'Alfred Sircos rendit compte de la publication du *Chant premier*, en septembre 1868, deux mois avant sa mise en circulation effective, elle annonçait que la plaquette serait disponible chez Defaux. L'information, que Calmeau tenait certainement d'Isidore Ducasse, fut démentie, puisque l'auteur choisit finalement d'autres points de vente. C'est peut-être sur les conseils de Balitout ou de Louise Bader, qu'il avait au départ retenu cette librairie. Leurs rapports perdurèrent : *La Revue populaire* signale encore la sortie des *Poésies* tandis que Ducasse rend la politesse en insérant, à la fin de sa plaquette, une réclame pour la revue. Constituée d'un nombre restreint de collaborateurs, l'équipe de rédaction s'agrandit au cours de ses cinq années. Parmi ses collaborateurs figuraient Joseph Pollio, auteur d'un pamphlet contre les jésuites, proche des mouvements libertaires, qui publiait également dans *La Jeunesse* de Sircos, et Louis-Auguste Martin, directeur de *L'Annuaire philosophique. La Revue populaire de Paris* disparut au cours de l'été 1870, lors des troubles qui accompagnèrent l'effondrement de l'Empire.

LOUIS-AUGUSTE MARTIN

Collaborateur occasionnel de la *Revue populaire de Paris*, Louis-Auguste Martin fut surtout le directeur de *L'Annuaire philosophique*, revue mensuelle publiée de 1864 à 1870 et qui s'était donné pour tâche de « suivre le mouvement philosophique de [son] époque ». Martin était né en 1811. Ce libre-penseur, très actif dans la franc-maçonnerie, était davantage tourné vers la philosophie que vers la littérature. Dans le numéro de juillet-août 1870, au moment où *La Revue populaire de Paris* signalait la sortie des *Poésies*, *L'Annuaire philosophique* donna lui aussi une réclame pour les deux plaquettes. Mais Louis-Auguste Martin signale un point de vente inattendu : au lieu de la librairie Gabrie indiquée sur le volume imprimé, il donne celle de Dentu. Se demandant comment Louis-Auguste Martin a pu avoir cette information que la plaquette ne donne pas, Jean-Jacques Lefrère suppose que le directeur tenait l'information directement de Ducasse, soit par lettre, soit de vive voix[59]. Il y aurait donc un contact entre les deux hommes de lettres, ce qui n'a d'ailleurs rien d'illogique puisque les *Poésies* marquent une évolution de Ducasse vers la philosophie et une volonté, comme l'a montré Michel Pierssens[60], de s'inscrire dans les débats de son temps. Dans *L'Annuaire philosophique* de janvier-février 1869, Louis-Auguste Martin avait rendu compte du *Problème du mal*, ouvrage du philosophe suisse Ernest Naville que Ducasse s'était procuré. Cette recension attaquait les thèses de Naville en contestant la responsabilité de l'homme face au péché originel et en concluant à l'impossibilité du bien absolu ici-bas. C'est peut-être cette critique qui inspira les remarques sarcastiques de Ducasse, notées en marge de son

---

59 Jean-Jacques Lefrère, *op. cit.* p. 543.

60 Michel Pierssens, *Éthique à Maldoror*, Lille, Presses universitaires de Lille, 1984, 213 p.

exemplaire du *Problème du mal.* Quand il ajoute, en écho à l'affirmation de Naville selon laquelle est « libre, dans le plus haut sens du mot, celui qui est affranchi du mal », « N'écrivez pas cette phrase puisqu'il n'y a que Dieu qui soit affranchi du mal. Et encore[61] ! », Ducasse plaide en faveur de l'homme et reconnaît que le mal est omniprésent et inévitable. *Les Chants de Maldoror* témoignent constamment d'une représentation du monde où l'homme est la victime d'un dieu cruel et injuste. Les échanges avec Louis-Auguste Martin témoignent d'un intérêt croissant de Ducasse pour la philosophie. Il est étonnant de ne pas voir *L'Annuaire philosophique* figurer dans les réclames à la fin des *Poésies II.* La dernière page du volume ne signale en effet que les parutions suivantes :

> *Mélodies pastorales*, par THALÈS BERNARD. La huitième livraison est en vente chez l'auteur, 27, rue de la Félicité, à Batignolles.
> *Concours poétiques de Bordeaux* : M. Évariste CARRANCE.
> *La Revue populaire*, rue du Pré-aux-Clercs, 18 : Mlle Louise BADER.
> *Le Concours des muses*, journal des Poètes, 3, rue Brun, à Bordeaux.
> *Histoire de la littérature contemporaine en Province*, deux volumes : M. Théodomire GESLAIN.
> *L'Homme*, journal : M. L. MARETHEUX, 35, rue du Cherche-Midi.
> *La Voix du Peuple (voce del popolo)*, journal philosophique, LENTINI (Sicile).

Ni Thalès Bernard, ni *Le Concours des muses*, ni *La Voix du peuple*, ni *L'Homme*, ni Théodomire Geslain ne parlèrent de Ducasse en retour. Pourtant, certains de ces noms renforcent l'appartenance de Ducasse à un milieu bien défini : le *Concours des muses* était une revue bordelaise dont les collaborateurs participaient aux concours poétiques d'Évariste Carrance, tout comme Théodomire Geslain, qui avait publié un texte dans les *Parfums de l'âme*, aux côtés du *Chant premier* de Ducasse ; *L'Homme* était une revue philosophique régulièrement mentionnée par *La Revue populaire* et *L'Annuaire philosophique* ; enfin, *La Voce del Popolo* avait également été présentée dans *L'Annuaire philosophique* comme une revue philosophique sicilienne très sérieuse. Ducasse devait être un lecteur assidu du journal de Louis-Auguste Martin, n'hésitant pas à se procurer les ouvrages que celui-ci recensait. Jean-Jacques Lefrère conclut :

> Tout un réseau de relations, d'échanges d'articles, de publicités réciproques et même de débats philosophiques apparaît [...]. On a le sentiment que les

---

61 Cité par Jean-Jacques Lefrère, *op. cit.*, p. 452.

> *Poésies* ont été écrites comme une répercussion approbatrice de la pensée philosophique exprimée dans ces revues, dont les rédacteurs se montraient beaucoup plus intéressés par la philosophie que par la poésie. [...] Ducasse, vers la fin de sa vie, s'est rapproché de ce milieu [...]. Au cours de sa période de création littéraire, il semble s'être rattaché à deux groupes intellectuels dont il aurait repris les combats et propagé les idées : celui de *La Jeunesse* et de *L'Avenir* au temps de *Maldoror*, celui de *L'Annuaire philosophique* et de *La Morale indépendante* au temps de *Poésies*, *La Revue populaire de Paris* faisant la transition entre les deux groupes[62].

Le réseau constitué des relations d'Isidore Ducasse semble en effet s'être déplacé en même temps que ses préoccupations : alors qu'il avait commencé par s'intéresser à des revues littéraires issues du milieu étudiant, où il pouvait trouver des groupes de jeunes hommes de lettres de son âge avec qui il avait certainement des préoccupations communes, il se tourne, dans la deuxième partie de ses années parisiennes, vers des publications spécialisées dans la philosophie et la morale et tenues par des personnes plus âgées que lui et aussi plus intégrées dans le milieu littéraire. L'attitude du jeune homme, celle d'une recherche de soutien et d'approbation de la part de ses pairs, n'a guère changé, mais il s'est quelque peu désintéressé des littérateurs amateurs, eux-mêmes en quête de reconnaissance et trop peu enthousiasmés par la lecture de ses *Chants*, pour s'adresser plus directement à des intellectuels qui, il l'espère, valideront la rigueur et la pertinence de sa pensée critique.

GUSTAVE BALITOUT

Au cours de l'été 1868, Isidore Ducasse confia à Gustave Balitout, de la Maison Balitout, Questroy et Cie, l'impression de son *Chant premier*. Avait-il choisi l'imprimeur pour des raisons pratiques, parce que ses locaux étaient situés au 7, rue Baillif, non loin de chez lui ? C'est une possibilité, mais sans doute faut-il chercher l'explication ailleurs : les imprimeurs ne manquaient pas dans le quartier de Ducasse, et Balitout était aussi l'imprimeur de *La Revue populaire* de Louise Bader et de *L'Avenir*

62 Jean-Jacques Lefrère, *op. cit.*, p. 565.

de Frédéric Damé. Balitout était né en 1833. En 1864, s'associant avec Questroy, discret au point que l'on ne sache rien de lui, il se mit à son compte et ouvrit son imprimerie, se spécialisant rapidement dans les journaux républicains hostiles à l'Empire. Le plus célèbre d'entre eux, *Le Rappel*, fut lancé en 1869 par des proches de Victor Hugo : Henri Rochefort, Paul Meurice, Auguste Vacquerie ainsi que ses fils Charles et François Hugo. Pendant la Commune, cet imprimeur soutint les insurgés, ce qui lui valut d'être arrêté le 24 mai 1871 et condamné à la déportation. Il bénéficia de l'amnistie de 1880 et reprit alors son ancien métier. Dès le début de ses activités, Balitout imprimait de nombreux ouvrages à compte d'auteur : le *Chant premier* n'était que l'une des vingt-six plaquettes à sortir de ses presses en 1868. L'achevé d'imprimer de ce *Chant* est d'août 1868 et l'ouvrage fut enregistré au dépôt légal entre le 14 et le 21 août, mais ne fut pourtant pas mis en vente avant novembre : un retard, indépendant de la volonté de l'auteur, avait retardé sa distribution. Peut-être Ducasse avait-il des difficultés à payer sa commande ; ou bien les difficultés pouvaient venir d'ailleurs, comme de la famille Dazet qui ne voulait pas voir le nom de leur fils associé à une plaquette aussi bizarre. Ducasse ne s'est cependant pas brouillé avec son imprimeur. En 1870, il fit de nouveau appel à lui pour ses *Poésies*, deux plaquettes qui n'étaient que le commencement d'une publication qu'il voulait « permanente », comme il l'indiqua sur l'avis de la quatrième de couverture de la deuxième livraison.

ALBERT LACROIX

Située au 15 du boulevard Montmartre, à l'angle de la rue Vivienne, où habita Ducasse, la Librairie Internationale Lacroix et Verboeckhoven était un haut lieu de la vie littéraire parisienne. Albert Lacroix, né en 1834, était l'éditeur de Victor Hugo. Issu d'une famille belge libérale, il avait fondé son commerce en 1861, s'associant avec Hippolyte-Louis Verboeckhoven. Ils étaient installés à Bruxelles, mais le succès aidant, ils ouvrirent des succursales à Paris, Leipzig et Livourne. Lacroix vint demeurer à Paris, tandis que son associé supervisait l'impression des ouvrages depuis la Belgique. Dans la capitale française, Lacroix était à la fois libraire et éditeur : il sélectionnait les manuscrits, s'occupait des relations avec les écrivains et s'assurait de la diffusion des livres. La succursale parisienne était située dans le quartier des Grands Boulevards depuis 1864. Elle était parvenue à se hisser parmi les principales maisons d'édition parisiennes, grâce à la publication des *Misérables* de Victor Hugo, en 1862, opération soutenue par une stratégie publicitaire qui fit la fortune de Lacroix à vingt-huit ans. Hugo allait encore publier quelques volumes chez cet éditeur, mais tous les livres ne furent pas des succès, et les conditions de Victor Hugo, exigeant en affaires, associées à de mauvaises spéculations financières de la part de Lacroix, allaient progressivement mener la librairie à la ruine. Les relations entre Lacroix et Hugo se gâtèrent, et *L'Homme qui rit* fut leur dernière collaboration avant une rupture qui se produisit au moment précis où Ducasse venait se présenter à Lacroix tout en écrivant à Hugo. Ces premiers embarras financiers allaient avoir des conséquences sur le parcours de l'œuvre que Ducasse essayait de faire paraître. La faillite fut prononcée en 1872.

Ducasse dut se rendre régulièrement à la Libraire, que fréquentaient également des auteurs et des littérateurs venus se rencontrer et parler politique. Lacroix était un farouche républicain, ce qui lui valait la méfiance des autorités. Plusieurs des ouvrages qu'il avait édités furent censurés : une réédition de *La Sorcière* de Michelet en 1863, un *Marat* d'Alfred Bourgeat en 1865, *La Bible* annotée par Proudhon en 1866, ainsi que des volumes anticléricaux et les premiers ouvrages de Zola, dont *Thérèse Raquin* en 1867 et *Madeleine Férat* en 1868. Lacroix se devait d'être vigilant : son audace pouvait l'envoyer devant la sixième chambre correctionnelle ; l'heure n'était donc plus aux risques inutiles et ces circonstances tombaient fort mal pour Ducasse, qui avait écrit une œuvre dont Bloy dirait plus tard qu'elle faisait pâlir *Les Fleurs du mal* par leur audace[63].

Les premiers contacts entre Ducasse et Lacroix furent-ils épistolaires ? Il est plus probable que Ducasse se rendit en personne dans la boutique, comme il le laissa entendre à Hugo lorsqu'il décrivit dans sa lettre la devanture qui présentait un buste du poète exilé. Lacroix

---

63 Léon Bloy, « Le Cabanon de Prométhée », *La Plume*, 1er septembre 1890 ; recueilli dans Lautréamont, *Œuvres complètes*, édition établie, présentée et annotée par Jean-Luc Steinmetz, *op. cit.*, p. 326.

avait rencontré le jeune homme ; il fera part de ses souvenirs à Léon Genonceaux, venu l'interroger quelque vingt ans plus tard. Ducasse s'adressa d'abord à Albert Lacroix pour la publication du *Chant II* : son projet, tel qu'il l'annonce dans sa lettre du 9 novembre 1868 aux critiques, était alors de faire paraître ce chant en plaquette, comme il l'avait fait pour le premier. Il avait remis le manuscrit achevé à l'éditeur vers le 20 octobre et il devait maintenant entreprendre l'écriture du troisième. Mais annoncer la parution du second volume pour fin novembre alors qu'il venait à peine d'envoyer la plaquette du *Chant premier* était un peu précipité. Lacroix, débordé, fit patienter le jeune homme, mais finalement, la plaquette ne vit le jour qu'avec les cinq autres, l'année suivante. Lacroix prodiguait volontiers ses conseils aux jeunes auteurs. François Caradec suggère qu'il avait dû convaincre Ducasse de publier un volume épais, plus susceptible de bien se vendre. L'éditeur n'était pas toujours disponible : dans la lettre à Hugo, Ducasse écrit que Lacroix n'a pas eu le temps de lire le manuscrit. Étant donné que la publication se fera à compte d'auteur, on peut même se demander s'il avait lu le manuscrit avant son impression. Ducasse payait ; Lacroix imprimait et distribuait. Comme l'éditeur commençait à avoir des problèmes financiers, il ne pouvait refuser cette opportunité.

Il fut convenu que les *Chants* seraient imprimés pour une somme totale de mille deux cents francs, et Ducasse versa quatre cents francs d'arrhes. On envoya le manuscrit à Bruxelles, probablement vers la fin du printemps ou le début de l'été 1869[64]. Ducasse dut certainement correspondre avec Verboeckhoven au sujet de la correction des épreuves. Le livre fut achevé d'imprimer à la fin de l'été et il fut mentionné sur le *Troisième supplément au catalogue* de la librairie, en octobre 1869. Mais la situation se compliqua : alors qu'il ne restait plus qu'à brocher le volume, Lacroix fit soudainement volte-face. Venait-il seulement de prendre connaissance du contenu de ce qu'il s'apprêtait à publier ? C'est l'hypothèse de Pascal Pia[65], qui suggère que l'éditeur n'avait peut-être lu que le *Chant premier*, assez sage et déjà deux fois mis en vente, avant de signer pour la publication de l'œuvre complète. Un livre de ce genre, célébrant la cruauté et la pédérastie, était certainement un risque trop

64 C'est ce que suggère Jean-Jacques Lefrère, *ibid.* p. 442.
65 Pascal Pia, « Lautréamont et ses amis », *Le Magazine littéraire* n° 28, avril-mai 1969, p. 42-44.

grand pour un éditeur déjà mal vu par les autorités impériales, et il n'avait probablement pas envie de risquer la prison ou une amende qui, vu la comptabilité de son entreprise, se serait révélée fatale.

Maurice Saillet avance une autre hypothèse : Ducasse n'aurait simplement pas eu de quoi régler les huit cents francs qu'il devait encore à son éditeur, et la publication fut arrêtée en attendant qu'il parvienne à convaincre son père de lui donner cette somme. Mais l'explication selon laquelle Lacroix empêcha la mise en vente a été confiée par l'éditeur lui-même à Genonceaux, et il n'y a aucune raison de la remettre en cause. Lacroix demanda à Ducasse d'adoucir son texte. Selon l'éditeur, l'auteur refusa catégoriquement, puis accepta après d'âpres négociations, mais la guerre de 1870, puis la mort du poète, vinrent rendre impossible la mise en vente. Genonceaux rapporte que des cartons avaient été préparés pour remplacer les passages les plus dangereux, mais Ducasse était mort au milieu des corrections. La correspondance de Ducasse donne une autre interprétation des faits : dès les premiers échanges avec Poulet-Malassis, Ducasse reconnaît avoir forcé le trait et se dit très disposé à atténuer son œuvre si le besoin se fait sentir pour les éditions futures. Comme nulle trace n'a été retrouvée de ces fameux cartons, il est permis de douter de cette anecdote et de supposer que Lacroix a avancé cette explication pour justifier l'empêchement de la commercialisation du livre, dont il était le premier responsable.

Ducasse et Lacroix ne semblent pas s'être brouillés. Tous deux avaient intérêt à voir la publication aboutir, car Ducasse devait encore verser huit cents francs à son éditeur. Lacroix proposa donc à l'auteur des solutions pour contourner le problème et le mit en contact avec Auguste Poulet-Malassis, qui, depuis son exil en Belgique, s'était spécialisé dans la diffusion de livres interdits[66]. Alors qu'une solution se profilait, Lacroix, pour une raison inconnue, se refusa au dernier moment à livrer les stocks imprimés à son confrère. Hormis les exemplaires brochés pour Ducasse (une vingtaine selon sa lettre à Poulet-Malassis, une dizaine selon Lacroix), aucun livre ne fut mis en circulation et le reste des feuilles demeura dans l'entrepôt de l'imprimerie jusqu'à ce que la situation se débloque en 1874. Les exemplaires brochés, en revanche, parvinrent

66 Sur les activités de Poulet-Malassis en Belgique, on pourra se reporter à René Fayt, *Auguste Poulet-Malassis à Bruxelles : septembre 1863-mai 1871*, Bruxelles, Les Libraires momentanément réunis, 1993, 166 p.

à l'auteur, puisqu'il envoya à Victor Hugo une édition intégrale des *Chants de Maldoror.* Ducasse avait déjà de nouveaux projets, et dans sa lettre du 21 février 1870, il annonçait son intention de porter à Lacroix, « aux premiers jours de mars », son nouvel ouvrage où il se proposait de corriger « dans le sens de l'espoir » des morceaux d'anthologie de la poésie française. Il semble que ses relations avec son éditeur étaient restées cordiales ; pourtant, le 12 mars, il avait changé ses projets et parlait maintenant de faire paraître chez Alphonse Lemerre la préface de son prochain volume : peut-être Lacroix lui avait-il fait remarquer qu'il lui restait encore à régler huit cents francs avant de se lancer dans une nouvelle entreprise de publication. Les *Poésies*, puisque c'est d'elles dont il s'agit, même si elles n'ont pas encore trouvé leur forme de publication permanente, ne paraîtront finalement ni chez Lacroix ni chez Lemerre, et l'éditeur de la Librairie internationale n'interviendra plus dans la vie de Ducasse.

Le stock des *Chants de Maldoror* était encore dans les caves de l'imprimerie bruxelloise de Lacroix et Verboeckhoven. En 1873, lorsque François Ducasse revint en France, l'entreprise franco-belge venait de péricliter. Il est fort probable qu'il régla la somme que son fils devait encore, débloquant ainsi la situation et permettant la liquidation du stock : Lacroix brada ses invendus auprès d'autres libraires. C'est le libraire bruxellois Jean-Baptiste Rozez qui acheta ce stock parmi d'autres et le fit brocher d'une nouvelle couverture afin de le remettre en vente, donnant ainsi naissance à la première édition commercialisée, quatre ans après la mort de l'auteur. Quant à Albert Lacroix, il se lança tout au long des années 1870 et 1880 dans des entreprises à la fortune variable : des spéculations immobilières, des collections d'ouvrages qui peinaient à trouver leur public… À partir de janvier 1891, il prit la direction du *Magazine français illustré* qui n'allait pas durer longtemps. Dans le numéro du 10 octobre, on trouve un compte rendu un peu tardif de l'édition Genonceaux des *Chants de Maldoror*, parue en 1890. Cette notice est signée Ernest Jaubert. Lacroix avait pourtant été interrogé par Genonceaux quelques mois auparavant sur ses rapports avec Isidore Ducasse, mais il choisit de déléguer la chronique et s'abstint de faire le commentaire lui-même. Il n'avait peut-être rien à ajouter, et comme les informations qu'il a données à Genonceaux sont assez floues sur la personnalité même de l'auteur, on peut supposer qu'il ne le connut que de manière superficielle.

Avait-il conservé les lettres qu'il avait échangées avec l'insignifiant Isidore Ducasse, comme il le faisait avec la plupart des auteurs qu'il avait publiés ? L'éditeur, à la fin de sa vie, montrait volontiers à ses visiteurs son coffre rempli de manuscrits, de lettres et d'inédits. De son côté, Genonceaux prétendit avoir travaillé à son édition à partir du manuscrit original : Lacroix le lui avait-il transmis ? En ce cas, l'éditeur a pu l'emporter dans sa fuite en Angleterre ou bien même lorsqu'il disparut de la circulation. Puisqu'on sait peu de choses sur la fin de sa vie, la piste pour retrouver les écrits de Ducasse semble perdue. Si le manuscrit original n'est pas resté à Bruxelles après que Verboeckhoven l'eut imprimé, ou s'il n'a pas été détruit, il figurait peut-être parmi les papiers que Lacroix avait conservés et qui furent dispersés après sa mort. Baudouin Contzen nous a fait remarquer que les premiers éléments de la malle de Lacroix ont été rendus publics dans *Le Temps* du 20 février 1902, avant la mort de l'éditeur : il avait commencé à vendre une partie de son contenu. Albert Lacroix mourut le 29 septembre 1903, et sa femme en mars 1904. Leur fille Marguerite hérita de leurs biens, mais en février 1909, on dispersa ce qu'il restait de sa collection d'autographes et de manuscrits.

Plusieurs chercheurs ont émis l'hypothèse que le choix du pseudonyme de Lautréamont avait été proposé, non par Ducasse, mais par Albert Lacroix lui-même, qui venait de rééditer le *Latréaumont* d'Eugène Sue[67]. En effet, ce nom, dont on ne sait pas s'il est bien orthographié ou s'il s'agit d'une coquille, n'apparaît que sur l'édition de 1869 imprimée par Lacroix. Pas une seule fois dans ses lettres Ducasse ne fait allusion à ce pseudonyme, signant tantôt « l'auteur », tantôt « Isidore Ducasse ». Il avait publié les deux versions du *Chant premier* anonymement, et il publia ensuite ses *Poésies* sous son patronyme. Le poète ne tenait peut-être pas tant à ce nom de plume, il ne sembla pas s'offusquer lorsque Poulet-Malassis dévoila indélicatement la véritable identité de l'auteur dans une notice de son *Bulletin trimestriel*.

Même s'il recula au dernier moment, Albert Lacroix est le premier éditeur des *Chants de Maldoror*. Au cours de la réception de l'œuvre

67 C'est l'opinion émise par Pascal Pia dans « De Latréaumont à Lautréamont », *Carrefour*, 8 janvier 1964, p. 18. Jean-Jacques Lefrère la reprend à son tour dans le chapitre « De Latréaumont à Lautréamont » de son *Isidore Ducasse, auteur des Chants de Maldoror, par le comte de Lautréamont*, *op. cit.* p. 464-482. Enfin, c'est aussi la thèse que défend Sylvain-Christian David dans son *Isidore Lautréamont*, Paris, Seghers, 1991, 288 p., où il se donne pour tâche de rétablir le nom de l'auteur, abusivement éclipsé par son pseudonyme.

de Lautréamont au XXe siècle, son rôle sera abondamment discuté et réinterprété de façon parfois manichéenne : pour Philippe Soupault, Lacroix est un éditeur frileux et lâche, qui se révéla incapable d'assumer le caractère subversif de l'œuvre que Ducasse lui avait confiée[68]. Marcelin Pleynet va plus loin : il tient Lacroix pour responsable de la non-diffusion du livre, et accuse l'éditeur de s'être fait « l'allié objectif de la police[69] ». De son côté, Maurice Saillet procède à une réhabilitation de l'homme[70], dont il rappelle qu'il fut l'un des grands éditeurs de l'époque et que Ducasse était bien conscient, en s'adressant à lui, du prestige qui auréolait sa maison. Il insiste sur les démarches que le patron de la Librairie internationale entreprit pour faire paraître l'œuvre en la cédant d'abord à Poulet-Malassis, puis à Rozez. Il n'est pas certain que Lacroix avait, comme le soutient Saillet, à cœur de voir l'œuvre paraître : la correspondance avec Poulet-Malassis semble indiquer que c'est parfois l'éditeur qui entrave l'avancée des négociations. S'il redirigea Ducasse et lui proposa une autre solution, c'était la moindre des choses pour honorer sa part du contrat et toucher la somme que l'auteur lui devait encore.

Quant à la vente de son stock, elle n'eut lieu qu'au moment où la librairie, croulant sous les dettes, cherchait un moyen d'apaiser les créanciers en se délestant de tout ce qui pouvait rapporter. L'ouvrage de Ducasse n'était qu'un volume parmi d'autres, et cette cession s'étant faite en 1874, elle n'était pas pour Lacroix une priorité. En revanche, Ducasse ne s'était pas adressé à lui par hasard : stratégiquement, la librairie Lacroix était une excellente vitrine pour se faire connaître. Autant Soupault cherche à rejeter la faute sur Lacroix, autant Saillet cherche à le disculper : il rappelle l'engagement politique et le courage de l'éditeur, qui publia plusieurs ouvrages censurés s'attaquant frontalement à l'Empire. Mais publier *Les Chants de Maldoror* dans le contexte de 1869 aurait été une folie, non un acte de courage : *Les Fleurs du Mal*, bien moins choquantes, avaient été en partie condamnées quelques années auparavant par la censure impériale au terme d'un procès retentissant qui devait servir d'exemple et dissuader les éditeurs de braver la morale publique.

---

68 *Œuvres complètes du Comte de Lautréamont. Les Chants de Maldoror, Poésies, Correspondance*, étude, commentaires et notes de Philippe Soupault, Paris, Au Sans Pareil, 1927, p. 44.

69 Marcelin Pleynet, « Celui qui y croyait et l'autre : Bloy et Lautréamont », *L'Herne*, n° 55, 1988, p. 363.

70 Maurice Saillet, *Les Inventeurs de Maldoror*, *op. cit.* p. 25-34.

HIPPOLYTE-LOUIS VERBOECKHOVEN

Né à Bruxelles en 1827, fils du peintre animalier Eugène-Joseph Verboeckhoven, l'associé de la Librairie internationale était l'homme de l'ombre, chargé des besognes éditoriales et de l'impression des ouvrages, pendant que Lacroix assurait les relations commerciales et le rayonnement de la firme. Camille Lemonnier eut un jour un mot au sujet de ce personnage méconnu : « Lacroix [...] s'appelait Verboeckhoven pour les auteurs qu'il refusait d'éditer[71]. » Comme Verboeckhoven vivait à Bruxelles, il est probable que Ducasse ne le rencontra jamais, sauf à supposer un voyage en Belgique. En revanche, il eut sans doute des échanges épistolaires avec lui au moment de la correction des épreuves. On a longtemps cru que les trois lettres à Poulet-Malassis étaient adressées à Verboeckhoven. Elles provenaient pourtant, sans qu'il y ait le moindre doute à ce sujet, de l'exemplaire des *Chants de Maldoror* de Poulet-Malassis : l'éditeur de Baudelaire avait lui-même fait relier son exemplaire et y avait intégré les lettres. Hubert Juin, dans son édition de 1973, conclut même que « ces trois lettres ont bien été adressées en leur temps à l'associé de Lacroix, et [...] Verboeckhoven les a ensuite cédées à Poulet-Malassis qui était un collectionneur impénitent[72]. » Il ne manque pas de relever certains faits étranges : Ducasse décrit lui-même le livre et son contenu, ce qui est inutile s'il s'adresse à la personne qui vient de le faire imprimer et qui l'a entre les mains. Il parle également d'une cession d'édition, ce qui n'a pas de sens puisque Verboeckhoven travaille dans la même firme que Lacroix. De plus, Ducasse demande à son correspondant qu'il lui envoie un exemplaire du *Complément aux Fleurs du Mal* qu'il avait fait paraître[73]. Le doute est levé, mais cette confusion est un parfait exemple des problèmes que pose le manque de sources dont nous disposons sur le réseau d'Isidore Ducasse : Poulet-Malassis a désormais repris la place importante qu'il a vraisemblablement occupée dans la vie de Ducasse, tandis que celle de Verboeckhoven se

71 Camille Lemonnier, *La Vie belge*, Paris, Fasquelle, 1905, p. 87.

72 Lautréamont, *op. cit.*, p. 442.

73 Il s'agit en fait d'une plaquette contenant les six pièces condamnées. Charles Baudelaire, *Complément aux Fleurs du mal*, Bruxelles, chez tous les libraires, 1869, 36 p.

trouve réduite au simple rôle d'imprimeur. En revanche, c'est peut-être lui, ou l'un des deux autres associés de la firme, Émile Wolfcarius ou Eugène Lequeux, qui avertirent depuis Bruxelles l'éditeur resté à Paris du caractère subversif de l'ouvrage qu'ils venaient d'imprimer. L'associé de Lacroix mourut en 1883, deux ans avant la redécouverte belge des *Chants de Maldoror.*

AUGUSTE POULET-MALASSIS

Auguste Poulet-Malassis intervint dans la vie d'Isidore Ducasse en 1869, au moment où Albert Lacroix refusa de mettre en vente le livre qu'il venait de faire imprimer. L'éditeur exilé en Belgique fut envisagé pour écouler clandestinement le stock. Poulet-Malassis était depuis six ans à Bruxelles. Il jouissait aux yeux de Ducasse du prestige d'être l'éditeur subversif des *Fleurs du Mal.* Bibliophile amateur de *curiosa*, il était contraint de demeurer à l'étranger afin d'éviter la prison. Il avait donc commencé une nouvelle carrière, se spécialisant dans la publication d'ouvrages censurés, qu'il faisait passer en France en contrebande ou qu'il diffusait à l'étranger : romans licencieux, pamphlets anti-impériaux, etc. Sa position d'exilé était devenue un atout : il n'avait plus rien à craindre de la justice française. Régulièrement, les éditeurs faisaient appel à lui pour écouler des stocks d'ouvrages interdits, et Lacroix avait déjà eu l'occasion de collaborer avec lui, même s'ils ne s'aimaient guère. Poulet-Malassis diffusait les volumes auprès de collectionneurs particuliers ou de libraires[74]. Il tenait d'ailleurs un *Bulletin trimestriel des publications défendues en France imprimées à l'étranger*, qui lui servait de catalogue pour faire connaître ses livres, d'où des notices parfois mordantes, afin de susciter la curiosité du lecteur et de lui donner envie de se procurer le livre interdit.

Ducasse entra en correspondance avec lui afin de donner une seconde chance à l'édition avortée de ses *Chants de Maldoror.* De cet échange,

---

74 Pour plus d'informations sur la vie d'Auguste Poulet-Malassis, on pourra consulter la biographie de Claude Pichois, *Auguste Poulet-Malassis : l'éditeur de Baudelaire*, Paris, Fayard, 1996, 284 p. ; et sur la période bruxelloise de l'éditeur, René Fayt, *op. cit.*

Poulet-Malassis a conservé trois lettres qu'il a insérées dans son exemplaire personnel de *Maldoror*, sur lequel il avait fait apposer son ex-libris « Je l'ai ! » Il y eut probablement d'autres lettres et il n'est pas exclu que Ducasse ait effectué un voyage à Bruxelles afin de rencontrer l'éditeur en personne. Ces lettres furent publiées pour la première fois en 1925, dans l'édition du Sans-Pareil[75]. La première lettre date du 23 octobre 1869, mais rien n'indique qu'il s'agissait du premier contact entre les deux hommes. Ducasse donnait son accord pour la mise en vente de son livre, tout en précisant ses conditions. Il exigeait notamment que le livre soit diffusé aux critiques – les « principaux lundistes[76] », probablement la vingtaine de critiques évoquée dans une autre lettre – afin qu'ils en assurent la promotion. À ces négociations Ducasse ajoutait des considérations plus littéraires, expliquant notamment son projet à celui qui était chargé de le diffuser auprès de revendeurs. Poulet-Malassis ne se fit pas attendre : deux jours plus tard, le 25 octobre[77], l'éditeur rendait compte des *Chants de Maldoror* dans la septième livraison de son *Bulletin trimestriel*. La comparaison entre la lettre de Ducasse et la notice de Poulet-Malassis montre clairement que l'éditeur y reprend des éléments développés par le poète : il range le Comte de Lautréamont, dont il révèle le nom, aux côtés de Baudelaire et de Flaubert, parmi ceux qui peignent la beauté du mal par « la plus vive appétition du bien, la plus haute moralité[78] » : c'était précisément ce que lui expliquait Ducasse dans sa lettre. L'annonce se termine par un argument publicitaire qui promet la consécration de l'auteur : « Le sacrement de la sixième chambre ne lui eût pas manqué[79]. »

Le 27 octobre, Isidore Ducasse écrivit de nouveau à Poulet-Malassis. Il mentionnait le catalogue que venait de faire imprimer son correspondant, qui avait dû le lui faire parvenir. L'éditeur avait en outre chargé Ducasse de parler à Lacroix, car il refusait de vendre les *Chants de Maldoror* en France, sans doute par crainte des douaniers. Il était question de se

75 Comte de Lautréamont, *Les Chants de Maldoror*, avec cinq lettres de l'auteur et le fac-similé de l'une d'entre elles, Paris, Au Sans Pareil, coll. « La Bonne Compagnie », 1925, 301 p.

76 Lautréamont, *op. cit.*, p. 271.

77 C'est peut-être là l'origine de la confusion d'Hubert Juin, qui date le compte rendu de Poulet-Malassis du 23 octobre, ce qui rend impossible la chronologie des lettres.

78 Auguste Poulet-Malassis, *Bulletin trimestriel des publications défendues en France imprimées à l'étranger*, n° 7, octobre 1869, recueilli dans Lautréamont, *Œuvres complètes*, édition établie, présentée et annotée par Jean-Luc Steinmetz, *op. cit.*, p. 320.

79 *Ibid.*

tourner vers la Suisse, d'où il serait plus facile de faire revenir les livres en France. Ducasse accepta toutes ces conditions et évoqua Ernest Naville, philosophe genevois à qui il comptait faire parvenir un exemplaire. Lacroix sembla accepter les conditions, mais quatre mois plus tard, le 21 février 1870, Ducasse écrivit un nouveau billet à l'éditeur en exil. La transaction n'avait toujours pas abouti. La missive est étrangement construite : le prétexte de Ducasse est la commande d'un *Complément aux Fleurs du Mal* dont il a besoin pour ses *Poésies*, mais le post-scriptum, véritable enjeu de la prise de contact, est trois fois plus long que le corps de la lettre : il demande des nouvelles de la transaction, n'ayant plus revu Lacroix depuis quelque temps et ne voyant guère les choses évoluer. Il revient ensuite sur ses nouveaux projets, à savoir la correction des plus belles poésies françaises. S'il y a une certaine effronterie de la part de Ducasse à déclarer à Poulet-Malassis qu'il s'apprête à corriger certaines pièces de Baudelaire, l'évocation du nom du poète sert aussi de sésame que Ducasse emploie stratégiquement, en le plaçant dans ses lettres de manière à capter l'attention de son correspondant.

CHARLES ASSELINEAU

Né en 1820, Charles Asselineau était un critique renommé et un bibliophile érudit qui avait rencontré Baudelaire en 1854 et avait été son ami jusqu'à la fin de sa vie. Il était resté proche d'Auguste Poulet-Malassis, avec qui il collaborait encore régulièrement, par exemple en écrivant parfois des notules pour son *Bulletin trimestriel*. En mai 1870, sa chronique littéraire du *Bulletin du bibliophile et du bibliothécaire* fut suivie d'une brève critique des *Chants de Maldoror* dans l'édition d'Albert Lacroix. La critique n'est pas signée, mais elle est sur la même page que l'article d'Asselineau. En outre, qui donc pouvait avoir accès à ce livre introuvable, sinon un proche de Poulet-Malassis ? Sans doute l'éditeur lui demanda-t-il de signaler cette nouvelle parution qu'il devait écouler. Pourtant, les choses semblaient bloquées en mai 1870, et la notice paraissait bien tard : on se serait plutôt attendu à ce qu'elle paraisse peu après octobre 1869, quand Poulet-Malassis avait ajouté le livre à son catalogue. Dans son compte rendu, Asselineau jugeait le livre de Ducasse assez durement. La lecture du volume ne l'avait pas enthousiasmé, et le compte rendu qu'il en fait semble un peu rapide : il extrait quelques citations au hasard et réduit l'ouvrage à une curiosité pour les esthètes mais sans grand intérêt littéraire.

Le rôle d'Asselineau dans la vie de Ducasse s'arrête là. On peut cependant s'étonner du nombre de liens indirects qui le rattachent à l'entourage du poète, parfaite illustration de la théorie du petit monde formulée par Stanley Milgram selon laquelle, avec une moyenne de cinq ou six intermédiaires, on peut relier deux personnes prises au hasard quelles qu'elles soient. Ainsi, le nom de Charles Asselineau figure dans l'*Album amicorum* de Madeleine Dazet, mère de Georges Dazet[80]. Celle-ci avait coutume de faire signer un album à ses invités et d'ajouter la liste des personnes passées dans leur salon. Ducasse eut peut-être l'occasion de croiser sans le savoir, chez Jean Dazet, son correspondant à Tarbes, l'homme qui un jour écrirait l'une des rares critiques des *Chants de Maldoror* parues de son vivant. La sœur d'Asselineau, Hélène, épousa Alphonse Dosseur, un lointain parent du banquier Raymond Dosseur, associé de Joseph Darasse, le banquier d'Isidore. Ce Raymond Dosseur était, par ailleurs, un cousin d'Edmond Dragon de Gomiécourt, l'un des amis d'enfance d'Isidore Ducasse lors de ses années passées dans le sud de la France[81].

VICTOR HUGO

Victor Hugo était en contact avec de nombreuses relations d'Isidore Ducasse. Alfred Sircos, Frédéric Damé, Louise Bader et Évariste Carrance avaient tous placé leurs revues sous le patronage du poète exilé à Guernesey, et quand Ducasse dut choisir son éditeur, c'est Albert Lacroix, l'un des éditeurs de Victor Hugo, qu'il choisit pour ses *Chants de Maldoror*. Il est difficile de conclure à des convictions républicaines bien ancrées chez Isidore Ducasse, tant le rayonnement du poète était grand

80 Jean-Jacques Lefrère, *op. cit.* p. 457.

81 C'est Jean-Jacques Lefrère qui met au jour ces recoupements dans *op. cit.*, p. 459.

dans les années 1860 : les jeunes poètes qui se lançaient, en particulier lorsqu'ils se revendiquaient de l'influence du romantisme, cherchaient l'appui du maître. C'est ce que fit, par exemple, Baudelaire, même si par la suite, la relation épistolaire, qui allait durer jusqu'à sa mort, serait parfois houleuse. Faisant le point sur les rapports entre les deux poètes, André Guyaux rappelle que Charles Baudelaire chercha d'abord à obtenir l'aval de Victor Hugo en lui demandant l'autorisation de publier sa lettre du 6 octobre 1859 comme préface à ses *Fleurs du mal*[82]. Par la suite, les rapports entre le maître et le disciple se complexifièrent et Baudelaire s'agaça : Hugo voulait voir dans sa poésie une littérature du progrès et le mettait en garde contre l'art pour l'art. S'il restait fasciné par le génie du poète en exil, dont il salua *La Légende des siècles*, l'auteur des *Fleurs du Mal* manifeste à plusieurs reprises dans sa correspondance privée son mépris pour l'idéologue et le romancier progressiste[83]. Ainsi que l'écrit André Guyaux, « Hugo l'encombrait. C'est de lui, avant tout, dans l'héritage romantique, qu'il se démarque[84]. » Baudelaire semble distinguer deux facettes de l'œuvre de Victor Hugo, le romancier qu'il condamne, le poète qu'il continue d'admirer. Les deux écrivains conservèrent une distance respectueuse mais continuèrent d'entretenir des rapports cordiaux, et Baudelaire dédicaça quelques pièces des *Fleurs du mal*, notamment « Le Cygne », au poète de Guernesey. La relation entre Victor Hugo et Isidore Ducasse est moins documentée, mais elle semble avoir suivi une trajectoire identique : l'auteur des *Chants de Maldoror* va d'abord chercher soutien et approbation avant de se montrer très critique à l'égard du grand poète.

Depuis 1859, Victor Hugo avait été amnistié par Napoléon III, mais il avait pourtant refusé de rentrer à Paris afin de protester contre le régime en place qu'il continuait à brocarder. Il avait pris ainsi une place majeure en devenant aux yeux de la jeunesse le symbole de la résistance, et il soutenait très volontiers toutes les revues et toutes les

---

82 André Guyaux, *Un demi-siècle de lectures des* Fleurs du mal. *1855-1905*, Paris, Presses de l'université Paris-Sorbonne, 2007, p. 985-986.

83 Sur la question de leurs rapports, on pourra se référer à l'ouvrage de Léon Cellier, *Baudelaire et Hugo*, Paris, José Corti, 1970, 284 p. ; ou au deuxième volume de la biographie de Hugo par Jean-Marc Hovasse, *Victor Hugo. II. Pendant l'exil. 1851-1864*, Paris, Fayard, 2008, 1285 p., qui aborde à plusieurs reprises l'évolution de leur relation, en particulier p. 724, 839-842 et 886-889.

84 André Guyaux, *op. cit.*

publications républicaines, révolutionnaires et contestataires. Pour tout poète désireux de faire ses preuves en littérature, il était de coutume d'adresser quelques pièces à Victor Hugo afin d'obtenir une lettre de soutien et peut-être la chance de capter son attention bienveillante. Mais c'est une lettre de recommandation que Ducasse sollicite : il est alors en train de négocier avec Albert Lacroix, qui ne semble pas particulièrement enthousiaste à l'idée de publier sa plaquette – l'éditeur n'acceptera qu'à condition que le poète prenne en charge tous les frais. En écrivant à Hugo sous prétexte d'avoir vu son buste dans la vitrine de la Librairie Internationale, Ducasse faisait savoir à son correspondant qu'il comptait bien être publié chez Lacroix et requérait son aide pour accélérer les démarches : « Si vous vouliez m'écrire une lettre, je suis bien sûr qu'en la lui montrant, il se rendrait plus prompt et qu'il lirait le plus tôt possible les deux chants pour les faire imprimer[85]. »

Ducasse se plia à l'exercice de mauvaise grâce. Le 10 novembre 1868, un jour après avoir envoyé son *Chant premier* aux critiques, il écrivit une lettre à destination du maître de Hauteville House, à laquelle il joignit deux exemplaires de son œuvre. Pour s'adresser à son illustre correspondant, le jeune poète a pris un beau papier à lettres comportant, dans le coin supérieur gauche, ses initiales en lettres gothiques[86]. Le ton qu'il emploie passe du respect dû au mentor à l'audace insolente d'un poète sûr de son génie. Comme dans presque toutes les lettres de Ducasse, quelques bizarreries parsèment sa missive comme autant de digressions : ainsi, il commence par justifier le retard de la parution de son *Chant premier* sans donner la moindre explication, comme si Victor Hugo pouvait être au courant de la sortie de cet opuscule que personne n'attendait. Après cette curieuse entrée en matière, il fait la promotion de son ouvrage et mentionne le compte rendu paru dans *La Jeunesse* de Sircos, mais il se trompe sur la date du numéro où il figure.

De manière alambiquée, Ducasse dit que l'idée lui est venue d'écrire à Hugo après avoir vu à la poste « un gamin qui tenait *L'Avenir national* entre ses mains[87] avec [son] adresse ». Il fournit là un prétexte assez étrange, comme s'il tenait à souligner que sa lettre relève d'une décision prise à

85 Lautréamont, *op. cit.*, p. 504.

86 Isidore Ducasse n'a pas toujours utilisé ce papier. Son existence confirme cependant que le poète était loin d'être sans le sou.

87 Lautréamont, *op. cit.*, p. 503.

la dernière minute plus que d'une volonté réelle de prendre contact avec un écrivain qu'il admire. Mais Ducasse s'est en effet rendu à la poste le 9 novembre 1868, afin d'expédier les lettres adressées aux critiques : il est possible que les choses se soient passées ainsi, mais cela ne justifie pas la précipitation ni la désinvolture que Ducasse manifeste en écrivant une lettre assez maladroite. Jean-Jacques Lefrère fait remarquer que *L'Avenir national* était un journal d'opposition, et le mentionner est peut-être un moyen de signaler, de manière peu fine, des sympathies anti-impérialistes. Plus loin, Ducasse adresse une autre flatterie à son correspondant, qui semble tout aussi peu sincère : « Depuis dix ans je nourris l'envie d'aller vous voir, mais je n'ai pas le sou[88]. » En 1858, Isidore Ducasse n'avait que douze ans. Avait-il seulement lu les œuvres du poète en exil, alors qu'il n'a même pas encore mis les pieds sur le sol français ? Il s'agit d'une stratégie que Rimbaud employa également : se vieillir pour ainsi gagner en crédibilité. Quant au prétexte donné, il est tout aussi fallacieux : installé dans le quartier élégant de Paris, publiant ses plaquettes à compte d'auteur, Isidore Ducasse aurait tout à fait pu s'offrir un voyage à Guernesey.

Ducasse signale dans sa lettre trois coquilles. Comme le souligne Jean-Jacques Lefrère[89], l'usage était plutôt de corriger directement sur l'exemplaire : espérait-il que Hugo les reporterait lui-même dans le texte ? Personne ne l'a fait. Il s'agit certainement d'une invitation à ouvrir l'exemplaire et à le parcourir, d'autant plus qu'il y avait d'autres coquilles qu'il n'a pas signalées. Voulait-il que son correspondant lise ces strophes en particulier ? Il a, dans ce cas, fait un choix des plus étonnants : la première des coquilles se trouve dans la strophe 6 du *Chant premier*, où Maldoror conseille de « laisser pousser ses ongles pendant quinze jours[90] » afin de pouvoir lacérer un enfant. Il est peu probable que le poète, qui avait dépeint la mort de Gavroche et celle de l'enfant dans « Souvenir de la nuit du 4 », et qui allait publier, en 1877, un *Art d'être grand-père*, a savouré les délices de cruauté complaisamment détaillées dans ces pages. Ducasse cherchait-il à le scandaliser ? Son envoi était-il une sorte de provocation ? Quand, quelques mois plus tard, il publia une deuxième version de son *Chant premier* dans les *Parfums de l'âme*, Ducasse avait corrigé ces trois coquilles ainsi que les autres. La fin de la

88 *Ibid.* p. 504.
89 Jean-Jacques Lefrère, *op. cit.*, p. 332.
90 Lautréamont, *op. cit.*, p. 22.

lettre, déjà évoquée au chapitre précédent, est un peu brutale et sonne, elle aussi, comme une sorte de provocation :

> Et maintenant, parvenu à la fin de ma lettre, je regarde mon audace avec plus de sang-froid, et je frémis de vous avoir écrit, moi qui ne suis encore rien dans ce siècle, tandis que vous, vous y êtes le Tout[91].

Sous des airs de modestie, l'auteur affirme son orgueil et ne semble pas un instant douter du rôle qu'il est appelé à jouer dans son époque. Il reprend ainsi l'affirmation de la fin du *Chant premier* où le poète se révèle impatient de percer :

> La fin du dix-neuvième siècle verra son poète (cependant, au début, il ne doit pas commencer par un chef-d'œuvre, mais suivre la loi de la nature) ; il est né sur les rives américaines, à l'embouchure de la Plata, là où deux peuples, jadis rivaux, s'efforcent actuellement de se surpasser par le progrès matériel et moral. Buenos-Ayres, la reine du Sud, et Montevideo, la coquette, se tendent une main amie, à travers les eaux argentines du grand estuaire[92].

La lettre s'achève sans aucune formule de politesse.

Victor Hugo répondit au courrier de Ducasse, puisqu'on y trouve apposée la lettre R. Ainsi, Isidore Ducasse reçut une réponse dont nous ignorons la teneur. Jean-Jacques Lefrère suppose qu'elle était probablement du même genre que toutes les réponses que Hugo envoyait aux jeunes poètes pour les encourager, tout en variant habilement les formulations dithyrambiques, mais il arrivait parfois que le grand homme daigne développer davantage – ce qu'il fit, par exemple, pour sa première lettre à Verlaine, mêlant aux traditionnels encouragements, quelques phrases plus personnelles. Dans un entrefilet de *L'Image – Paris-comique* du 24 février 1868, Firmin Javel ironisait en effet sur ces réponses lapidaires mais excessives du maître : « Victor Hugo aimerait *comme un père* les 500 000 jeunes crétins qui lui écrivent tous les ans, et en vers, – et auxquels le maître est assez bon (ou assez méchant) pour répondre invariablement[93]. » Jean-Pierre Lassalle a suggéré que Ducasse a pu intégrer des éléments de cette réponse dans la lettre que Maldoror écrit à Mervyn[94] :

91 *Ibid.* p. 504.
92 *Ibid.* p. 56-57.
93 Cité par Jean-Jacques Lefrère, *op. cit.*, p. 333.
94 Jean-Pierre Lassalle, « La Correspondance entre Hugo et Ducasse », *Cahiers Lautréamont*, 2e semestre 1988, p. 78.

> Jeune homme, je m'intéresse à vous ; je veux faire votre bonheur. Je vous prendrai pour compagnon, et nous accomplirons de longues pérégrinations dans les îles de l'Océanie. [...] Jeune homme, je te salue, et à bientôt[95].

Ducasse ne tarda pas à condamner la quasi-totalité de la production de Victor Hugo, qu'il qualifia, dans ses *Poésies*, de « Funèbre-Échalas-Vert » et de « femmelette[96] », auteur de « vaudevilles barbares[97] ». Hugo figure parmi les auteurs qu'Isidore Ducasse entreprend de corriger dans le projet dont il fait état dans sa correspondance, mais malgré ce mépris affiché, il envoie tout de même l'édition de 1869 des *Chants de Maldoror*, probablement accompagnée d'une lettre qui n'a pas été retrouvée[98]. De ce volume, seules les pages 52 à 85 et 204 à 242 ont été coupées, selon l'habitude de Victor Hugo de lire quelques extraits seulement des œuvres qu'il recevait afin d'en capter la tonalité générale. Les extraits a priori consultés sont les strophes 13 du Chant premier à 7 du Chant II, et 5 du Chant IV à 2 du Chant V[99]. Rien ne permet cependant d'affirmer que c'est Hugo lui-même qui les a lues : après sa mort, de nombreuses personnes sont venues consulter les volumes de sa bibliothèque. Ducasse, quant à lui, ne semble pas avoir jugé nécessaire de lui envoyer les *Poésies* où il égratignait son maître.

---

95 Lautréamont, *op. cit.*, p. 240-241.

96 *Ibid.*, p. 293.

97 *Ibid.*, p. 304. Il s'agit d'un procédé courant de la caricature que de remplacer un terme noble par un autre plus moderne et dérisoire, ce qui a pour effet de dégrader l'ensemble de la production de Victor Hugo ; mais le qualificatif « barbare » peut davantage laisser penser que Ducasse vise une pièce comme *Lucrèce Borgia*.

98 Tandis que le *Chant premier* a été retrouvé en 1980 avec sa lettre dans un placard situé dans les anciennes cuisines d'Hauteville House – on ignore qui l'avait mis là et depuis quand il y était, mais avant cette date il ne figure pas dans les recensements de la bibliothèque –, l'édition complète des *Chants de Maldoror* avait été recensée par Julie Chenay, la belle-sœur de Hugo, quand elle fit l'inventaire. Nulle lettre ne semble alors accompagner le volume.

99 Plus précisément, de « -cals et de vautours qui désireraient faire... » p. 52 à « guirlandes folles et l'imprégnèrent » p. 85 ; et de « dedans. L'anus a été intercepté... » p. 204 à « sur son tertre l'impassibilité majestueuse » p. 242.

FÉLIX RABBE

En 2012, Jean-Pierre Goldenstein, exploitant le moteur de recherche de Google Books, mit au jour un second compte rendu du *Chant premier* de 1868[100]. Jusqu'alors, seul celui d'Épistémon dans *La Jeunesse* était connu, mais la découverte de cet article confirme que Ducasse avait effectivement envoyé ses exemplaires à différents critiques pour obtenir des retours. Ce deuxième compte rendu, dû à la plume de Félix Rabbe, a paru dans la *Revue de l'Instruction publique de la littérature et des sciences* du 17 juin 1869. On peut se demander pourquoi Rabbe, qui avait probablement reçu l'exemplaire en novembre, a attendu sept mois pour donner son avis sur la brochure, à moins que Ducasse ne lui ait envoyé la plaquette que plusieurs mois après les autres critiques.

Théodore Félix Rabbe était né à Auxonne, en Côte d'Or, le 11 juin 1834. Après des études en lettres et en rhétorique qui le mèneraient à publier plusieurs essais philosophiques et religieux, ainsi que des traductions d'auteurs romantiques anglais, notamment Shelley, il était entré dans les ordres en 1852. Les archives du diocèse de Dijon donnent quelques dates sur ses débuts : tonsure le 3 juillet 1852, ordres mineurs un an plus tard, sous-diaconat le 30 septembre 1855. À partir de là, le dossier devient lacunaire : rien n'est dit au sujet de son diaconat, mais il passe son Ordination sacerdotale le 18 septembre 1858. Sa vie reste méconnue : Rabbe, qui devait avoir des titres universitaires, fut professeur de la classe de Seconde. On ne retrouve sa trace qu'en 1867, lorsque les archives du diocèse de Paris signalent son arrivée dans la capitale. Pour autant, Rabbe n'a jamais été incardiné dans la ville où il passera le reste de sa vie. Il reçut les pouvoirs en 1867 pour exercer pendant une période de six mois, à partir du mois de mars. Ainsi, Ducasse et lui ont dû s'installer à Paris à peu près à la même époque. Pourquoi Félix Rabbe ne poursuivit-il pas la carrière ecclésiastique qu'il avait si bien commencée ? On l'ignore, mais la suite de son parcours fut plus

100 Jean-Pierre Goldenstein, « D'un piège à rats perpétuel », *Histoires littéraires* nº 50, avril-juin 2012, p. 43-56; recueilli sur le site des *Cahiers Lautréamont numériques*. URL : https://cahierslautreamont.wordpress.com/2012/12/11/dun-piege-a-rats-perpetuel/. [consulté le 20 juillet 2020].

atypique : on le voit publier en 1890 un ouvrage plus léger consacré aux *Maîtresses authentiques de Lord Byron* et en 1900, année de sa mort, son nom est mentionné dans la revue jésuite *Études* où il est traité de prêtre défroqué[101]. L'un des lecteurs de Ducasse venait donc des sphères religieuses, même s'il allait, un peu plus tard, s'y faire remarquer – et peut-être en être exclu – pour sa légèreté. Ducasse pourrait-il avoir personnellement connu l'abbé Rabbe ?

Dans la notice nécrologique que lui consacre le *Bulletin de la Société historique du VIe arrondissement de Paris*, il n'est pas fait allusion à son passé de religieux : on salue « son érudition, son amabilité, son dévouement », ainsi que son investissement au sein de la société, et au moment de rappeler le parcours de « M. Félix Rabbe », on ne mentionne que des conférences sur des thèmes non-religieux. On peut même penser que le passé religieux de l'homme est volontairement passé sous silence :

> Avant d'appartenir à notre Société, M. Rabbe s'était fait connaître par des travaux sur l'histoire littéraire, tels que *Shelley, sa vie et ses œuvres* (in-12, 1887) ; *Les Maîtresses authentiques de Lord Biron* [*sic*] (in-12, 1890) et des traductions du *Théâtre de Marlowe* et des *Œuvres poétiques de Shelley* (3 vol. in-12, 1886-1887), etc.[102]

À aucun moment Rabbe n'est désigné par un titre religieux, comme s'il avait volontairement effacé cet épisode de sa vie. Félix Rabbe était décédé le 17 janvier 1900 au 5, rue d'Arras, dans le Ve arrondissement, mais nous lui connaissons au moins deux autres domiciles : le 55, rue Saint-Placide, dans le VIe arrondissement, et le 32, avenue du Maine, dans le XIVe. On ignore à quelle époque il déménagea et où il habitait quand Ducasse était en vie.

Ducasse lui avait-il personnellement envoyé sa plaquette ou bien avait-on confié à Rabbe la tâche d'en faire le compte rendu ? Le contexte dans lequel la mention apparaît laisse penser que Ducasse s'était bien adressé à Rabbe : elle s'insère dans un article où l'abbé rend compte d'un autre ouvrage avec lequel Ducasse semble avoir dialogué, *Le Problème du mal*, d'Ernest Naville. Le jeune poète, qui allait se tourner, quelques

---

101 Sylvain-Christian David, « La Mort d'Isidore Ducasse », *Cahiers d'Occitanie* n° 51, décembre 2012, p. 119.

102 Félix Herbet, *Bulletin de la Société historique du VIe arrondissement*, année 1899, p. 108. Félix Rabbe était décédé le 17 janvier 1900, juste avant que le bulletin ne soit mis sous presse.

mois plus tard, vers la philosophie, cherchait à se placer dans un débat sur l'origine du mal et il s'était adressé à des critiques susceptibles de se pencher sur le problème et de le mettre en relation avec Ernest Naville. *La Revue de l'Instruction publique* n'était pas une publication à gros tirage, elle avait principalement pour lectorat le corps enseignant pour lequel elle était une sorte de bulletin d'informations sur le métier complété par une bibliographie critique des publications récentes. Si c'est bien Ducasse qui chercha à obtenir un compte rendu dans cette revue, c'était un choix étrange car les chances étaient minces pour qu'une recension dans ces pages touche le grand public ou le monde littéraire. L'auteur avait peut-être contacté Félix Rabbe en personne en demandant un compte rendu critique, pensant que l'abbé aurait choisi une autre revue, plus visible.

En envoyant son *Chant* à un ecclésiastique, comme il le ferait plus tard avec Ernest Naville, Ducasse cherchait à entrer en contact, soit pour les subvertir, soit pour les intégrer sincèrement, avec des milieux plus conservateurs et réactionnaires que les milieux étudiants et républicains de la rive gauche parisienne. Il n'est pas non plus exclu qu'il ait espéré obtenir un succès de scandale, en offusquant des cercles qui lui auraient fait, en voulant dénoncer sa publication, une publicité involontaire. Quoi qu'il en soit, Rabbe insère dans son article sur Naville quelques lignes sur *Maldoror*. Après avoir fustigé l'individualisme, présenté comme un mauvais usage de la liberté, il ajoute : « [Naville] ne désavouerait pas la sombre et cruelle peinture qu'a essayée tout récemment du génie du mal dans l'humanité un poète en prose, qui laisse bien loin derrière lui, pour l'énergie sauvage, la crudité des tableaux, l'exagération des couleurs, tous les peintres de l'enfer et du mal[103]. » La note de bas de page ajoute que le critique attend la parution du deuxième chant pour parler plus amplement de l'œuvre, qui ne vit jamais le jour. Si Rabbe donne un avis plutôt élogieux de la production de Ducasse, reconnaissant en lui un poète en prose, il reprend probablement, lorsqu'il décrit l'œuvre, les mots de l'auteur. Dans une lettre à Poulet-Malassis, Ducasse lui-même écrivait : « Naturellement, j'ai un peu exagéré le diapason pour faire du nouveau dans le sens de cette littérature sublime qui ne chante le désespoir que pour opprimer le lecteur, et lui faire désirer le bien comme remède[104]. »

103 Félix Rabbe, « Le Problème du mal », *Revue de l'Instruction publique de la littérature et des sciences en France et dans les pays étrangers*, n° 12, 17 juin 1869, p. 183.

104 Lautréamont, *op. cit.*, p. 271.

Cette conscience aiguë d'avoir pratiqué l'exagération dans sa prose, exagération qu'il condamnera comme un trait du romantisme dans ses *Poésies*, semble révéler un projet très mûri qui ferait des *Chants* une réflexion sur le mal à ne pas prendre au premier degré comme une œuvre de révolte pure, mais peut-être davantage comme une condamnation sincère des excès et des travers de l'homme. La découverte d'Ernest Naville par Ducasse semble s'être faite très tôt, au moment même où il écrivait les *Chants*, et ce projet avoué par Ducasse, que l'on a trop souvent pris pour une affirmation hypocrite visant à rassurer des éditeurs et un banquier frileux, a peut-être profondément marqué la composition du recueil. Rabbe mentionne enfin la parution prochaine du deuxième chant, qui est évoquée dans la lettre envoyée aux critiques le 9 novembre 1868. On peut donc penser qu'il faisait partie de ceux-ci et que, s'il ne rendit pas compte du livre dès réception, il avait été suffisamment marqué par celui-ci pour y repenser, sept mois plus tard, au moment où il dissertait sur le problème du mal.

En 1891, un autre catholique fervent, découvreur de *Maldoror*, Léon Bloy, allait croiser Félix Rabbe dans un contexte étonnant : le nom de l'abbé apparaît dans l'article « Revanche des lys », repris dans *Belluaires et Porchers* avec « Le Cabanon de Prométhée ». On lit : « J'eus, l'autre jour, la curiosité de voir et d'ouïr, au petit théâtre des Marionnettes de la galerie Vivienne, le *Noël* de Maurice Bouchor, ou, si on veut, le *Mystère de la Nativité*, mis en vers, en quatre tableaux, dont les rôles sont lus, derrière la coulisse, par MM Jean Richepin, Raoul Ponchon, Félix Rabbe et Amédée Pigeon[105]. » Ainsi se trouvèrent réunis, dans la rue où Ducasse avait vécu, Léon Bloy, lecteur de Lautréamont, Félix Rabbe, l'un de ses premiers critiques, et Jean Richepin, camarade d'Alfred Sircos qui avait fait partie de *La Jeunesse*. De ces trois personnes, seul Léon Bloy devait encore avoir en tête les strophes des *Chants de Maldoror*. Jean Richepin n'en était pas à sa première collaboration avec l'abbé Rabbe : c'est lui qui avait signé la préface de sa traduction du *Théâtre* de Christopher Marlowe, en 1889[106]. Ducasse avait-il eu l'occasion de prendre contact avec Félix Rabbe après une suggestion de Jean Richepin, qu'il avait pu rencontrer grâce à Alfred Sircos ? Le futur auteur de *La Chanson des gueux* n'avait alors que vingt ans et étudiait encore à l'École normale supérieure : il n'est pas certain qu'il connaissait déjà Félix Rabbe.

---

105 Léon Bloy, « Revanche des lys », *La Plume*, n° 44, 15 février 1891, p. 65.

106 Christopher Marlowe, *Théâtre*, traduction de Félix Rabbe, avec une préface de Jean Richepin, Paris, Albert Savine, 1889, deux volumes.

ERNEST NAVILLE

On ne sait si Isidore Ducasse fut en contact direct avec le philosophe genevois Ernest Naville. Dans sa lettre du 27 octobre 1869 adressée à Auguste Poulet-Malassis, il écrit au sujet de la Suisse, où devraient être mis en vente *Les Chants de Maldoror* :

> Les esprits seront mieux préparés qu'en France pour savourer cette poésie de révolte. Ernest Naville (correspondant de l'Institut de France) a fait l'année dernière, en citant les philosophes et les poètes maudits, des conférences sur *Le problème du mal*, à Genève et à Lausanne, qui ont dû marquer leur trace dans les esprits par un courant insensible qui va de plus en plus en s'élargissant. Il les a ensuite réunies en un volume. Je lui enverrai un exemplaire. Dans les éditions suivantes, il pourra parler de moi, car je reprends avec plus de vigueur que mes prédécesseurs cette thèse étrange, et son livre, qui a paru à Paris, chez Cherbuliez le libraire, correspondant de la Suisse Romande et de la Belgique, et à Genève, dans la même librairie, me fera connaître indirectement en France[107].

Ducasse semble donc très bien informé sur Naville, dont il a pu entendre parler dans l'*Annuaire philosophique* de janvier-février 1869, de Louis-Auguste Martin, qui contestait d'ailleurs les thèses de ce philosophe sur le problème du mal, mais qu'il connaissait peut-être déjà bien avant. La question n'a pas manqué d'intéresser l'auteur de *Maldoror*, qui affirme dans sa correspondance n'avoir dépeint le mal que pour ramener le lecteur vers le bien. Ducasse, autoproclamé dans ses années de lycée « philosophe incompréhensibiliste », est également très sensible aux courants philosophiques de son temps, dans lesquels il cherche probablement à s'inscrire avec ses *Poésies*.

Ernest Naville était né en 1816. Il était professeur d'histoire de la philosophie et de théologie protestante à la Faculté de Genève. C'était également un philosophe chrétien réputé pour être un brillant conférencier, et l'auteur de plusieurs discours philosophiques et religieux qui connurent un certain succès. *Le Problème du mal*, paru en octobre 1868, réunit les textes de sept conférences données en Suisse au cours de l'année 1867. En 1929, lorsque Paul Éluard, qui faisait des recherches sur les sources de

107 Lautréamont, *op. cit.*, p. 272-273.

Ducasse, se procura chez un bouquiniste parisien une édition originale du *Problème du mal*, il eut la surprise de découvrir, dans les marges, des annotations manuscrites de la main de Ducasse[108]. Le jeune homme s'était donc procuré un exemplaire, qu'il devait avoir sous la main en écrivant à Poulet-Malassis puisqu'il donne des indications bibliographiques précises. Il l'avait certainement acheté chez Cherbuliez, qui était le représentant de la Librairie Lacroix à Genève.

Les annotations du jeune poète montrent son scepticisme face aux thèses émises par le penseur chrétien, peut-être sous l'influence des objections déjà émises par Louis-Auguste Martin. Celui-ci contestait en effet la responsabilité de l'homme face au péché originel, rejetant la responsabilité du mal sur le Créateur qui a rendu sa créature faillible et laissé le mal exister dans sa Création supposée parfaite. Ducasse se fait plus mordant, mais son œuvre, en particulier *Les Chants de Maldoror*, présente également un monde où le mal et l'injustice triomphent, et où l'homme n'est que la victime d'un dieu cruel et méchant. À la page 180 de son exemplaire, dans un chapitre rousseauiste qui évoque l'« État primitif de l'humanité », Ducasse semble avoir été agacé à la lecture des lignes suivantes :

> Qui estimez-vous plus libre, par exemple, ce jeune marchand qui, en ouvrant pour la première fois son magasin, se demande s'il essaiera de tromper ses pratiques, ou s'il veut faire un commerce honnête, et qui a dans cette hésitation même le témoignage et la conscience de sa liberté, ou ce même marchand blanchi par un travail honorable, enchaîné par l'acte réitéré de sa volonté à la loi de l'honneur, et qui, se sentant désormais comme incapable de tromper, s'est fait, par l'emploi même de son libre arbitre, le serviteur de sa probité ? [...] Nous estimons libre, dans le plus haut sens du mot, celui qui est affranchi du mal. L'obéissance en face de la tentation vaincue est l'acte de la liberté naissante qui choisit le bien[109].

Il écrit en marge du début de ce passage ce commentaire sarcastique : « Et ceux qui emportent la caisse ? après 30 ans de travail. L'habitude n'est pas une loi absolue ; ce serait au bout d'un certain temps la négation, la perte même de la liberté. » Et en face de « Nous estimons

108 Cela semble indiquer que les affaires d'Isidore, après sa mort, ne demeurèrent pas à tout jamais dans une malle mais furent au contraire dispersées. Passé en salle des ventes les 20 et 21 avril 1989 avec le reste de la bibliothèque du colonel Daniel Sickles, l'exemplaire était alors estimé à 100 000 francs. Il appartient aujourd'hui à un collectionneur privé.

109 Cité par Jean-Jacques Lefrère, *op. cit.*, p. 452.

libre, dans le plus haut sens du mot, celui qui est affranchi du mal », il ajoute : « N'écrivez pas cette phrase puisqu'il n'y a que Dieu qui soit affranchi du mal. Et encore ! » Le rapport que Ducasse entretient avec Naville n'est donc pas un rapport d'admiration servile mais plutôt de contestation, et s'il envoya en effet ses *Chants* au philosophe[110], c'était, comme il l'explique à Poulet-Malassis, dans l'espoir de provoquer une réaction et d'obtenir quelque publicité, fût-elle scandaleuse.

GABRIE

La librairie Gabrie était l'un des points de vente des *Poésies*. Elle était située dans le passage Verdeau, qui donnait sur la rue du Faubourg Montmartre, à deux pas de chez Ducasse. Était-ce la seule proximité qui avait conduit le jeune homme à choisir ce dépositaire ? Probablement pas : c'était aussi le point de vente de *L'Union des jeunes*, la nouvelle revue d'Alfred Sircos en 1870. La librairie était récente, elle n'avait obtenu son brevet qu'en 1868. D'après les recherches menées par Michaël Pakenham[111], elle était tenue par une veuve, madame Gabrie, née Emery, qui succédait à une « veuve Poitrine ». Seuls trois livres figurent sur le catalogue de la librairie : les deux exemplaires des *Poésies* d'Isidore Ducasse, en 1870, et *L'Élève*, pièce en un acte de Paul Dufour, un an auparavant. Ce Dufour, on l'a vu, collaborait à *La Jeunesse* de Sircos : il semble que ce soit par le biais de ces jeunes littérateurs que Ducasse a entendu parler de la librairie de la veuve Gabrie.

---

110 Jean-Pierre Lassalle, qui a fouillé le fonds Naville à Genève, n'a pas trouvé de lettre de Ducasse, mais une grande partie de la correspondance des années 1868 à 1870 est manquante et une autre partie des archives personnelles du philosophe sont conservées par la famille, qui les tient secrètes. Naville se rendit à Paris entre le 13 avril 1869 et le 5 mai, mais son journal ne mentionne aucun Ducasse parmi les personnes rencontrées. On peut cependant supposer que le poète fit tout son possible pour le rencontrer ou aller l'écouter. Jean-Pierre Lassalle, « Ernest Naville, lecteur de Lautréamont », *Les Lecteurs de Lautréamont*, *op. cit.* p. 329-342.

111 Michaël Pakenham, « Ducasse et ses libraires », *Isidore Ducasse à Paris*, Actes du troisième colloque international sur Lautréamont, Paris, 2-4 octobre 1996, *Cahiers Lautréamont*, livraisons XXXIX-XXXX, 2e semestre 1996, p. 91-92.

LES AUTRES DÉDICATAIRES DES *POÉSIES*

Tous les dédicataires des *Poésies* n'ont pas été pour Ducasse des contacts intéressés lui servant de passerelles pour entrer dans le monde des lettres : certains amis et certaines connaissances de l'auteur reçurent un exemplaire et entrent, à ce titre, parmi les premiers lecteurs de l'œuvre. Leur importance littéraire est moindre, mais ils méritent néanmoins qu'on leur prête attention.

Les exemplaires de *Poésies* envoyés à Henri Mue ont été retrouvés. Mue ne figure pas à la rubrique des condisciples de la dédicace, mais à la première ligne, en deuxième place, juste après Georges Dazet. Jean-Jacques Lefrère en déduit qu'« il est permis de présumer que Ducasse le considérait comme un de ses meilleurs amis et non comme un ancien camarade de collège[112] ». Il était né le 25 avril 1849 à Saint-Denis, et ses parents déménagèrent à Tarbes où ils ouvrirent un magasin d'articles de chasse et de pêche. C'est au lycée impérial qu'il rencontra Ducasse. Il y fit de bonnes études et fut reçu au baccalauréat ès lettres de Toulouse en août 1866, avant d'enchaîner sur un baccalauréat ès sciences qu'il obtint également. De 1866 à 1868, Henri Mue résida à Paris et dès janvier 1868, il entra à la Régie des Tabacs où il allait commencer une longue carrière administrative. Mue était passionné de botanique. À sa mort, sa bibliothèque fut transportée dans la propriété familiale, mais son exemplaire de *Poésies I* fut racheté par un collectionneur versaillais. Les relations de Mue et de Ducasse avaient donc duré jusqu'en 1870, probablement jusqu'à la mort de l'auteur. On peut en effet penser que Mue et Ducasse étaient proches, et que le dédicataire avait conservé l'exemplaire des *Poésies* en souvenir de son ami de jeunesse, mort brutalement et prématurément. L'exemplaire porte une mention manuscrite, visiblement de la plume de Ducasse : « *M. ~~Henri~~ Mue Henri* ». Le prénom a été biffé puis ajouté au crayon après le nom : il ne s'agit pas d'une dédicace à proprement parler mais d'une simple indication sur le destinataire de cet exemplaire. Ducasse a collé à l'envers le timbre-poste, daté du 13 avril 1870, sur l'angle supérieur droit de la couverture.

112 Jean-Jacques Lefrère, *op. cit.*, p. 114-115.

C'est place de la Bourse qu'il posta le volume. Mue avait déjà quitté Paris depuis un an.

On a déjà beaucoup parlé de Paul Lespès et du témoignage précieux qu'il laissa sur Ducasse. Il était né à Bayonne en 1846 et c'est au lycée de Pau, où il était interne, qu'il rencontra le futur auteur des *Chants de Maldoror* ainsi que son grand ami, Georges Minvielle. Après un baccalauréat brillamment obtenu, Lespès se rendit à Paris pour étudier le droit. En 1870, il devint avocat et s'inscrivit au barreau de Bayonne. Il mena une carrière de magistrat sans incident, tout en s'adonnant à sa passion pour l'ornithologie qui lui avait jadis permis de répondre à quelques questions de son condisciple Ducasse. Esprit classique épris de littérature, Paul Lespès mourut en 1935, à 89 ans. Dans la dédicace des *Poésies*, son nom est placé à côté de celui de Georges Minvielle. Né en 1846 également, à Pau, ce dernier était le fils d'un négociant aisé. Il fit d'excellentes études et fut le grand rival de Lespès pour le titre de premier de la classe, pendant les années au lycée de Pau. Ayant obtenu son baccalauréat ès lettres en août 1865, il resta à Pau jusqu'en 1867 pour préparer celui de sciences. En 1868 et 1869, il vint à Paris pour étudier le droit également. En 1870, il rentra à Pau et reprit quelque temps le commerce de son père avant de devenir juge de paix. Il mourut en 1923, juste avant que François Alicot ne commence ses investigations et ne vienne interroger Paul Lespès. Ducasse rencontra ces deux condisciples en 1864, dans la classe de rhétorique. Lespès et Minvielle figurent sur la liste des élèves figurant dans l'exemplaire des *Esquisses de philosophie morale* de Dugald Stewart du lycée de Pau : si Ducasse avait choisi d'être un « philosophe incompréhensibiliste », Lespès fut, sans originalité, un « déïste [*sic*] » et Minvielle, plus fantasque, un « philosophe omnibus ». On se rappelle le jugement émis par ces deux bons élèves au sujet de leur camarade venu d'Uruguay : « un esprit fantasque et rêveur », « un brave garçon, mais un peu timbré ». Ils n'avaient pas beaucoup d'estime pour lui et furent quelque peu ahuris par leur lecture des *Chants de Maldoror*.

Le témoignage de Lespès, déjà mentionné, est à prendre avec précaution : homme intègre et scrupuleux, le magistrat venait néanmoins de rafraîchir sa mémoire en relisant l'œuvre, ce qui a pu l'amener à mettre l'accent sur certains épisodes. Paul Lespès affirme ne pas avoir revu Ducasse après le lycée, bien que celui-ci eût pris son adresse. Ils étaient à Paris au même moment. En revanche, il croit se rappeler que Georges

Minvielle avait eu l'occasion de l'y revoir, mais dans une lettre suivante, il se rétracte et affirme qu'à sa connaissance, ils n'ont eu aucune relation. Il est certain qu'ils ne devaient pas être en contact régulier, puisque l'avocat dit avoir tout ignoré des circonstances de la mort du poète. Ducasse leur envoya pourtant son *Maldoror*, et très probablement ses *Poésies* dont Lespès ne semble pas avoir gardé souvenir. Le vieil homme interrogé par Alicot se rappellera aussi avoir reçu le *Chant premier* à Bayonne, sans un mot ni même une signature. Selon lui, Minvielle eut son propre exemplaire, et tous deux n'eurent aucun mal à reconnaître le style de Ducasse[113]. Il est plus probable qu'ils reconnurent l'auteur à la fin du *Chant premier*, où le poète proclame haut et fort ses origines montevidéennes. L'avis de ces deux condisciples importait-il au jeune homme ? Au lycée, il leur avait montré quelques textes – peut-être les brouillons de certaines pièces qui allaient figurer dans les *Chants* ? –, mais les deux bons élèves ne l'avaient pas encouragé, condamnant au contraire son style qui leur semblait désordonné et peu maîtrisé. Minvielle, qui avait aussi dit à son ami Lespès que Ducasse avait « une araignée dans le plafond », aurait également répondu à Ducasse pour le remercier de l'un de ses envois. Selon une anecdote transmise dans la famille de génération en génération[114], Georges aurait ajouté : « Isidore, au lycée, tu étais le roi de la plaisanterie, mais c'est ta meilleure ! » Vexé, le poète aurait coupé les ponts. Cet épisode, s'il est avéré, conforte l'hypothèse selon laquelle la dédicace des *Poésies* serait ironique.

Auguste Delmas est le troisième condisciple à apparaître dans la dédicace des *Poésies*. Ducasse le rencontra à Tarbes, où il était de deux classes plus âgé que lui. Ils étaient visiblement amis puisqu'ils allaient ensemble à la bibliothèque municipale. C'est à Éric Nicolas que l'on doit cette récente découverte : en 2009, il a retrouvé les signatures de Ducasse et Delmas sur les registres de prêt de l'année 1863[115]. Le futur poète emprunta des œuvres de Sénèque, *La Revue des deux mondes, La*

---

113 Les deux exemplaires sont aujourd'hui perdus.

114 Rapportée dans les notes sur les lettres de Paul Lespès à François Alicot, *Cahiers Lautréamont*, livraisons V-VI, 1er semestre 1988, p. 40. L'anecdote est à prendre avec beaucoup de précautions, car Pierre Minvielle qui la transmet rapporte qu'il s'agissait d'une réaction à la lecture des *Chants de Maldoror*. Ducasse dédicaça pourtant ses *Poésies*, un an après, à cet ami ingrat.

115 Josiane Battoue, « De nouveaux indices dans l'énigme Lautréamont », *La Nouvelle République des Pyrénées*, 9 juillet 2009. URL : http://www.ladepeche.fr/article/2009/07/09/636753-tarbes-de-nouveaux-indices-dans-l-enigme-lautreamont.html. [consulté le 20 juillet 2020].

Revue contemporaine et *L'Artiste*[116]. Delmas se rendait à la même étude que Ducasse. Il était né à Tarbes en 1845, d'une famille modeste, et fit des études brillantes. À partir de la rentrée 1864, il retrouva son ami à Pau, où il était devenu répétiteur, puis il revint à Tarbes en 1868 pour exercer la même fonction. Il y était encore en 1870. Delmas allait plus tard devenir professeur d'histoire. Sa fille Thérèse, pianiste et catholique pratiquante, sera une amie de Léon Bloy, l'un des découvreurs de Lautréamont. Delmas n'avait pas retrouvé Ducasse à Paris, mais il avait suffisamment compté pour figurer dans les dédicataires et probablement recevoir, lui aussi, les exemplaires de l'auteur.

Parmi les douze personnes à qui Ducasse a dédié ses maximes philosophiques, il en est une qui surprend par son statut : l'« ancien professeur de rhétorique[117] », Gustave Hinstin, l'un des seuls à bénéficier d'un titre, de l'appellation « monsieur », et à se trouver isolé sur une ligne à part. Hinstin était né en 1834 et sortait de la prestigieuse École d'Athènes. Après avoir été reçu à l'agrégation de lettres de 1858, il entra dans l'enseignement, d'abord à Lille puis à Pau à partir de 1864, année où il rencontra Isidore Ducasse. Cet helléniste avait publié plusieurs plaquettes telles qu'*En Arcadie* ou *Souvenirs d'Athènes*. On peut s'étonner de voir les *Poésies* dédiées à Hinstin, quand on connaît le témoignage de Paul Lespès et ce qu'il dit des rapports entre le professeur et son élève atypique. On s'en étonne moins si l'on considère les *Poésies* comme un brûlot contre la rhétorique et l'enseignement scolaire. D'après son condisciple, Ducasse était vivement intéressé par le cours de rhétorique, mais il eut plusieurs accrochages avec son professeur, qui portaient sur des conceptions divergentes du style : Hinstin prônait la mesure, la sobriété et l'élégance ; Ducasse aimait la surenchère, les images baroques et une imagination débordante. À plusieurs reprises, le professeur épingla l'outrance de son style et ses bizarreries. Il se fâcha contre une des compositions de son élève et la lut devant la classe afin d'en ridiculiser les excès, mais Ducasse n'avait nullement cherché à faire de la provocation, il avait au contraire le sentiment d'avoir produit un texte de qualité et riche en innovations techniques. Il fut vexé de cet incident et de la punition qu'il reçut, qu'il jugeait injuste.

116 Les informations du registre ne sont malheureusement pas plus précises et ne nous permettent pas de savoir avec exactitude ce que Ducasse a pu consulter.

117 Lautréamont, *op. cit.*, p. 280.

Lespès se rappelle cette composition, peut-être sous l'influence de sa lecture des *Chants de Maldoror* : « Pas une phrase où la pensée faite en quelque sorte d'images accumulées et de métaphores incompréhensibles ne fût encore obscurcie par des inventions verbales et des formes de style qui ne respectaient pas toujours la syntaxe[118]. » La place que Lespès accorde à cet épisode est-elle excessive ? Peut-être pas, car si Ducasse a dédié ses *Poésies*, avec ses réflexions sur le style et la morale, à Gustave Hinstin, et non à un autre de ses professeurs – son professeur de philosophie par exemple –, ce n'est pas anodin. Dans les souvenirs de Lespès, qui n'avait pas relu les *Poésies*, Ducasse n'aimait pas les exercices de traduction et de versification latines que leur professeur leur donnait. Il avait notamment protesté contre une traduction du pélican de Musset qu'ils eurent à composer en vers : l'exercice lui semblait absurde. On retrouve plusieurs allusions à ce genre d'exercices dans les *Poésies*, et notamment une traduction en vers hébreux qui semble faite pour dégoûter les élèves.

Est-ce par ressentiment que Ducasse dédia à son ancien professeur ces pièces faussement assagies ? Faut-il voir dans le titre respectueux, « Monsieur », l'expression de dédain d'un élève qui a pris sa revanche ou au contraire une conversion sincère quoi qu'encore imparfaite à la rhétorique classique ? Il est même permis de se demander si l'on doit placer Hinstin parmi les lecteurs de Lautréamont, car nous ne savons pas si Ducasse lui avait envoyé un exemplaire : il aurait pour cela fallu qu'il eût eu l'adresse de son maître, et, s'il l'avait, cela signifierait qu'il l'avait quitté sans rancune ou qu'il s'était débrouillé pour la récupérer auprès de l'un de ses anciens camarades. Les *Poésies* sont-elles donc un hommage ou une vengeance calculée sous forme de provocation espiègle ? Dans les années qui suivirent la mort d'Isidore Ducasse, Gustave Hinstin vit sa carrière entachée par un scandale : après sa mutation à Lyon, il fut accusé par un élève d'attouchements. On étouffa plus ou moins l'affaire, mais son évolution professionnelle s'en trouva fortement ralentie. Le professeur, revenu à Paris, mourut en 1894. Léon-Paul Fargue, qui lut précisément Lautréamont dans ces années-là, prétendit bien plus tard l'avoir retrouvé en tant que professeur surnuméraire à Henri IV et avoir eu l'occasion de l'interroger[119]. Ces assertions sont douteuses : il n'est

---

118 *Ibid.* p. 455.

119 C'est ce qu'il rapporta à Valery Larbaud, qui en parla dans son article. Valery Larbaud, « Les *Poésies* d'Isidore Ducasse », *La Phalange*, 20 février 1914, p. 149.

pas prouvé qu'Hinstin ait jamais enseigné dans ce lycée et il est encore moins certain qu'il aurait accepté de parler d'un passé un peu trouble qui avait été assombri par des accusations de pédérastie.

Il y a moins de choses à dire sur les derniers dédicataires. Don Pedro Saenz de Zumáran était un notable de Montevideo et une relation de François Ducasse. Né en 1808 en Castille, issu d'une famille de la noblesse espagnole, il avait émigré en Amérique du Sud en 1832. En 1845, il devint vice-consul de son pays à Montevideo et secrétaire honoraire du roi d'Espagne. Il joua un rôle de négociateur pendant la *Guerra Grande*. Par la suite, il multiplia les hautes fonctions : président de la Banco Comercial, négociant, administrateur du théâtre Solis et du marché du port, membre du directoire de la société de navigation *Del Plata*, etc. C'était donc une personnalité importante de la ville. Sa femme tenait salon et organisait des bals fréquentés par tout ce que Montevideo comptait de personnalités importantes. François Ducasse, le Chancelier, devait certainement s'y trouver régulièrement. Une tradition orale de la famille Zumáran[120] prétend que don Pedro serait intervenu auprès du père d'Isidore, très sceptique face aux écrits de son fils, et que c'est lui qui aurait convaincu François de laisser le jeune homme tenter sa chance à Paris. Enrique Pichon-Rivière, qui ne cite pas sa source, prétend que Ducasse fit parvenir à Zumáran un exemplaire des *Chants* avec une dédicace où il l'appelait son « protecteur[121] ». Don Pedro avait un fils portant le même prénom que lui, surnommé Pedrito, à qui la tradition familiale prête une homosexualité à peine cachée et une potentielle liaison adolescente avec Isidore Ducasse. Le dédicataire des *Poésies* était-il le père ou le fils ?

Deux des trois derniers dédicataires ne sont pas encore identifiés et constituent, selon Jean-Jacques Lefrère, les « grands inconnus de l'univers ducassien[122] ». Joseph Bleumsteim est-il le Johan Bleumstein identifié par Michel Pierssens[123], devenu Juan au moment de son émigration en Amérique du Sud ? C'était également un homme d'affaires et entrepreneur

120 Recueillie par Pierre Gibert dans « Ducasse avant Paris », *Isidore Ducasse à Paris*, *op. cit.*, p. 26-27.

121 Rapporté par Jean-Jacques Lefrère, *op. cit.*, p. 298.

122 *Ibid.* p. 296.

123 Michel Pierssens, « Joseph Bleumsteim reste introuvable », *Cahiers Lautréamont numériques*, 17 décembre 2012. URL : https://cahierslautreamont.wordpress.com/2012/12/17/joseph-bleumsteim-reste-introuvable/. [consulté le 20 juillet 2020].

important qui travaillait dans une grande compagnie des eaux, à Buenos Aires. Son petit-neveu, Jean-Louis Frédéric, né en 1858, suivit en 1866 les cours préparatoires de la Division élémentaire du lycée de Pau, mais il était de douze ans plus jeune que Ducasse. À ce jour, aucun Joseph Bleumsteim ou Bleumstein n'a été retrouvé. Joseph Durand, garde encore tout son mystère en raison de son nom, très commun. Tout récemment, Jean-Paul Goujon a retrouvé un article de 1925 dans lequel on rapporte que Bertrand Guégan a identifié Joseph Durand comme un professeur du lycée de Tarbes[124]. L'information reste encore à vérifier. Quant à Louis Durcour, son identification très récente et la place qu'il dut occuper dans la vie de Ducasse nous amènent à le traiter à part.

Au sujet de ces douze dédicataires, Sylvain-Christian David a formulé une hypothèse intéressante[125]. Une partie d'entre eux n'a jamais rendu à Ducasse la politesse de lui faire de la publicité en retour ; l'un d'eux, Georges Dazet, a été traité de crapaud et s'est vu métamorphosé, par Ducasse, en toutes sortes de créatures disgracieuses ; deux autres lui ont tenu des propos méprisants au sujet de son talent littéraire et le considéraient avec condescendance ; un autre enfin, son ancien professeur, l'a plusieurs fois rabaissé au sujet de son style. Les *Poésies* seraient donc l'occasion de régler des comptes, en s'attaquant par exemple à la rhétorique et à l'institution scolaire ; et puisque Ducasse nous invite dès l'exergue à remplacer un mot par son contraire dans le but de réécrire dans le sens du bien, il faudrait peut-être lire, à la place des « amis » passés, présents et futurs, des ennemis à qui l'auteur témoigne tout son mépris. Devenant pamphlétaire, Ducasse continuerait sous une forme nouvelle son œuvre de révolte.

On peut penser que comme Henri Mue, Paul Lespès et Georges Minvielle, les neuf autres dédicataires des *Poésies* ont reçu de Ducasse quelque exemplaire personnel de ses publications et qu'ils constituent à ce titre le noyau des premiers lecteurs de l'œuvre, ceux dont nous ne connaîtrons probablement jamais les impressions de lecture.

---

124 « Informations littéraires », *L'Europe nouvelle*, 4 avril 1925, p. 460. Nous remercions Jean-Paul Goujon pour cette information inédite. Des recherches restent encore à mener pour découvrir ce qu'enseignait Joseph Durand.

125 Sylvain-Christian David, « Isidore dédicace », *Cahiers Lautréamont*, livraisons XLIX-L, 1er semestre 1999, p. 106.

ÉVARISTE CARRANCE

Toute l'activité littéraire de Ducasse ne s'est pas faite à Paris. En 1867, le Bordelais Évariste Carrance lança dans sa ville son deuxième concours poétique. Il s'agissait d'une opération commerciale qui consistait à réunir des auteurs, sous le prétexte d'un concours de poésie où tout le monde sortait gagnant, et à les publier dans un recueil collectif. Mais Carrance demandait aux collaborateurs de verser une somme d'argent en fonction de la taille du texte, ce qui en faisait ni plus ni moins qu'une publication à compte d'auteur déguisée. Rusé, l'éditeur jouait volontiers de la crédulité de jeunes auteurs désireux d'être lus et il leur faisait miroiter une sorte de consécration qui n'avait aucune valeur. Évariste Carrance était né en 1842, et après des études de droit, il s'était lancé dans la littérature, dans la presse et dans l'édition. Polygraphe des plus prolifiques, il parvint à placer ses articles dans les périodiques locaux et se fit peu à peu un nom dans le monde journalistique. Il écrivait aussi des vers, de piètre qualité mais d'une abondance remarquable, qu'il éditait lui-même.

L'appel pour le premier volume de la série *Littérature contemporaine* fut lancé en 1867, et *Les Voix poétiques* parurent en juillet 1868 avec une lettre-préface de Victor Hugo. L'entreprise allait perdurer jusqu'en 1891 à raison de deux volumes par an. Carrance avait réuni un jury avec un pseudo-comité d'honneur – grâce à deux pseudonymes, l'éditeur représentait à lui seul trois membres du jury. Il y avait une quarantaine de participants dans les deux premiers recueils, puis le nombre s'accrut au fil du temps. Carrance n'hésitant pas non plus à insérer sa propre prose, ainsi que des poèmes à sa gloire. La publication des recueils ne lui coûtait rien, car tout était financé par les auteurs eux-mêmes. Dans le monde des lettres, de Bordeaux et d'ailleurs, ces procédés étaient raillés, quand ils ne provoquaient pas la colère de certains auteurs et journalistes. L'un des futurs découvreurs de Lautréamont, le poète belge Max Waller, écrivit dans *La Jeune Belgique* du 15 juillet 1882 un article[126] pour fustiger Évariste Carrance, qu'il qualifiait d'escroc. La date limite des envois pour le deuxième recueil était le 1er décembre. L'éditeur avait fait de la publicité dans plusieurs périodiques parisiens que semblait lire Ducasse, comme

126 Max Waller, « Le Nommé Carrance », *La Jeune Belgique*, 15 juillet 1882, p. 254.

la *Revue populaire de Paris*. Peut-être est-ce Gustave Rivet, collaborateur à la *Jeunesse* de Sircos et qui avait déjà publié dans *Les Voix poétiques*, qui parla de ce concours à l'auteur des *Chants de Maldoror* : toujours est-il que Ducasse venait de faire paraître son *Chant premier*. Il se décida à puiser dans les fonds que son père lui envoyait afin d'inclure l'intégralité de ce Chant dans le deuxième volume lancé par Carrance. La version qu'il envoya à l'éditeur bordelais avait été corrigée, les coquilles signalées à Hugo avaient disparu et le nom de Georges Dazet était réduit à l'initiale D. Le volume fut imprimé et mis en circulation au mois de février 1869, sous le titre des *Parfums de l'Âme*. Ducasse n'avait pas emporté le concours, mais recevait tout de même une « mention très honorable ».

Son texte, le seul en prose, est le plus long du volume. Il est anonyme, l'auteur étant désigné par trois astérisques. S'il a été un bon client pour Carrance, le poète ne publiera plus dans les concours suivants, probablement parce que la publication des *Chants* chez Lacroix était en cours de négociation, et ne fera pas non plus figurer le Bordelais dans les dédicataires de *Poésies*. Il semble néanmoins qu'il soit resté en bons termes avec l'éditeur : en janvier 1870, Carrance placera sur la quatrième de couverture du volume de *Fleurs et fruits* une publicité pour *Les Chants de Maldoror*, tandis que Ducasse, dans *Poésies II*, fera une réclame pour les *Concours poétiques de Bordeaux*. On ignore ce qu'Évariste Carrance put penser à la lecture du texte envoyé par Ducasse, et on ignore tout autant ce que pensèrent les autres auteurs des *Parfums de l'Âme*. Il n'y eut pas d'échos dans la presse non plus, car à part quelques commanditaires, les seuls lecteurs des recueils poétiques de Carrance étaient les auteurs eux-mêmes, contraints de souscrire à l'achat d'un volume en même temps qu'ils envoyaient leur texte.

FÉLIX DUCASSE

Les quelques noms qui vont suivre n'ont pas été en contact avec Ducasse, mais ils permettent de révéler l'existence d'un petit groupe de relations communes, ce que les sociologues appellent une clique, dans les relations de Carrance. En 1927, une polémique éclata entre les surréalistes et Philippe Soupault, récemment exclu du groupe, au sujet d'une regrettable confusion : s'appuyant sur un autre Ducasse dont il avait retrouvé la trace et qui avait inspiré Jules Vallès dans son roman *L'Insurgé*, Soupault avait affirmé que l'auteur des *Chants de Maldoror* s'était fait remarquer pour ses opinions révolutionnaires et ses talents d'orateur politique. Cet homonyme était Félix Ducasse, né en 1844, qui faisait en effet de plus en plus parler de lui, dans les mois qui précédèrent la Commune, pour ses opinions politiques révolutionnaires. Il avait débuté en collaborant à diverses revues de Bordeaux et de Toulouse, et dès 1863, ses agissements subversifs lui valurent de passer une journée en prison, après avoir sifflé la pièce d'un auteur suspecté d'être un mouchard de la police. Après un passage par la Suisse, il vint s'établir à Paris en 1866, afin d'étudier le droit, et il collabora à *L'Avenir national* ainsi qu'à la revue de Louis Ariste *La Fraternité*. En 1867, il fut condamné pour avoir manifesté contre Napoléon III et l'empereur d'Autriche : il avait osé arrêter la voiture officielle et crier des injures aux deux hommes d'État. Au lieu de se calmer, il se radicalisa et devint l'un des orateurs les plus célèbres des clubs d'extrême-gauche. Il fut encore arrêté à plusieurs reprises dans les mois qui suivirent, et même accusé de complot contre la sûreté de l'État. Surveillé par la police, il était la cible des journaux conservateurs et des organes de presse de l'Empire.

Isidore avait-il eu vent des activités dangereuses de son homonyme Félix ? Peut-être est-ce Lacroix qui lui suggéra, pour ne pas être inquiété, de changer de nom pour publier son livre. Marius Boisson, écrivant au sujet de la polémique ouverte par Philippe Soupault afin de distinguer les deux Ducasse, diffusa dans la revue *Comœdia* une note reçue par un certain Gaston Pernollet, qui se présentait comme le neveu de Félix Ducasse. Selon Pernollet, le poète aurait eu l'occasion d'entendre un discours de l'orateur. Méprisant et fort de ses penchants conservateurs, il se serait écrié : « Quelle farce[127] ! » D'après cette note que Pernollet tenait de son oncle, le tribun n'avait aucune sympathie pour Isidore, qu'il connaissait en personne. Au cours d'une conversation qu'ils auraient eue chez Vallès, Isidore aurait également sévèrement critiqué Victor Hugo en le qualifiant de « tonitruant saltimbanque » et de « républicain qui a commencé par lécher les bottes des rois ».

---

127 Marius Boisson, « Les Deux Ducasse », *Comœdia*, 30 septembre 1927 ; recueilli dans les *Cahiers Lautréamont*, livraisons I et II, premier semestre 1988, p. 44. Marius Boisson ajoute aussitôt la réserve suivante : « La vie mystérieuse de l'auteur des *Chants de Maldoror* permet toutes les suppositions, toutes les mystifications aussi. »

LOUIS ARISTE

Avocat et journaliste toulousain, Louis Ariste, né en 1841, était le rédacteur en chef de la revue bruxelloise *La Fraternité*. Parmi les collaborateurs de ce journal, dont la durée de vie fut brève, on trouve Eugène Vermersch, Félix Ducasse et Arthur Monnanteuil, ce petit groupe également lié à Évariste Carrance. Jean-Pierre Lassalle a découvert, à la bibliothèque municipale de Toulouse, un exemplaire des *Parfums de l'Âme* dédicacé par Évariste Carrance à son ami Louis Ariste. Il a donc pu lire, s'il est allé jusqu'au bout de cette prose compacte placée au milieu de productions versifiées de qualité variable, l'une des premières versions du *Chant premier*. Par le plus grand des hasards, Ariste, qui ne connaissait pas Ducasse et n'avait peut-être pas lu ses œuvres, fut initié en 1875 dans la loge maçonnique des Vrais Amis Réunis, à l'Orient de Toulouse, où Georges Dazet allait également être initié en 1886.

ARTHUR MONNANTEUIL

Arthur Monnanteuil faisait partie du petit groupe de *La Fraternité* et il côtoyait donc Félix Ducasse, l'homonyme turbulent du jeune poète inconnu, Louis Ariste, Eugène Vermersch, et Évariste Carrance. Par une curieuse coïncidence, Monnanteuil est aussi, à partir de décembre 1869, le gérant de la revue *L'Avenir* de Frédéric Damé, l'un des douze dédicataires des *Poésies*, revue à laquelle il collaborait régulièrement et qui eut, elle aussi, maille à partir avec la censure impériale.

EUGÈNE VERMERSCH

Le futur communard Eugène Vermersch était l'un des membres du groupe de *La Fraternité*. Il partageait les opinions révolutionnaires de ses camarades Félix Ducasse et Arthur Monnanteuil, même si elles étaient encore discrètes. Mais Vermersch, qui n'entendit probablement jamais parler d'Isidore Ducasse, collabora aussi à *La Jeunesse* d'Alfred Sircos.

EUGÈNE LOUDUN

En 1999 fut découvert, dans la bibliothèque d'un collectionneur parisien, un nouvel exemplaire de chacun des deux fascicules de *Poésies*. Ils étaient adressés à Eugène Loudun. Né en 1818, Loudun était entré, en 1849, à la bibliothèque de l'Arsenal après avoir été critique littéraire. Il quitta son poste en 1861 mais conserva un titre de conservateur honoraire. Fervent défenseur de Napoléon III, il vivait au 5, rue du Cherche-Midi et c'est probablement à cette adresse que Ducasse adressa ses plaquettes. Le bibliothécaire les fait apparaître dans son carnet de lectures, à la date du 25 juin 1870. Loudun ne semblait pas connaître le poète très intimement, puisque son nom ne figure nulle part dans les *Notes sur ma vie* qu'il a laissées, ni dans les listes d'amis, de connaissances nouvelles ou de personnes ayant fréquenté son salon qu'il a dressées. Jean-Jacques Lefrère, qui a parcouru ces listes de noms, y relève tout de même[128] la présence de plusieurs collaborateurs de la *Revue populaire de Paris* de Louise Bader, du poète et ami Thalès Bernard, ainsi qu'un homme de lettres, Alexandre Guyard de Saint-Chéron, qui habitait comme Ducasse au 15, rue Vivienne : l'auteur des *Chants de Maldoror* pourrait-il avoir été conseillé par son voisin de palier ? Ou peut-être encore par le libraire Daniel Giraud, au 7 de la rue Vivienne, qui éditait *Le Mois artistique*, la

128 Jean-Jacques Lefrère, « Deux ex-donos inconnus d'Isidore Ducasse : les exemplaires de *Poésies* d'Eugène Loudun », *Cahiers Lautréamont*, livraisons LI et LII, 2e semestre 1999, p. 19.

revue de Loudun ? Dans les archives de ce dernier, on ne trouve pas le moindre billet de Ducasse, mais peut-être le bibliothécaire l'a-t-il jeté. On ignore tout des rapports entre Ducasse et Loudun, et même comment le poète entendit parler du conservateur. Un ouvrage de celui-ci, *Victoires du Ier Empire*, figurait dans la liste des prix distribués aux élèves du Lycée impérial de Tarbes à la fin de l'année 1860-1861 : peut-être Ducasse l'avait-il lu et apprécié. Sur les deux exemplaires que l'auteur envoya, le prix et le point de vente sont barrés. Ils sont accompagnés de dédicaces de l'auteur : « M. E. Loudun, / Conservateur honoraire à la / Bibliothèque de l'Arsenal / Cherche-Midi, 5 » et « M. E. Loudun / Le Gérant, / I.D. / Rue du Faubourg, Montmartre, 7. » Qu'espérait Ducasse en adressant ses *Poésies* à ce bibliothécaire ? Outre le fait qu'il puisse rédiger un compte rendu pour sa revue, Loudun aurait pu faire connaître la plaquette en la mettant en avant à la bibliothèque de l'Arsenal.

FRÉDÉRIC DAMÉ

Frédéric Damé est l'autre directeur de revue mentionné dans la dédicace des *Poésies*. Né en 1849 dans l'Yonne dans une famille d'avocats, Frédéric Damé s'intéressa à la poésie au lycée. En 1868, étudiant le droit à Paris, il publie une plaquette, *Les Lanières, satires*, et il crée dans le même temps avec ses amis un journal littéraire, *L'Avenir*, dont il est le rédacteur en chef. Rien n'indique que Ducasse y ait collaboré, mais ses *Poésies* seront imprimées chez Balitout, qui était également en charge de l'impression de la revue de Frédéric Damé. Le poète eut certainement des échanges avec le directeur de *L'Avenir*, puisqu'il lui dédia sa plaquette aux côtés de Sircos. La revue était dirigée par des étudiants du quartier Latin et l'adresse donnée était celle du rédacteur en chef, qui vivait encore chez ses parents au 7, place Saint-Michel.

Le premier numéro était paru en novembre 1868 et dans son éditorial, Damé présentait son équipe comme les « représentants de l'Avenir, [les] soldats du Progrès[129] ». Le sous-titre du journal hebdomadaire indiquait qu'il s'agissait d'une revue « littéraire, philosophique,

129 Jean-Jacques Lefrère, *op. cit.*, p. 506.

scientifique », et en effet, les rubriques étaient variées. Pleine de promesse, la publication étudiante avait reçu plusieurs lettres de soutien, dont une de Louise Bader, mais l'aventure tourna court : après cinq livraisons, *L'Avenir* fut poursuivi pour avoir publié sans autorisation des articles à caractère politique, puis finalement interdit en janvier 1869. Damé relança pourtant l'entreprise, un an plus tard, en décembre 1869, mais après six livraisons, la revue cessa à nouveau de paraître, en février 1870, probablement toujours à cause de son contenu contestataire. Damé et Sircos se connaissaient très certainement, puisque leurs revues partageaient certains points de vente et certains collaborateurs. Frédéric Damé collabora également à d'autres revues, telles que le *Figaro* ou encore *La Revue populaire de Paris*, animée par Louise Bader. De ses rapports avec Ducasse, on ne sait finalement rien.

Malgré ses opinions anti-impériales et sa sympathie pour les idées révolutionnaires, Damé ne participa guère à la Commune et se montra même, dans les années qui suivirent, farouchement réactionnaire. Il quitta Paris pour la Roumanie, et s'il revint en 1874, c'est désormais là-bas qu'il allait passer la plus grande part de sa vie et fonder de nouvelles revues. Il allait également collaborer à *L'Indépendance roumaine* qui, dans son supplément littéraire du 11 février 1891, donnerait la strophe I, 8 des *Chants de Maldoror* à l'occasion de la réédition de Genonceaux[130]. Mais nul commentaire de Damé n'accompagnait cette strophe, qui figurait d'ailleurs parmi d'autres textes qui se voulaient un florilège de l'actualité littéraire française. Damé rentra à Paris à la fin de l'année 1891 mais ne tarda pas à repartir pour la Suisse, puis à nouveau la Roumanie où il poursuivit sa carrière de critique et journaliste dans des journaux conservateurs. Il mourut en 1907.

130 Alexandru Paleologu annonça, en 1982, avoir aperçu dans *L'Indépendance roumaine* deux notices de Frédéric Damé sur Lautréamont. Au moment d'apporter les preuves, il se rétracta en expliquant qu'il n'était plus très sûr de l'endroit où il les avait vues. L'anecdote est rapportée par Luca Pitu dans *Lautréamont, la rhétorique et nous*, Brasov, Éditions Aula, 2006, p. 69.

THÉODOMIRE GESLAIN

Participant des *Voix poétiques* puis des *Parfums de l'Âme* dans lesquels lui aussi s'était vu décerner une « mention très honorable » par Évariste Carrance, Théodomire Geslain n'est lié directement à Ducasse que par l'insertion par ce dernier d'une réclame pour l'*Histoire de la littérature contemporaine en Province* à la fin du volume de *Poésies II*. Geslain était né en 1848 près de Mortagne, dans l'Orne, et avait collaboré à des journaux de province. Il avait vingt ans au moment où il publia son poème « Cosette et Marius » dans les *Parfums de l'Âme*, accompagné de deux autres pièces, dont « Dans les bois, ballade imitée de Goethe », dédiée à son ami Thalès Bernard. Cette même année 1868, Geslain fit imprimer à Bourges un recueil de poésies, *Chants du soir*, puis l'année suivante un poème, à Paris cette fois, intitulé « Le Dernier Ami ». Mais le poète avait d'autres activités : il édita lui aussi un recueil collectif de *Sonnets provinciaux* dans la lignée des opérations menées par Évariste Carrance (d'ailleurs présent et remercié dans ce volume), et composa effectivement une *Histoire de la littérature contemporaine en province* en deux volumes dont Ducasse fera la publicité. Le volume ne paraîtra qu'en 1873, le projet, de nature encyclopédique, ayant été fortement ralenti par les événements politiques. Geslain était en excellents termes avec Carrance, mais aussi avec Thalès Bernard et avec François-Paul Polydore, avec qui il avait cofondé *Le Concours des muses*. Théodomire Geslain allait publier jusqu'en 1890, tout en continuant à participer à plusieurs revues. On trouve parfois son nom dans *La Plume*, ainsi que dans les listes des participants des soirées organisées par la revue symboliste. Il lut probablement l'article de Léon Bloy sur *Les Chants de Maldoror*, mais sut-il qu'il s'agissait du même Isidore Ducasse qui lui avait fait de la réclame en 1870 ? Geslain ne lui avait pas rendu la pareille.

THALÈS BERNARD

Le poète Thalès Bernard bénéficia lui aussi d'une réclame de la part de Ducasse pour la huitième livraison de ses *Mélodies pastorales*. Jean-Jacques Lefrère écrit : « S'il est parfaitement oublié aujourd'hui, Thalès Bernard était en 1870 le moins obscur des bénéficiaires des annonces de *Poésies II*[131]. » Né à Paris en 1821, il avait décidé de se consacrer à la littérature vers le milieu des années 1840 et était devenu un ami proche de Leconte de Lisle et de Louis Ménard. Tous trois avaient acquis une renommée, même si Leconte de Lisle avait largement éclipsé les deux autres. Il n'en demeure pas moins que Thalès Bernard était également entouré d'un certain nombre de jeunes poètes. Il se brouilla d'abord avec Leconte de Lisle[132], puis avec Ménard en 1855. Bernard continua sa carrière de poète lyrique de son côté par une publication régulière et assez abondante, mais de qualité médiocre. Il mourut en 1873, dans la précarité. La publication à laquelle Ducasse fait référence, la série des *Mélodies pastorales*, en était à sa huitième livraison en mai 1870. Il s'agissait de plaquettes de huit pages, dont la première avait paru en 1856 et la neuvième et dernière parut en 1871. Le début de la série

131 *Ibid.* p. 567.

132 Ni le motif réel de la querelle ni la date exacte ne sont connus. Fernand Calmettes rapporte une anecdote qui a pu être l'élément déclencheur ou ce qui mit définitivement un terme à leur amitié : « Ainsi préparée, la brouille devait tôt ou tard se produire. Elle éclata pour la cause la plus futile. Leconte de Lisle et Thalès Bernard s'intéressaient aux évocations, débarquées tout récemment d'Amérique et qui jouirent aussitôt en France d'une singulière faveur, grâce à leur infatigable vulgarisateur Allan Kardec. Certain soir, un jeune médium, étendu sur un divan et simulant le sommeil extra-naturel, s'était mis en rapport spirite avec une ancienne maîtresse de Thalès, partie depuis deux ou trois ans pour la Russie : "Je la vois... Elle est pâle... les joues creusées... les cheveux blanchis... — C'est par le chagrin de la séparation", reprit aussitôt Thalès qui, sur ce thème flatteur pour sa vanité, improvisa des tirades romantiques en rappelant quels feux Elle avait dans le regard et de quelle ardeur il était adoré d'Elle. Or, au cours de ce lyrisme rétrospectif, le jeune médium rouvrit les yeux et lança du côté de Leconte de Lisle des œillades de polisson tout fier d'avoir fait une bonne dupe. Leconte de Lisle, agacé de ces grimaces, ne put soutenir l'idée que Thalès fût impunément berné par un drôle ; la séance achevée, il ne voulut pas sortir sans l'avoir détrompé. Malheureusement, dès les premiers mots, l'autre riposta par des acerbités de fatuité froissée, telles que Leconte de Lisle dut définitivement se retirer. » Fernand Calmettes, *Leconte de Lisle et ses amis*, Paris, Librairies-Imprimeries réunies, 1902, p. 78-79.

était produit à compte d'auteur, mais le poète mit bientôt en place un système de souscription. Parmi les abonnés, on trouvait quelques noms connus, parmi lesquels son ami Théodomire Geslain, Louise Bader, Louis-Auguste Martin, Eugène Loudun et, sur la toute dernière livraison, un Ducasse qui est probablement Isidore, mort avant que ne paraisse la plaquette. Évariste Carrance n'y figure pas. Jean-Jacques Lefrère suggère[133] que Ducasse a pu s'inspirer de la forme de publication permanente des *Mélodies pastorales* lorsqu'il décida de faire paraître ses *Poésies* en livraisons. S'il fit de la publicité pour Thalès Bernard, celui-ci ne donna rien en retour.

FRANÇOIS-PAUL POLYDORE

Les réclames de la fin des *Poésies* mentionnent un certain « *Concours des Muses*, journal des Poètes », à Bordeaux. Il s'agissait d'une revue fondée en 1867 par François-Paul Polydore, et qui s'éteignit en mars 1870 après une cinquantaine de livraisons. Dans ce dernier numéro, le plus proche de la date à laquelle parurent les *Poésies II*, il était annoncé que la revue déménageait et s'installait provisoirement à Paris. Ducasse avait plus de six mois de retard quand il donnait une adresse qui était encore celle des locaux de Bordeaux. Polydore avait publié dans sa ville plusieurs ouvrages poétiques, en ayant recours au même imprimeur qu'Évariste Carrance. Une fois par an, le rédacteur en chef du *Concours des muses*, s'appuyant sur les votes des lecteurs, décernait une lyre d'or au vainqueur d'un concours poétique, rivalisant ainsi avec les compétitions organisées par Carrance. Polydore avait cofondé la revue avec Théodomire Geslain, et il était également en relation avec Thalès Bernard. Lui non plus ne fit en retour aucune réclame pour Isidore Ducasse.

133 *Ibid.* p. 577.

LOUIS-ANNE MARETHEUX

Instituteur et franc-maçon, Louis-Anne Maretheux dirigeait un hebdomadaire, *L'Homme*, sous-titré « Organe scientifique, philosophique et littéraire du triple développement physique, intellectuel et moral de l'humanité ». La revue parut entre le 15 mai et le 24 juillet 1870, avant d'être suspendue, à son onzième numéro, par les autorités. Ducasse faisait donc la promotion d'une publication philosophique toute récente, dont il avait pu apprendre l'existence dans *L'Annuaire philosophique* de Louis-Auguste Martin ou dans *La Revue populaire de Paris* de Louise Bader. On ne trouve, dans les pages de cette revue, aucune publicité en faveur des publications de Ducasse.

LA VOCE DEL POPOLO

La Voce del Popolo est la seule publication pour laquelle Ducasse fit de la publicité à provenir d'Italie. Cet hebdomadaire publié à Lentini, en Sicile, édité par Francesco Galati et dirigé par Tommaso Ciampini, fut diffusé entre mars 1869 et novembre 1870. *L'Annuaire philosophique* de Louis-Auguste Martin avait présenté cette revue, que l'on pouvait se procurer à Paris. Visiblement, la ligne directrice de *La Voce del Popolo* ne plaisait pas particulièrement à la censure, puisque sa parution fut interrompue à deux reprises et à chaque fois le ton devenait plus prudent. Ducasse ne participa pas à la revue, mais sans doute en était-il un lecteur. *La Voce del Popolo* n'inséra aucune publicité pour les œuvres du poète en remerciement de celle qu'il leur avait faite.

ALEXANDRE GUYARD DE SAINT-CHÉRON

On sait peu de choses sur cet homme de lettres qui fut le voisin de palier d'Isidore Ducasse au 15, rue Vivienne. Alexandre Guyard de Saint-Chéron n'était pas de la même génération que lui : il était né en 1807 à Loches. Dans les années 1830, il participa à l'enthousiasme de la génération romantique en publiant en 1833 un ouvrage sur les poésies de Victor Hugo[134] et en fréquentant les disciples de Saint-Simon. En 1834, il épousa Marie-Claire Bazard, la fille de Saint-Amand Bazard, autre saint-simonien célèbre. Il eut avec elle sept enfants, mais en 1868, à plus de soixante ans, il ne vivait probablement plus avec eux. Guyard de Saint-Chéron fut surtout actif dans les années 1830 et 1840. Fervent catholique, il fit paraître une traduction d'un ouvrage sur le pape Innocent III dont il signa la préface[135], une *Histoire de la papauté*[136], *La Vie, les travaux et la conversion de Frédéric Hurter*[137] ainsi qu'un volume au titre plus surprenant : *La Politique de Satan au dix-neuvième siècle. Rapport confidentiel adressé au diable sur les hommes, les institutions et les œuvres du catholicisme à Paris*[138]. D'autres publications religieuses confirment son attachement à l'église des jésuites[139] et à la papauté[140]. En 1872, deux

134 Alexandre de Saint-Chéron, *De la poésie et des beaux-arts dans notre époque… Victor Hugo*, s. l., 1833, 223 p.

135 Friedrich von Hurter, *Histoire du pape Innocent III et de ses contemporains*, traduite de l'allemand par Alexandre de Saint-Chéron et Jean-Baptiste Haiber, avec une introduction d'Alexandre de Saint-Chéron, Paris, Debécourt, 1838, 3 vol.

136 Léopold von Ranke, *Histoire de la papauté pendant les XVIe et XVIIe siècles*, traduite de l'allemand par Jean-Baptiste Haiber, précédée d'une introduction d'Alexandre de Saint-Chéron, Paris, Sagnier et Bray, 1848, 3 vol.

137 Alexandre de Saint-Chéron, *La Vie, les travaux et la conversion de Frédéric Hurter*, Paris, Sagnier/Bray, 1844, 158 p.

138 Id., *La Politique de Satan au dix-neuvième siècle. Rapport confidentiel adressé au diable sur les hommes, les institutions et les œuvres du catholicisme à Paris*, Paris, Sagnier et Bray, 1844, 182 p.

139 Id., *L'Église, son autorité, ses institutions et l'Ordre des Jésuites, défendus contre les attaques et les calomnies de leurs ennemis, instruction pastorale par Mgr. L'archevêque de Paris, Christophe de Beaumont, suivie des témoignages et jugements rendus en faveur des Jésuites… documents recueillis, annotés, augmentés d'une introduction et d'une conclusion, par un homme d'État*, Paris, Debécourt, 1844, 285 p.

140 Id., *Histoire du pontificat de saint Léon le Grand et de son siècle*, Paris, Sagnier et Bray, 1846, 2 vol.

ans après la mort de Ducasse, il publiera encore un *Programme politique du Comte de Chambord* qui témoigne de ses sympathies monarchistes[141]. Si son jeune voisin avait été amené à le fréquenter à l'époque de la rue Vivienne, cela confirmerait l'intégration de l'auteur des *Poésies* dans des milieux réactionnaires et conservateurs. En matière de doctrine artistique, Saint-Chéron revendiquait la nécessité d'un art chrétien et humanitaire, fustigeant l'art pour l'art et préférant les auteurs qui, tels Victor Hugo, se montraient désireux d'apporter à la société.

Alexandre Guyard de Saint-Chéron avait collaboré à plusieurs revues dans les années 1830 : *Le Globe, La France catholique, L'Artiste* et *La Revue de Paris*[142]. Mais au début des années 1860, ses prises de positions politiques lui valurent des ennuis avec la justice. Saint-Chéron avait en effet fait circuler des tracts monarchistes qu'il avait envoyés à différentes revues. La censure du Second Empire n'avait pas tardé à sévir : la cour impériale prononça le 14 mai 1864 une condamnation. Guyard de Saint-Chéron cessa alors de publier mais fit appel et l'affaire se poursuivit jusqu'en cassation avant de se terminer par un non-lieu. Vers la fin des années 1860, l'homme de lettres fréquentait également le salon d'Eugène Loudun. C'est peut-être lui qui parla du conservateur de l'Arsenal à Isidore Ducasse et qui l'invita à lui écrire. Saint-Chéron joua-t-il un rôle jusqu'ici sous-estimé dans la carrière du jeune poète ? L'écrivain monarchiste a laissé si peu de traces. On pourrait émettre l'hypothèse qu'il ait pu jouer pour son voisin, novice en littérature, le rôle d'un mentor, et qu'il ait pu lui faire découvrir les revues conservatrices qui cimentent la pensée moraliste des *Poésies*. Cela expliquerait d'une façon tout à fait nouvelle la conversion de Ducasse au lendemain de ses *Chants de Maldoror*. De même, il serait intéressant de savoir ce que faisait Saint-Chéron en 1869 : il n'avait plus écrit depuis presque vingt ans et ne semblait pas diriger de revue. Ses démêlés judiciaires s'étaient achevés en 1865, mais il allait attendre encore sept ans avant de reprendre la plume. S'investissait-il dans d'autres cercles que Ducasse aurait pu fréquenter ?

141 Id., *Programme politique du Comte de Chambord*, Paris, Imprimerie de Rigal, 1872, 2 p.

142 Paul Bénichou, *Le Temps des prophètes*, Paris, Gallimard, 1977, p. 404. Bénichou montre que Saint-Chéron fut dans un premier temps un disciple de Saint-Simon, attiré par les doctrines sur l'art humanitaire, mais qu'il semble s'être converti au catholicisme entre 1833 et 1835. Il ne s'agit pas nécessairement d'une contradiction, mais l'écrivain allait se montrer plus actif dans les revues telles que *La France catholique* et *L'Univers catholique* où il prônerait la nécessité d'un art chrétien, tout en affirmant de nouvelles positions politiques favorables à Louis-Philippe.

LOUIS D'HURCOURT

Révélé par un article de Gérard Touzeau en avril 2016[143], le baron Louis-Joseph Robert-d'Hurcourt avait jusqu'alors posé un problème aux biographes d'Isidore Ducasse. Dans la dédicace des *Poésies*, Ducasse mentionnait un « Louis Durcour », mais ce patronyme n'existait pas. En décembre 2013, Jean-Jacques Lefrère en avait pourtant retrouvé la trace dans *Le Gaulois* du 3 juillet 1913, dans un article à propos des obsèques du maître escrimeur Kirchhoffer, et dans *Le Figaro* du 11 juillet 1914 au sujet d'une assemblée de la Ligue des Patriotes[144]. Dans son article, Gérard Touzeau avait retrouvé un article de *L'Aéro* du 3 juillet 1913 qui rendait compte des obsèques de Kirchhoffer, au cours desquelles le baron Louis d'Hurcourt a prononcé un discours au nom de la Ligue des Patriotes. Né à Paris en 1853, Louis d'Hurcourt était donc âgé de seize ans en 1869, lorsqu'Isidore Ducasse, qu'il avait rencontré dans des circonstances qui nous sont inconnues, décida de le faire figurer dans le Chant VI de Maldoror. Ayant retenu la leçon de son erreur précédente, il ne conserva pas le patronyme comme il l'avait fait avec Georges Dazet dans le *Chant premier* de 1868 mais le transforma en celui de Mervyn, jeune aristocrate anglais probablement inspiré par la lecture d'un roman[145]. Le « fils de la blonde Angleterre » demeure pourtant dans la rue du Faubourg Saint-Denis, comme la famille d'Hurcourt[146], est âgé de seize ans et quatre mois, et sort de sa

143 Gérard Touzeau, « Louis d'Hurcourt, dédicataire des *Poésies* d'Isidore Ducasse », *Cahiers Lautréamont numériques*, 5 avril 2016 : https://cahierslautreamont.wordpress.com/2016/04/05/louis-dhurcourt-dedicataire-des-poesies-disidore-ducasse-1/. [consulté le 20 juillet 2020].

144 Jean-Jacques Lefrère, « Louis Durcour enfin identifié ? », *Cahiers Lautréamont numériques*, 5 décembre 2013 : https://cahierslautreamont.wordpress.com/2013/12/05/louis-durcour-enfin-identifie/. [consulté le 20 juillet 2020].

145 Parmi les sources proposées pour ce nom de personnage, on cite *Le Roman d'un jeune homme pauvre* d'Octave Feuillet (Sylvain-Christian David, « L'Armée des signes », *Cahiers Lautréamont*, livraisons LXXXIX-LXXXXII, 2009, p. 80-95) ; *Whitefriars* d'Emma Robinson (Jean-Pierre Lassalle, « Mervyn et Mervyn », *Cahiers Lautréamont*, livraisons XXXV-XXXVI, 2e semestre 1995, p. 125-126) ; ou encore *Guy Mannering* de Walter Scott (Pierre Capretz, *Quelques sources de Lautréamont*, thèse dactylographiée soutenue à la Sorbonne, 1950, n. p.).

146 François Caradec supposait que la fin du trajet de Mervyn cachait un secret qu'il faudrait lever, mais jusqu'à l'article de Gérard Touzeau, personne n'avait pu déterminer ce qui s'y

leçon d'escrime rue Vivienne lorsque Maldoror le prend pour cible de ses amours. Louis d'Hurcourt avait-il dans sa jeunesse des penchants homosexuels qu'il se sera efforcé de cacher par la suite ? Ou Ducasse essuya-t-il un refus qui l'amena ensuite à se venger par voie littéraire en propulsant l'avatar de d'Hurcourt sur le dôme du Panthéon ? Peut-être la famille de « Mervyn », particulièrement son père le baron Édouard Armand Robert-d'Hurcourt, capitaine d'artillerie, œuvra-t-elle pour écarter de leur fils une influence jugée peu recommandable. On ignore tout des relations entre Ducasse et Louis d'Hurcourt, mais après Georges Dazet et Edmond Dragon de Gomiécourt, le jeune baron vient s'ajouter à la liste des amitiés troubles qui semblent jalonner l'adolescence du poète. Jean-Luc Steinmetz soulignait avec raison[147] que les *Chants de Maldoror* étaient avant tout un drame homosexuel, dimension négligée par les lecteurs de Lautréamont pendant près d'un siècle. La présence de d'Hurcourt, littérairement mis à mort à la fin des *Chants de Maldoror*, parmi les dédicataires des *Poésies*, conforte la thèse qu'il pourrait s'agir d'un règlement de compte avec d'anciens amis qui avaient déçu Ducasse.

Ducasse, en 1866, avait été incorporé à la Garde nationale mobile. En juillet 1870, au moment où éclata la guerre franco-prussienne, Louis d'Hurcourt se porta volontaire et intégra les Tirailleurs de la Seine, un corps qui allait combattre aux côtés de la Garde mobile pendant le siège de Paris. Ducasse prit-il part à la défense de la ville, comme ses camarades d'Hurcourt et Alfred Sircos ? D'Hurcourt allait survivre aux événements et vivre encore près d'un demi-siècle. Une carrière militaire l'attendait, où il allait se révéler un amateur d'armes et un fervent patriote. Après 1880, il commença à collaborer à plusieurs revues d'importance pour des chroniques sportives ou du reportage de guerre : *Le Temps, Le Gil Blas, L'Écho de Paris...* Il fut lui-même directeur de la revue patriotique *Le Drapeau*, fondée en 1881. Proche de Paul Déroulède, il était pleinement intégré à la vie littéraire parisienne lorsqu'en 1890, Léon Genonceaux fit rééditer *Les Chants de Maldoror*. Si la nouvelle de cette réédition lui parvint, il avait intérêt à taire le secret de l'identité de Mervyn. D'Hurcourt s'était marié en 1888 mais n'eut pas d'enfant. Il

trouvait. François Caradec, *Isidore Ducasse, comte de Lautréamont*, Paris, Gallimard, 1975, p. 252-254.

147 Lors d'une conférence donnée au Musée d'Orsay le jeudi 15 octobre 2009 pour le lancement de son édition Pléiade.

écrivit aussi en 1899 un roman, *Le Sabre du notaire, mémoire d'un poltron*, et quelques nouvelles et pièces de théâtre. Ni dans son œuvre, légère, ni dans ses chroniques il n'évoqua son amitié avec l'illustre inconnu qu'était encore Isidore Ducasse. Il mourut en 1920. L'insertion d'un tel personnage dans le réseau des relations parisiennes d'Isidore Ducasse vient conforter la thèse formulée par Sylvain-Christian David selon laquelle l'auteur des *Chants de Maldoror* était davantage un poète réactionnaire et conservateur qu'un révolutionnaire[148].

148 Sylvain-Christian David, *Isidore Lautréamont*, Paris, Seghers, 1992, p. 177-178. Cette thèse a été depuis approfondie par l'auteur dans ses nombreux articles des *Cahiers Lautréamont* et des *Cahiers d'Occitanie*.

QUELQUES SPÉCIFICITÉS DU RÉSEAU D'ISIDORE DUCASSE

L'étude sociologique du réseau d'Isidore Ducasse permet de mieux comprendre sa situation dans le champ littéraire. Tout d'abord, en faisant émerger les différents cercles littéraires qu'il côtoie, on fait de lui un individu intégré dans le milieu et non plus un poète isolé par un dédain superbe pour ses contemporains insensibles à son génie. La mise en vente de ses *Chants de Maldoror* ayant été refusée par l'éditeur, Ducasse en envoya quelques exemplaires à ses amis, mais aussi à quelques critiques susceptibles d'en parler. En se fondant sur la biographie du poète, on peut compter entre vingt et trente relations que le poète a entretenues. Jean-Jacques Lefrère analyse ces fréquentations et se demande si elles ne furent qu'épistolaires :

> Ducasse a beau affirmer dans une lettre à son banquier qu'il est chez lui « à toute heure du jour », il s'agit sans doute d'une information rassurante destinée à un correspondant de son père et propre à confirmer au Chancelier que son rejeton travaillait et ne se dissipait pas dans le quartier animé de la capitale où il vivait. Pour peu qu'on autorise Isidore Ducasse à sortir de temps à autre de chez lui et qu'on lui permette de rendre visite à des personnes avec lesquelles il est établi qu'il fut en contact, comme Sircos, Damé, Bernard, Louise Bader, on cristallise un ensemble d'indices qui indiquent que l'auteur de *Maldoror* n'a pas été un homme de lettres perpétuellement confiné dans sa chambre meublée de la rue Vivienne ou de la rue du Faubourg-Montmartre[1].

À ces relations il faut ajouter François Ducasse, qui avait probablement un droit de regard sur la manière dont son argent était utilisé. Il n'est pas certain que chacun de ces contacts reçut le *Chant premier*, les *Chants de Maldoror* et les *Poésies* : les amitiés se font et se défont, et peut-être la vingtaine d'exemplaires distribués n'a-t-elle pas toujours été destinée aux mêmes personnes. Malgré toutes les lacunes qui subsistent

1 Jean-Jacques Lefrère, *op. cit.*, p. 589.

dans notre connaissance de la vie du poète, la reconstitution de son réseau social met en évidence l'intégration d'Isidore Ducasse dans un milieu littéraire spécifique, celui des petites revues philosophiques parisiennes. Que le poète soit resté à la marge de ce microcosme est un fait, mais ceci doit être interprété avec prudence : peut-être était-ce par mépris pour les professions journalistiques, ou par timidité de sa part. Sa carrière fut un échec parce que ses choix, tant esthétiques que relationnels, n'allaient pas dans le sens que semblait prendre l'évolution littéraire ; mais sa mort prématurée vint interrompre brutalement une intégration en cours qui aurait pu couronner de succès les ambitions de l'auteur. L'échec de Ducasse est relatif : il est mort alors qu'il travaillait activement et qu'il essayait encore de trouver sa place dans le Paris littéraire de son temps. Peu de ses premiers lecteurs se prononcèrent sur les publications de Ducasse. Comme le note Patrick Besnier, « un livre non diffusé ne pouvait guère trouver d'écho que dans ces revues très spécialisées. Mais on voit que dès l'origine Ducasse a eu des lecteurs, évidemment déconcertés, mais attentifs[2]. »

LA STRUCTURE DU CHAMP LITTÉRAIRE

Depuis que Pierre Bourdieu a développé le concept de « champ littéraire[3] », de nombreuses études se sont intéressées à son fonctionnement et à ses mécanismes, en particulier dans la seconde moitié du XIXe siècle. Parue avant l'étude de Bourdieu, celle de Luc Badesco portant sur *La Génération poétique de 1860*[4] fait le portrait de la génération des auteurs du Parnasse, tout en redéfinissant le contexte culturel et philosophique duquel elle émerge. Badesco rappelle comment les auteurs qui allaient contribuer au *Parnasse contemporain* se trouvaient dans un milieu littéraire encore majoritairement dominé par les auteurs romantiques. La nouvelle génération s'était positionnée contre un certain romantisme, celui de

2 Lautréamont, *Les Chants de Maldoror et autres œuvres*, édition établie par Patrick Besnier, Paris, Livre de Poche, 1992, p. 367.

3 En particulier dans Pierre Bourdieu, *Les Règles de l'art. Genèse et structure du champ littéraire*, Paris, Éditions du Seuil, 1992, 480 p.

4 Luc Badesco, *La Génération poétique de 1860*, Paris, Nizet, 1971, deux tomes, 1427 p.

l'épanchement lyrique et de l'exaltation du moi ; et elle se livrait à la critique de Musset pour prôner, dans la lignée des *Émaux et camées* de Théophile Gautier, la retenue et l'impassibilité. Luc Badesco étudie dans son ouvrage la génération de 1860 : d'un côté les progressistes du Quartier latin, poètes sociaux disciples de Hugo, de l'autre les fantaisistes de la Rive droite, publiant dans de petites revues, comme la *Revue fantaisiste* de Catulle Mendès qui paraît en 1861. À partir de 1863, les groupes se réunissent autour de la *Revue nouvelle* et de la *Nouvelle Revue de Paris*, puis de *L'Art*, mus par une même conception de la poésie qui aboutira à la publication du premier *Parnasse contemporain*. L'étude de Luc Badesco s'arrête en 1866, soit deux ans avant les premières publications de Ducasse.

Disciple de Pierre Bourdieu, Rémy Ponton a rédigé sous sa direction une thèse intitulée *Le Champ littéraire en France de 1865 à 1905*[5], dans laquelle il définit les acteurs de ce champ. À partir d'un relevé de six cents hommes de lettres, parmi lesquels se trouvent probablement plusieurs des lundistes que visait Ducasse, il se livre à des études statistiques qui permettent de mettre en lumière les différences de statut des écrivains. Si la poésie occupe toujours la place la plus noble dans la hiérarchie des genres littéraires, elle rapporte peu : les tirages des recueils poétiques dépassent rarement les trois cents exemplaires pour un auteur reconnu, et les revues de l'avant-garde poétique telles que *Le Mercure de France* dans la dernière décennie du siècle ne comptent que trois mille lecteurs en 1905. En comparaison, la production romanesque connaît un essor remarquable après 1860. Avec l'apparition des volumes à deux francs chez Calmann-Lévy, Charpentier et Hachette, le roman se diffuse et les tirages atteignent 2 500 à 3 000 exemplaires. En 1905, les plus gros succès de Zola ont été vendus à plus de 200 000 exemplaires, chiffre colossal lorsque l'on se rappelle la boutade d'Alphonse Lemerre : « Un volume de vers, quand on en vend par an soixante exemplaires, c'est une bonne vente[6]. » La poésie n'attire pas le grand public et n'est lue que par un public de spécialistes et d'amateurs, souvent les écrivains eux-mêmes. On comprend dans ces conditions le succès du mythe de

5 Rémy Ponton, *Le Champ littéraire en France de 1865 à 1905*, Paris, École des Hautes Études en sciences sociales, thèse inédite sous la direction de Pierre Bourdieu, 1977, 315 f.

6 Propos rapporté par Paul Léautaud dans son *Journal littéraire*, t. I, Paris, Mercure de France, 1954, p. 284.

la Bohème, qui trouve une nouvelle fortune à l'heure où la littérature s'industrialise, ou celui de l'artiste maudit : pour la grande majorité des poètes, la bataille pour accéder à une reconnaissance dans le champ littéraire est un enjeu vital. Les romanciers prospèrent : selon les chiffres avancés par Marcel Prévost, en 1905, une quinzaine de romanciers gagnent plus de 50 000 francs par an et quatre ou cinq gagnent près de 100 000 francs[7]. Certains sont polygraphes, ils s'adonnent également à des activités de journaliste ou de chroniqueur, tandis que d'autres s'assurent, par la pratique du feuilleton, un salaire régulier et confortable.

Le roman, genre encore méprisé quelques décennies plus tôt, est parfois synonyme de compromission : ainsi le succès de Paul Bourget, qui met au goût du jour le roman psychologique, lui vaut un succès indéniable en même temps qu'il attire sur lui le mépris d'une partie des écrivains. Mais cette hiérarchie des genres se bouscule et le roman est en train de conquérir sa place, comme en témoigne l'élection de romanciers à l'Académie française. Quant aux poètes, certains Parnassiens sont couronnés de succès, comme leur mentor Leconte de Lisle ou les poètes plus jeunes Sully Prudhomme et François Coppée, mais d'autres se détournent, dans les années 1880, de la poésie pour se consacrer au roman. Le théâtre connaît également une période faste sous le Second Empire avec le succès des pièces de boulevard, et celui du vaudeville ne se démentira pas jusqu'à la Belle Époque. Un triomphe sur les planches peut rapporter jusqu'à 180 000 francs par an[8]. Mais le théâtre d'avant-garde et notamment le théâtre symboliste n'apporte que rarement l'aisance matérielle. La société bourgeoise qui se met en place au XIXe siècle est peu sensible aux préoccupations des littérateurs, et ses goûts sont rarement compatibles avec les valeurs esthétiques et morales de ces derniers. Aussi l'opposition des artistes de la Bohème au bourgeois, qui se renforce après 1850, naît-elle avant tout de cette incompatibilité et d'un mépris réciproque : les poètes dédaignent le grand public qui les ignore et ne les comprend pas, et ils se renferment sur eux-mêmes pour établir un champ littéraire autonome qui fonctionne en milieu fermé. Ainsi, comme l'écrit Bourdieu,

> il est clair que le champ littéraire et artistique se constitue comme tel dans et par l'opposition à un monde « bourgeois » qui n'avait jamais affirmé de

---

7 Marcel Prévost, « Les Gros Tirages littéraires », *Je sais tout*, 2e année, 1er semestre, 1905, p. 273-282.

8 Rémy Ponton, *op. cit.*, p. 54-58.

façon aussi brutale ses valeurs et sa prétention à contrôler les instruments de légitimation, dans le domaine de l'art comme dans le domaine de la littérature, et qui, à travers la presse et ses plumitifs, vise à imposer une définition dégradée et dégradante de la production culturelle[9].

La notion de champ désigne pour Bourdieu un réseau qui structure un domaine de l'activité humaine : comme il y a un champ politique et un champ scientifique, il y a un champ artistique et littéraire. Les acteurs de ce réseau constituent le « milieu » littéraire et occupent des positions diverses, allant de la marginalité qui condamne à l'isolement à la centralité la plus manifeste. Le champ littéraire a la particularité de fixer lui-même ses normes et ses valeurs, faisant ainsi abstraction des logiques économiques et commerciales pour lui substituer d'autres critères d'évaluation des œuvres. Mais il est aussi habité par des conflits entre ses acteurs, qui renégocient constamment ces critères : des luttes surviennent entre différentes factions qui se partagent ce que Joseph Maguire a appelé les « zones de prestige[10]. » Ainsi en est-il du conflit entre les institutions littéraires, qui ont pour vocation de consacrer un auteur et de le faire entrer dans le patrimoine, et les avant-gardes. Le symbolisme peinera lui aussi à obtenir la reconnaissance officielle : mis à part Henri de Régnier, il faudra attendre 1925 et l'élection de Paul Valéry pour voir le dernier grand mouvement littéraire du siècle représenté à l'Académie.

Gisèle Sapiro pense que les choix esthétiques sont souvent liés à la position occupée dans le champ littéraire[11]. Les écrivains reconnus, étant parvenus à occuper une position dominante, peuvent imposer leur conception de la littérature, tandis que les arrivants doivent composer avec un milieu préexistant en se positionnant sur des questions esthétiques au centre de la réflexion littéraire. Il y a donc souvent une opposition assez nette entre les écrivains établis, qui cherchent à maintenir l'état des choses et qui ont parfois intégré les institutions, et les nouveaux venus, qui cherchent à opérer un renversement – comme on le voit dans le vocabulaire militaire employé par les avant-gardes, il s'agit bel et

---

9 Pierre Bourdieu, *op. cit.*, p. 103.

10 Joseph Maguire, « Power and Global Sport : Zones of Prestige, Emulation and Resistance », *in Sociology Today : Social Transformations in a Globalizing World*, études réunies par Arnaud Sales, Londres, Sage, 2012, p. 339-357.

11 Gisèle Sapiro, *La sociologie de la littérature*, Paris, La Découverte, coll. « Repères Sociologie », 2014, 128 p.

bien de prendre le pouvoir et de déposséder les aînés de leur légitimité. Ce constat se manifeste à la fois dans les œuvres et dans les discours critiques qu'ils livrent à travers les revues. Comme l'écrit Gisèle Sapiro, « plus le critique occupe une position dominante, plus il tend à adopter un discours académique euphémisé et dépolitisé – dans la forme – selon les règles de convenance du débat intellectuel. À l'inverse, plus il occupe une position dominée, plus son discours tend à se politiser et à dénoncer le conformisme et l'académisme des points de vue dominants[12]. »

Le champ littéraire est d'abord un lieu d'affrontement et de rapports de force. Qu'il s'agisse pour un auteur ou pour une génération de s'imposer et d'obtenir la reconnaissance du public et l'estime de ses pairs, ou bien tout simplement d'exister en s'inscrivant dans les préoccupations de son époque, la vie littéraire implique un dialogue avec les autres qui force l'artiste créateur à abandonner sa tour d'ivoire pour intégrer un microcosme structuré et obéissant à des lois. Toute entrée dans la vie littéraire implique donc des choix stratégiques et des prises de position : le « champ littéraire » est une notion qui aura permis de substituer à la succession chronologique des écoles et des mouvements une vision plus complexe où les chapelles rivales cohabitent et dialoguent dans un réseau plus complexe mais aussi plus riche.

RIVALITÉS ET POSTURES LITTÉRAIRES

S'intéressant plus largement aux réseaux d'intellectuels à travers le temps et l'espace, le sociologue américain Randall Collins insiste sur les liens qui unissent créativité et rivalité[13]. En effet, le monde intellectuel est une sorte de réseau très dense où tout individu est relié aux autres à des degrés divers. Les positions des acteurs ne sont évidemment pas toutes similaires : on trouve des individus en position de centralité, les intellectuels éminents, et d'autres marginalisés et possédant peu de ressources. Un écrivain comme Victor Hugo, malgré son éloignement

12 *Ibid.*, p. 90.

13 Randall Collins, *The Sociology of Philosophies : A Global Theory of Intellectual Changes*, Cambridge [Massachusetts], Belknap Press of Harvard University Press, 1998, 1098 p.

géographique, exerce une influence considérable sur l'ensemble du champ littéraire : on l'écoute, il dispose de nombreux contacts et il a le pouvoir d'imposer sa volonté aux éditeurs et aux autres acteurs. Quand un individu a en outre des relations en dehors du champ, par exemple dans le champ politique, il dispose alors d'atouts considérables, mais qui ne lui seront d'aucune utilité s'il ne répond pas également aux critères littéraires qui confèrent la valeur reconnue par ses pairs. Quant aux marginaux, dont Ducasse fait partie, les seuls liens qu'ils ont tissés ne leur sont d'aucun secours pour rompre leur isolement. Les artistes gravitent autour des pôles magnétiques que constituent les auteurs éminents, espérant pouvoir entrer à leur tour dans la zone de prestige. Plusieurs stratégies sont possibles, parmi lesquelles celle de l'épigone, qui se veut continuateur, et celle du dissident, qui rompt avec le maître et la tradition.

Mais Randall Collins affirme que le champ littéraire est régi par une « loi des petits nombres » : lorsqu'une idée nouvelle émerge dans le monde intellectuel, les acteurs se positionnent aussitôt et émergent très vite des factions rivales et concurrentes qui viennent contester l'apport et le bouleversement produit. Dans son étude sur l'histoire des intellectuels, Collins ne dénombre généralement que cinq à six positions rivales simultanées. Au-delà de ce chiffre, certaines des écoles s'éteignent d'elles-mêmes à défaut de pouvoir réellement faire entendre leur voix. Quand trop d'écoles coexistent, c'est le signe qu'aucune d'elles ne parvient à convaincre et à emporter l'adhésion. L'émulation se perd alors dans des querelles stériles et les esthétiques s'essoufflent d'elles-mêmes sans avoir fait fortune. Ainsi, le champ intellectuel est limité et il n'y a pas suffisamment de place pour que tout le monde puisse être au centre de l'attention, ce qui fait de lui un domaine particulièrement soumis à la compétition et aux rivalités. Cela a néanmoins un effet positif : la contestation permet le débat, qui permet à la créativité de s'épanouir davantage parce que chacun doit sans cesse réajuster sa position. Les conflits rythment donc la vie intellectuelle car chaque artiste a une foi totale en son art et l'intime conviction d'avoir atteint une forme de vérité.

C'est dans ce champ où se jouent des luttes perpétuelles que le jeune écrivain doit s'imposer à son tour en s'inscrivant comme l'héritier d'une tradition littéraire mais aussi comme un novateur que l'on distinguera de ses concurrents. Bourdieu qualifie le champ littéraire d'« espace des possibles[14] », ou encore de « champ de possibilités stratégiques[15] » : c'est qu'en effet, pour atteindre le but qu'il s'est fixé, l'écrivain doit adopter une posture et faire des choix qui l'inscriront précisément dans une filiation identifiable par l'ensemble du champ littéraire. Insistant sur l'aspect polysémique de la notion d'auteur, à la fois l'inscripteur – celui qui parle dans le texte –, l'auteur dont le pseudonyme apparaît sur la couverture et le sujet réel – Isidore Ducasse par exemple –, Dominique Maingueneau invitait à reconsidérer la notion d'*ethos* dans toute sa complexité[16]. À sa suite, Jérôme Meizoz s'est particulièrement intéressé à la question de ce qu'il appelle la posture littéraire[17] : les écrivains se forgent une image et une personnalité publique pour se représenter et se présenter à autrui, se poser en auteur et ainsi prendre place dans le champ littéraire en étant reconnu comme écrivain à part entière.

Pour Jérôme Meizoz, cette construction d'une *persona*, mise en scène de soi, articule le singulier et le collectif et se manifeste dans le discours littéraire – journaux intimes, correspondances ou encore entretiens. La posture est un élément de l'*ethos* de l'écrivain et Meizoz la définit comme « la manière singulière d'occuper une position dans le champ littéraire[18] » : l'auteur construit une image de lui-même qu'il livre au public pour être caractérisé comme poète, comme romancier régionaliste ou encore comme auteur de comédies de boulevard. Le regard d'autrui est important dans le processus de légitimation : se poser en auteur permettra d'être reconnu comme tel. Il ne s'agit pas toujours d'une pose ou d'un artifice conscient, mais la posture révèle les choix esthétiques, les stratégies littéraires, l'inscription dans un champ qui existait préalablement et la manière dont on l'occupe. Il peut s'agir d'une conduite, particulièrement chez les auteurs médiatiques qui vivent du scandale que suscite leur personnage et qui contrôlent minutieusement leur image, mais c'est, plus encore, un discours sur l'œuvre littéraire qui éclaire sur la poétique de l'auteur et correspond à une conception primordiale de la littérature.

14 Pierre Bourdieu, *op. cit.*, p. 237.

15 *Ibid.*, p. 278-279.

16 Dominique Maingueneau, *Le Contexte de l'œuvre littéraire. Énonciation, Écrivain, Société,* Paris, Dunod, 1993, 196 p.

17 Jérôme Meizoz, *Postures littéraires : mises en scène modernes de l'auteur*, Genève, Slatkine, 2007, 210 p. ; *La Fabrique des singularités : postures littéraires II*, Genève, Slatkine, 2011, 282 p.

18 Jérôme Meizoz, *Postures littéraires : mises en scène modernes de l'auteur*, *op. cit.*, p. 18.

Il y a des postures d'écrivain qui relèvent de types parfois déjà figés au moment où un auteur s'en empare : le dandy, le poète maudit, le poète de cour… L'auteur qui entre en lice doit se positionner par rapport à ces différentes figures reconnues et les renouveler ou les contester. Nathalie Heinich s'est beaucoup intéressée aux modalités du statut d'écrivain. Dans *L'Élite artiste*[19], elle montre comment le XIXe siècle s'intéresse, à partir de la publication en 1831 du *Chef-d'œuvre inconnu* de Balzac, à la représentation de l'artiste. Du génie de l'artiste inspiré et incompris au mythe des communautés d'artistes, des Jeunes-France à la Bohème, les écrivains ne cessent de représenter leur condition et les questions qui les préoccupent : les sacrifices que l'art exige, l'opposition entre la prospérité ou la postérité, la tension entre singularité et marginalité ou, au contraire, l'appartenance à un groupe, le divorce entre l'artiste et la société, les rapports entre folie et création et la souffrance du créateur nécessaire, selon la conception romantique, à la genèse d'une grande œuvre. Nathalie Heinich recense un certain nombre de figures de l'écrivain qui correspondent à autant de conceptions du métier[20] : l'écrivain de la Bohème, voué à la marginalité et à la pauvreté mais appartenant en même temps à une communauté dont Murger et Champfleury ont fourni les descriptions, l'écrivain-journaliste ou l'écrivain de roman-feuilleton, qui choisit un mode de production lucratif pour vivre en renonçant parfois à ses idéaux, l'écrivain qui sacrifie tout à sa vocation, convaincu de son génie, l'écrivain mondain, l'artiste maudit au destin tragique, victime d'un sort injuste mais que la postérité vient rétablir, le dandy, qui transpose son art jusque dans sa vie…

Toutes ces postures sont au départ non concertées : les premiers dandys ont fait des choix de vie radicaux et marginaux, mais avec le temps, le dandysme devient une posture assumée avec artifice et parfois avec une crédibilité douteuse. Il en va de même pour le poète maudit : même la figure de l'artiste fou a pu devenir une mode et une posture, et tous ceux qui l'ont reproduite n'ont pas toujours eu le destin tragique d'un Van Gogh. De même, il faut se méfier de l'artiste pauvre : Isidore Ducasse n'hésite pas à se présenter sans le sou à Victor Hugo,

---

19 Nathalie Heinich, *L'Élite artiste. Excellence et singularité en régime démocratique*, Paris, Gallimard, 2005, 370 p.

20 Voir notamment son ouvrage *Être écrivain. Création et identité*, Paris, La Découverte, 2000, 368 p.

alors qu'il n'en est rien. Ce demi-mensonge vise peut-être à cacher que financièrement, le poète est encore sous la dépendance de son père, mais les dépenses engagées dans la publication de ses œuvres montrent qu'il est loin d'être dans la précarité.

Le choix d'une posture dépend de la personnalité de l'écrivain, mais aussi du contexte et du milieu social dans lequel il évolue. Sa personnalité, ses idées et ses ambitions le mèneront vers le type de l'écrivain bohème ou au contraire celui du feuilletoniste. Il importe donc de prendre en compte les stratégies de l'auteur ou ce qu'Alain Viala a appelé sa trajectoire dans l'espace sociétal[21]. De l'auteur occasionnel et amateur, qui publie un traité dans sa vie mais n'a aucune prétention à investir le champ littéraire, à celui qui fait vœu de vivre de sa plume et revendique un choix vocationnel, il y a un investissement et des enjeux différents. L'amateur a souvent une autre source de revenu et n'écrit pas pour gagner sa vie, tandis que l'écrivain professionnel fait le choix d'une vie incertaine, où le succès n'est pas garanti, et il devra donc adopter une véritable stratégie.

Alain Viala distingue deux grands types de carrières. Le premier est fondé sur le travail, le mérite et une formation classique : ce sont les écrivains issus des institutions et destinés à y entrer, qui respectent les normes et le fonctionnement du système dans lequel ils sont parfaitement intégrés. Par un travail patient, studieux, lent mais solide, ils se destinent à devenir des représentants de la vie littéraire en gagnant progressivement la reconnaissance des instances, puis du public. Ils sont souvent les disciples d'auteurs reconnus qui les prennent sous leur protection, souvent des Académiciens. À côté de leur œuvre littéraire, ils sont aussi poéticiens et critiques et réfléchissent à la reconnaissance de la profession. En suivant le *cursus honorum*, ils deviendront un jour des hommes de lettres et connaîtront aussi une promotion sociale qui pourra les mener à coopérer avec les sphères politiques et à accepter de hauts postes à responsabilités. L'autre type de carrière repose sur le coup d'éclat : ce sont les écrivains qui entrent avec fulgurance et fracas dans le champ littéraire en s'imposant par leur audace et par le scandale. Ces écrivains vont d'abord être reconnus par leurs pairs ou par le public, et auront parfois à se battre pour obtenir la consécration des instances.

21 Alain Viala, *Naissance de l'écrivain*, Paris, Éditions de Minuit, coll. « Le Sens commun », 1985, p. 178.

Leur carrière est plus spectaculaire, mais également plus fragile et plus souvent éphémère : si leur esthétique, originale, séduit dans un premier temps, elle doit aussi savoir s'imposer durablement. Puisque ces auteurs ne jouent pas le jeu littéraire et cherchent à en contourner les règles, ils doivent réussir à faire en sorte que leurs innovations deviennent la norme de demain, afin de prouver que leur entrée fracassante n'était pas vaine et qu'ils n'ont pas usurpé leur place. S'ils parviennent à gagner la reconnaissance, ils intégreront souvent les institutions en se faisant reconnaître comme les spécialistes de leur domaine. Isidore Ducasse était un écrivain de ce type : il espérait visiblement que son œuvre fasse scandale et le révèle au public.

Randall Collins, en s'intéressant à la dimension compétitive du monde intellectuel et aux mécanismes de rivalité[22], distingue également deux façons d'être reconnu, assez similaires à celles présentées par Alain Viala : par des idées nouvelles – il s'agit des auteurs d'avant-garde, qui font irruption dans un milieu qu'ils entendent révolutionner – ou par des idées importantes – il s'agirait plutôt des auteurs plus classiques, qui reviennent à des valeurs essentielles qu'ils maintiennent et réaffirment. Mais pour que l'idée nouvelle soit pertinente, il faut qu'elle s'inscrive dans les préoccupations des contemporains et qu'elle apporte une réponse à des attentes. Pour accéder à la notoriété, le jeune écrivain pourra choisir de créer une polémique en contestant l'autorité d'un auteur établi, ou au contraire se placer dans la lignée d'un mentor qu'il s'est choisi. Collins considère qu'un intellectuel devient éminent dès lors qu'il est cité et qu'il influence les autres, même s'il s'agit de réactions de rejet ou de désapprobation. L'auteur se construit donc une posture par choix idéologique : il forge son image et la maintient ou l'infléchit selon ses objectifs et ses ambitions. Sur la scène du monde littéraire, il joue un rôle, se donne en représentation et adapte ses masques à son environnement. L'enjeu n'est pas négligeable : il s'agit de se donner une crédibilité, une prestance en tant qu'écrivain pour légitimer la prise de parole et la prétention que l'on a à prendre place dans le champ littéraire. Jérôme Meizoz rappelle que la posture diffère de l'*ethos*, qui est restreint au discours, parce qu'elle dicte aussi les conduites sociales et les comportements.

22 Randall Collins, « The Creativity of Intellectual Networks and the Struggle over Attention Space », *in Knowledge, Communication and Creativity*, études réunies par Arnaud Sales, Londres, Sage, 2007, p. 156-166.

POSTURE ET TRAJECTOIRE D'ISIDORE DUCASSE

Pour comprendre les stratégies d'Isidore Ducasse, la notion de posture constitue un bon point de départ. Nous disposons de peu de documents nous permettant de comprendre comment il se présente à ses éditeurs et à ses contemporains, et le témoignage de Lacroix recueilli par Léon Genonceaux n'est guère plus éclairant : Ducasse y apparaît trop discret pour que l'on puisse saisir la *persona* qu'il pourrait avoir endossée. Sa correspondance et son œuvre, en revanche, peuvent nous donner une idée de la manière dont il se représente. *Les Chants de Maldoror* sont marqués par une forte présence du moi, qui s'exprime avec impudeur sur un mode lyrique et épique de plus en plus parodique. Cette première personne du singulier renvoie parfois à Maldoror, parfois au poète « qui ne fait encore qu'essayer sa lyre[23] », le plus souvent à un aède dont l'identité n'est pas clairement définie et change parfois en cours de strophe. Au début de son œuvre, quand il publie son *Chant premier* séparément, Ducasse se pose donc volontiers en poète romantique : ces premières strophes sont fortement imprégnées de l'influence de Byron et de Lamartine. Il n'y a pas encore de mise à distance critique par l'ironie ou la bouffonnerie, comme ce sera le cas dans la suite des *Chants*. Celui qui signera plus tard son volume du pseudonyme de « comte de Lautréamont », qu'il l'ait choisi ou non, se donne volontiers des airs aristocratiques.

Dans sa correspondance, il se montre hautain avec les personnes avec qui il traite, en particulier lorsqu'il s'agit de considérations matérielles. Il dédaigne les codes de sociabilité et expédie souvent la formule de politesse avec dédain : « Agréez, Monsieur, mes salutations empressées[24] », « T.A.V.[25] », ou encore, à Auguste Poulet-Malassis, « J'ai l'honneur etc.[26] ». Il n'hésite pas non plus à donner des ordres, y compris à l'éditeur de Baudelaire à qui il écrit avec fermeté et sans souci de mettre les formes : « Quand vous m'enverrez les exemplaires, vous m'en ferez parvenir 20, ils suffiront[27]. » Avec un orgueil assumé, il se présente à son banquier,

23 Lautréamont, *op. cit.*, p. 86.
24 *Ibid.*, p. 269.
25 *Ibid.*, p. 272 et 273. « T.A.V. » est l'abréviation pour « Tout à vous ».
26 *Ibid.*, p. 273.
27 *Ibid.*

vis-à-vis de qui il se montre parfois désagréable, comme « un monsieur qui vient habiter la capitale[28] » et en écrivant à Victor Hugo, il n'hésite pas à se vieillir en prétendant désirer lui rendre visite « depuis dix ans[29]. » Il le fait également dans son œuvre, où il se place parfois, dès le *Chant premier*, dans la posture d'un homme plein d'expérience : « J'ai vu, pendant toute ma vie, sans en excepter un seul, les hommes, aux épaules étroites, faire des actes stupides et nombreux, abrutir leurs semblables, et pervertir les âmes par tous les moyens[30]. » Cette posture du moraliste sera celle qu'il prendra vers la fin de sa courte vie, en écrivant les *Poésies*.

À ses débuts, Ducasse se considère volontiers comme un chantre du romantisme. Lorsqu'il présente son livre à Poulet-Malassis, il écrit : « J'ai chanté le mal comme ont fait Mickiéwickz [*sic*], Byron, Milton, Southey, A. de Musset, Baudelaire, etc.[31]. » Il ajoute avoir « naturellement [...] exagéré le diapason pour faire du nouveau dans le sens de cette littérature sublime qui ne chante le désespoir que pour opprimer le lecteur, et lui faire désirer le bien comme remède[32]. » Ces lignes, datées d'octobre 1869, révèlent que Ducasse, parvenu au terme de ses *Chants*, a pris ses distances avec le romantisme qu'il semblait chanter avec conviction un an plus tôt. Désormais, il range Victor Hugo dans « l'ancienne école », dont presque tous les représentants sont morts. Après l'épigone de Byron, Ducasse se fait plus critique et se présente plus volontiers en épigone de Baudelaire – on aura reconnu, dans le projet qu'il esquisse à Poulet-Malassis, les arguments que l'auteur des *Fleurs du mal* avait avancés à son procès. Ducasse se révèle assez cynique quant à sa pratique de la poésie et explique très clairement qu'il a cherché à « faire du nouveau » : ce n'est que de la sorte qu'il pourra en effet trouver sa place dans le champ littéraire, en se présentant comme un héritier de Baudelaire et des romantiques, mais un héritier original et qui pousse la peinture du mal à ses dernières extrémités.

Ducasse a-t-il vraiment cherché à sonner le glas du romantisme et, comme on l'a trop souvent affirmé, à « dynamiter[33] » la littérature ? Il

---

28 *Ibid.*, p. 270.
29 *Ibid.*, p. 504.
30 *Ibid.*, p. 270.
31 *Ibid.*, p. 271.
32 *Ibid.*
33 C'est Julien Gracq qui qualifie Lautréamont de « dynamiteur archangélique » dans « Lautréamont toujours », préface à Lautréamont, *Les Chants de Maldoror et œuvres complètes*,

court-circuite avec cynisme et ironie ses propres strophes, comme le montre l'invasion de parenthèses sarcastiques dans les derniers chants[34] qui viennent discréditer le propos de l'aède. Au début du Chant VI, l'auteur change soudainement de tactique et ce passage témoigne d'une perte de foi en l'idéal romantique qu'il défendait jusqu'alors, et dont il se défait désormais : en se dévêtant des oripeaux de l'aède pour endosser le costume du feuilletoniste, Ducasse fait choir de son piédestal la poésie, placée au sommet de la hiérarchie des genres, pour l'abâtardir avec le genre déconsidéré de la littérature des journaux : c'est la reléguer au rang d'une littérature impure et commerciale et confondre la vocation sacrée du poète avec celle du polygraphe mercantile payé à la ligne. On assiste à un changement de posture qu'accompagne un nouveau discours : « Espérant voir promptement, un jour ou l'autre, la consécration de mes théories acceptées par telle ou telle forme littéraire, je crois avoir enfin trouvé, après quelques tâtonnements, ma formule définitive. C'est la meilleure : puisque c'est le roman[35] ! » Si l'on en croit Ducasse à l'ouverture de ce chant sixième, d'autres petits romans du même type auraient dû suivre : il a donc, un temps, adopté la posture d'un romancier-feuilletoniste avant de l'abandonner à son tour.

Peu après avoir achevé ses *Chants de Maldoror*, Ducasse se renouvelle et change une nouvelle fois de *persona*. Il ne nous est pas possible de dire si c'est l'échec de la publication de son volume qui l'a poussé à se reconvertir dans un autre genre ou si cette évolution est concertée et fait partie d'un projet plus global, comme l'affirme Michel Pierssens dans son *Éthique à Maldoror*[36]. Quoi qu'il en soit, le dernier visage de Ducasse est celui d'un moraliste revenu vers le Bien et les valeurs morales qu'il n'aura de cesse de marteler sur un ton parfois proche du pamphlet. Sa correspondance à Auguste Poulet-Malassis explique très clairement son projet : « Vous savez, j'ai renié mon passé. Je ne chante plus que

avec un essai de Julien Gracq, Paris, La Jeune Parque, coll. « Le Cheval parlant », 1947, 288 p. ; recueilli dans l'édition de Jean-Luc Steinmetz, *op. cit.* p. 471-489.

34 Le rôle de ces parenthèses a notamment été étudié dans Rym Abdelack, *Le Travail de la parenthèse dans « Les Chants de Maldoror »*, Tunis, Sud Éditions, Pessac, Presses universitaires de Bordeaux, 2005, 143 p.

35 Lautréamont, *op. cit.*, p. 229.

36 Michel Pierssens, *Éthique à Maldoror*, Lille, Presses universitaires de Lille, 1984, 213 p. La thèse de l'auteur est qu'Isidore Ducasse n'a eu qu'un seul objectif, au cours de son œuvre, à savoir ramener le lecteur vers le Bien et la morale. Ses différentes postures ne sont ainsi que des changements de méthode et non pas d'intention.

l'espoir ; mais, pour cela, il faut d'abord attaquer le doute de ce siècle (mélancolies, tristesses, douleurs, désespoirs, hennissements lugubres, méchancetés artificielles, orgueils puérils, malédictions cocasses etc., etc.)[37]. » Dans une lettre à son banquier Joseph Darasse, le 12 mars 1870, il revient sur l'échec des *Chants de Maldoror* : « Cela me fit ouvrir les yeux. [...] Voilà pourquoi j'ai complètement changé de méthode, pour ne chanter exclusivement que *l'espoir, l'espérance*, LE CALME, *le bonheur*, LE DEVOIR[38]. » Que Ducasse ait été sincère lorsqu'il exposait son projet ou qu'il agisse dans un but qu'il se garde d'exposer au banquier de son père en cachant ses véritables motivations, il se présente désormais sous un nouveau visage radicalement opposé à celui de ses débuts.

La trajectoire d'Isidore Ducasse a été brisée alors qu'il avait peut-être d'autres projets encore. Et si, comme le suggérait Philippe Soupault, les *Poésies* n'avaient été que la préface à une œuvre future[39], peut-être aurions-nous assisté à une nouvelle métamorphose de l'écrivain. Le succès ne venant pas, le jeune homme a essayé plusieurs postures en espérant trouver celle qui lui permettrait de se faire reconnaître de ses pairs et du public. Ce souci de la notoriété apparaît en effet assez nettement dans les lettres, et il n'est pas impossible que les multiples volte-face de Ducasse s'expliquent par son opportunisme : le poète aurait cherché dans le champ littéraire une place qui lui conférerait le succès et la reconnaissance. À Poulet-Malassis, Ducasse, qui attend le succès, écrit :

> Vendez, je ne vous en empêche pas : que faut-il que je fasse pour cela ? Faites vos conditions. Ce que je voudrais, c'est que le service de la critique soit fait aux principaux lundistes. [...] Je vous en serai reconnaissant, parce que si la critique en disait du bien, je pourrais dans les éditions suivantes retrancher quelques pièces, trop puissantes. Ainsi donc, ce que je désire avant tout, c'est être jugé par la critique, et, une fois connu, ça ira tout seul[40].

On le voit s'intéresser d'assez près à la vente de son ouvrage, notamment dans sa lettre du 27 octobre où il aborde clairement les conditions de vente de Lacroix. À la fin de cette lettre, il ajoute au sujet de la consécration : « C'est une affaire de temps[41]. »

---

37 Lautréamont, *op. cit.*, p. 274.
38 *Ibid.*, p. 275.
39 Isidore Ducasse, Comte de Lautréamont, *Préface à un livre futur*, Paris, La Sirène, 1922, 125 p.
40 Lautréamont, *op. cit.*, p. 271-272.
41 *Ibid.*, p. 273.

On peut légitimement se demander jusqu'où Ducasse est prêt à se renier pour se faire connaître, lui qui accepte de retrancher les pièces sensibles de son œuvre et se propose de les corriger en les renversant pour leur faire dire le contraire[42]. Dans sa lettre à Joseph Darasse du 12 mars 1870, il écrit encore, après avoir décrit ses *Chants de Maldoror* comme un livre « terrible » aux « couleurs trop amères » : « L'édition avait coûté 1 200 f., dont j'avais déjà fourni 400 f. Mais, le tout est tombé dans l'eau. Cela me fit ouvrir les yeux[43]. » Sa conversion serait motivée autant par des considérations financières que par une solide conviction. « Je me disais que puisque la poésie du doute (des volumes d'aujourd'hui il ne restera pas 150 pages) en arrive à un tel point de désespoir morne, et de méchanceté théorique, par conséquent, c'est qu'elle est radicalement fausse ; et par cette raison qu'*on y discute les principes, et qu'il ne faut pas les discuter* [...]. Voilà pourquoi j'ai complètement changé de méthode [...][44]. »

Michel Pierssens souligne que Ducasse ne s'est jamais tout à fait contredit : il n'a peut-être pas changé le contenu de ses propos mais seulement la manière de les transmettre[45]. Ainsi, dans les *Chants de Maldoror*, il aurait, à la manière de Baudelaire, fait la peinture du Mal pour en dégoûter le lecteur et le ramener vers le Bien, d'où la présence de l'ironie, des excès et du mauvais goût, tandis que dans les *Poésies*, la défense du Bien serait à prendre au premier degré comme le propos d'un auteur qui rejette toute contestation des valeurs fondamentales, trop souvent mises en doute par le cynisme ambiant de son époque. Quoi qu'il en soit, le problème des intentions de Ducasse ne saurait être résolu en l'absence de nouveaux documents biographiques et l'ambiguïté demeure. Cette ambiguïté tient en partie aux différentes postures, successives mais contradictoires, adoptées par le poète, et par sa trajectoire déroutante. Entre 1868 et 1870, Ducasse semble se chercher en tant qu'écrivain : les multiples changements dans la forme et dans la méthode révèlent que l'auteur hésite encore et n'a pas choisi la place qu'il va occuper dans le champ littéraire.

42 *Ibid.*, p. 274. Il corrige aussi quelques grands auteurs établis, peut-être dans l'espoir de créer la polémique.

43 *Ibid.*

44 *Ibid.*, p. 274.

45 Michel Pierssens, *Éthique à Maldoror*, *op. cit.*

POSTURE AUCTORIALE ET REPRÉSENTATION SOCIALE

La posture d'un auteur n'est pas toujours bien comprise. Isidore Ducasse semble avoir été l'objet d'un contresens magistral lorsque les surréalistes ont fait de lui l'incarnation de la révolte en littérature : l'auteur des *Poésies* affirme n'avoir jamais cherché qu'à célébrer l'ordre et le devoir. Si cette déclaration est vraie et si on laisse de côté les aspects subversifs et provocateurs des *Chants de Maldoror*, comment expliquer que les lecteurs aient pu faire dire à une œuvre le contraire de son propos ? Brève et inachevée, l'œuvre de Ducasse laisse planer le doute sur la manière dont elle doit être lue. L'auteur, n'ayant pas réussi à faire entendre sa voix, n'a pas expliqué clairement son projet à ses contemporains, si ce n'est dans les quelques lettres qui nous sont parvenues. Il y a donc un écart très net entre les choix conscients du poète, ses stratégies assumées, et la façon dont l'œuvre a été reçue par ses lecteurs successifs. Le sujet ayant disparu en ne laissant que de maigres traces, il ne reste qu'un objet à interpréter, souvent qualifié d'étrange et suscitant la perplexité.

S'intéresser à la réception d'une œuvre, à ses lectures et à ses déformations, c'est d'abord s'intéresser à l'histoire des représentations[46]. Au-delà du sens donné par l'auteur à son œuvre, le livre est parfois le réceptacle des fantasmes et des préoccupations des époques qu'il traverse. Pierre Mannoni définit les représentations sociales comme « le prisme par lequel notre pensée appréhende le monde[47]. » En ce sens, la représentation se soucie peu de la vérité et peut être construite sur une vision erronée. Il s'agit d'un phénomène collectif et empirique : même lorsqu'un critique isolé s'intéresse à la plaquette que lui a envoyée Ducasse, son discours s'inscrit dans ce que Marc Angenot appelle le discours social de son temps[48], c'est-à-dire qu'il est étroitement lié au

46 Le lecteur pourra, sur ces questions et l'élaboration d'un « mythe de Lautréamont » à la période symboliste, se référer à notre ouvrage, Kevin Saliou, *La Réception de Lautréamont*, Paris, Classiques Garnier, 2021, 923 p.

47 Pierre Mannoni, *Les Représentations sociales*, Paris, Presses universitaires de France, 1998, p. 4.

48 Marc Angenot, *1889 : un état du discours social*, Longueuil, Le Préambule, 1989, 1167 p. ; publication en ligne : http://www.medias19.org/index.php?id=11003. [consulté le 20 juillet 2020].

contexte de sa production. La représentation sociale puise dans un fonds commun : on rattache l'œuvre à ce que l'on connaît, on l'interprète à partir des archétypes que sont la posture de l'auteur, le ton de l'œuvre, le style, les thèmes... Il y a donc une grande part de subjectivité dans la manière dont se construit la représentation sociale avant de se diffuser : c'est une représentation mentale, c'est-à-dire une élaboration par l'esprit d'un individu à partir de ce qu'il a perçu. Pour appréhender l'objet nouveau, l'homme possède des représentations types dont certaines sont culturelles, implantées dans le milieu où il évolue, et partagées. Il saisit quelques images préexistantes qui lui permettront, par analogie, de constituer un récit afin de donner du sens. Le postulat de départ est donc une impression personnelle, qui va être érigée en un mode de lecture recevable aux yeux des autres. Il s'agit en particulier de combler les vides du récit et de faire en sorte que l'interprétation proposée soit cohérente. Pierre Mannoni insiste sur la charge émotionnelle que ces récits comportent souvent : puisqu'il y a implication personnelle de celui qui les fonde, il y a souvent une visée morale dans la lecture qui est donnée, soit que l'auteur devienne sujet d'admiration, soit qu'il devienne au contraire la victime d'une fatalité injuste.

Une fois l'image mentale constituée, c'est-à-dire l'objet saisi et interprété de manière à pouvoir être livré au jugement d'autrui, le récit se propage au-delà de la sphère individuelle pour devenir une représentation sociale, c'est-à-dire un phénomène partagé et qui permet d'élaborer une interprétation du réel recevable. Cette représentation se construit par les échanges, car c'est le groupe qui valide le récit et lui donne une certaine réalité ou au contraire le remet en cause. Tant que le récit n'est pas partagé, il reste un produit de l'imagination, un fantasme, mais s'il se propage et ne souffre pas de contestation, il acquiert une crédibilité et devient la réalité communément admise. Mais cette lecture peut être fausse et pourtant acceptée par la communauté : c'est bien la preuve que la représentation sociale n'est jamais qu'une projection des fantasmes et des attentes du groupe. Dans l'histoire de la réception d'une œuvre, on voit les lectures se succéder en s'invalidant les unes après les autres. Dans l'exemple du mythe de Rimbaud étudié par Étiemble[49], l'aspect polymorphe de la réception de l'œuvre est très net : chaque groupe et

49 René Étiemble, *Le Mythe de Rimbaud*, t. 2 : *Structures du Mythe*, Paris, Gallimard, 1952, 504 p.

chaque génération ont projeté dans l'œuvre du poète ce qu'il souhaitait y trouver, d'où les lectures très contradictoires faisant tour à tour de Rimbaud un poète nationaliste et chrétien pour les vichystes ou au contraire un poète anarchiste refusant la tyrannie pour les résistants. Il en va de même pour les différentes récupérations dont Lautréamont a fait l'objet.

Pierre Mannoni explique que les représentations sociales reposent souvent sur des clichés et des préjugés et qu'elles sont souvent une vision réductrice du réel, le point de vue dominant dans un groupe[50]. Plus la représentation est admise et assimilée, plus elle devient un raccourci de pensée : il n'est plus nécessaire de préciser ce qui la fonde. Elle devient une convention tacite : l'emploi du nom convoque aussitôt dans l'esprit une série d'images et de notions symboliques. Le cliché est efficace parce qu'il emporte l'adhésion en se faisant passer pour une évidence : il sert à se faire comprendre aisément et il est une économie de parole. La vulgarisation de la représentation entérine une lecture des faits qui se passera désormais de remise en question ou d'exactitude. Voilà comment la représentation de Ducasse dans le temps se construira par approximations successives et par un éloignement progressif des faits biographiques : c'est ainsi que naît et s'élabore, au fil des récupérations dont il fera l'objet, le mythe autour de l'œuvre de Lautréamont. Comme nous le verrons, ce mythe n'est encore qu'embryonnaire, sinon inexistant, du vivant de l'auteur.

DE L'INDIVIDU AU RÉSEAU

Pour comprendre le projet d'un auteur, il faut le replacer dans le champ littéraire où il s'inscrit. Depuis la chambre où il écrit, Ducasse est amené à aller au contact de plusieurs acteurs qui permettront à l'œuvre de prendre corps. Dans *Enquête sur les modes d'existence*, le sociologue Bruno Latour propose une autre conception du réseau qui, sans être contradictoire avec les représentations en étoile plus traditionnelles – le sujet au centre et ses contacts autour de lui, comme nous l'avons proposé précédemment pour

50 Pierre Mannoni, *op. cit.*, p. 26-29.

le réseau de Ducasse –, complète l'analyse et invite à un autre mode de lecture. Le réseau est perçu comme la série d'acteurs que l'on mobilise pour parvenir à produire un résultat : c'est donc une chaîne.

> L'essence d'une situation, si l'on peut dire, ce sera [...] la liste des autres êtres par lesquels il convient de passer pour que cette situation dure, se prolonge, se maintienne ou s'étende. *Tracer un réseau*, c'est donc toujours reconstituer par une épreuve [...] les antécédents et les conséquents, ou, pour le dire encore sous une autre forme, les précurseurs et les héritiers, les tenants et les aboutissants d'un être. Ou pour parler plus philosophiquement, les *autres* par lesquels on doit passer pour devenir ou demeurer le *même*[51].

On pourrait donc concevoir le réseau qui a permis à Ducasse de se faire publier et s'interroger sur les chaînons manquants. Ainsi, dans la proposition suivante, nous matérialisons la circulation physique de ce qui va devenir l'édition première du livre, depuis le manuscrit de l'auteur :

Ducasse > Lacroix > Verboeckhoven > Lacroix > Poulet-Malassis > etc.

Mais doit-on ajouter un chaînon entre, par exemple, Ducasse et Lacroix ? Quelqu'un aurait-il introduit le jeune homme auprès de l'éditeur ? Il n'y a pas lieu de le penser, mais nous voyons que les incertitudes demeurent. En revanche, cette simulation permet de mettre en lumière les obstacles de la publication :

Ducasse > Lacroix > Verboeckhoven > Lacroix.
Lacroix > Poulet-Malassis.
Lacroix > Rozez > Max Waller >*Jeune Belgique*> etc.

Ducasse confia son manuscrit à Lacroix, qui l'envoya à son associé Verboeckhoven pour le faire imprimer. Au moment de mettre l'édition en vente, Lacroix, qui avait le dernier mot pour les livres qu'il allait publier, décida de se rétracter. Il chargea alors Auguste Poulet-Malassis d'écouler les stocks, mais les deux éditeurs ne purent se mettre d'accord sur les conditions de vente et l'affaire n'aboutit pas non plus. Celle-ci ne se débloqua qu'en 1873 lorsque le libraire bruxellois Rozez, ayant acquis

51 Bruno Latour, *Enquête sur les modes d'existence : une anthropologie des modernes*, Paris, La Découverte, 2012, p. 53.

une partie des fonds de la Librairie internationale de Lacroix, décida de remettre en vente le livre de Ducasse et lui permit ainsi d'atteindre son premier public.

Cette conception du réseau offre l'avantage de présenter une configuration chronologique des événements qui mènent à la publication de l'œuvre, tout en mettant en évidence l'intervention de plusieurs acteurs. Elle permet de présenter la circulation de l'œuvre avec ses heurts et ses obstacles, comme une série discontinue faite de hiatus et de problèmes surmontés. Bruno Latour rappelle que le réseau véhicule un contenu à chaque étape de la chaîne, et ce contenu est toujours repensé et rediscuté avant d'être négocié dans son essence. Quand Lacroix décide de ne pas publier l'ouvrage, c'est parce qu'il a statué sur son contenu et l'a jugé trop dangereux. En revanche, Poulet-Malassis livre le même examen mais, plus affranchi de la justice française, y voit un ouvrage sulfureux et donc susceptible de séduire son lectorat. Quant à Rozez, il remit le livre en vente en Belgique et après la chute du Second Empire : le contexte avait changé. Malgré cela, il prit la précaution d'expliquer l'œuvre par une fable, celle de la folie du poète, qui en atténuait la portée et le sérieux. Chaque intermédiaire du réseau vient donc repenser l'œuvre et s'interroger : faut-il la censurer ? Utiliser des cartons pour éclipser les passages les plus problématiques ? Renégocier le contenu avec l'auteur ? Proposer une autre manière de la lire ? L'approuver ou la condamner ? Chaque acteur qui reçoit l'œuvre doit donc se positionner par rapport à elle, l'approuver ou la contester, favoriser sa réception comme le fera par exemple Léon Bloy, ou lui faire obstacle.

L'approche traditionnelle qui présente le réseau personnel sous la forme d'une étoile, que nous avons adoptée précédemment, appelle quelques remarques. Elle offre l'avantage de reconstituer visuellement l'entourage d'un individu. Dans le cas d'Isidore Ducasse, nous voyons qu'il se situe en marge de plusieurs groupes sans tout à fait s'intégrer à eux. Ces groupes sont cependant en contact les uns avec les autres et forment un microcosme assez cohérent au sein du milieu littéraire. Les contacts de Ducasse sont parfois reliés, même lorsqu'ils n'appartiennent pas aux mêmes cercles. Frédéric Damé, directeur de *L'Avenir*, connaît ainsi Alfred Sircos, directeur de *La Jeunesse*, Louise Bader, directrice de *La Revue populaire*, et Arthur Monnanteuil, qui lui-même avait fréquenté

Évariste Carrance. Dans l'analyse de réseaux, la densité permet de mesurer le degré d'interconnexion entre les individus du réseau, et de voir si l'on a affaire à un groupe soudé ou non. Dans le cas du réseau de Ducasse, la densité est moyenne : il y a des petits groupes avec une densité élevée, des passerelles entre ces groupes, mais tous ne sont pas en relation. Le milieu littéraire est constitué de petits cercles qui peuvent communiquer entre eux mais sont parfois rivaux. Ducasse ne s'inféode pas à l'un de ces groupes, mais il est en relation avec plusieurs d'entre eux. On ne peut donc pas dire qu'il est isolé[52] mais plutôt qu'il semble vouloir intégrer un microcosme et certainement une place particulière du champ littéraire, déjà occupée par les revues de Frédéric Damé, Alfred Sircos et Louise Bader.

Le graphe en étoile révèle aussi la présence de cliques : ces petits groupes d'individus interconnectés ont une densité maximale. Le groupe de *La Jeunesse* forme une clique : tous les membres de la rédaction de ce petit journal étudiant se connaissent et se fréquentent. Ducasse a tissé des liens avec plusieurs d'entre eux : Alfred Sircos, à qui il dédie ses *Poésies*, Paul Dufour avec qui il partage le privilège de figurer au catalogue de la librairie Gabrie, Christian Calmeau, qui signera le compte rendu de son œuvre dans la revue, Gustave Rivet enfin peut-être, qui participe aux concours lancés par Évariste Carrance. Les auteurs pour lesquels Ducasse a placé une publicité à la fin de ses *Poésies* semblent également se connaître entre eux ; c'est la preuve d'un réseau déjà existant dans lequel Ducasse cherche à s'inscrire. Ainsi Évariste Carrance, François-Paul Polydore, Thalès Bernard et Théodomire Geslain sont-ils en contact, et Ducasse s'intéresse à cette clique en espérant y créer des liens plus durables.

La reconstitution du réseau soulève plus de questions qu'elle n'apporte de réponses. Par exemple, on peut se demander quels sont les rapports entre Ducasse et la clique qui reliait autour de la revue *La Fraternité* Évariste Carrance, Félix Ducasse, Louis Ariste, Arthur Monnanteuil et Eugène Vermersch. L'un est un homonyme de l'auteur des *Chants de*

52 L'enquête sociologique « Relations de la vie quotidienne et isolement », réalisée par l'Insee en 1997, définit comme isolé un individu qui a moins de cinq contacts dans la semaine. Il est impossible de vérifier les contacts de Ducasse avec le reste des Parisiens, mais la reconstitution du réseau et le quartier qu'il a choisi d'habiter montrent qu'il semble au contraire chercher à multiplier les relations et à s'intégrer plutôt qu'à s'isoler. Cité par Pierre Mercklé, *Sociologie des réseaux sociaux*, Paris, La Découverte, 2011, p. 39.

Maldoror avec lequel il sera confondu cinquante ans plus tard, et deux autres sont liés aux revues dont Ducasse est proche. De même, dans la triade formée par Isidore Ducasse, Félix Rabbe et Ernest Naville, tous les liens sont prouvés, mais il faudrait encore savoir dans quel ordre chronologique ils se sont constitués : Ducasse a-t-il contacté Félix Rabbe en espérant qu'il parle de lui à Ernest Naville ? Ou bien est-ce Naville qui l'aurait recommandé à Rabbe ? Ces problèmes fondamentaux de chronologie sont nombreux dans le réseau et ne sauraient être résolus sans la découverte de lettres ou de documents inédits qui nous éclaireraient sur les démarches de Ducasse. La dimension dynamique et diachronique du réseau, qui évolue et se construit dans le temps au fil d'alliances qui se font et se défont, doit également être prise en compte.

Faute de documents, nous ne pouvons aller plus loin dans les spéculations sur les stratégies du jeune homme pour investir le champ littéraire, mais il est possible d'échafauder des hypothèses qui permettraient d'expliquer les liens entre Ducasse et d'autres acteurs du réseau. Comment a-t-il fait la connaissance d'Eugène Loudun, conservateur honoraire qui n'était plus que très rarement à la bibliothèque de l'Arsenal et dont il a réussi à obtenir l'adresse ? Comme ce fut le cas pour Félix Rabbe lorsque furent mis au jour ses liens avec Ernest Naville, nous devons chercher à découvrir les liens qui permettent de rattacher Loudun aux relations de Ducasse. Nous avons relevé quatre hypothèses : Ducasse a pu entendre parler de lui par Thalès Bernard s'il a eu l'occasion de le fréquenter, par l'un des collaborateurs de la revue de Louise Bader, s'il les connaissait, ou par son voisin de palier Alexandre Guyard de Saint-Chéron, homme de lettres qui fréquentait le salon de Loudun, ou encore par le libraire de la rue Vivienne qui éditait *Le Mois artistique*, la revue de Loudun. Ces deux hypothèses semblent les plus probables, mais Ducasse pourrait avoir fait connaissance avec Loudun dans d'autres circonstances.

Le réseau de Ducasse nous permet encore de mettre au jour des chaînes de relations, mais leur interprétation demeure problématique. Ainsi, Georges Dazet a pour correspondant à Paris le célèbre caricaturiste Charles Tronsens. Dazet a également pu rencontrer Charles Asselineau, venu rendre visite à ses parents, à Tarbes, où il dédicaça le *Liber amicorum* de sa mère. Ducasse, encore adolescent, était-il présent ce jour-là, et se souvenait-il d'Asselineau lorsque celui-ci signa un court compte rendu des *Chants de Maldoror*, probablement à la demande de

Poulet-Malassis ? Y eut-il d'autres liens entre Asselineau et Ducasse ? Le critique avait pour beau-frère un parent de Raymond Dosseur, l'associé du banquier Joseph Darasse, avec qui Ducasse était en correspondance. On a supposé que le choix de cette banque avait été fait par François Ducasse, bien que celui-ci ne fût pas rentré en France depuis plusieurs années. Est-il possible que ce soit Isidore Ducasse qui ait choisi la banque, parce qu'elle lui avait été recommandée par son ami Edmond Dragon de Gomiécourt, lui-même de la famille de Dosseur ? Il est difficile de peser le rôle exact des influences dans le parcours de Ducasse et dans ses choix, tant personnels que professionnels.

L'étude des réseaux doit se méfier de deux écueils : celui de négliger les liens entre individus et celui de vouloir à tout prix déceler dans chaque lien une influence ou une passerelle vers d'autres individus. Pour ce qui est du premier écueil, Mark Granovetter a montré comment les liens faibles étaient particulièrement puissants dans les opérations de cooptation. Dans un article fondamental[53], il distingue en effet les liens forts, marqués par un investissement personnel très riche, par une confiance et une intimité solidement établies, et les liens faibles, c'est-à-dire les simples connaissances. Or, paradoxalement, ce sont souvent les liens faibles qui sont les plus intéressants pour favoriser l'ascension sociale. En effet, les liens forts relient entre eux des individus déjà susceptibles de se connaître : il est ainsi probable que, si Ducasse a fréquenté Georges Dazet, il a rencontré l'essentiel de ses amis. Dazet ne pouvait donc pas le faire accéder à d'autres cercles. Les liens forts fonctionnent en circuit fermé et renforcent la cohésion du groupe, au détriment de l'extérieur. C'est au contraire lorsque l'individu sort du groupe pour faire appel à des contacts avec lesquels il est moins proche qu'il a le plus de chances d'accéder à de nouvelles ressources qui lui étaient alors inaccessibles. Le lien faible apporte donc plus d'opportunités, mais la relation sollicitée sera peut-être moins disposée à s'investir pour celui qui la requiert.

Dans le réseau de Ducasse, on peut émettre l'hypothèse selon laquelle Félix Rabbe n'aurait été qu'un intermédiaire auquel le poète aurait fait appel pour atteindre sa véritable cible, le Genevois Ernest Naville, bien plus renommé mais éloigné de Paris. Félix Rabbe est un lien faible pour Ducasse, mais si le jeune homme parvient à susciter l'intérêt de

53 Mark Granovetter, « The Strength of Weak Ties », *American Journal of Sociology* vol. 78, n° 6, May 1973, p. 1360-1380.

son correspondant, celui-ci ne manquera pas de parler de lui à Ernest Naville. Cette stratégie a pour but d'exploiter les « trous structuraux[54] » du réseau. Dans la lettre qu'il écrit à Victor Hugo, Ducasse suggère au poète de le recommander à Albert Lacroix, avec lequel il ne parvient pas à faire aboutir les négociations : ne parvenant pas à mettre en place un lien suffisamment solide avec l'éditeur, il cherche l'appui d'un tiers qui pourra convaincre et faire fléchir Lacroix. Les trous structuraux sont nombreux dans le réseau de Ducasse : il dépend souvent du bon vouloir de ses contacts, qui ne sont pas toujours pressés de faire aboutir sa demande.

Penser en termes de trous structuraux et de liens faibles ou forts revient à réduire le réseau à sa dimension utilitaire, qui ferait de Ducasse un opportuniste prêt à tout pour percer : c'est là l'autre écueil de l'analyse des réseaux. Ces outils, développés par les sociologues qui s'intéressent beaucoup au monde des entreprises, valent dans les environnements compétitifs ; or la particularité du champ littéraire est que la rivalité, bien réelle, s'accompagne aussi de réelles amitiés. Sans négliger les coïncidences qui mettent parfois en contact deux individus, il faut rappeler que le milieu littéraire parisien n'est pas infini, et que dans ce microcosme précis, avec ses sociabilités, la théorie du petit monde fonctionne plus que jamais et permet de relier facilement deux acteurs pris au hasard dans ce champ. Mais qui dit rencontre et création d'un lien ne dit pas forcément influence avérée. Ronald Burt, l'inventeur de la théorie des trous structuraux, a nuancé ses propres conclusions sur l'outil qu'il avait créé. Dans *Brokerage and Closure*[55], il ajoute en effet que toutes les relations au sein du réseau dépendent d'un autre facteur non-quantifiable, indispensable dans les rapports humains : la confiance. Or, dans le champ littéraire, cette confiance repose essentiellement sur la réputation de l'individu : c'est elle qui motivera un autre acteur à collaborer avec lui.

Ainsi, Isidore Ducasse a beau multiplier les approches, s'il n'est pas reconnu par ses pairs, s'il n'obtient pas quelque recommandation, il risque de n'essuyer que des refus. C'est tout le problème du réseau

54 Le terme a été proposé par Ronald Burt, qui l'emploie pour « désigner l'absence de liaison entre des contacts non redondants ». Ronald Burt, *Structural holes. The Social structure of competition*, Cambridge, Harvard University Press, 1992, p. 17-18.

55 Ronald Burt, *Brokerage and Closure*, Oxford, Oxford University Press, 2013, 279 p.

qu'il a élaboré : nous ne savons pas s'il bénéficie de soutiens réels prêts à l'aider. Les relations de Ducasse sont-elles réciproques et satisfaisantes ? Jusqu'où est-il parvenu à s'intégrer ? Nous avons constaté que Ducasse ne semble pas avoir publié dans les revues dont il parle. S'il s'est volontairement tenu à distance, ses contacts n'étaient sans doute pas prêts à l'aider. Mais il est aussi possible que ce soit les directeurs de revue qui n'aient pas répondu aux sollicitations de Ducasse : celui-ci a peut-être essayé de placer ses textes dans les revues et n'a essuyé que des refus. Quoi qu'il en soit, il est très probable que, sur la trentaine de contacts que nous avons recensés, seul un faible nombre soutenait les ambitions littéraires du poète. Compléter le graphe présentant le réseau personnel du jeune homme en orientant les liens à l'aide de flèches, comme il est courant de le faire en sociologie pour illustrer la réciprocité ou non des échanges, s'avère donc problématique. En de très rares cas, la tentative de capter l'attention est payante : c'est le cas d'Alfred Sircos qui fait paraître dans sa revue la critique de Calmeau, ou le cas de Félix Rabbe, qui évoque les *Chants de Maldoror* sur lesquels il semble avoir des informations provenant directement de l'auteur. Mais en contrepartie, on ne sait rien de l'attitude d'Eugène Loudun, de Louise Bader, de Frédéric Damé ou encore d'Ernest Naville vis-à-vis de Ducasse. S'il les a sollicités, lui ont-ils répondu ?

CAPITAL SOCIAL ET SOCIABILITÉS LITTÉRAIRES

« Avoir des amis est un pouvoir[56]. » Par cette maxime, Hobbes posait en 1651 les bases du capital social que Pierre Bourdieu allait développer. Dans son article « Le Capital social : notes provisoires[57] », il présente la notion tout en l'inféodant aux autres capitaux, parce qu'elle n'aurait pas la même autonomie. Les échanges relationnels sont dictés par le principe d'homophilie, d'abord conditionné par le milieu social,

56 Thomas Hobbes, *Le Léviathan*, paru en 1651, traduction de François Tricaud, Paris, Sirey, 1971, p. 82.

57 Pierre Bourdieu, « Le capital social. Notes provisoires », *Actes de la Recherche en Sciences Sociales*, n° 31, janvier 1980, p. 2-3.

c'est-à-dire le capital économique et le capital culturel. Le réseau d'un individu dépend d'abord de sa situation financière et du milieu auquel il appartient et le capital social ne fait qu'ancrer davantage les réseaux personnels au sein d'une classe sociale, en multipliant les inégalités. Les successeurs de Bourdieu ont fortement contesté cette thèse. Dans « Les Ressources sociales : une théorie du capital social[58] », Nan Lin a par exemple démontré que, dans un milieu social homogène où les acteurs possèdent un salaire et un capital culturel à peu près identiques, les ressources sociales jouent un rôle fondamental et parfois même plus grand que le niveau d'instruction. Le capital social est donc une ressource à part entière dont il ne faut pas négliger les effets : dans un milieu présentant de fortes inégalités sociales, comme le milieu littéraire, c'est le réseau personnel d'un auteur qui lui permettra d'accéder à des revues où il pourra publier ses textes, et acquérir ainsi une visibilité qu'un auteur plus isolé n'aurait pas pu gagner.

Nan Lin définit le capital social comme l'ensemble des ressources relationnelles que l'on peut mobiliser pour parvenir à obtenir un résultat. Il s'agit bien d'un capital, car il peut être accumulé au fil du temps à condition d'y travailler. Dans le milieu littéraire, il s'agit de créer des liens solides en intégrant la vie littéraire et ses organes – revues, lieux de sociabilité, etc. Comme l'écrit Bourdieu,

> l'existence d'un réseau de liaisons n'est pas un donné naturel, ni même un "donné social", constitué une fois pour toutes [...], mais le produit du travail d'instauration et d'entretien qui est nécessaire pour produire et reproduire des liaisons durables et utiles, propres à procurer des profits matériels ou symboliques. Autrement dit, le réseau de liaisons est le produit de stratégies d'investissement social consciemment ou inconsciemment orientées[59].

Ce n'est pas tant le nombre des contacts qui importe, que leur prestige, c'est-à-dire leur position dans le champ littéraire, les ressources dont eux-mêmes disposent, et leur bonne volonté à en faire profiter celui qui les sollicite : c'est pourquoi l'intégration est essentielle. Ducasse est entouré de personnes qui n'ont qu'une influence médiocre, et les « pistons » dont il pourrait bénéficier grâce à eux ne le propulseraient pas très haut. En

58 Nan Lin, « Les Ressources sociales : une théorie du capital social », *Revue française de sociologie*, vol. XXXVI, n° 4, octobre-décembre 1995, p. 685-704.

59 Pierre Bourdieu, *op. cit.*, p. 2.

outre, il n'est pas certain que Ducasse se soit véritablement investi dans les relations qu'il a créées : s'il sollicite les personnes dont il a besoin pour que l'on diffuse ses écrits, nous ne savons rien de ses affinités électives, et il semble parfois qu'il garde volontairement ses distances avec les revues, à moins que ce ne soit elles qui n'aient pas voulu de lui. Son intégration se fait lentement et avec quelques difficultés : il est certain que le poète aurait préféré entrer avec plus de fracas dans le microcosme des lettres parisiennes. Ducasse a-t-il fréquenté les lieux de sociabilité littéraire de son temps ? À vrai dire, sa présence n'a été rapportée par personne, mais peut-être simplement parce que l'attention des chroniqueurs était plus focalisée sur les acteurs plus renommés de l'époque.

Dans sa lettre à Victor Hugo, Isidore Ducasse dit avoir remarqué le buste du poète dans la vitrine de la Librairie internationale d'Albert Lacroix[60]. Si cette phrase n'est même pas la garantie qu'il ait pu fréquenter la boutique, il faut bien cependant qu'il ait passé la porte, pour négocier avec l'éditeur. On pouvait alors, dans ce lieu, retrouver des auteurs de renom, principalement des écrivains de gauche publiés par Lacroix. Ducasse eut-il l'occasion de se joindre à leurs conversations ? Plusieurs de ses contacts – Louise Bader et Eugène Loudun par exemple – ont un salon, et si le nom du jeune homme n'est rapporté par personne, il n'est pas exclu que celui que Paul Lespès décrit comme une personne taciturne[61] ait un jour eu l'occasion d'y pénétrer. Enfin, il a également pu se joindre à des réunions moins officielles dans les cabarets du Quartier latin, où les étudiants des revues *La Jeunesse* et *L'Avenir* pouvaient se retrouver.

Dans son avant-propos aux *Cahiers de l'Institut d'histoire du temps présent* consacré aux sociabilités intellectuelles[62], Michel Trebitsch note que les sociabilités littéraires ont des formes diverses. Permanentes ou temporaires, toutes ne sont pas institutionnalisées et certaines relèvent de la libre association. Au-delà de la mise en commun des intérêts que Bourdieu estime inévitable dans les relations sociales, les individus se rassemblent par solidarité, par amitié, parfois aussi par une hostilité commune contre un troisième acteur du champ littéraire. Certaines de ces sociabilités sont fermées et exclusives, comme les cénacles, dans

60 Lautréamont, *op. cit.*, p. 503.

61 *Ibid.*, p. 454.

62 Michel Trebitsch, « Avant-propos : la chapelle, le clan et le microcosme », *Cahiers de l'Institut d'histoire du temps présent*, n° 20, « Sociabilités intellectuelles : lieux, milieux, réseaux », mars 1992, p. 12-21.

lesquels on n'entre pas sans être coopté ; tandis que d'autres sont ouvertes et favorisent les passages d'un cercle à l'autre. Ces lieux ouverts sont souvent associés à la topographie de la ville qui reflète la composition du milieu littéraire : fréquenter la rive droite ou au contraire le Quartier latin – ou, vingt ans plus tard, Montmartre – relève presque d'un choix idéologique qui peut avoir un impact sur la production littéraire elle-même. Par exemple, des cabarets fréquentés dans les années 1880 par la Bohème littéraire, émerge une forme de poésie fantaisiste marquée par un humour potache qui se forge contre les institutions littéraires[63]. Les lieux de la vie intellectuelle à Paris sont des territoires circonscrits et les choix de fréquentation sont souvent révélateurs, sauf à faire de Ducasse un auteur particulièrement réfractaire à toute influence. Or, son œuvre, notamment les *Poésies*, se nourrit d'influences contemporaines.

Michel Trebitsch se demande ce qui légitime un lieu de sociabilité. À l'époque où Ducasse écrit, le salon est parfois dénigré à cause de la mondanité qui le gagne, et le modèle du cénacle va peu à peu le supplanter. Le salon survit, mais il est réservé à l'aristocratie et à l'élite. Les avant-gardes vont davantage se constituer par la fréquentation de lieux populaires, comme les cafés. L'histoire des intellectuels dépend aussi de l'histoire sociale et politique : connaître les lieux que Ducasse fréquentait nous permettrait sans doute de comprendre son orientation politique. Au contraire, le cénacle est une forme fermée sur l'extérieur et restreinte à un petit groupe qui se réserve une reconnaissance mutuelle. Anthony Glinoer et Vincent Laisney en proposent une définition complexe : il s'agit d'un « phénomène historiquement circonscrit qui condense en lui-même trois ordres de réalité : une forme de sociabilité, une institution littéraire et une construction imaginaire[64] ». C'est une réunion régulière d'artistes dans un lieu privé, souvent le domicile de l'un d'eux, où l'on discute principalement d'art. Contrairement au salon mondain, on ne s'y divertit pas, et les écrivains viennent au contraire soumettre sa production au regard de leurs pairs. Le cénacle est souvent le lieu où se forgent les esthétiques, au cours de débats théoriques qui peuvent parfois

63 Sur ce sujet, voir l'ouvrage de Jean-Didier Wagneur et Françoise Cestor, *Les Bohèmes 1840-1870 : écrivains – journalistes – artistes*, Seyssel, Champ Vallon, 2012, 1434 p. ; et l'anthologie de Daniel Grojnowski et Bernard Sarrazin, *Fumisteries : naissance de l'humour moderne, 1870-1914*, Paris, Omnibus, 2011, 1007 p.

64 Anthony Glinoer et Vincent Laisney, *L'Âge des cénacles : confraternités littéraires et artistiques au XIXe siècle*, Paris, Fayard, 2013, p. 16.

déboucher sur la fondation d'une revue, d'un recueil ou d'un manifeste. Au sein d'un cénacle ont souvent lieu des opérations de cooptation ou d'autocélébration de ses membres. Un cénacle repose sur le sentiment d'appartenir à un groupe uni contre le reste du champ littéraire et il est tiraillé entre le désir de rester secret et exclusif, et celui d'éclater au grand jour pour faire triompher son idéal. Il repose souvent sur la figure d'un chef de file et sur un protocole presque rituel, et il se délite généralement au moment où il s'institutionnalise : c'est par exemple ce qui se produit lorsque son chef de file est élu à l'Académie, triomphe dans les salons ou connaît un succès retentissant qui le place sur le devant de la scène. Ainsi, d'après Anthony Glinoer et Vincent Laisney, le cénacle repose sur ce paradoxe : s'il refuse d'entrer dans l'arène littéraire, il perdra en pertinence, et s'il assume sa légitimité grandissante, il risque d'acquérir une autorité qui aura raison de lui, car ses membres, auréolés d'une nouvelle reconnaissance littéraire, deviendront les cibles de nouveaux cénacles.

L'ouvrage d'Anthony Glinoer et de Vincent Laisney rappelle l'émergence de nouveaux cercles à partir de 1862 : le salon de Leconte de Lisle entre 1863 et 1876, le cénacle de Catulle Mendès de 1864 à 1866, le salon de Louis-Xavier de Ricard de 1864 à 1867, celui de Nina de Villard entre 1868 et 1870, ainsi que l'entresol de la boutique d'Alphonse Lemerre à partir de 1865. En dehors des cercles parnassiens avec lesquels Ducasse ne semble avoir aucun lien, même s'il n'a pas pu ignorer la parution, en 1866, du premier recueil collectif du *Parnasse contemporain*, on se réunit également chez Flaubert et chez les Goncourt. La forme du cénacle, après 1870, sera délaissée par des groupes qui cherchent à se débarrasser du sérieux de ces réunions, avant de connaître un nouveau succès chez les symbolistes. Il existe également de petits cénacles.

Ducasse fut-il l'un des habitués du grenier de l'un de ses contemporains aujourd'hui oublié ? Le cénacle en effet, parce qu'il se soucie peu du dehors, n'offre pas la consécration mais plutôt un succès d'estime entre pairs. On peut néanmoins douter que l'auteur des *Chants de Maldoror* ait fait partie de ce genre de sociabilité : les membres d'un même cénacle, s'ils taisent parfois leur appartenance à ce qui ressemble fort à une petite société secrète d'artistes, se rendent hommage en public. Même quand le cénacle est gangréné par des rivalités internes et des ambitions, face à l'extérieur il se montre uni et solidaire. Si Ducasse avait fait partie d'un tel cercle, on aurait probablement trouvé plus d'échos de son nom dans la presse de l'époque, sous la plume de ses amis, d'autant qu'il fréquente des gens qui dirigent des revues. Si les éloges sur l'œuvre de Lautréamont sont rares, les compliments de contemporains sur l'individu Isidore Ducasse sont, eux, inexistants à ce jour ; et on ne connaît aucune anecdote rapportée qui mette en scène le jeune poète. Il n'est pas présent dans les comptes rendus qui sont faits des sociabilités publiques. Pas un acteur de la scène littéraire des années 1890 n'est venu proclamer qu'il avait fréquenté ce comte de Lautréamont à ses débuts, pas même dans un groupe restreint et secret. On peut imaginer que, dans notre reconstitution du réseau de Ducasse, nous ayons omis tout un pan de ses relations dont l'existence ne nous est pas connue. Quoi qu'il en soit, il est certain que l'isolement du jeune homme n'a pas été total : de très rares exemplaires de son œuvre avaient été distribués aux critiques, et certains en rendirent compte, initiant, encore très timidement, la réception des *Chants de Maldoror*.

LA RÉCEPTION CONTEMPORAINE DES *CHANTS DE MALDOROR* (1868-1870)

Les revues littéraires ont joué un rôle important dans la redécouverte posthume de Lautréamont[1]. En 1885, un extrait des *Chants de Maldoror* est publié dans les pages de *La Jeune Belgique* avec retentissement[2]. En 1890, le *Mercure de France* consacre une série d'articles visant à promouvoir la première réédition de l'œuvre par Léon Genonceaux[3]. Peu avant la Première Guerre mondiale, les revues *Vers et Prose*[4]et *La Phalange* donnent à lire l'intégralité du *Chant Premier* et l'article capital de Valery Larbaud sur les *Poésies*[5]. Les revues sont le lieu privilégié de la réception de l'œuvre : on y rend compte des découvertes sur Isidore Ducasse, on y tente de donner un visage à l'écrivain, on y confronte les opinions sur son œuvre. Tous ces articles – celui de Léon Bloy[6], celui de Larbaud et les notices de Gourmont[7] qui exhument des documents administratifs rares permettant de mieux cerner Ducasse – font progresser la connaissance de l'auteur en même temps qu'ils contribuent à la formation d'un mythe autour de l'auteur. Objet de légitimation et support stratégique, la revue apporte en effet la reconnaissance du milieu littéraire[8]. Ducasse l'a bien compris qui, de son vivant déjà,

1 C'est le sujet de notre ouvrage précédent. Kevin Saliou, *La Réception de Lautréamont*, Paris, Classiques Garnier, 2021, 923 p.

2 « Maldoror », strophe I, 11, *La Jeune Belgique* n° 10, Bruxelles, 5 octobre 1885, p. 496-500.

3 Remy de Gourmont, « La Littérature Maldoror », *Mercure de France*, 1er février 1891, p. 97-106 ; Camille Lemonnier, « Une préface », *Mercure de France*, 1er février 1891, p. 65-73.

4 « Chant premier », *Vers et prose*, 9e année, t. XXXVI, janvier-février-mars 1914, p. 41-58.

5 Valery Larbaud, « Les *Poésies* d'Isidore Ducasse », *La Phalange*, 20 février 1914, p. 148-155.

6 Léon Bloy, « Le Cabanon de Prométhée », *La Plume* n° 33, 1er septembre 1890 ; article repris dans *Belluaires et Porchers*, Paris, Jean-Jacques Pauvert, coll. « Libertés », 1965, p. 45-60.

7 Ces différentes notices sont réunies dans l'ouvrage de Christian Buat, *Sur Lautréamont*, Paris, Éditions du Sandre, 2010, 56 p.

8 Françoise Levaillant, « Préface », dans Yves Chevrefils Desbiolles, *Les Revues d'art à Paris, 1905-1940*, Paris, Ent'revues, 1993, p. 9.

cherche à capter l'attention de quelques critiques et directeurs de revue. Soucieux de faire parler de lui, il espère obtenir quelque article qui lancera sa carrière.

LES PETITES REVUES DANS LE PARIS DU SECOND EMPIRE

La deuxième moitié du XIXe siècle connaît un développement considérable des revues. Il est difficile de les dénombrer avec exactitude. Certaines ne dépassent pas le seuil du premier numéro ; d'autres au contraire sont promises à la longévité et deviennent des institutions. Les revues sont parfois les supports de poétiques bien définies, d'autres se veulent plus éclectiques. Tout le monde lance des revues, y compris dans les relations de Ducasse : Paul Émion et Frédéric Damé n'ont pas d'œuvre, mais ce sont des fils de notables dont le père s'est porté garant et qui ont pu ainsi lancer leur propre organe de presse. Chaque revue tente de se dégager des autres et de faire valoir son originalité, mais les différences de lignes éditoriales ne sont pas toujours très nettes et ces publications sont aussi le reflet d'un esprit du temps et de préoccupations communes. S'intéressant aux petites revues des années 1880, Bénédicte Didier montre par exemple qu'elles constituent un bouillon de culture dans lequel, sous couvert de fantaisie et d'irrévérence, se côtoient des anarchistes et des ironistes, des naturalistes et des idéalistes, des lyriques et des fumistes, des chrétiens et des païens, des socialistes et des réactionnaires… Mais sous les différences de ton, elles multiplient toutes les textes à valeur de manifeste et mènent une politique tapageuse pour attirer l'attention et pallier une diffusion restreinte[9]. Et pourtant, toutes les petites revues des années 1860 que nous avons mentionnées précédemment ont en commun une rhétorique « jeuniste » – la relève contre l'académisme sclérosé, lieu commun des avant-gardes –, l'indispensable mot d'encouragement du maître Victor Hugo, les provocations envers la censure impériale, plus ou moins habiles et prudentes.

9 Bénédicte Didier, *Petites revues et esprit bohème à la fin du XIXe siècle*, Paris, L'Harmattan, 2009, 380 p.

Dans *1889 : État d'un discours social*[10], Marc Angenot donne quelques chiffres indicatifs du développement de la presse. Vingt-et-un ans après la mort de Ducasse, Paris compte cent cinquante quotidiens et deux mille périodiques (sans compter les revues de province). Ces quelques chiffres doivent être revus à la baisse dans l'époque qui nous intéresse, mais ils permettent de prendre la mesure de l'effervescence autour des petites revues dans cette seconde moitié du siècle. Il y aurait plus de cent mille personnes travaillant dans le journalisme, et plus de 44 000 à avoir publié un livre au cours de cette année. À Paris, on dénombre 170 éditeurs qui publient au moins dix ouvrages par an. « Jamais, à aucune époque, écrit Maurice Du Seigneur cité par Marc Angenot[11], il ne s'est produit autant de livres mais jamais aussi il ne s'en est autant vendu. » La concurrence est rude, et la littérature est devenue un marché florissant grâce à une population de plus en plus alphabétisée. Pour autant, le monde des lettres reste constitué de gens issus de la bourgeoisie. Livres et journaux sont en rivalité : « le développement galopant de la revue et du journal a encombré la carrière écrivaine de plumitifs en surnombre[12]. » En effet, face à cette abondance de la production et à cette multiplication des hommes de lettres, il devient de plus en plus difficile de « vivre de sa plume » et l'écrivain doit, le plus souvent, compter sur des rentes personnelles, sur le journalisme comme travail d'appoint, sur une carrière de fonctionnaire, ou au contraire faire le choix de la marginalité ou de la vie miséreuse de la bohème.

Marc Angenot cite Henri Avenel qui recense 926 nouvelles revues lancées au cours de 1889 : les trois quarts vont disparaître après quelques numéros. « Rien de plus fluctuant, écrit-il, que le nombre total des *périodiques* publiés en France ; il en naît et il en meurt plus de mille chaque année. Rien de moins fiable pour qui veut être "exhaustif", d'autre part, que les grands annuaires de la presse[13]. » Il y a en cette deuxième moitié du XIXe siècle une effervescence de la presse, que confirme l'évolution des

10 Marc Angenot, *1889 : un état du discours social*, Longueuil, Le Préambule, 1989, 1167 p. ; publication en ligne : http://www.medias19.org/index.php?id=11003. [consulté le 20 juillet 2020].

11 *Ibid.* p. 75 ; publication en ligne : http://www.medias19.org/index.php?id=11799#ftn7. [consulté le 20 juillet 2020].

12 *Ibid.*

13 *Ibid.* p. 509 ; publication en ligne : http://www.medias19.org/index.php?id=12303#tocto1n1. [consulté le 20 juillet 2020].

tirages. D'après Élisabeth Parinet, dans les années 1830, des journaux comme *Le Constitutionnel* ou *Le Journal des débats* ne dépassaient pas les vingt mille exemplaires, et le tirage cumulé des journaux parisiens culminait à 61 000 exemplaires. Avec la diminution du prix de vente et surtout l'apparition du feuilleton romanesque, les revues acquièrent un lectorat plus large et plus fidèle ; et le tirage cumulé des quotidiens parisiens, pour l'année 1846, atteint les 180 000 exemplaires. Mais sous le Second Empire la presse, grâce à des journaux à cinq centimes, remporte un succès auprès des classes populaires. *Le Petit Journal* parvient, le 19 janvier 1870, jour de l'exécution de Jean-Baptiste Troppmann, à se vendre à plus de 500 000 exemplaires[14]. En 1890, ses ventes dépasseront un million d'exemplaires. Frédéric Barbier calcule que la production imprimée a été multipliée par 2,3 entre 1790 et 1840, puis elle a quadruplé jusqu'aux années 1910[15]. Mais cet âge d'or de la presse s'essouffle au siècle suivant :

> Le nombre des journaux quotidiens va aller en décroissant jusqu'à la Guerre mondiale. Les innombrables feuilles politiques qui vivotaient des « fonds secrets » et de subventions occultes diverses finiront par disparaître et une certaine restructuration de la presse au profit des grands titres d'information va s'opérer. [...] C'est au cours des années 1875-1890 que s'est produite en France la grande mutation – quantitative d'abord – du système de la chose imprimée : une véritable explosion de titres périodiques nouveaux, une saturation jusque dans les chefs-lieux les plus reculés et une spécialisation par « sensibilités » politiques, par intérêts professionnels, culturels et régionaux, par degrés de distinction, véritablement exacerbée[16].

La petite revue est donc un phénomène d'époque, une reconfiguration du champ littéraire à travers une multitude d'organes de presse.

Les recensements effectués par plusieurs chercheurs, à la suite de Remy de Gourmont dans son ouvrage *Les Petites Revues*[17], paru en 1900,

14 Élisabeth Parinet, *Une histoire de l'édition à l'époque contemporaine*, Paris, Éditions du Seuil, coll. « Points Histoire », 2004, p. 33-34.

15 Frédéric Barbier, « Une production multipliée », *Histoire de l'édition française*, dirigée par Henri-Jean Martin et Roger Chartier, t. 3, *Le Temps des éditeurs. Du Romantisme à la Belle Époque*, Paris, Promodis, p. 104.

16 Marc Angenot, *op. cit.*, p. 510. Pour des travaux plus récents sur la presse au XIXe siècle, on pourra consulter le site de Guillaume Pinson, http://www.medias19.org/, ou encore la plate-forme du projet PRELIA spécialisé dans l'étude des petites revues de littérature et d'art, http://prelia.hypotheses.org/. [consulté le 20 juillet 2020].

17 Remy de Gourmont, *Les Petites Revues. Essai de bibliographie*, Paris, Mercure de France, 1900, 34 p.

ne sont pas exhaustifs mais constituent une base de travail précieuse. Ces recherches couvrent, la plupart du temps, une période postérieure à la mort de Ducasse : elles pourraient néanmoins mettre en lumière d'autres pans de la réception de l'œuvre. Gourmont recense 130 titres de revues à la période symboliste sous la forme d'un catalogue par ordre alphabétique. Chaque titre est accompagné d'une notice qui donne les principaux collaborateurs, le format de la revue, le nombre de numéros, le début et la fin de parution. Le travail de Gourmont a été complété en 1956 par celui de Roméo Arbour, consacré aux *Revues littéraires éphémères paraissant à Paris entre 1900 et 1914*[18] et constitué de 185 titres– mais qui négligeait les revues plus durables et les revues de province ; par la *Bibliographie des revues et journaux littéraires des XIXe et XXe siècles*[19]de Jean-Michel Place et André Vasseur, en trois volumes, qui, à force d'exhaustivité, ne couvre finalement qu'un tout petit nombre de revues ; et par l'ouvrage de Paul Aron et Pierre-Yves Soucy, *Les Revues littéraires belges de langue française de 1830 à nos jours*[20], lui aussi sous la forme d'un catalogue. Tous ces recensements, auxquels on peut ajouter l'ouvrage de Jean-Didier Wagneur et de Françoise Cestor sur *Les Bohèmes*[21], parce qu'il apporte aussi un éclairage intéressant sur les revues bohèmes, nous permettent de constituer un répertoire assez détaillé de cette presse florissante de l'époque. Parcourir chacun des titres recensés à la recherche d'occurrences du nom de Lautréamont est une tâche colossale – sans compter qu'à l'époque, les noms de « Maldoror » et de « Lautréamont », mal connus du public, sont souvent déformés et mal orthographiés.

La lecture faite par la critique est aussi une relecture, une recréation. C'est ce que nous avons voulu montrer en étudiant les représentations kaléïdoscopiques de Lautréamont dans la presse de la fin du siècle. La lecture qui est faite de l'œuvre s'inscrit dans son époque et dans le contexte dans lequel elle est produite. Publiée dans telle ou telle revue, elle s'accorde avec la vision du monde et l'idéologie de ses principaux

18 Roméo Arbour, *Les Revues littéraires éphémères paraissant à Paris entre 1900 et 1914*, Paris, Corti, 1956, 96 p.

19 Jean-Michel Place et André Vasseur, *Bibliographie des Revues et Journaux littéraires des XIXe et XXe siècles*, Paris, Éditions de la Chronique des Lettres françaises, 1973-1977, trois volumes.

20 Paul Aron et Pierre-Yves Soucy, *Les Revues littéraires belges de langue française de 1830 à nos jours*, Bruxelles, Éditions Labor, 1998, 194 p.

21 Jean-Didier Wagneur et Françoise Cestor, *Les Bohèmes 1840-1870 : écrivains – journalistes – artistes*, Seyssel, Champ Vallon, 2012, 1434 p.

acteurs. De même, dans son ouvrage *1889*, Marc Angenot note que tout discours véhicule des valeurs et des systèmes de représentation[22] : la chronique de mode du *Figaro*, par exemple, donne une vision de la femme de l'époque, de son rôle et de ce qu'elle doit être. Les discours s'entremêlent ainsi dans une vision du monde propre à une époque, et Angenot nomme ce phénomène l'interdiscursivité. À toutes les époques de sa réception, l'œuvre de Lautréamont dépend aussi de cette hégémonie des discours extérieurs. L'observateur cherchant à comprendre le monde reconstitue un récit logique, rationnel et cohérent en comblant les trous, si bien que tout discours, même scientifique ou politique, devient une narration qui se charge au besoin d'une part de fiction, de pathos ou de romanesque, ceci afin de fournir une explication complète et rationnelle du monde. Cette tendance naturelle est très nette dans le discours journalistique, où les chroniqueurs tracent des portraits psychologiques suivant des types figés. Celui de Lautréamont ne sera qu'une énième réécriture du poète maudit et sa biographie deviendra une construction empruntant ses principaux éléments à ce modèle déjà constitué. Mais en trouve-t-on déjà trace dès 1869 ? Ducasse est-il déjà perçu comme un fou par ses contemporains et trouve-t-on, dans ces tout premiers articles, les germes du mythe de Lautréamont ? Du vivant de l'auteur, il n'est évidemment pas encore question de sa mort tragique dans un cabanon, qui viendra donner un sens mystique au parcours avorté de son séjour sur Terre. Aux yeux de ses premiers critiques, Isidore Ducasse n'est d'ailleurs pas un mythe, mais un jeune homme de lettres quelque peu maladroit. On peut en revanche s'intéresser au mythe que Ducasse a essayé de forger en se construisant comme auteur, et à la manière dont l'œuvre, dès l'instant où elle est entrée en contact avec ses premiers lecteurs, a pu être appréhendée comme un objet sur lequel un discours devait être posé. Dès 1868, les recensions des *Chants de Maldoror* posent, avec une intuition souvent juste, les premiers jalons de la représentation de la figure du Comte.

---

22 Marc Angenot, *op. cit.*, p. 13-15.

LES SIGNALEMENTS DU *CHANT PREMIER* DANS LA PRESSE DE 1868

Peu de critiques reçurent les plaquettes d'Isidore Ducasse, et encore moins jugèrent utile d'en signaler la parution. Les contemporains du poète ont ignoré ses efforts pour se faire connaître, et quand ils furent informés de son œuvre, ils exprimèrent, au mieux, une vague sympathie et quelques encouragements bienveillants. Ducasse ne fut pas compris de ses contemporains, mais il fut très peu lu. Combien d'exemplaires du *Chant premier* furent achetés et lus, parmi les cent cinquante du tirage original ?

Au mois d'août 1868, Ducasse disposait d'une vingtaine d'exemplaires. Il en fit parvenir un à *La Jeunesse* d'Alfred Sircos, qui en rendit compte dans le numéro de la première quinzaine de septembre – et non dans celui du mois d'août, comme l'écrit l'auteur dans sa lettre à Hugo. Les autres critiques retenus par Ducasse ne reçurent leur exemplaire qu'en novembre, de même que Victor Hugo. La publication avait été retardée. À l'heure actuelle, un seul chroniqueur semble avoir évoqué cette plaquette : Félix Rabbe, qui, dans sa chronique de la *Revue de l'Instruction publique, de la littérature et des sciences* du 17 juin 1869, signale les parentés que ce *Chant premier* offre avec la réflexion philosophique d'Ernest Naville. Dans les lignes qu'il consacre au *Chant premier*, le critique insiste sur « la sombre et cruelle peinture qu'a essayée tout récemment du génie du mal dans l'humanité un poète en prose, qui laisse bien loin derrière lui, pour l'énergie sauvage, la crudité des tableaux, l'exagération des couleurs, tous les peintres de l'Enfer et du mal[23] » : c'est placer Ducasse dans une lignée de poètes épiques et romantiques allant de Dante à Byron en passant par Milton, sans oublier Baudelaire. Mais le compte rendu, déjà en retard de plus de six mois, est encore différé : Rabbe attend la parution du deuxième chant pour en parler plus amplement, conformément au projet annoncé par Ducasse dans sa lettre. Cette deuxième plaquette ne vit jamais le jour, et l'édition des six chants réunis fut, elle aussi, compromise, si bien que Félix Rabbe n'eut jamais l'occasion de s'exprimer sur l'œuvre d'Isidore Ducasse. Ainsi, hormis cette brève

23 Félix Rabbe, « Le Problème du mal », *Revue de l'Instruction publique, de la littérature et des sciences en France et dans les pays étrangers*, n° 12, 17 juin 1869, p. 183.

évocation, le seul véritable compte rendu dont nous disposons à propos du *Chant premier* de Maldoror est celui d'Épistémon, *alias* Jean-Christian Calmeau, dans les pages de *La Jeunesse.*

Comme le compte rendu d'Épistémon a paru avant la diffusion de la plaquette et avant les envois aux critiques en novembre 1868, on peut en conclure que la revue reçut en exclusivité un exemplaire, sans doute de la main de l'auteur lui-même. Ils sont ainsi chronologiquement les tout premiers lecteurs de *Maldoror*, avant même sa mise en vente. Jean-Jacques Lefrère donne cet argument : « On peut tenir pour certain qu'en novembre 1868 le compte rendu paru dans *La Jeunesse* sur le *Chant premier* était resté unique : Ducasse, qui le mentionne dans sa lettre à Hugo, eût sans doute signalé tout autre écho de presse sur son œuvre[24]. » C'est aussi le seul compte rendu dont on sait que l'auteur a eu connaissance : non seulement il n'a pas jugé nécessaire de rectifier ce que Calmeau a écrit au sujet de son œuvre, mais on peut même penser qu'il a livré quelques clés de lecture à son premier critique. Voici ce compte rendu :

> *Les Chants de Maldoror* (1) par ***
>
> Le premier effet produit par la lecture de ce livre est l'étonnement : l'emphase hyperbolique du style, l'étrangeté sauvage, la vigueur désespérée d'idées, le contraste de ce langage passionné avec les plus fades élucubrations de notre temps, jettent d'abord l'esprit dans une stupeur profonde.
>
> Alfred de Musset parle quelque part de ce qu'il appelle « la Maladie du Siècle » : c'est l'incertitude de l'avenir, le mépris du passé, ou l'incrédulité et le désespoir. Maldoror est atteint de ce mal ; sceptique, il devient méchant, et tourne vers la cruauté toutes les forces de son génie. Cousin de Child-Harold et de Faust, il connaît les hommes et les méprise. L'envie le dévore, et son cœur, toujours vide, s'agite sans cesse dans de sombres pensées, sans pouvoir jamais atteindre ce but vague et idéal qu'il cherche et qu'il devine.
>
> Nous ne pousserons pas plus loin l'examen de ce livre. Il faut le lire pour sentir l'inspiration puissante qui l'anime, le désespoir sombre répandu dans ces pages lugubres. Malgré ses défauts, qui sont nombreux, l'incorrection du style, la confusion des tableaux, cet ouvrage, nous le croyons, ne passera pas confondu avec les autres publications du jour : son originalité peu commune nous est garante.
>
> Épistémon.
>
> (1) Un volume in-octavo, chez Defaux, rue du Croissant, 8[25].

24 Jean-Jacques Lefrère, *Isidore Ducasse, auteur des Chants de Maldoror par le comte de Lautréamont*, *op. cit.* p. 341, note 42.

25 Épistémon, « *Les Chant de Maldoror* par *** », *La Jeunesse* n° 5, 1er-15 septembre 1868, p. 20.

Les termes employés par Épistémon pour décrire le livre ne sont guère différents de ceux de l'abbé Rabbe : la sauvagerie, le génie du mal, des tableaux sombres, mais originaux. Le critique de *La Jeunesse* insiste davantage sur la stupeur ressentie à la lecture. L'œuvre est « peu commune », et les qualificatifs se multiplient pour décrire l'effet produit par la lecture : « étonnement », « étrangeté », « originalité ». Comme le note Michel Philip[26], le livre semble un météore surgi de nulle part. Le chroniqueur est embarrassé et désemparé devant le foisonnement de cette prose qu'il trouve parfois confuse ; aussi cherche-t-il à la rattacher à lui trouver des modèles. Cette attitude permet dans un premier temps de saisir l'objet qui déconcerte et de l'appréhender en le comparant à quelque chose de connu. Pour Épistémon, ce sera le mal du siècle d'Alfred de Musset, la noirceur épique de Byron et de *Faust* : Lautréamont sera classé parmi ces écrivains du doute que Ducasse fustigera dans ses *Poésies*, les jugeant coupables de tous les amollissements de la pensée. En fait, Épistémon fait la distinction : ce n'est pas Lautréamont qui est pessimiste ou sceptique, encore moins Ducasse, mais bien Maldoror, son personnage : la nuance est importante, car le jeune écrivain n'aurait peut-être pas accepté de se voir relégué parmi ces écrivains qu'il prétendra combattre un an et demi plus tard. En ce sens, le critique a bien cerné l'essentiel du propos de Ducasse, même s'il ne soulève pas la possibilité d'une œuvre parodique, polémique ou critique. Mais le Chant premier s'y prête-t-il vraiment ?

Épistémon a été attentif et assez perspicace dans sa lecture du *Chant premier*, qu'il semble parfois paraphraser ou citer directement. La notion de sauvagerie et « le désespoir sombre répandu dans ces pages lugubres » rappellent le lecteur féroce et les « pages sombres et pleines de poison[27] » des premières lignes du *Chant*. Le pastiche de Byron est surtout visible dans l'hymne au Vieil Océan, même si l'auteur anglais imprègne la prose de Ducasse à travers ce *Chant premier*. Quant à Goethe, s'il est tentant d'évoquer *Faust* pour la tradition satanique, c'est davantage la ballade du *Roi des aulnes*, traduite par Gérard de Nerval, que le poète a en tête lorsqu'il écrit la strophe 11, la seule à se présenter d'ailleurs sous la forme d'un petit drame théâtral. Le mal du siècle qui frappe Maldoror est décrit dans la troisième strophe, même s'il diffère sensiblement de celui que décrit Musset – auteur méprisé par Ducasse :

---

26 Michel Philip, *Lectures de Lautréamont*, Paris, Armand Colin, 1971, p. 12.

27 Lautréamont, *op. cit.* p. 17.

> J'établirai dans quelques lignes comment Maldoror fut bon pendant ses premières années, où il vécut heureux ; c'est fait. Il s'aperçut ensuite qu'il était méchant : fatalité extraordinaire ! Il cacha son caractère tant qu'il put pendant un grand nombre d'années ; mais à la fin, à cause de cette concentration qui ne lui était pas naturelle, chaque jour le sang lui montait à la tête, jusqu'à ce que, ne pouvant plus supporter une pareille vie, il se jeta résolument dans la carrière du mal… ; atmosphère douce ! Qui l'aurait dit[28] ?

La façon très partiale dont Épistémon décrit le mal du siècle (« incertitude de l'avenir », « mépris du passé », « incrédulité » et « désespoir ») témoigne d'un parti pris idéologique qui reflète peu de sympathie pour les romantiques : cette attitude sera également celle de Ducasse dans ses *Poésies*. Le chroniqueur annonce avec beaucoup de perspicacité la démonstration que le poète fera plus tard et qu'il tenta peut-être de faire plus implicitement dans ses *Chants*, se laissant détourner de son objectif par la complaisance à peindre le mal : le romantisme conduit au scepticisme, le scepticisme au non-respect des valeurs morales, puis à l'immoralité, à la méchanceté, et finalement à la cruauté la plus outrée. Maldoror est ainsi présenté comme un contre-modèle, le support d'une démonstration philosophique qui sera présentée de manière plus aride mais plus explicite dans les *Poésies*. Épistémon tenait-il de Ducasse ces clés de lecture ? Il réprouve très nettement le parcours moral de Maldoror : « L'envie le dévore, et son cœur, toujours vide, s'agite sans cesse dans de sombres pensées, sans pouvoir jamais atteindre ce but vague et idéal qu'il cherche et qu'il devine. » Les traits retenus par Épistémon ne rendent pas compte de la complexité du personnage, qui n'est pas aussi unilatéral : il ne dit pas un mot sur la compassion de Maldoror envers les hommes, ni sur la cause, plus noble, qu'il s'impose en défendant ses semblables contre un Créateur injuste, ni enfin sur le sublime dont font preuve ses réflexions métaphysiques.

L'examen du livre, assez sommaire, invite le lecteur à se reporter par lui-même au volume pour en savoir plus. Dans les dernières lignes de son compte rendu, Calmeau relève les défauts « qui sont nombreux » : s'il était un ami de Ducasse, il a eu l'honnêteté intellectuelle de lui dire le fond de sa pensée et de lui livrer quelques conseils. Épistémon juge ainsi le style du poète parfois incorrect, souvent pompeux – il parle d'« emphase hyperbolique » – et ses tableaux confus. Ces reproches reviendront très souvent dans les jugements portés sur l'œuvre de Ducasse

28 *Ibid.* p. 19.

au cours des décennies à venir, jusqu'à l'article d'Henri Duvernois qui viendra consacrer *Les Chants de Maldoror* comme « chef-d'œuvre du mauvais goût[29] ».

Mais qu'est-ce qu'un style incorrect ? Ducasse semble écrire vite, il l'indique lui-même en évoquant « le développement extrêmement rapide de [s]es phrases[30] ». Les commentateurs de son œuvre ont débattu sur la raison d'être de ces coquilles. Jean-Luc Steinmetz, qui a publié les *Œuvres complètes* de Lautréamont dans la collection Bibliothèque de la Pléiade en 2009[31], a choisi de normaliser l'orthographe en rétablissant la graphie moderne (*poète* au lieu de *poëte*) et en corrigeant les anomalies du texte. D'autres exégètes, comme Sylvain-Christian David et Jean-Jacques Lefrère[32], estiment que ces anomalies sont à étudier de près parce qu'elles révéleraient des éléments sur la formation intellectuelle d'Isidore Ducasse. Guy Laflèche, qui tenait un site internet consacré aux hispanismes du poète[33], avait relevé, à la suite de Leyla Perrone-Moisés[34], une imprégnation du style de Ducasse par des tournures de phrases espagnoles. Ce que les premiers lecteurs de Lautréamont ont pris pour des incorrections et des barbarismes était peut-être une contagion lexicale due au bilinguisme d'un jeune homme qui avait passé une grande partie de son enfance en Amérique du Sud. De même, Michel Pierssens se demande si certaines bizarreries de sa prose ne seraient pas des anglicismes, puisque le jeune homme avait également appris l'anglais à l'école et lisait peut-être Byron dans sa langue d'origine.

Leyla Perrone-Moisés invite à rétablir le barbare en Ducasse[35] : le jeune homme n'est pas un pur produit de la civilisation européenne,

---

29 Henri Duvernois, « La Fleur du mauvais goût », *Je sais tout* nº 80, 15 septembre 1911, p. 173-180.

30 Lautréamont, *op. cit.*, p. 179.

31 Lautréamont, *Œuvres complètes*, édition établie, présentée et annotée par Jean-Luc Steinmetz, Paris, Gallimard, coll. « Bibliothèque de la Pléiade », 2009, 794 p.

32 Jean-Jacques Lefrère, « Lautréamont en Pléiade, le rendez-vous manqué », *L'Express.fr*, 16 février 2010. URL : http://www.lexpress.fr/culture/livre/peut-on-critiquer-la-pleiade_849081.html [consulté le 20 juillet 2020] ; Sylvain-Christian David, « L'Armée des signes », *Cahiers Lautréamont*, année 2009, p. 65-98.

33 La Moustache de Lautréamont, site sur les hispanismes dans l'œuvre de Ducasse tenu depuis 1996 par Guy Laflèche. URL : http://singulier.info/ma. [consulté le 20 juillet 2020].

34 Leyla Perrone-Moisés et Emir Rodriguez Monegal, *Lautréamont, l'identité culturelle*, Paris, L'Harmattan, coll. « Recherches Amériques latines », 2001, 106 p.

35 *Ibid.* p. 100-104.

mais un *gaucho*, un cow-boy venu d'Uruguay. La sauvagerie de sa pensée relevée par les critiques aurait une origine biographique et révélerait l'incompréhension des européens, prisonniers d'un ethnocentrisme qui les pousse à voir en Lautréamont uniquement un poète français, face à un texte dont les référents langagiers et culturels sont à chercher sur un autre continent. Si les revendications des critiques sud-américains sont fondées, il convient néanmoins de les relativiser : élevé par un père ancien instituteur et devenu chancelier à l'ambassade de France en Uruguay, sans doute confié à des précepteurs avant d'être envoyé en France faire ses études secondaires, Isidore Ducasse a probablement été plongé très jeune dans la culture française. Si son imaginaire et son langage ont pu rester marqués par ses jeunes années en Amérique, il n'a pourtant rien d'un *gaucho* ou d'un enfant des rues de Montevideo. Son bilinguisme est avéré depuis la découverte d'un volume d'Homère ayant appartenu à Isidore et annoté de sa main en espagnol[36], mais rien ne laisse penser qu'il maîtrisait mal le français.

Jean-Jacques Lefrère qualifie Montevideo à l'époque de Ducasse de « véritable Babel où l'on entendait tout autant l'espagnol et l'italien. La colonie française de Montevideo, qui fut importante tout au long du siècle, se composa de natifs de France jusque dans les années 1850, de sujets d'ascendance française ensuite[37]. » La langue qu'ils parlaient était un français infléchi par une forte influence de l'espagnol, qui gagnait du terrain et allait s'imposer, au début du siècle suivant, comme la langue dominante. D'après Leyla Perrone-Moisés[38], ce que Robert Faurisson[39] épingle comme autant de fautes de français, ces bizarreries qui constituent le style de Ducasse, seraient des hispanismes. Par exemple, lorsqu'il écrit « mets-te-le dans la tête[40] », il calque la tournure tout à fait correcte « métetelo en la cabeza » ; et lorsqu'il confond l'auxiliaire *être* et l'auxiliaire *avoir* dans l'expression « t'ayant écarté comme une avalanche, tu te précipiteras[41] », il transpose « habiéndote apartado », qui utilise effectivement le verbe *haber*. Bien d'autres hispanismes ont

36 [Jean-]Jacques Lefrère, *Le Visage de Lautréamont*, Paris, Pierre Horay, 1977, 200 p.

37 Jean-Jacques Lefrère, *Isidore Ducasse, auteur des* Chants de Maldoror, *par le comte de Lautréamont*, *op. cit.* p. 72.

38 Leyla Perrone-Moisés et Emir Rodriguez Monegal, *op. cit.*

39 Robert Faurisson, *A-t-on lu Lautréamont ?*, *op. cit.*, p. 408-424.

40 Lautréamont, *op. cit.*, p. 104.

41 *Ibid.*, p. 23.

été relevés par les critiques, soit pour s'en moquer comme Faurisson, soit pour être analysés comme effets de style[42] : l'emploi curieux du participe présent dans « Est-ce possible que tu sois encore respirant[43] ? », qui traduit « Es posible que estés aún respirando ? », « se narguer de toi[44] » pour « burlarse de ti », etc. Ce n'est pas seulement la syntaxe qui est affectée par l'influence espagnole, mais aussi le style : emploi abusif de constructions se rapprochant des épithètes homériques qui peut tout autant provenir du baroque espagnol, antéposition des adjectifs épithètes, ou encore néologismes (« les lois préservatrices »). Leyla Perrone-Moisés conclut :

> Le bilinguisme de Lautréamont serait ainsi à l'origine non seulement de ses fautes, mais également de ses réussites stylistiques, dans la mesure où cette condition de bilingue lui a permis d'innover dans la langue française avec plus de liberté que ceux qui n'en sont pas sortis[45].

Outre les contaminations étrangères, qui ont été perçues comme une atteinte à la pureté de la langue française, peut-on parler d'un style incorrect ? Michel Philip s'interroge : « Le style est incorrect, critique qui surprend, et laisse perplexe : si l'on peut parler de correction en ce qui concerne la langue, il n'est pas facile de dire ce que c'est qu'un style correct. Peut-être Épistémon exprime-t-il ici simplement une impression : le style est surprenant, quelquefois torturé, inhabituel souvent[46]. » Le propre du style n'est-il pas justement d'être une manière d'écrire singulière qui distingue l'écrivain de ses semblables ? Le *Trésor de la langue française* donne comme définition du style « l'ensemble des traits expressifs qui dénotent l'auteur[47] ». Pour Antoine Compagnon, le style est effectivement ce qui distingue le texte littéraire du langage courant tout en exprimant la singularité de son auteur. Reconnaissant la difficulté de définir le style, il fait remarquer que c'est d'abord une norme, un canon esthétique, un modèle à imiter et à partir duquel l'écrivain peut commettre des écarts. Ces écarts sont autant d'ornements qui confèrent au message du texte

42 Michel Charles, « Éléments d'une rhétorique d'Isidore Ducasse », *La Nouvelle Revue française* n° 217, janvier 1971, p. 76-87.

43 Lautréamont, *op. cit.*, p. 163.

44 *Ibid.*, p. 73.

45 Leyla Perrone-Moisés et Emir Rodriguez Monegal, *op. cit.* p. 78.

46 Michel Philip, *Lectures de Lautréamont*, *op. cit.*, p. 14.

47 http://atilf.atilf.fr/ [consulté le 20 juillet 2020].

une élégance et un cachet personnel[48]. Partant d'une définition similaire proposée par Charles Bruneau, selon laquelle « la stylistique est la science des écarts[49] », Dominique Combe définit la norme comme une écriture blanche, qui n'existe pas, mais qui correspondrait à l'usage commun et à l'expression la plus neutre[50]. Mais il ajoute aussitôt que le style est parfois un phénomène inconscient qui trahit la personnalité et la singularité de son auteur. C'est également la position de Léo Spitzer[51], pour qui le style est un symptôme qui permet de saisir, par ses écarts, la personnalité de l'écrivain. Le style serait alors l'accent personnel, une fois le texte débarrassé de ce qui relève de la rhétorique, des effets de mode et du parler de l'époque. Le style est donc bien un écart et un moyen de se démarquer, mais il n'implique pas nécessairement une incorrection grammaticale.

Dans une étude consacrée à la notion d'originalité[52], Roland Mortier montre comment le XVIIIe siècle a constitué un moment important dans l'histoire de l'esthétique : c'est le moment où la conception de l'art comme imitation de la belle nature est abandonnée, parce que la tradition et les règles qui avaient auparavant aidé à la création de chefs-d'œuvre sont devenues pesantes et commencent à être contestées. Qu'elle soit imputable à l'apparition d'une sensibilité préromantique qui fait la part belle au génie personnel, à l'avènement de la classe bourgeoise qui fait siennes les valeurs de mérite et d'individualisme, ou à la notion de progrès, mise en avant par les philosophes des Lumières, on voit apparaître une nouvelle catégorie esthétique qui se justifie par la recherche de la surprise, de l'étonnement et du piquant. Mais après le romantisme, mouvement qui exalte le « frisson nouveau[53] » et marque le triomphe de toutes ces valeurs, l'originalité devient un critère nécessaire et indispensable, au point que Jean Paulhan parlera, à propos des avant-gardes et de leur injonction à transgresser, de terrorisme artistique[54].

À l'époque où Épistémon rend compte de ce *Chant premier*, on enseigne encore la rhétorique comme un art de bien formuler ses idées et de bien

48 Antoine Compagnon, *Le Démon de la théorie*, Seuil, 1998, p. 198-199.

49 Charles Bruneau, « La Stylistique », *Romance philology*, V, 1951-1952, p. 6.

50 Dominique Combe, *La Pensée et le style*, Paris, Éditions universitaires, 1991, p. 68-73.

51 Léo Spitzer, *Études de style*, Paris, Gallimard, 1980, 531 p.

52 Roland Mortier, *L'Originalité. Une nouvelle catégorie esthétique au siècle des Lumières*, Droz, Genève, 1982, 218 p.

53 Ducasse emploie d'ailleurs l'expression. Lautréamont, *op. cit.* p. 191.

54 Jean Paulhan, *Les Fleurs de Tarbes, ou la Terreur dans les Lettres*, Paris, Gallimard, 1941, 226 p.

s'exprimer, et sauf du côté des avant-gardes, dont les membres de *La Jeunesse* ne font pas partie, on ne conçoit pas nécessairement le progrès littéraire comme une rupture radicale sur le plan formel. Les belles tournures de la langue française et l'esprit classique, défenseur d'une certaine harmonie dans la forme, dominent largement les esprits. En ce sens, les outrances de Lautréamont, son lexique très riche, son goût pour les vocables rares, ses périodes parfois démesurées et son goût généralisé pour l'excès sont autant de provocations qui iront s'amplifiant dans les *Chants* suivants. Le *Chant premier* est encore très proche de ses modèles épiques et lyriques, mais plus on avance dans l'œuvre et plus on constate l'émergence d'une voix discordante et parodique, qui vient désacraliser la grandeur du romantisme finissant. Incorrect et confus, Ducasse l'est peut-être, mais plus sciemment que ne l'ont perçu ses premiers lecteurs ; cette incorrection et cette posture iconoclaste ont fait de lui, au prix d'un contresens probable sur ses intentions, un auteur subversif et un modèle de la contestation.

Dans son *Dictionnaire du Cacique*, à l'article sur Épistémon, Jacques Noizet écrit que Ducasse semble avoir tenu compte des critiques de Calmeau, non pour mettre un terme à ses outrances mais pour normaliser son texte et lui donner une plus grande cohérence : dans la version finale du *Chant premier*, il a réécrit les scènes dialoguées présentées comme du théâtre et il a ajouté de nombreuses virgules. « On peut parier que Ducasse a lu à haute voix ce *Chant* à ses amis [...], peut-être en s'accompagnant au piano, ce qui lui aura permis de marquer certaines scansions, inapparentes dans la version 1 et que Calmeau ou un autre a pu lui conseiller de noter sur sa “partition” : dans la version 2, virgules et points-virgules sont en effet utilisés pour marquer les temps de façon quasi normalisée[55]. » Pour ce qui est du contenu, au contraire, le poète allait radicaliser ses choix. Épistémon livra donc une première critique qui n'était pas sans perspicacité, mais qui ne rendait pas bien compte de la complexité de l'œuvre, dont il n'avait d'ailleurs que le premier Chant. Son analyse psychologique du personnage de Maldoror, choisissant de faire le mal parce qu'il souffre d'un idéal qu'il a perdu, n'était pas fausse mais trop simplificatrice. Puisqu'il insistait justement sur le caractère novateur de l'œuvre, les explications qu'il donnait, consistant

---

55 Jacques Noizet, « Calmeau, Christian », article du *Dictionnaire du Cacique*, dans *Cahiers Lautréamont*, 2e semestre 1997, p. 17.

à rattacher le texte à quelque chose de connu ou à en livrer les clés de manière claire et définitive, ne pouvaient qu'être décevantes et peu satisfaisantes. La chronique s'achève sur un jugement que la postérité allait confirmer : en mentionnant l'originalité hors norme de ce texte et en écrivant que l'ouvrage « ne passer[ait] pas confondu avec les autres publications du jour », le critique semblait le réserver à un public amateur de curiosités littéraires. Calmeau connaissant vraisemblablement l'auteur, il n'était cependant pas question d'une quelconque folie. Il ne se trompait pas : pendant vingt ans, seuls les bibliophiles et les esthètes auraient connaissance de cet ouvrage rarissime.

LES SIGNALEMENTS DES *CHANTS DE MALDOROR* DANS LA PRESSE DE 1869

L'édition de 1869 ne risquait pas de faire parler d'elle, puisque sa diffusion fut retardée, puis finalement annulée. Une personne pourtant prit à cœur de la faire connaître : Auguste Poulet-Malassis, qui avait désormais à charge d'écouler hors de France le stock que Lacroix ne voulait plus distribuer. Le 25 octobre, l'éditeur installé à Bruxelles évoquait *Les Chants de Maldoror* dans son septième *Bulletin trimestriel des publications défendues en France imprimées à l'étranger* :

> « Il n'y a plus de manichéens, disait Panglos[s]. – Il y a moi », répondait Martin. L'auteur de ce livre n'est pas d'une espèce moins rare. Comme Baudelaire, comme Flaubert, il croit que l'expression esthétique du mal implique la plus vive appétition du bien, la plus haute moralité. M. Isidore Ducasse (nous avons eu la curiosité de connaître son nom) a eu tort de ne pas faire imprimer en France *Les Chants de Maldoror*. Le sacrement de la sixième chambre ne lui eût pas manqué[56].

Ce compte rendu tenait davantage de la publicité, comme en témoignent les effets destinés à susciter l'intérêt de l'acheteur : l'éditeur emploie de nombreux superlatifs (« la plus vive appétition du bien »,

56 Auguste Poulet-Malassis, *Bulletin trimestriel des publications défendues en France imprimées à l'étranger*, n° 7, octobre 1869, également recueilli dans Lautréamont, *Œuvres complètes*, édition établie, présentée et annotée par Jean-Luc Steinmetz, *op. cit.*, p. 320.

« la plus haute moralité »), range l'auteur parmi ces hommes rares qui croient encore en la vertu, et promet à son lecteur les frissons d'une œuvre interdite. La comparaison avec Baudelaire et Flaubert tient plus au caractère sulfureux du livre, qui aurait en effet très certainement été condamné, car si l'on peut voir en Ducasse un disciple du poète des *Fleurs du mal* pour les thèmes macabres et sataniques, il est bien plus difficile de voir en lui un héritier du réalisme de Flaubert. Mais Poulet-Malassis ne cherche guère à commenter l'œuvre ou à la décrire, il ne se soucie pas, comme Épistémon, de l'inscrire dans une quelconque tradition littéraire.

Le recours à un dialogue tiré du chapitre XX de *Candide* le montre : il y a certainement des rapprochements plus éloquents à faire pour décrire *Les Chants de Maldoror*. Le passage est cité de mémoire et avec inexactitude. Tout d'abord, ce n'est pas avec Pangloss que discute Martin, mais avec Candide, après que celui-ci l'a interrogé sur le mal moral et le mal physique. Le philosophe lui donne une réponse pessimiste et manichéenne, tout en expliquant avoir beaucoup côtoyé le mal sur la terre sans jamais réellement trouver le bien. Ces considérations n'auraient pas manqué de retenir l'attention du jeune poète intéressé par le « problème du mal ». Enfin, cet échange a lieu sur le pont d'un bateau qui fait route depuis Surinam vers Bordeaux, une traversée de l'océan Atlantique que Ducasse a également accomplie dans sa vie. Était-ce le poète qui avait proposé cette comparaison à Poulet-Malassis ? Si Ducasse n'est pas particulièrement un grand lecteur de Voltaire, on sait en revanche le goût de l'éditeur pour le XVIIIe siècle.

Auguste Poulet-Malassis a mis en avant les enjeux des *Chants de Maldoror* et le problème au cœur de la démarche de l'auteur : cette œuvre maléfique aurait dû servir à ramener ses lecteurs vers le bien. C'est la position défendue par Ducasse dans ses lettres, c'est également celle du moraliste des *Poésies* ; on peut donc penser que le chroniqueur ne faisait que reprendre les propos de l'auteur. On n'a pas manqué de faire remarquer l'indiscrétion avec laquelle Poulet-Malassis lève le voile sur le véritable nom du poète : sans doute avait-il l'accord d'Isidore Ducasse, qui ne semblait guère attaché à l'emploi de son pseudonyme, qu'il abandonna quelques mois plus tard.

Poulet-Malassis fut sans doute également à l'origine de la critique publiée dans le *Bulletin du bibliophile et du bibliothécaire* de mai 1870, que l'on doit à la plume de son ami Charles Asselineau. Cette fois, le compte rendu n'est pas aussi laudatif :

> Ce volume, imprimé à Bruxelles, a été, nous assure-t-on, tiré à petit nombre et supprimé ensuite par l'auteur qui a dissimulé son véritable nom sous un pseudonyme. Il tiendra une place parmi les singularités bibliographiques ; point de préface, une série de visions et de réflexions en style bizarre, une espèce d'Apocalypse dont il serait fort inutile de chercher à deviner le sens. Est-ce une gageure ? L'écrivain a l'air fort sérieux, et rien n'est plus lugubre que les tableaux qu'il place sous les yeux de ses lecteurs. Il débute ainsi : [suit une citation du début du *Chant premier*]
>
> Prenons au hasard un passage qui donnera une idée suffisante de la forme et du fond des *Chants de Maldoror* ; ce sera sans doute suffisant ; si nous parlons de cette production étrange, c'est qu'elle restera sans doute inconnue en France[57].

Charles Asselineau donnait ensuite un extrait de la strophe consacrée au temple de Dendérah, au Chant IV, avant de passer à des ouvrages jugés « plus sérieux et d'un genre tout différent ».

Asselineau tenait l'ouvrage d'Auguste Poulet-Malassis. La chronique qu'il écrivit n'avait rien d'enthousiaste. Jean-Jacques Lefrère parle à juste titre d'un « examen bâclé et hostile[58] ». Le compte rendu est effectué en quelques lignes et deux citations, relativement longues, remplissent l'espace en prenant autant de place que les mots du chroniqueur. L'examen est superficiel, ce qui est d'autant plus regrettable qu'Asselineau est le seul à avoir écrit sur l'édition intégrale des *Chants de Maldoror*. La citation du Chant IV n'est guère commentée, elle vient illustrer les propos du critique, qui admet l'avoir prise « au hasard ». On peut supposer qu'Asselineau n'a même pas lu l'intégralité des *Chants* : ce prélèvement, censé donner « une idée suffisante » de l'œuvre, n'est pas très parlant, et certaines strophes auraient davantage pu retenir l'attention du chroniqueur. Pas un mot sur la portée subversive de l'ouvrage ni sur ses provocations : pour Asselineau, les *Chants de Maldoror* ne sont qu'un non-sens apocalyptique de faible intérêt, écrit « en style bizarre ». À n'en pas douter, cette originalité du style contribue à la singularité de l'ouvrage, qui semble une fois encore réservé à un public restreint de bibliophiles amateurs de curiosités.

57 Charles Asselineau, *Bulletin du Bibliophile et du Bibliothécaire*, mai 1870, également recueilli dans Lautréamont, *Œuvres complètes*, édition établie, présentée et annotée par Jean-Luc Steinmetz, *op. cit.*, p. 321-322.

58 Jean-Jacques Lefrère, *Isidore Ducasse, auteur des Chants de Maldoror par le comte de Lautréamont*, *op. cit.* p. 458.

Obscurité de l'expression, obscurité de la pensée également : les *Chants* ne sont qu'une succession de « visions » – les critiques précédents parlaient de tableaux, mais les deux termes insistent sur la dimension picturale et visuelle de l'œuvre. Asselineau s'interroge même sur le sérieux de l'auteur, sans toutefois parler de canular. Ce sera en revanche la thèse de Robert Faurisson, qui verra en 1970 dans *Les Chants de Maldoror* une imposture et une charge contre la bêtise bourgeoise, et se moquera des critiques peu clairvoyants qui se sont laissé mystifier[59]. Asselineau rejette rapidement l'hypothèse d'une lecture distanciée et ironique : « L'écrivain a l'air fort sérieux : rien n'est plus lugubre que les tableaux qu'il place sous les yeux de ses lecteurs. » Lautréamont est implicitement placé dans une tradition que l'on pourrait rattacher au roman gothique, au roman noir ou frénétique.

Ici s'achève l'examen des réactions connues des contemporains de Ducasse. Les autres exemplaires, probablement envoyés à d'autres critiques, n'ont pas été retrouvés, pas plus que les éventuels échos qu'ils auraient pu soulever dans la presse. Quant aux *Poésies* de 1870, aucune des deux plaquettes ne semble avoir été évoquée avant que Remy de Gourmont ne révèle leur existence au début des années 1890.

ISIDORE DUCASSE, INCOMPRIS DE SES CONTEMPORAINS

Dès la première réception de l'œuvre, des flottements entourent les jugements sur le livre et contribuent involontairement à le rendre inaccessible. Poulet-Malassis doit rectifier sa notice en précisant qu'au dernier moment, l'éditeur – Lacroix – s'est refusé à livrer les exemplaires. Selon Asselineau, c'est l'auteur qui aurait supprimé ses propres livres, dont la distribution était déjà confidentielle. Épistémon indique un point de vente qui n'est plus actuel, et où le lecteur risque fort de ne pas trouver le *Chant premier* qu'il pourrait vouloir se procurer ; quant à Félix Rabbe, il attend la parution des chants suivants, qui n'arriveront pas. « Si nous parlons de cette production étrange, admet Charles Asselineau, c'est qu'elle restera sans doute inconnue en France. »

59 Robert Faurisson, *A-t-on lu Lautréamont ?*, Paris, Gallimard, 1972, 433 p.

Ainsi, on parle du livre avec inexactitude, et d'un livre qui, ne se trouvant pas accessible, n'existe quasiment pas. La question du pseudonyme intrigue également : Poulet-Malassis se plaît à le lever, maintenant que l'auteur est à l'abri de la sixième chambre, et Asselineau y voit un procédé de dissimulation. Les critiques insistent également sur l'originalité d'une œuvre qui se démarque des autres productions de son temps, tout en blâmant les incorrections et les excès du style. Lautréamont est souvent jugé comme un épigone des romantiques ou de Baudelaire, ou comme un héritier du roman gothique ou frénétique. Si tous les chroniqueurs saluent la singularité de Ducasse, aucun ne cherche à la définir réellement ni ne voit en lui un poète novateur qui pourrait engager la poésie dans une direction inédite. Le projet de l'auteur, enfin, n'apparaît pas clairement, et les lecteurs élaborent des hypothèses de lecture qui ne seront ni démenties ni confirmées, puisqu'un siècle plus tard, notre connaissance du projet ducassien n'a pas beaucoup évolué. Ainsi, la critique contemporaine de Ducasse, une critique de la perplexité, a hésité entre deux attitudes : rattacher l'œuvre à une tradition littéraire, ou conclure au non-sens pour ne pas s'avouer désemparée.

Malgré l'agressivité et les provocations qu'il manifestait à l'égard de son lecteur[60], Ducasse se préoccupait de la réception de ses publications : il se chargeait lui-même d'envoyer l'exemplaire aux critiques en l'accompagnant d'une lettre ou d'explications plus précises. Il surveillait aussi les échos qu'il suscitait, et les mentionnait à ses correspondants afin de montrer qu'il existait littérairement. Il attendait une reconnaissance qui mettait plus de temps que prévu à venir. Son œuvre ne fut pas comprise, elle suscita de rares encouragements, teintés de réserves sur le style, et des jugements plus mitigés où l'on déplorait le manque de lisibilité de sa prose. Peut-être son œuvre, trop novatrice, ne pouvait-elle pas être comprise par ses contemporains, peu armés pour comprendre la voie singulière qu'avait empruntée l'auteur de Maldoror. La répercussion immédiate fut presque nulle, les publications retardées ou empêchées. Le sort s'acharnait contre l'auteur, qui faisait pourtant son possible pour trouver son public mais se heurtait à des difficultés matérielles au moment de la distribution. La guerre de 1870 fut le coup fatal porté à sa carrière : on se plongea dans le bouillonnement

60 « Lecteur, c'est peut-être la haine que tu veux que j'invoque dans le commencement de cet ouvrage ! » Lautréamont, *op. cit.* p. 18.

des troubles politiques, et Ducasse, assailli par la faim et les conditions précaires du siège de Paris, trouva subitement la mort. Son échec est donc à relativiser, car il est probable que sa démonstration n'était pas achevée : *Poésies* devait être une publication permanente et régulière. Ducasse disparu, la transaction avec Poulet-Malassis demeura bloquée et il ne fut plus question de mettre en vente *Les Chants de Maldoror.* Quant à Lacroix, il n'avait toujours pas reçu le paiement de Ducasse et n'avait aucun intérêt à se battre pour un livre gênant. Les amis du poète avaient d'autres préoccupations, si tant est qu'ils furent informés de sa mort. La survie littéraire de l'œuvre de Ducasse semblait compromise. Sa résurrection fut inespérée.

À TRAVERS LES GÉNÉRATIONS

Complément sociologique à l'étude de la réception de Lautréamont

Tout au long de cet ouvrage, nous avons emprunté à la sociologie des réseaux son vocabulaire et ses méthodes afin de mettre en lumière les stratégies d'Isidore Ducasse et ses tentatives pour acquérir un peu de visibilité et de notoriété dans le champ littéraire parisien. Nous avons ainsi pu substituer, à la représentation fantasmée d'un poète maudit, reclus et marginalisé, une image plus vraisemblable de jeune parisien venu à Paris pour connaître la gloire par les lettres. Nous avons également interrogé le périmètre qu'il habita et les raisons qui le poussèrent à y demeurer. Les interactions sociales connues de Ducasse nous permettent aujourd'hui d'affirmer qu'il œuvrait activement à se faire connaître. C'est pour cette raison qu'au moment d'aborder le réseau social d'Isidore Ducasse, il nous a semblé plus pertinent de le représenter sous la forme d'un réseau en étoile : du point central qu'est Isidore Ducasse partent plusieurs flèches qui illustrent ses efforts pour propager son livre. Une série de malchances et quelques lecteurs peu disposés à accueillir l'œuvre avec enthousiasme empêchèrent le déploiement du livre dans les cercles littéraires.

Dans notre précédent ouvrage consacré à *La Réception de Lautréamont* de 1870 à 1917[1], nous avions cherché à montrer comment s'élabore, au fil de sa redécouverte posthume, une image mythique et fantasmée de Lautréamont, venue supplantée celui que fut réellement Isidore Ducasse. Nous voudrions, dans ce dernier chapitre, proposer une application des outils sociologiques développés dans les pages précédentes afin de matérialiser, sous la forme d'un graphe, le réseau des premiers lecteurs de Lautréamont. Cette cartographie du champ littéraire de l'époque ne saurait, cette fois, adopter la forme d'un réseau en étoile, puisqu'on

1 Kevin Saliou, *La Réception de Lautréamont*, Paris, Classiques Garnier, 2021, 923 p.

verra se multiplier, au fil des décennies, des foyers de réception de l'œuvre aussi bien que des lecteurs isolés. Ces réflexions doivent aussi être mises en relation avec un autre phénomène, celui de la transmission des modèles littéraires d'une génération à une autre : en plus de la circulation de l'œuvre sur le plan synchronique, il nous faut aussi prendre en considération l'évolution du réseau des lecteurs sur le plan diachronique. Tous ces paramètres ont fait l'objet de développements dans notre précédent ouvrage et nous y renvoyons le lecteur : nous mènerons ici quelques réflexions complémentaires sous l'angle de la sociologie littéraire en suivant le découpage chronologique que nous avions adopté dans notre ouvrage précédent.

1870-1885 : RECONFIGURATION DU CHAMP LITTÉRAIRE

Le champ littéraire se transforme radicalement dans les quinze années qui suivent la chute du Second Empire et la mort d'Isidore Ducasse. Tandis que certains auteurs tombent en disgrâce au lendemain de la Commune – Leconte de Lisle, par exemple, lorsqu'on découvre qu'il touchait une pension du régime impérial –, de nouveaux acteurs apparaissent, porteurs de nouvelles esthétiques. L'émergence du naturalisme dans le domaine romanesque et du symbolisme en poésie, le développement, avec les cabarets, d'une poésie populaire, potache et parfois grivoise, témoignent de cet esprit fin-de-siècle dont parlent les écrivains à l'approche de l'année 1900. Les temps ont changé et la défaite de 1870 a engendré, avec le sentiment de décadence, un pessimisme général.

La presse en France, dont nous avons vu qu'elle était le lieu où se construisent et s'établissent les réputations littéraires, ne s'est jamais aussi bien portée. Les gros tirages se maintiennent tandis que naissent chaque année de nouvelles petites revues à la durée de vie très variable. D'après les chiffres de Rémy Ponton, en moyenne, 4,6 revues sont créées chaque année entre 1871 et 1878. Entre 1879 et 1886, cette moyenne passe à 13,7 ; et entre 1887 et 1894, elle atteint le chiffre de 16,6[2].

2 Rémy Ponton, *Le Champ littéraire en France de 1865 à 1905*, *op. cit.*, p. 112.

Remy de Gourmont sera particulièrement sensible à ce phénomène qu'il entreprendra de recenser. C'est que le mouvement symboliste a hérité du Parnasse et de l'art pour l'art une conception sacerdotale de la création : le créateur, se voulant ascète, ne cesse de témoigner son mépris du public bourgeois et de la presse en général. Paradoxalement, c'est souvent grâce à la presse que l'écrivain peut gagner l'argent nécessaire à la poursuite de son activité artistique. Les petites revues sont une solution pour les écrivains qui ont besoin de publier pour être lus et reconnus, sans se compromettre en livrant leur plume aux grands journaux : elles sont tenues par d'autres écrivains et camarades ; elles cherchent l'originalité et l'anticonformisme ; elles dénoncent la bêtise bourgeoise et ne sont le plus souvent lues que par d'autres artistes et écrivains. Cet entre soi volontaire confère à la petite revue une exigence et une rareté qui sont des gages de qualité et l'oppose à la grande presse mercantile, qui ne donne la parole qu'aux auteurs réputés.

Mallarmé reproche au journalisme d'être une forme dégradée de la littérature, écrite à la hâte pour servir les goûts du public, en cherchant le sensationnalisme plutôt que la réflexion[3]. Face à ces condamnations, les journaux gardent la plupart du temps le silence et ignorent des attaques qui leur font d'ailleurs peu de tort. Si quelques critiques, pris à partie, se donnent la peine de répondre, c'est pour railler ces jeunes ambitieux et leur prose fumiste ou incompréhensible. Mais comme l'a montré Alain Vaillant, l'idée que le journalisme aurait tué la littérature existe déjà depuis *Les Illusions perdues* de Balzac : il serait « le mécanisme diabolique qui soumet l'écrivain à la nécessité absurde de la périodicité et à la pression du public[4] », destituant le poète pour faire de lui un individu inutile à la société moderne. Pourtant, la poésie n'est pas

3 Si Mallarmé distingue en effet deux usages du langage, celui de la littérature qu'il oppose à la fin de « Crise de vers » à l'« universel reportage », et s'il dénigre le journalisme comme de nombreux partisans de l'art pour l'art, il fut néanmoins l'éditeur de *La Dernière Mode* et publia ses « Gossips » dans les pages de *L'Atheneum*. Une section de ses *Divagations* porte d'ailleurs le titre « Grands faits divers ». La préface de Bertrand Marchal dans l'édition de la Pléiade rappelle d'ailleurs la fécondité des activités journalistiques de Mallarmé, qui s'appliquaient à s'extraire du fait divers banal pour se confondre avec une écriture poétique en prose. Bertrand Marchal, « Avant-propos », in Stéphane Mallarmé, *Œuvres complètes*, t. II, Paris, Gallimard, coll. « Bibliothèque de la Pléiade », p. X-XIV.

4 Alain Vaillant, « Le Journal, creuset de l'invention poétique », *in* Alain Vaillant et Marie-Eve Thérenty, *Presse et plumes : journalisme et littérature au* XIX*e siècle*, Paris, Nouveau Monde, 2004, p. 317-328.

morte : tandis que ce discours alarmiste résonne à travers le siècle, les revues consacrées à l'activité poétique sont plus nombreuses que jamais.

Ainsi, les petites revues se veulent les alliées des littérateurs dans un monde où ils se sentent de plus en plus marginalisés, et elles peuvent servir d'armes contre les aînés et les auteurs en place, qui publient dans la grande presse. Si l'on en croit les propos d'Ernest Raynaud dans *La Mêlée symboliste*, ces auteurs chercheraient à en interdire l'accès aux nouveaux arrivants : « Vers 1885, une violente effervescence se produisait dans le monde des lettres. Une nouvelle génération, arrivée à l'âge d'homme, voulut prendre sa place au soleil. Elle se heurte à l'hostilité opiniâtre des aînés[5]. » Ce conflit de générations était déjà observable à l'époque de Ducasse comme à l'époque du romantisme. Comme dans les revues d'Alfred Sircos et de Frédéric Damé en leur temps, les petites revues des années 1880 affichent volontiers une rhétorique qui emprunte au domaine militaire, afin de mieux illustrer le combat qu'elles mènent contre « l'arrière-garde » qu'elle entend déloger. Elles prônent une haute conception de l'art qui n'accepte aucun compromis : ce sera par exemple la position du *Mercure de France*, s'engageant, dans son premier éditorial, en janvier 1890, à ne publier que « des œuvres purement artistiques[6] ». Cette dissociation entre un art pur et un art mercantile ou corrompu est également au centre du discours de *La Jeune Belgique*, dans le combat qu'elle mène contre le naturalisme et l'art social. Au-delà des conflits internes qui révèlent parfois des divergences réelles entre différentes conceptions de l'art, ces revues s'en prennent aussi systématiquement aux institutions et à la littérature consacrée, la critique établie leur semblant ne refléter que la bêtise d'un lectorat bourgeois. C'est dans ce microcosme des petits périodiques que *Les Chants de Maldoror*, puis les *Poésies*, vont être d'abord redécouverts.

---

5 Ernest Raynaud, *La Mêlée symboliste*, Paris, Nizet, 1971, p. 48.

6 Alfred Vallette, « Aux lecteurs », *Mercure de France*, n° 1, janvier 1890, p. 4.

LE CONCEPT DE GÉNÉRATION LITTÉRAIRE

Les petites revues sont souvent le lieu de rassemblement d'un groupe de littérateurs : elles permettent de dépasser l'expérience individuelle pour faire de l'art une aventure collective. Elles ne sont pas des réseaux mais plutôt des milieux dans lesquels se rencontrent des écrivains qui tissent entre eux des relations. Beaucoup contribuent d'ailleurs à plusieurs revues, aussi les réseaux se tissent-ils entre les milieux[7]. La revue correspond également à une forme de sociabilité : les groupes se réunissent dans un salon, un café ou dans des banquets. Comme l'écrit Michel Leymarie, « l'histoire des revues est une histoire des amitiés et des inimitiés, des affinités électives et des ruptures[8]. » Mais un autre facteur qui contribue à lier entre eux ces littérateurs est le sentiment d'appartenir à une même génération, qui n'est déjà plus celle de Ducasse.

La première évocation de l'idée de « génération poétique » se trouve probablement au début de *La Confession d'un enfant du siècle* d'Alfred de Musset. Dans ce passage célèbre, le poète insiste sur le rôle de la jeunesse romantique et sur le combat esthétique qu'elle doit mener contre les vieux tenants du classicisme. Bien plus que la réunion d'individus nés à une époque précise, la génération serait donc une sorte d'identité collective, le sentiment d'appartenir à un groupe et de partager ainsi une expérience commune à travers les événements historiques et les pratiques de sociabilité. La génération serait enfin caractérisée par le sentiment d'une rupture avec les idéaux des prédécesseurs, ce qui rend l'héritage des valeurs problématique. Il convient de définir précisément cette notion de génération littéraire et de se demander si elle correspond, en effet, à une réalité tangible.

Dans la conclusion de sa thèse, Moraru Viorel-Dragos affirme radicalement que le concept de génération littéraire ne veut rien dire et n'est pas un objet d'étude valide, même s'il peut s'avérer pratique[9]. Si le mot

---

7 Nous reprenons ici la terminologie du Christophe Prochasson dans *Les Intellectuels, le socialisme et la guerre*, Paris, Seuil, 1993, 354 p.

8 Michel Leymarie, « La Belle Époque des revues ? », *La Belle Époque des revues*, Paris, Institut des Mémoires de l'Édition Collective, 2002, p. 14.

9 Moraru Viorel-Dragos, *Les Générations dans l'histoire littéraire*, thèse sous la direction de Monique Moser-Verrey, Université Laval, Québec, 2009. URL : http://archimede.bibl.ulaval.ca/archimede/fichiers/26155/26155.html [consulté le 20 juillet 2020].

est en effet très clair lorsque l'on choisit son acception biologique, la génération familiale qui permet de définir clairement les rôles sur un arbre généalogique, ou démographique, les personnes nées dans un laps de temps défini, il est en revanche confus lorsqu'on l'applique à l'histoire littéraire. Les calculs qui ont été proposés par Henri Peyre[10] ou Albert Thibaudet[11] pour mesurer une génération proposent des conclusions fort variées. La mathématique de « génération » est davantage une mystique des nombres. Les générations ne sont pas clairement délimitées d'une année X à Y. Le concept est mouvant, comme l'écrit Thibaudet : « La réalité sociale humaine est une réalité où tous les âges sont mêlés, agissent et réagissent l'un sur l'autre[12]. » Les individus appartiennent à des époques différentes mais qui se renouvellent constamment sans interruption, sans que rien ne commence ni ne finisse. Il n'y a pas un moment précis où l'on peut dire que l'on est passé d'une génération à la suivante, tout au plus peut-on constater un remplacement progressif des acteurs majeurs au fil du temps. La théorie des générations postule néanmoins qu'il y aurait des traits communs, une identité, un sentiment d'appartenance ou simplement un même terreau culturel qui relierait les individus nés dans un temps assez proche. C'est l'opinion de Jules Romains, qui affirme dans la *NRf* qu'il n'y a pas de génération sans une unité souterraine[13], mais cette impression est le plus souvent un effet rétrospectif : par exemple, la Bohème décrite par Murger est une construction *a posteriori*.

Mais comment dater les générations et définir ce laps de temps ? Pour Thibaudet, la moyenne de vie sociale utile pour un homme (c'est-à-dire la vie d'adulte productif) est d'environ trente-trois ans, ce qui veut dire qu'un siècle serait constitué de trois générations et que dans sa vie, un individu connaîtrait trois générations : celle de ses parents dont il va se séparer, la sienne, et celle de ses enfants, qui se détachent de lui[14]. Henri Peyre évalue quant à lui la durée d'une génération à une quinzaine d'années, plutôt dix à partir de l'époque moderne puisque

---

10 Henri Peyre, *Les Générations littéraires*, Paris, Boivin, 1948, 266 p.

11 Albert Thibaudet, « Réflexions sur la littérature : l'idée de génération », *La Nouvelle Revue française*, t. XVI, nº 90, mars 1921, p. 344-353.

12 Albert Thibaudet, *op. cit.*, p. 347.

13 Jules Romains, « La Génération nouvelle et son unité », *La Nouvelle Revue française*, nº 7, août 1909, p. 30-39.

14 Albert Thibaudet, *op. cit.*, p. 348.

la pratique de la table rase est de coutume au temps des avant-gardes. Il applique sa théorie au symbolisme et constate par exemple qu'il y a eu trois générations de symbolistes : la génération des précurseurs nés vers 1840 – Mallarmé, Verlaine, Corbière, Lautréamont, Villiers de l'Isle Adam et Cros –, celle des premiers disciples nés vers 1860, qui se revendiquent comme symbolistes, rédigent des manifestes et inventent le vers libre – Verhaeren, Rodenbach, Moréas, Kahn, Samain, Laforgue, Dujardin, Maeterlinck, Ghil, de Régnier, Vielé-Griffin –, et enfin la génération tardive, né vers 1870, qui hérite d'un symbolisme déjà en place – Schwob, Mockel, Claudel, Jammes, Valéry, Fort, Jarry[15]. Ces « calculs » nous semblent toujours contestables, mais permettent quelques remarques sur le problème générationnel.

Tout d'abord, il y a bien un phénomène social que l'on peut appeler *génération* : un certain nombre d'individus naissent en même temps, bénéficient d'une même forme d'éducation de la part des instances (écoles, parents) composées par leurs aînés, et atteignent la vingtaine d'années au même moment. Ils reçoivent donc en formation le legs de la génération précédente qu'ils assimilent, et au moment où cette génération précédente doit leur céder la place, ils réévaluent cet héritage et mettent en place, par une contestation plus ou moins violente, une nouvelle échelle de valeurs qu'ils tiendront pour plus juste et qu'ils tenteront à leur tour d'imposer puis de transmettre. On peut donc dire que les gens d'une même génération auraient effectivement des aspirations et des idées communes dans le rejet des valeurs et l'établissement de nouvelles valeurs. Il y a bel et bien un conflit entre la génération qui décline, caractérisée par son conservatisme et l'expérience qu'elle se targue d'avoir acquise au fil du temps, et celle qui monte, plus tumultueuse et animée par un esprit de rénovation – selon le lieu commun positiviste que la jeunesse représenterait le progrès en marche. Moraru Viorel-Dragos résume cette idée en une formule concise : le conflit de générations, c'est quand « la rupture devient une culture[16] ». C'est la conscience d'une génération qui tend à s'affirmer et à se représenter comme un groupe unifié.

En littérature, ces considérations sont encore plus marquées : l'artiste ne trouve sa voie qu'en s'affranchissant des modèles, en prenant ses distances et en explorant de nouveaux territoires qui seront souvent

15 Henri Peyre, *op. cit.*, p. 185.

16 Moraru Viorel-Dragos, *op. cit.*

regardés par les aînés comme une forme de décadence. On peut donc reconnaître l'existence de générations, mais il est plus difficile de les définir nettement. Il faut ajouter l'évolution personnelle des individus, qui conduit par exemple Théophile Gautier à faire subir au romantisme dont il est issu une « bifurcation » au nom de la rigueur formelle, faisant ainsi volte-face pour s'engager dans une autre voie que ses camarades. Pour Henri Peyre, il y a plusieurs temps dans la vie d'un homme de lettres : le temps de la jeunesse, des batailles et des revendications, et le temps de la maturité, souvent caractérisé par un retour au classicisme et une canonisation.

Dans son article « Le Temps des groupes », Michel Pierssens invite également à se méfier des classifications et des périodisations, toujours réductrices[17]. L'histoire littéraire n'est pas une progression linéaire limpide et simple, mais la cohabitation d'histoires plurielles, parallèles, de trajectoires qui se complètent, s'opposent, se rejoignent parfois ou au contraire se disjoignent. On peut néanmoins faire quelques remarques sur la manière dont les groupes générationnels s'opposent. La génération nouvelle se construit, la plupart du temps, par le rejet de la précédente. Il existe des contre-exemples – ce que l'on appelle les générations faibles, qui poursuivent l'héritage des aînés sans le contester – mais dans la plupart des cas, comme le dit Thibaudet, la génération est affaire de succession et d'évolution. La jeunesse participe d'un mouvement de renouvellement du monde, tout du moins en intention. Ce sentiment est très net dans les textes qui ont valeur de manifeste pour une génération (*Racine et Shakespeare* de Stendhal, *La Confession d'un enfant du siècle* de Musset…) qui opposent les goûts de deux générations pour se construire par opposition à celle des prédécesseurs. Tous ces textes donnent le sentiment, peut-être illusoire, d'une conscience de génération, et trouvent une résonance en chacun grâce à une rhétorique de cohésion. Moraru Viorel-Dragos soutient pour sa part que la génération n'existe pas : ce serait les discours sur les générations qui donneraient une existence à la notion. En fait, la génération n'existerait que parce qu'on lui donnerait du crédit. C'est pourtant la théorie inverse que défend Karl Mannheim : pour qu'on puisse parler de changement de génération de manière nette, il faut qu'il y ait un changement de mentalité, c'est-à-dire une nouvelle

---

17 Michel Pierssens, « Le Temps des groupes », *Revue d'histoire littéraire de la France*, n° 5, année 102, septembre-octobre 2002, p. 789-797.

entéléchie, une nouvelle conception du monde commune à toute une génération[18]. Celle-ci ne peut se produire qu'à la suite d'un événement historique majeur qui provoque une rupture entre la jeunesse et les anciens. Ainsi, il n'existerait pas d'esprit du temps, mais il y aurait bien une influence de l'histoire sur les mentalités qui forgerait le caractère.

Mais cette entéléchie n'est jamais qu'un esprit dominant à une époque donnée, une *doxa*, ce qui ne veut pas dire qu'il ne peut pas y avoir des groupes ou des individus à contre-courant. Julius Petersen, dans une démonstration reprise par Karl Mannheim, donne l'exemple du romantisme : il y a un tempérament romantique dominant, mais il peut y avoir des individus d'un tout autre tempérament qui auront le choix entre embrasser la tendance malgré eux, quitte à produire une œuvre médiocre, ou bien aller à contre-courant et être marginalisés, voire stigmatisés comme des épigones de la génération précédente. Il est clair qu'il n'y a pas une unité absolue dans les générations, et l'on trouve à toute époque autant d'écrivains adhérant au mouvement dominant que d'écrivains l'abhorrant et le rejetant ; de même, on voit simultanément les écrivains naturalistes embrasser le réel dans ce qu'il a de plus cru et leurs contemporains symbolistes tourner le dos à ce même réel dans une attitude opposée. Il n'y a pas non plus de générations de droite ou de gauche. Thibaudet conclut qu'une génération a bien des traits particuliers, mais qui naissent d'un mouvement et ne se réduisent pas à une unité dans les idées.

Enfin, pour être complet, il faut encore prendre en compte l'influence du milieu et la trajectoire des individus. Un article de Philippe Bénéton dans la *Revue française de science politique* éclaire ce que le « sentiment de génération » peut avoir d'artificiel[19] : il prend pour objet d'étude la génération des 18-25 ans entre 1912 et 1914, et s'appuyant sur des sondages d'époque, il montre comment le discours dominant de la presse bourgeoise fait le portrait d'une génération saine, énergique, vigoureuse et optimiste, nourrie par la pensée de Barrès et de Bergson et revenue des déliquescences pessimistes de la génération fin-de-siècle. Or, ce mythe d'une génération vitaliste est avant tout un instrument de propagande : les sondages sont biaisés, ne portent que sur des jeunes

---

18 Karl Mannheim, *Le Problème des générations*, Paris, Nathan, 1990, 122 p.

19 Philippe Bénéton, « La Génération de 1912-1914. Image, mythe et réalité », *Revue française de science politique*, t. XXI, n° 5, octobre 1971, p. 981-1009.

étudiants appartenant à la bourgeoisie et le portrait uniforme de cette jeunesse conforte les attentes des aînés. La génération serait donc uniquement une construction. Pour Luc Badesco, qui s'intéresse à *La Génération poétique de 1860*[20], dont il montre d'ailleurs la diversité des écoles et des productions, ce concept n'a d'autre sens que chronologique : il n'y a pas de style propre à une génération, il n'y a pas non plus un principe d'explication fondamental qui donne la clé d'une génération. La génération, c'est simplement le milieu favorable d'où éclosent parfois un génie collectif, une esthétique et une réflexion commune.

Moraru Viorel-Dragos arrive à la même conclusion : deux contemporains ne partagent pas nécessairement une situation sociale commune et une idéologie commune, mais ils ont la possibilité de participer aux mêmes événements. Le groupe d'âge constitue simplement la possibilité de créer une expérience commune. Une génération est composée de groupes différents qui peuvent avoir une histoire et des valeurs en commun mais tout aussi bien s'opposer. Ces groupes doivent aussi composer avec les autres générations encore présentes – rejeter les aînés ou s'inféoder, se choisir des maîtres ou en refuser, etc. On voit qu'il est difficile de parler d'une génération car aucune génération n'est uniformément menée par un grand projet collectif – et l'exemple de Lautréamont, en marge des plus grands de ses contemporains, en est une preuve. Il faut donc plutôt parler en termes de groupes, selon Michel Pierssens, le groupe « non pas comme entité cristallisée pourvue d'une doctrine, mais conçu plutôt comme une dynamique, sans rapport mécanique avec des œuvres identifiables ou une poétique formalisée[21] », c'est-à-dire le groupe comme reflet de son époque, mais un reflet parmi d'autres et dialoguant avec les autres. On pourra ainsi identifier, au sein de la génération du Premier Empire, la génération romantique comme groupe constitué des écrivains d'inspiration romantique. Cette génération littéraire, elle-même composée de micro-groupes réunis autour de cénacles ou d'événements comme la bataille d'Hernani, ne comprend cependant pas tous les individus de la même classe d'âge. De même, la génération parnassienne ne représente qu'un groupe d'écrivain partageant des idées, une même inspiration, et travaillant à l'élaboration du *Parnasse contemporain*, mais elle n'inclut pas tous les écrivains nés dans les années 1840 et publiant entre 1865 et 1870.

20 Luc Badesco, *op. cit.*

21 Michel Pierssens, *op. cit.*, p. 794.

Le concept de *génération* a ses limites et semble difficile à appliquer ; mais à condition d'être défini avec précaution, il présente un intérêt dans les questions de filiation et d'héritage culturel, en particulier si nous abordons la réception de l'œuvre de Lautréamont sous un angle diachronique dans la période comprise entre 1870 et 1917. *Les Chants de Maldoror* circulent aussi dans le temps, et les effets que produit sa lecture dépendent du milieu de sa réception : c'est le propre du mythe que d'évoluer dans le temps. Les questions de conscience collective, d'effets de génération ou d'« esprit du temps » peuvent donc se révéler cruciaux pour expliquer certaines réactions. Dans son ouvrage consacré aux réseaux d'intellectuels, Randall Collins s'est intéressé aux rapports du maître et du disciple et à la question de la transmission du savoir[22]. Chaque intellectuel commence son parcours en glorifiant l'image d'un mentor, dont il rêve plus ou moins consciemment de prendre la place. Il va donc se positionner par rapport à ses idées et plusieurs attitudes sont possibles. On peut se revendiquer héritier, se placer dans la lignée d'un maître : c'est ce que Randall Collins appelle un lignage dans le temps. On peut, au contraire, décider de rompre avec la tradition du maître, quitte à déclencher une polémique, et ouvrir ainsi une nouvelle voie pour de futurs auteurs.

Quoi qu'il en soit, la transmission du savoir et des modèles littéraires dans les réseaux intellectuels, est toujours sujette à être rediscutée. Elle ne va pas de soi et la notoriété d'un auteur peut ainsi fluctuer dans le temps : tel poète, autrefois admiré, tombe dans l'oubli parce qu'il est trop éloigné des considérations de la nouvelle génération, qui s'est choisi de nouveaux modèles ; tel autre, qui n'avait pas connu de succès auparavant, est redécouvert et ouvre le champ à de nouvelles pratiques littéraires. Ce sera le cas de Rimbaud, dont les mots d'ordre et la conception de la poésie comme voyance et comme dérèglement des sens vont très nettement influencer la génération de poètes qui le découvre grâce aux *Poètes maudits* de Verlaine ; ce sera également le cas de Lautréamont au moment de sa redécouverte par les futurs surréalistes, qui voient en son œuvre visionnaire et cauchemardesque la première application de l'écriture automatique. Dans le contexte du conflit des générations, il n'est pas rare de voir les successeurs d'un maître rejeter ses influences pour en

22 Randall Collins, *The Sociology of Philosophies : A Global Theory of Intellectual Changes*, Cambridge [Massachusetts], Belknap Press of Harvard University Press, 1998, 1098 p.

choisir de nouvelles, dissidentes. Sans ce réajustement et cette remise en question des valeurs établies, le disciple ne pourra guère se détacher de l'œuvre de son maître pour trouver sa propre forme d'écriture et il risque de n'être qu'un épigone qui perpétue une œuvre sans la renouveler.

De ce point de vue, la question générationnelle présente un intérêt plus grand que la mathématique hasardeuse supputant les rythmes de changement de génération. On peut en effet considérer les lignages comme une forme de sociabilité qui s'étendrait à travers le temps : du choix du mentor, de telle ou telle école littéraire, de l'envie de rompre ou de faire perdurer une tradition, dépendront aussi les conditions dans lesquelles une œuvre comme celle de Lautréamont sera reçue. On parlera donc de génération, au sens chronologique et démographique, pour désigner le passage d'un cercle de lecteurs à un autre lorsqu'il y a écart chronologique et une rupture nette : il y a bien en 1885 une nouvelle génération de lecteurs, qui découvre Lautréamont et son œuvre indépendamment de ce qui en avait été dit en 1870 ; de même on peut en distinguer une autre qui réhabilite Lautréamont après 1905, sans que les symbolistes de 1890, encore vivants et actifs, n'y soient pour quelque chose. On parlera encore de génération, au sens littéraire cette fois, pour désigner les écrivains qui, nés dans une période chronologique définie, partagent des valeurs et une conception de la littérature qui les amènent à pratiquer de l'œuvre de Lautréamont une relecture correspondant à leurs préoccupations. La génération de *La Jeune Belgique* sera ainsi constituée des membres de la revue ainsi que de leurs contemporains belges qui contribuent au phénomène de réception de l'œuvre de Lautréamont aux alentours de 1885 ; quant à la génération symboliste, elle comprendra les écrivains qui découvrent Lautréamont en France entre 1885 et 1895, même si certains ont près de vingt ans d'écart. Le terme que nous avions choisi pour notre étude, l'année 1917, correspondait à l'entrée en jeu d'une nouvelle génération : un groupe de jeunes littérateurs réunis autour de valeurs communes et d'une même admiration pour *Les Chants de Maldoror* et qui, après s'être un temps ralliés à la bannière dadaïste, formerait bientôt le groupe surréaliste.

LA GÉNÉRATION DE LA JEUNE BELGIQUE OU LA PREMIÈRE RÉCEPTION POSTHUME DE LAUTRÉAMONT

Le groupe de la Jeune Belgique et ses ramifications dans les autres revues de l'avant-garde littéraire belge des années 1880 pose une question cruciale : celle de l'influence du groupe sur les individus qui le composent. Si, dans notre ouvrage précédent, nous avons abordé un à un les membres de la revue, nous attardant en particulier sur Iwan Gilkin, Albert Giraud ou Arnold Goffin, nous avons également montré qu'il existait une dynamique de groupe dont on retrouve les traces dans les colonnes de *La Jeune Belgique*, comme autant de prises de position dans le temps en faveur de Lautréamont.

Gabriel Tarde fut le premier à s'intéresser à l'influence du groupe sur l'individu[23] et à montrer comment l'homme se choisit des modèles référents. Les études de Gustave Le Bon sur *La Psychologie des foules* permirent de mettre en lumière les mécanismes de groupe et en particulier la faculté des individus à se délester de leur personnalité pour adhérer à une sorte d'âme collective[24]. Appliquées à un groupe de poètes, fortes personnalités attachées à leur singularité, ces théories sont à relativiser. Mais l'effet de groupe influence bien les individus, et la contagion mentale peut parfois mener au dogmatisme et à un conformisme de pensée. Ces constats ont mené Gustave-Nicolas Fischer à établir en 1987 les fondements de la « psychologie sociale[25] », qui interroge les rapports entre le groupe et l'individu. Fischer montre que le groupe est un acteur collectif composé d'individualités qui n'ont pas toutes le même rôle. Il distingue les meneurs, modèles charismatiques et influents, qui déclenchent les

23 Gabriel Tarde, *Les lois de l'imitation*, Paris, Alcan, 1890, 431 p.

24 Gustave Le Bon, *La Psychologie des foules*, Paris, Alcan, 1895, 200 p.

25 Fischer définit la psychologie sociale comme : « un domaine de la psychologie qui étudie les relations et les processus de la vie sociale inscrits dans les formes organisées de la société (groupes, institutions, etc.), d'une part, et pensés et vécus par les individus, d'autre part ; l'approche du social comme ensemble de processus relationnels met en lumière la nature dynamique des conduites et des phénomènes sociaux, qui se traduit par l'importance des influences sociales et la valeur des représentations en œuvre dans un contexte déterminé. » Gustave-Nicolas Fischer, *Les concepts fondamentaux de la psychologie sociale*, Paris-Montréal, Dunod / Presses universitaires de Montréal, 1987, p. 14.

réactions, des autres membres, liés par un sentiment de fraternité. Le comportement d'un individu se trouve modifié au contact du groupe : les émotions et les opinions s'y communiquent par contagion, non par la contrainte mais par un pouvoir de suggestion. C'est d'autant plus vrai dans les groupes d'intellectuels, comme l'a montré à son tour Randall Collins, parce qu'ils ont souvent une foi en une vérité absolue pour laquelle ils se battent. Les individus qui se côtoient tendent à modeler leur comportement les uns sur les autres en se prenant pour modèles implicites. Il y a donc des jeux d'influences, mais aussi des conflits et des rivalités dues à la structure hiérarchisée du groupe, et enfin des pressions puisque le groupe exige une adhésion à un projet ou un idéal. Des conduites sociales découlent de la fréquentation des autres, ainsi que l'adoption de représentations mentales et d'une vision du monde spécifique. Les artistes, surtout à leurs débuts, sont attirés par les groupes et par les idéologies, qui sont un moyen puissant de bénéficier d'une grande visibilité pour affirmer son identité. *La Jeune Belgique* avait défendu un idéal avec une ferveur qui n'allait pas tarder à virer au dogmatisme. On se soumet volontiers à la norme tant que celui qui l'établit conserve son prestige et fait figure de modèle, mais si la légitimité de l'autorité est douteuse ou entachée, ou si la norme établie n'apparaît plus comme fondée ou en adéquation avec les convictions personnelles, alors la contestation apparaît. Précisément au moment où elle découvrait Lautréamont, l'équipe commençait à montrer les premiers signes de scission. Ces dissensions allaient sans doute contribuer à sortir l'œuvre de Lautréamont du cénacle et à le porter en d'autres lieux, ce qui explique sa propagation dans le reste du microcosme belge.

Une des fonctions du groupe est d'ériger des constructions mentales et sociales. Dans le processus de cognition qui nous permet d'appréhender le réel, l'effet de groupe modèle notre perception individuelle. Pierre Mannoni a montré comment les représentations sociales se construisent le plus souvent sur la base de superstitions irrationnelles[26] : collectives, elles découlent d'une perception empirique et affective des phénomènes où l'impact psychologique immédiat joue un rôle plus important que la prise de distance critique. Construction mentale souvent produite dans l'enthousiasme du moment, la représentation illustre la facilité avec

26 Pierre Mannoni, *Les Représentations sociales*, Paris, Presses universitaires de France, 1998, p. 9-39.

laquelle, selon Gustave Le Bon, une foule a tôt fait de s'emporter en des jugements déraisonnés. La représentation puise dans le fonds commun des stéréotypes culturels, au risque de raccourcis et d'amalgames. Notre appréhension du réel est toujours perçue à travers une schématisation, qui se reproduit également dans les échanges avec le groupe, car les communications impliquent nécessairement une simplification des concepts. On ne retient de l'objet représenté que l'essentiel, ses traits les plus marquants, et l'esprit gomme les nuances dans la représentation qu'il se fait, en particulier lors des discussions.

C'est ainsi que lorsqu'une image se constitue au sein d'un groupe, elle s'élabore de façon souvent caricaturale par des stéréotypes qui reflètent le point de vue dominant : à cause de sa vision réductrice du réel, le stéréotype se passe d'explications. Il est partagé et constitue une convention sociale qu'il est inutile d'expliciter : il a pour lui la force de l'évidence. Ruth Amossy le définit comme une construction élaborée, un ensemble de sèmes renvoyant à une représentation préexistante, qui s'est vidée de sa substance à force d'être répétée et imitée[27]. Raccourci de la pensée, il est lié aux représentations sociales et aux idéologèmes, ces idées qui se répètent de bouche en bouche, avec quelques variantes, parce qu'elles sont dans l'air du temps[28]. La représentation sociale est donc une conception mentale stéréotypée que l'individu élabore sous l'influence d'une pensée dominante qui est celle de son temps ou de son groupe. Ainsi se construisit la représentation de Lautréamont en poète devenu fou qui allait se propager depuis la Belgique bien après sa mort.

Serge Moscovici décrit la construction des représentations en deux étapes[29] : une phase d'objectivation pendant laquelle on schématise l'élément appréhendé par une réduction à ses schèmes les plus marquants, puis une phase d'ancrage, d'enracinement progressif dans l'imaginaire collectif. En assimilant l'objet, l'esprit simplifie, retire des éléments discordants, accentue les détails qui confortent sa vision des choses,

27 Ruth Amossy et Anne Herschberg-Pierrot, *Stéréotypes et clichés*, Paris, Armand Collin, 2011, p. 13-17 et 28-31. Michael Riffaterre propose de définir le cliché comme « un groupe de mots qui suscitent des réactions comme : *déjà vu, banal, rebattu, fausse élégance, usé, fossilisé*, etc. » Michael Riffaterre, *Essais de stylistique structurale*, Paris, Flammarion, 1971, p. 162.

28 Marc Angenot, *1889 : État d'un discours social*, *op. cit.*

29 Serge Moscovici, *La psychanalyse, son image et son public*, Paris, Presses universitaires de France, 1961, p. 107-126.

introduit éventuellement d'autres éléments extérieurs – provenant, par exemple, d'autres représentations voisines –, et n'hésite pas non plus à déformer le réel pour fixer une image frappante susceptible de marquer les consciences. La réalité est remodelée à l'aune de la perception pour produire une information cohérente et signifiante qui n'est qu'un scénario possible, une manière simplifiée de percevoir et d'expliquer le réel. Une fois établie, l'image évolue dans le temps et se réajuste aux perceptions de ceux qui la convoquent. C'est de cette représentation sociale, élaborée parmi les Jeunes Belgique à la lecture des *Chants de Maldoror*, que va germer le mythe.

Un des mécanismes de groupe étudié par Gustave-Nicolas Fischer est la question de l'influence dans les relations. Définie comme une pression, exercée par une personne, qui devient une prescription et qui oriente la conduite d'une autre personne[30], l'influence se produit parfois sous l'effet d'une admiration, d'un intérêt curieux, ou par simple mimétisme. Dans tout système social, l'intégration repose sur une uniformisation des comportements : on ne peut être accepté sans intégrer les éléments dominants. Pour Gustave Le Bon, l'influence, le plus souvent diffuse, implicite voire inconsciente, est comparable à une suggestion hypnotique : il s'agit d'une sorte d'attraction invisible qui nous pousse à vouloir ressembler aux autres ou à les imiter. Le refus de céder à cette pression sociale peut entraîner un rejet du groupe, au nom de l'homogénéité. Ces remarques expliquent les nombreuses allusions aux *Chants de Maldoror* qui vont être faites, par sympathie et intérêt poli, dans les autres revues belges de l'époque. La curiosité n'est pas toujours poussée très loin et l'on cite Lautréamont comme un signe de connivence, pour marquer son appartenance au groupe. L'équipe de *La Jeune Belgique* forme, au sens sociologique, une clique, puisque tous ses membres se connaissent. En parcourant les numéros de la revue, on peut relever le nombre et les noms de ses collaborateurs. De 1880 à 1885, il y a un peu plus d'une quinzaine de rédacteurs réguliers, auxquels il faut ajouter ceux qui la parrainent, tels que Camille Lemonnier et Théodore Hannon, les auteurs invités, comme Zola, Péladan ou Bloy, ainsi que divers contributeurs occasionnels. De nombreux membres collaborent également à des revues concurrentes, comme *L'Art moderne*. Une représentation graphique de cette clique donnerait un schéma peu lisible, constitué d'une quinzaine

30 Gustave-Nicolas Fischer, *op. cit.*, p. 63 et suivantes.

de sommets tous reliés les uns aux autres : Max Waller, Iwan Gilkin, Albert Giraud, Henri Maubel, Francis Nautet, Georges Eekhoud, Jules Destrée, Georges Destrée, Georges Rodenbach, Jacques Arnoux, Émile Verhaeren, Émile Van Arenbergh, André Fontainas et Georges Khnopff forment alors le noyau des contributeurs les plus réguliers, mais l'équipe n'aura de cesse de s'enrichir au fil des années.

CARTOGRAPHIE DES LECTEURS BELGES EN 1885

Proposer une représentation graphique sous la forme d'un réseau de relations entre les littérateurs belges dont nous avons parlé serait d'une pertinence limitée : il s'agirait d'une clique constituée d'une trentaine de sommets tous reliés les uns aux autres, donc peu lisible. En effet, le monde de l'avant-garde littéraire bruxelloise n'était pas grand et même lorsqu'elles étaient rivales, les équipes des diverses revues se connaissaient et avaient souvent l'occasion de fréquenter les mêmes banquets et événements littéraires. On insisterait probablement sur le noyau de *La Jeune Belgique*, auquel on ajouterait les auteurs plus tardifs – Valère Gille, Maurice Maeterlinck, Charles Van Lerberghe, Grégoire Le Roy, Arnold Goffin – et les membres des autres revues – Edmond Picard, Albert Mockel… Il est plus pertinent de construire le réseau en nous appuyant uniquement sur les échanges qui nous intéressent et qui ont trait à Lautréamont, tout en gardant à l'esprit que dans ce réseau, tous les points sont reliés. Rappelons tout d'abord les chaînages que nous avions tracés en nous appuyant sur la méthode de Bruno Latour. Afin de matérialiser la circulation du livre et les obstacles qui l'empêchèrent, nous avions proposé cette simulation pour la période 1868-1885 :

Ducasse > Lacroix > Verboeckhoven > Lacroix.
Lacroix > Poulet-Malassis.
Lacroix > Rozez > Max Waller > Jeune Belgique > etc.

Ce procédé nous permettra de montrer comment le livre sort progressivement du cercle confiné où il est découvert pour se déployer dans les milieux littéraires belges. On peut désormais représenter sa diffusion avec plus de précision.

1868-1870
Ducasse > Lacroix > Verboeckhoven > Lacroix.
Lacroix > Poulet-Malassis.
1874
Lacroix > Rozez.

Rozez transmet ensuite le livre à Max Waller, qui va le faire connaître à ses amis réunis au café Sésino, puis en envoyer un exemplaire à Léon Bloy et un autre à Joséphin Péladan. Dans le groupe du café Sésino, c'est Iwan Gilkin qui devient le relais de la diffusion de l'œuvre en décidant d'en publier un extrait dans *La Jeune Belgique*. Par ailleurs, Jules Destrée va à son tour transmettre l'ouvrage à l'un de ses correspondants français, Joris-Karl Huysmans.

1885
Rozez > Waller > Giraud, Gilkin, Eekhoud, Maubel, Nautet, "d'autres".
Waller > Bloy.
Waller > Péladan.
Gilkin > *La Jeune Belgique*.
Destrée > Huysmans.

La publication dans la revue a un effet considérable. Waller et Destrée ont fait sortir l'œuvre des frontières de la Belgique en lui offrant un premier contact avec quelques littérateurs français ; et Gilkin a révélé *Les Chants de Maldoror* aux Belges. Le chaînage ci-dessous ne représente que les éléments de diffusion connus. Il y en eut peut-être d'autres. À la suite de *La Jeune Belgique*, on vit bientôt *L'Art moderne, La Société nouvelle, La Wallonie, Le Coq rouge* et même *De Nieuwe Gids*, une revue hollandaise, évoquer *Les Chants de Maldoror*. L'œuvre était sortie de sa clandestinité.

1885
Gilkin > *La Jeune Belgique*.
La Jeune Belgique > Valère Gille.
La Jeune Belgique> Maeterlinck, Van Lerberghe, Le Roy.
Van Lerberghe > Mockel.
La Jeune Belgique > Arnold Goffin.

La Jeune Belgique > Jacques Arnoux.
La Jeune Belgique > Edmond Picard > *L'Art moderne.*
La Jeune Belgique > Émile Verhaeren.
La Jeune Belgique > Hubert Krains > *La Société nouvelle.*
La Jeune Belgique > Pierre-Marie Olin > *La Wallonie.*
La Jeune Belgique > Maurice Des Ombiaux > *Le Coq rouge.*
La Jeune Belgique > Gaston Denys-Périer.
La Jeune Belgique > Willem Kloos > *De Nieuwe Gids* [revue hollandaise]

Ce schéma prouve que le livre était lu et connu. Il révèle aussi la volonté des premiers lecteurs belges des *Chants de Maldoror* de sortir le livre de leurs cercles restreints en lui donnant la diffusion qu'il mérite. Néanmoins, sa présence reste épisodique et finalement discrète dans les revues. C'est véritablement en France que se fera la construction du mythe de Lautréamont.

La cartographie qui suit vise à représenter la progressive diffusion des *Chants de Maldoror* en Belgique. Les arcs reliant les acteurs du réseau les uns aux autres sont terminés par des flèches qui précisent dans quel sens l'ouvrage fut communiqué. Le graphique fait ressortir les deux moments essentiels de la redécouverte : une première diffusion, dont Max Waller est à l'origine, parmi les habitués du café Sésino ; une seconde, cette fois provoquée par Iwan Gilkin, par l'intermédiaire de *La Jeune Belgique.* Il en découle donc une représentation en deux « étoiles » qui montrent combien la réception de l'œuvre dans les milieux belges fut avant tout une aventure collective : l'image mythologique et fantasmée de Lautréamont, symboliste ou décadente, se construisit progressivement par les échanges et par la transmission d'une légende, quoique sommaire, qui accompagnait l'origine de ce livre. Les notices récapitulatives en annexe rappelleront au lecteur les étapes de cette diffusion et le rôle joué par les acteurs.

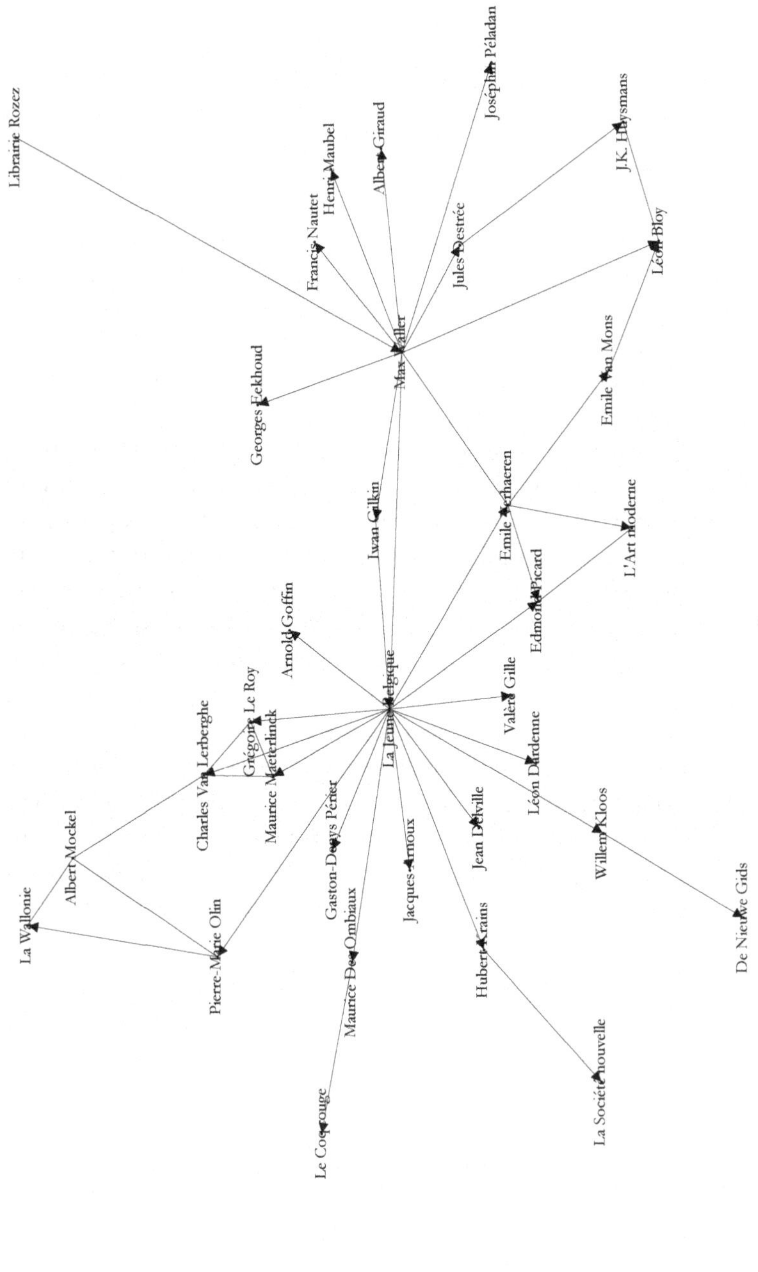

FIG. 5 – Graphe 2 – La Diffusion des *Chants de Maldoror* dans les cercles belges (1885).

LE RÉSEAU DES LECTEURS SYMBOLISTES

Parallèlement à la circulation progressive des *Chants de Maldoror* en Belgique, la diffusion française commence également dès 1885. Notre entreprise de reconstitution se heurte cependant à de nouvelles lacunes dans le réseau. Tandis que Ray Nyst pourrait tout aussi bien avoir appris l'existence du livre par *La Jeune Belgique*, par Péladan ou par Henry de Groux, nous ignorons la manière dont le jeune Genonceaux était entré en contact avec *Maldoror*. Par commodité, on le considérera comme la source principale de la vogue parisienne puisque c'est son édition, aidée par la publicité du *Mercure de France*, qui fit connaître Lautréamont à Paris. On ignore ce que Péladan fit du livre que Max Waller lui avait transmis. On peut émettre l'hypothèse qu'il le communiqua à quelques-uns des écrivains et artistes qui fréquentaient son salon : Ray Nyst, Alfred Jarry, Léon-Paul Fargue ou Félix Vallotton. Pour chacun de ces noms, d'autres cheminements sont envisageables pour expliquer comment l'œuvre leur parvint. Plus que jamais, la notion de microcosme se matérialise ici puisque dans le milieu que nous décrivons, presque tout le monde connaît tout le monde. Nous proposons donc les chaînages suivants en ce qu'ils matérialisent les hypothèses les plus vraisemblables, et nous laissons de côté les doutes exprimés précédemment et dont les développements font l'objet de notre ouvrage *La Réception de Lautréamont*.

1885-1895

La Jeune Belgique >	Nyst
	De Groux.
	Spilliaert.
Péladan >	Nyst ?
Huysmans >	Descaves.
Bloy >	Victor Archinet.
	Darzens et Darien.
	De Groux.
	Bisson, Rouault, les Maritain.
	Rubén Darío.
	Ardengo Soffici.
Goncourt >	Alidor Delzant.
Genonceaux >	Léo Trézenik.

José Roy.		
Georges Montorgueuil.		
Rachilde >	Jean Lorrain.	
	Octave Mirbeau.	
Vallette >	*Le Mercure de France.*	
Gourmont >	Willem Kloos.	
	Vallotton (mais découverts par son ami Charles Maurin)	
	Rubén Darío.	
	De Groux.	
	Jarry >	Edouard Julia.
		Albert Arnay.
	Fargue.	
	Louis Lormel.	
	Richard Aldington.	
G.-A. Aurier.		
Tailhade.		
Lemonnier (probablement déjà connus par *La Jeune Belgique*).		
Roland de Marès (également belge).		
Hirsch >	Jan Verkade (peut-être aussi par son ami Aurier)	
	René Doumic.	
Ernest Raynaud.		
Christian Beck (d'après Willy).		
Henri de Régnier.		
René Emery >	*Le Fin de siècle.*	
Philippe Gille >	*Le Figaro.*	
Ernest Jaubert >	*Le Magazine français illustré* d'Albert Lacroix.	
Le Chat noir.		
Princesse Sapho.		
Gustave Kahn >	Jules Huret.	
Paul Fort.		
Albert Boissière.		
Henri Mazel.		
Louis Reynaud.		
Pierre Louÿs >	André Gide.	
Paul Valéry.		
Jean de Tinan.		
Léon Daudet.		
Louis Rouart.		
Fernand Vandérem.		
Maurice Le Blond.		
Catulle Mendès.		

L'élaboration d'un réseau pour représenter les lecteurs français donne, pour cette seule décennie, un graphe avec soixante-huit points et plus d'une centaine de liens, que nous reproduisons ci-après. Comme pour le précédent, le lecteur pourra se référer aux notices récapitulatives pour chaque lecteur. Encore n'avons-nous signalé que les liens relatifs à la probable circulation de l'œuvre de Lautréamont : s'il avait fallu relier tous les individus du graphe se connaissant, nous aurions probablement dû relier presque tous les points entre eux, ce qui aurait posé des problèmes de lisibilité. Ce troisième graphe permet de faire ressortir les principaux foyers de diffusion de l'œuvre, à savoir Léon Bloy, Léon Genonceaux, le *Mercure de France* et Remy de Gourmont, dont les textes ont le plus œuvré à faire connaître *Les Chants de Maldoror.*

À tous ces lecteurs, il faudrait encore ajouter le mystérieux Louis Puer. Dans un article des *Cahiers Lautréamont* de 2003, Éric Walbecq avait en effet rapporté la découverte d'un exemplaire de l'édition Genonceaux des *Chants de Maldoror* sur lequel figurait cette mention manuscrite datée d'octobre 1892 : « Accepte, ami, ce chef-d'œuvre / D'un fou – qu'il t'enseigne / À devenir sage et grand / Ton / Louis Puer / Octobre 92[31]. » Ce nom reste, encore aujourd'hui, parfaitement inconnu.

31 Éric Walbecq, « Un lecteur inconnu », *Cahiers Lautréamont*, livraisons LXV-LXVI, 1er semestre 2003, p. 31.

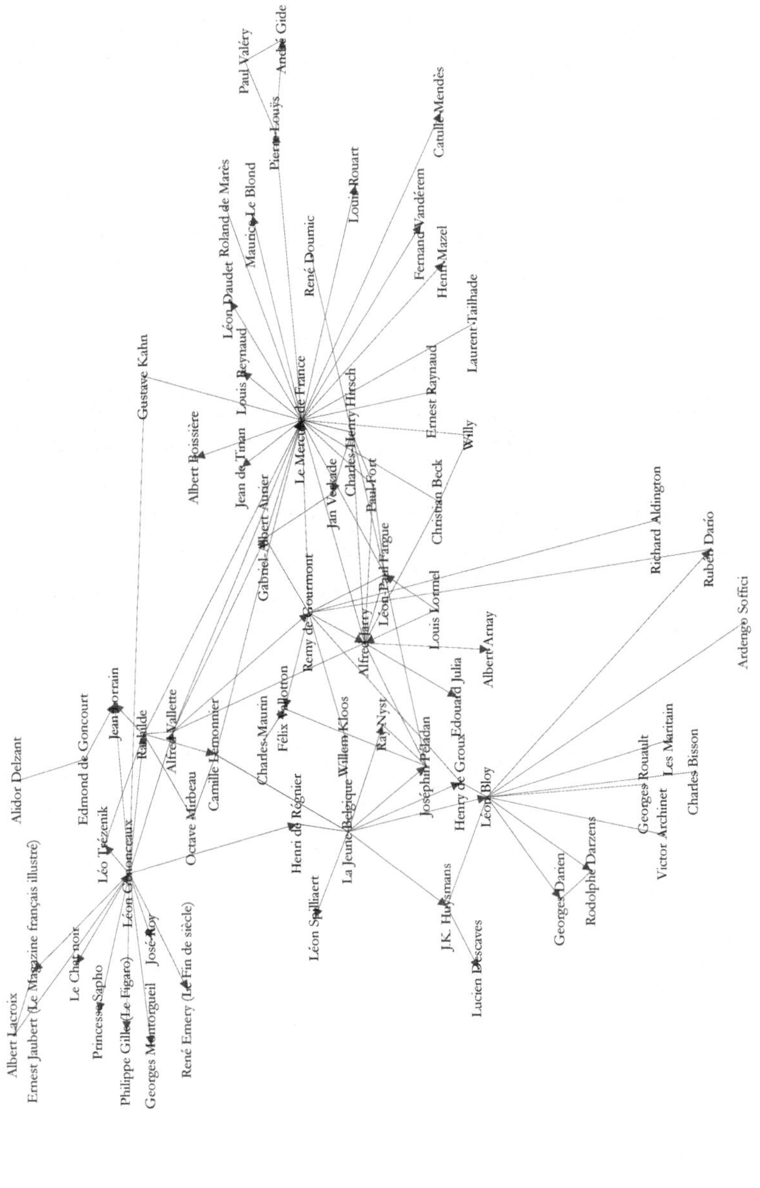

FIG. 6 – Graphe 3 – La Réception symboliste en France (1885-1895).

MALDOROR ET LES LECTEURS DE LA BELLE ÉPOQUE

Au cours de la période 1895-1917, il devient plus difficile d'employer la représentation en graphe pour matérialiser la réception : beaucoup d'écrivains, qui ont fait allusion à Ducasse ou à son œuvre, n'ont jamais précisé comment ils en avaient eu connaissance. La transmission n'est plus aussi claire, mais c'est d'abord parce que *Les Chants de Maldoror* ne sont pas tout à fait un livre confidentiel : nous recensons, pour ces dernières années, plus de quatre-vingt-dix lecteurs de l'œuvre d'Isidore Ducasse. Il est très probable que, pour l'essentiel d'entre eux, Remy de Gourmont ait été le révélateur : d'abord par ses articles du *Mercure de France*, ensuite par la publication du *Livre des masques* en 1896. Par commodité, lorsque la découverte n'a pas été consignée, nous considérerons que c'est par *Le Mercure de France* que l'écrivain a pris connaissance des *Chants de Maldoror* et des *Poésies*. Même en laissant ces incertitudes de côté, les chaînages montrent à quel point la revue d'Alfred Vallette a joué un rôle central dans la diffusion de l'œuvre au cours des années 1890-1910, formant l'esprit de toute une génération, au même titre que la réédition de 1914 dans *Vers et prose* allait avoir des répercussions sur les lecteurs de l'après-guerre. À ces épicentres du réseau, il faut ajouter enfin une diffusion souterraine, par définition impossible à mesurer, composée des transmissions qui s'opéraient, par bouche-à-oreille, dans les salons littéraires et les boutiques des bouquinistes qui devaient chercher à écouler leurs exemplaires de *Maldoror.*

1895-1917
Le Mercure de France> Paul Brulat > Paul Delfus, Saint-Marc, G. de Triors, Oscar Méténier et Delphi Fabrice.
Stuart Merrill.
Pierre Mac Orlan.
Ernest La Jeunesse.
Pierre Louÿs > André Gide >Jacques Copeau.
André Ruyters.
Claude Mauriac.
Charles Carrington.
Marius Boisson.

Louis Morin.
Félicien Fagus.
Charles Morice.
Jules Bois.
Francis de Miomandre.
Marcel Coulon.
Alain-Fournier.
André du Fresnois.
Edward Sansot > Talasan Giafféri.
Pierre Quillard.
Maurice Le Blond.
A.-Yves Le Moyne.
Maurice Verne.
Pierre Termier.
Georges Polti.
Alfred Poizat.
Hector Fleischmann > Robert de Souza.
Henri Daragon. > Georges Vicaire.
Paul Fort > André Salmon.
Francis Carco.
Max Jacob.
Jean Cocteau. > Raymond Radiguet.
Hugo Ball.
Richard Huelsenbeck.
Hans Arp.
Tristan Tzara.
Walter Serner.
André Barre.
Charles Le Goffic.
Albert-Louis Caillet.
Gabriel Julliot de la Morandière.
Charles Melaye.
Henri Duvernois > Georges Delaw.
Francisco Contreras.
Valery Larbaud.
Miloš Marten > Josef Capek.
F. T. Marinetti.
Fritz Vanderpijl > Ardengo Soffici > Giovanni Boine.
Marcel Duchamp.
Adon Lacroix > Man Ray.
Remy de Gourmont > Blaise Cendrars > Bertrand Guégan.
Willem Kloos > Lodewijk van Deyssel.
Frederik van Eeden.

Pierre Henri Ritter Jr.
Henri Borel.
Paul Kenis.
Johan Stärcke > Willem Frederik Gouwe.
Richard Aldington.
Léon Bloy > Rubén Darío > Ramon et Julio Gomez de la Serna > Ricardo Baeza.
La Jeune Belgique > Maurice Maeterlinck > Paul Claudel.
Georges Fourest.
Jean de Bosschère.
René Schmickrath.

Malgré les incertitudes qui demeurent, le dernier graphe que nous présentons illustre l'indéniable circulation de l'œuvre et rend compte du rôle majeur joué par *Le Mercure de France* dans la diffusion européenne des *Chants de Maldoror*. Il permet de faire ressortir les principaux foyers de diffusion de l'œuvre après 1900 : Remy de Gourmont et *Le Mercure de France*, Paul Fort et *Vers et prose*, Valery Larbaud et son article de *La Phalange*. Mais on constate aussi que la diffusion se fait au sein de nombreuses cliques : le groupe d'Apollinaire et André Salmon, les proches d'André Gide, le groupe des dadaïstes de Zurich, celui des futuristes italiens, celui des Hollandais qui ont lu l'article de Willem Kloos… Il y a toujours une personne qui, dans ces cliques, introduit *Les Chants de Maldoror*, soit parce qu'il est en contact avec Remy de Gourmont, soit parce qu'il les a découverts dans une revue et s'est décidé à écrire dessus. L'œuvre circule ainsi, sans nécessairement laisser des traces écrites qui témoigneraient d'une lecture, mais parce qu'elle est discutée dans de petits groupes d'amis. Ces constats et le nombre important des lecteurs recensés nous permettent d'affirmer qu'en 1917, Isidore Ducasse n'était plus un poète inconnu.

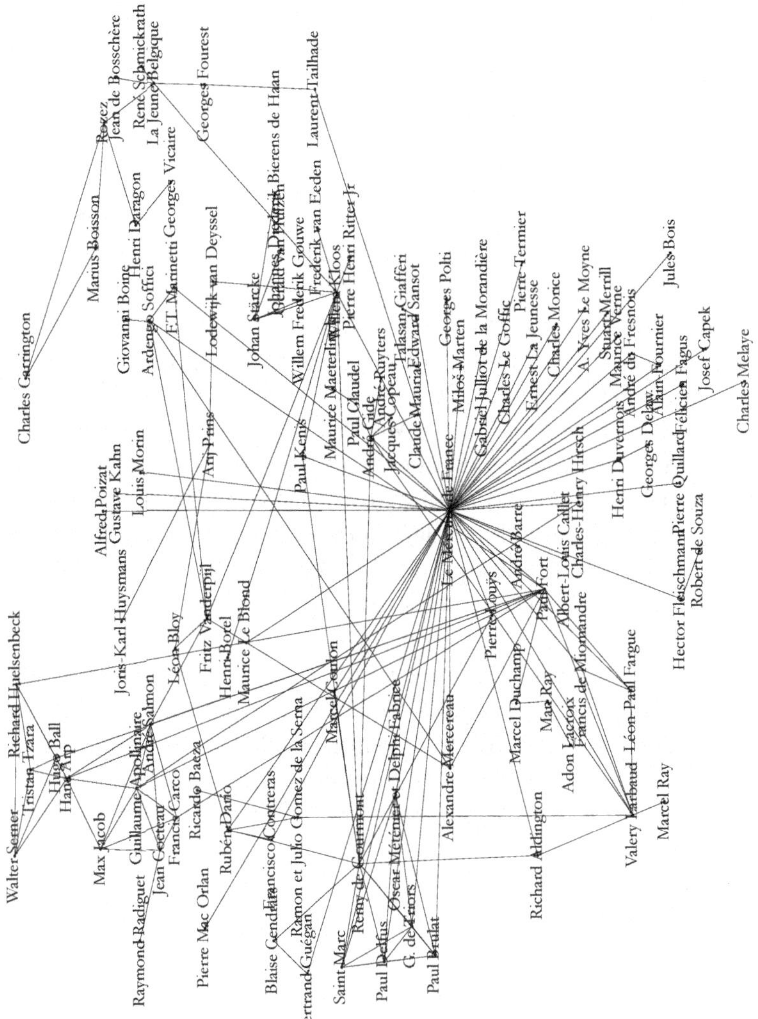

FIG. 7 – Graphe 4 – La Réception à la Belle-Époque (1895-1917).

CONCLUSION

Réseaux sociaux et histoire littéraire

Le recours à l'analyse structurale des réseaux sociaux nous a permis de mettre au jour un certain nombre de phénomènes propres à la diffusion d'un savoir, en l'occurrence la connaissance d'Isidore Ducasse et de son œuvre dans les milieux littéraires de la période étudiée. Nos démonstrations appellent quelques remarques. Tout au long de cet ouvrage, nous nous sommes appliqué à élaborer, par l'étude des relations sociales du poète, une cartographie de son réseau personnel. Au moment où l'auteur, encore vivant, publie, entre 1868 et 1870, rares sont les lecteurs qui font attention à l'œuvre d'un jeune poète inconnu. La reconstitution du réseau des relations d'Isidore Ducasse nous a néanmoins permis de mettre en lumière les stratégies qu'il déploie pour accéder à la reconnaissance, et de contester ainsi l'idée selon laquelle il a abordé la littérature en dilettante. Ses choix stratégiques n'ont guère porté leurs fruits, mais le temps lui a manqué.

Il va de soi que ce travail de reconstitution, à partir de données d'archives – correspondance, journaux, biographies reconstituées de manière posthume –, est forcément lacunaire. Le sociologue en littérature ne saurait cependant être incommodé par le caractère conjectural de certaines hypothèses : le graphe présente l'avantage de mettre en lumière les mécanismes des relations sociales, de faire ressortir les groupes que Ducasse a pu fréquenter, et de matérialiser ses choix stratégiques pour diffuser son œuvre et tenter d'accéder à la reconnaissance. Loin d'être un problème, les manques d'information apparaissent comme autant d'interrogations qui peuvent faire naître des hypothèses nouvelles : certaines inconnues du réseau sont à repenser et leur place, dans la vie d'Isidore Ducasse, à réexaminer. La découverte de nouvelles données biographiques fera émerger d'autres théories. Ainsi, l'identification de Louis d'Hurcourt ou, plus récemment encore, la piste de Joseph

Durand[1], le dernier dédicataire des *Poésies* qu'il restait à retrouver, conduira encore les chercheurs à s'interroger sur les relations sociales de Ducasse et les stratégies qu'il pouvait mobiliser pour favoriser la publication de son œuvre.

Pour la période 1885-1917, nous avons opté pour des graphes plus complets destinés à reconstituer les interdépendances entre les membres du milieu littéraire observé. Dans ce microcosme, le nombre des acteurs est restreint et tout le monde se connaît, aussi avons-nous choisi de ne représenter que les liens qui nous intéressaient, ceux susceptibles d'avoir occasionné un échange, écrit ou verbal, au sujet des *Chants de Maldoror*. Ici encore, certaines hypothèses restent sans confirmation. Ces cartographies permettent néanmoins de révéler une diffusion progressive du livre, repérable au nombre croissant des lecteurs qui s'ajoutent, et de mettre en lumière les acteurs en position de centralité, ceux qui ont activement œuvré à faire connaître l'œuvre et le poète : *La Jeune Belgique*, Genonceaux, *Le Mercure de France*, Gourmont, pour n'en citer que les plus importants. Prestige et centralité se confondent ici, car il est entendu qu'un lecteur isolé comme Gabriel Julliot de la Morandière ne pouvait œuvrer aussi efficacement que Valery Larbaud ou Paul Fort.

Par réseau social, nous entendons un ensemble de relations constatées au sein d'un groupe d'acteurs. Alors qu'en sociologie, leur nombre est généralement fini, notre travail de reconstitution révèle au contraire qu'à mesure que l'histoire littéraire progresse, d'autres acteurs viennent étendre le réseau des lecteurs d'Isidore Ducasse. Le graphe nous amène aussi à nous interroger sur le rapport entre les acteurs et le groupe. Le réseau fait apparaître des cercles, cénacles ou groupes réunis autour d'une revue, ou au contraire des cliques plus restreintes, qui partagent dans un engouement collectif un enthousiasme pour l'œuvre. Tandis que certains communient en secret, d'autres font la promotion des *Chants de Maldoror* et travaillent à les faire connaître. Ainsi partagé, le livre peut également atteindre d'autres lecteurs isolés qui, n'étant pas inclus dans la clique, feront de l'œuvre une lecture atypique, infléchie par rapport à la vision dominante. Nous renvoyons le lecteur à notre

---

1 En décembre 2017, Jean-Paul Goujon a retrouvé un article anonyme dans *L'Europe nouvelle* rapportant que Bertrand Guégan avait identifié Joseph Durand comme un professeur du lycée de Tarbes. Cette information, qui doit encore trouver confirmation, était passée inaperçue jusqu'alors. « Informations littéraires », *L'Europe nouvelle*, 4 avril 1925, p. 460.

précédent ouvrage pour une étude plus approfondie et qualitative de cette réception[2]. Aux lecteurs superficiels citant Ducasse à tout venant, on peut opposer Alfred Jarry et Gabriel Julliot de la Morandière, deux lecteurs à part, faisant, dans leur relecture, une œuvre personnelle. Ces constats viennent confirmer une théorie formulée dans le domaine sociologique à propos des trous structuraux : le relatif isolement d'un acteur, s'il apparaît d'abord comme un handicap, permet aussi d'apporter dans le groupe un regard nouveau et différent sur l'œuvre. Les liens faibles apportent à la constitution du mythe un renouveau d'information et se montrent ainsi tout aussi riches.

Ce réseau reconstitué est bien entendu une construction métaphorique. Les lecteurs de Lautréamont ne constituent pas un grand ensemble qui formerait, d'une façon consciente, un réseau reconnu comme tel. L'information circule irrégulièrement, se heurtant parfois à des obstacles, certains acteurs opérant par rétention d'information (Joséphin Péladan, qui ne semble pas avoir fait connaître *Maldoror*), d'autres sauvant *in extremis* le livre de l'oubli en relançant sa diffusion à un moment inattendu (Léon Bloy, Léon Genonceaux ou encore Valery Larbaud). La cartographie fait aussi émerger des sous-groupes où l'on se partage l'information avant de la divulguer. Les questions de temporalité sont ainsi cruciales, et notre approche sociologique se dédouble. Tandis que les cartographies représentent une vision arrêtée de la connaissance du livre dans une période chronologique donnée, agissant en synchronie, le recours à la notion de chaînage empruntée à Bruno Latour nous permet de matérialiser en diachronie la diffusion du livre et ses impasses. Il serait d'ailleurs souhaitable de chiffrer les arcs de nos graphes afin de souligner les différents moments de la diffusion, quand cela est possible. Nous avons choisi de ne pas le faire pour des raisons de lisibilité, les chapitres de notre thèse expliquant en détail les questions de datation parfois problématiques. De même, le découpage de ces quelques cinquante années en quatre périodes de durée non-égale s'explique par les progrès et les ralentissements de la diffusion de l'œuvre, chaque période correspondant à un temps fort de celle-ci. Mais pour mieux rendre compte de la dynamique de diffusion, nous avons préféré recourir aux chaînages de Bruno Latour, qui permettent de montrer comment circule, dans le réseau, un contenu repensé et rediscuté à chaque étape. Cette

2 Kevin Saliou, *La Réception de Lautréamont*, Paris, Classiques Garnier, 2021, 923 p.

nécessaire validation de l'information est particulièrement intéressante dans le cas de la réception d'une œuvre – non plus perçue sous l'angle du génie individuel de l'artiste, mais comme un produit de civilisation – car elle illustre les débats autour de sa réception et permet d'observer le mythe en cours d'élaboration, vis-à-vis duquel les acteurs doivent se positionner. L'approche par chaînages avec datation fait enfin ressortir une particularité de la diffusion des innovations qu'avaient observée, dans un autre domaine, les sociologues Bryce Ryan et Neal Gross[3] : une découverte nouvelle se répand suivant une courbe en S. À partir de quelques pionniers, peu nombreux, l'information va susciter un intérêt croissant jusqu'à être acceptée par le plus grand nombre et ne plus se heurter qu'à la réticence de quelques réfractaires.

La représentation en réseau permet d'insister sur cette circulation du savoir et de retracer les cheminements par lesquels tel acteur a pu prendre connaissance de l'œuvre. Elle met l'accent sur l'interdépendance des membres du réseau, sur leurs liens directs ou indirects, et elle donne une vue d'ensemble qui permet d'épouser un mouvement de diffusion globalisé de l'information. L'histoire littéraire n'apparaît plus comme une succession de faits isolés relevant des hasards de la biographie, mais bien comme une dynamique et un ensemble de points de convergence qu'on peut expliquer à travers le temps. Le mythe de Lautréamont s'est élaboré par des rencontres, par des échanges, par des adhésions ou des rejets, et aussi par l'envie commune d'admettre le poète parmi les précurseurs et les sources d'influence. De ce travail de groupe, la cartographie peut rendre compte parce qu'elle invite à dépasser la vision centrée sur un seul acteur au profit d'un échantillon du milieu littéraire. Le réseau permet donc de restituer aux comportements individuels la complexité des systèmes de relations sociales, mues par des interdépendances, des échanges, dans lesquels les acteurs prennent sens et donnent sens. Il met en lumière des déterminismes structuraux : il explique l'isolement, le prestige, les amitiés et les inimitiés, le fait qu'une information soit divulguée ou non et qu'elle puisse parvenir jusqu'à tel ou tel acteur. Il explique aussi l'échec des stratégies communicationnelles d'un écrivain, qui a pourtant multiplié les efforts et les prises de contact. La forme du réseau peut fournir des facteurs explicatifs aux phénomènes

3 Bryce Ryan et Neal Gross, « The Diffusion of Hybrid Seed Corn in two Iowa Communities », *Rural Sociology*, n° 8, 1943, p. 15-24.

sociaux analysés. Enfin, il inscrit l'acteur dans un contexte qui permet d'expliquer son comportement social.

Le réseau d'Isidore Ducasse ne sera pas clos tant que tous ses lecteurs ne seront pas connus et identifiés. Notre travail de reconstitution, en revanche, touche à sa fin. Peut-être inspirera-t-il, nous l'espérons, des expériences similaires sur d'autres auteurs ou d'autres microcosmes. Nous voudrions pour finir esquisser quelques réflexions sur la manière dont l'analyse des réseaux sociaux pourrait encore être mise au service de l'histoire littéraire.

Tout d'abord, notons que le problème des réseaux d'intellectuels a été formulé à plusieurs reprises : c'est un microcosme à la densité maximale, puisque tout le monde se connaît. Mais il ne suffit pas qu'un réseau ait une bonne densité pour qu'une information se communique. Tout le monde peut se connaître, mais ce qui est susceptible d'aider à la diffusion de l'information, c'est l'intensité des relations. Aussi aurions-nous pu tenter de mesurer cette proximité entre les acteurs en chiffrant les arcs de notre graphe. De même, la vitesse de propagation de l'œuvre dépendra aussi de la régularité avec laquelle on se voit, de la profondeur des conversations, en un mot, de la valeur de l'amitié. Il importe donc de mesurer la force de ces relations de même qu'il importe de tenir compte aussi de l'évolution dans le temps, des retards, de la dégradation des échanges… Ce travail a été mené dans le texte de notre étude, mais un graphe pourrait également en rendre compte et étudier ces facteurs au moyen d'un travail de vectorisation. Randall Collins rappelait aussi que le groupe déploie une énergie émotionnelle qui se traduit par un sentiment de ferveur enthousiaste[4]. Celle-ci est essentiellement portée par les meneurs du groupe et par ceux qui s'y investissent le plus. On la perçoit chez certains Jeunes Belgique et quelques membres du *Mercure de France*, ainsi que dans certaines émulations dyadiques (Larbaud et Fargue, par exemple). La réceptivité à l'œuvre, la ferveur qu'elle inspire, peuvent également être aisément retranscrites dans les graphes, en donnant par exemple aux sommets les plus influents un diamètre plus large.

Qui dit microcosme dit aussi bataille pour la centralité et pour l'occupation des zones de prestige. La rivalité et les guerres de chapelles

4 Randall Collins, « The Creativity of Intellectual Networks and the Struggle over Attention Space », in *Knowledge, Communication and Creativity*, études réunies par Arnaud Sales, Londres, Sage, 2007, p. 156-166.

sont des phénomènes importants du champ littéraire qui expliquent certaines réticences à parler des *Chants de Maldoror*, ou des réceptions parallèles qui se font en tournant le dos au groupe principal, par refus de lui reconnaître une dette. Ainsi, la connaissance de Lautréamont est un capital prestigieux que certains auteurs vont être amenés à se disputer. Il y a un prestige à parler du poète : il met en lumière son exégète, qui peut montrer sa connaissance pointue de l'actualité littéraire. Contribuer au mythe, c'est donc aussi se placer sous les projecteurs. La rivalité n'est pas seulement négative, car de la confrontation et du débat intellectuel peut jaillir une émulation bénéfique à tout le monde. Ainsi, la connaissance est aussi une affaire de réseau. C'est le groupe qui aide l'individu à donner un sens au monde, à l'interpréter et à comprendre les choses. De même, la découverte solitaire des *Chants de Maldoror* se confronte au regard des autres, et c'est par l'échange et le débat que s'élabore une représentation du poète qui permet d'appréhender l'œuvre. On constate la valeur prestigieuse du livre dans les différents envois faits par les premiers lecteurs : partager avec Bloy et Huysmans la trouvaille, c'est pour Max Waller et les Jeunes Belgique un moyen d'attirer leur attention et de recevoir leur reconnaissance.

Mais il y a aussi des lecteurs isolés, ou d'autres, comme Jarry, qui le pratiquent en secret. Pour ceux-là, le réseau présente un défaut majeur : il fait ressortir tout ce qui est connu et laisse dans l'ombre ce qui est ignoré et perdu. Nos trois derniers réseaux mettent en lumière les lecteurs de Ducasse mais ne peuvent rendre compte du nombre de ses non-lecteurs, ces absences et ces silences qu'il faudrait expliquer et dénombrer aussi. En ce sens, le réseau demeure fragmentaire par nature et reste assujetti à la recherche documentaire, à l'étude attentive des revues, journaux et correspondances, principales sources d'information qui permettent son élaboration. On est donc forcé de reconnaître le caractère hypothétique du réseau dans les questions de transmission, et notamment le fait que la découverte d'un nouvel acteur, ou d'une interaction entre deux acteurs du réseau, viendrait remettre en cause notre vision des choses. On peut cependant en avoir conscience et voir dans la cartographie un outil propre à stimuler des hypothèses. Claire Lemercier rappelait que l'exhaustivité des connaissances est un rêve inatteignable[5] et, en effet,

5 Claire Lemercier, « Conclusion », *Tout est-il réseau ?*, journée d'études organisée par le CRESC le 14 mars 2008 à l'université Paris XIII. URL : http://www.univ-paris13.fr/

il n'est pas nécessaire de connaître tout le réseau pour le faire parler et en observer utilement certains mécanismes.

Cet ouvrage aura, nous l'espérons, permis de corriger l'image communément répandue d'Isidore Ducasse en écrivain maudit et inadapté à la vie parisienne. C'est à un travail d'ancrage dans la société de son temps que nous nous sommes attelé, mais malgré les hypothèses que nous avons formulées, bien des questions demeurent sans réponse en l'absence de traces documentaires positives. Ducasse n'est plus le poète sans visage ni l'inconnu sans histoire, mais son mystère n'est pas tout à fait dissipé, et son passage terrestre, avec ses maigres indices, continuera encore longtemps à être l'objet de nos interrogations.

cresc/images/stories/PDF%20JE%202008-03-14/c._lemercier.pdf. [consulté le 20 juillet 2020].

ANNEXE

Notices des lecteurs de Lautréamont

Nous reproduisons ici, sous forme de notices, la liste des lecteurs ou des acteurs qui, s'ils ne se sont jamais prononcés sur Les Chants de Maldoror*, constituent des points de jonction entre d'autres lecteurs. Le détail de ces résumés figure dans notre ouvrage* La Réception de Lautréamont[1].

1868-1870

Georges Dazet

Georges Dazet, de six ans plus jeune qu'Isidore Ducasse, tient une place importante dans sa vie. Fils de Jean Dazet, que François Ducasse avait choisi pour être le correspondant de son fils à Tarbes pendant ses années de lycée, il est mentionné neuf fois dans son *Chant premier* de 1868, avant que son nom ne soit remplacé par l'initiale « D. », puis par un bestiaire fantaisiste déroutant. Si la famille Dazet est à l'origine de l'effacement du nom, peut-être justifié par la crainte d'un scandale lié à la nature de leur relation, Ducasse maintint néanmoins Georges Dazet parmi les dédicataires de ses *Poésies*. Proche de Ducasse, Dazet fut certainement l'un de ses premiers lecteurs, puisque c'est à lui que Maldoror s'adresse.

Paul Émion

Parmi les douze dédicataires de *Poésies I*, il en est au moins deux qui sont la preuve d'une activité littéraire parisienne de Ducasse : les directeurs de revue Alfred Sircos et Frédéric Damé. Sircos est

---

1 Kevin Saliou, *La Réception de Lautréamont*, Paris, Classiques Garnier, 2021, 923 p.

en réalité le pseudonyme de Paul Émion, directeur de la revue *La Jeunesse* qui publia l'un des seuls comptes rendus connus des *Chants de Maldoror*. Cet échange de bons procédés – un article contre une dédicace – est une preuve qu'il y eut bien une relation entre Ducasse et Sircos. Paul Émion fréquentait le lycée Charlemagne, où il avait pu faire la connaissance de Georges Dazet, qui le présenta peut-être à Ducasse. Des relations entre Alfred Sircos et Isidore Ducasse nous ne savons rien, mais les rapports qu'il a entretenus avec les autres personnes du groupe de *La Jeunesse* laissent penser qu'il avait une certaine proximité avec Paul Émion. S'il n'écrivit pas dans la revue – du moins pas à visage découvert –, il est presque certain qu'il fréquentait ce groupe de jeunes littérateurs étudiants.

Gustave Rivet

Gustave Rivet ne figure pas parmi les dédicataires des *Poésies*. Ami de Paul Émion, Rivet était secrétaire de rédaction de *La Jeunesse*. Il était lui aussi passé par le lycée Charlemagne. S'il n'y a aucune preuve d'une quelconque interaction entre Isidore Ducasse et Gustave Rivet, ils contribuèrent tous les deux aux *Parfums de l'âme*, l'anthologie poétique d'Évariste Carrance. Il est probable que Ducasse en a entendu parler par Rivet.

Jean-Christian Calmeau, *alias* Épistémon

Rares sont les critiques qui signalèrent l'édition du *Chant premier*. Le premier d'entre eux, Jean-Christian Calmeau, écrivait dans les colonnes de *La Jeunesse* sous le pseudonyme d'Épistémon et son compte rendu, bien que très synthétique, constituait un commentaire fin et plutôt pertinent de l'œuvre de Ducasse.

Paul Dufour

Membre du groupe de *La Jeunesse*, Paul Dufour avait fait paraître une comédie, *L'Écolier*, qui était distribuée à la librairie Gabrie. Le seul autre livre au catalogue de ce point de vente n'était autre que les *Poésies* d'Isidore Ducasse.

Louise Bader

Femme de lettres méconnue, Louise Bader eut, avec Isidore Ducasse, des rapports qui sont encore mal connus. Elle est cependant un relais entre certaines de ses relations et lui, et il est possible que Ducasse ait fréquenté le salon qu'elle tenait. Elle dirigeait *La Revue populaire de Paris*, imprimée chez l'éditeur Gustave Balitout. Frédéric Damé, l'un des dédicataires des *Poésies*, y contribuait. Il n'est pas certain que Ducasse et Bader eurent de réels contacts : leurs interactions avérées tiennent à un échange de réclames. Dans le numéro de janvier 1869, *La Revue populaire* fait une publicité pour le *Chant premier*, paru au mois de novembre. En 1870, elle signale encore la sortie des *Poésies* tandis que Ducasse rend la politesse en insérant, à la fin de sa plaquette, une réclame pour la revue.

Louis-Auguste Martin

Collaborateur occasionnel de la *Revue populaire de Paris*, Louis-Auguste Martin fut surtout le directeur de *L'Annuaire philosophique*, revue mensuelle publiée de 1864 à 1870. Dans le numéro de juillet-août 1870, au moment où *La Revue populaire de Paris* signalait la sortie des *Poésies*, *L'Annuaire philosophique* donna lui aussi une réclame pour les deux plaquettes. Les *Poésies* marquent une évolution de Ducasse vers la philosophie et une volonté de s'inscrire dans les débats de son temps. Les échanges avec Louis-Auguste Martin témoignent de son intérêt croissant pour la philosophie. Il est étonnant de ne pas voir *L'Annuaire philosophique* figurer dans les réclames à la fin des *Poésies II*.

Gustave Balitout

Au cours de l'été 1868, Isidore Ducasse confia à Gustave Balitout, de la Maison Balitout, Questroy et Cie, l'impression de son *Chant premier*. En 1870, il fit de nouveau appel à lui pour ses *Poésies*, deux plaquettes qui n'étaient que le commencement d'une publication qu'il voulait « permanente ».

Albert Lacroix

Située au 15 du boulevard Montmartre, à l'angle de la rue Vivienne, où habita Ducasse, la Librairie Internationale Lacroix et Verboeckhoven était un haut lieu de la vie littéraire parisienne. Albert Lacroix, l'éditeur de Victor Hugo, avait rencontré Isidore Ducasse. Il accepta de publier *Les Chants de Maldoror* à compte d'auteur. On envoya le manuscrit à Bruxelles, probablement vers la fin du printemps ou le début de l'été 1869, et le livre fut achevé d'imprimer à la fin de l'été. Mais la situation se compliqua : alors qu'il ne restait plus qu'à brocher le volume, Lacroix fit soudainement volte-face en découvrant le contenu de l'œuvre, qui pouvait lui valoir des ennuis avec la censure impériale. Ducasse et Lacroix ne semblent pas s'être brouillés. L'éditeur le mit en contact avec Auguste Poulet-Malassis, qui, depuis son exil en Belgique, s'était spécialisé dans la diffusion de livres interdits. La mort d'Isidore Ducasse, en plein siège de Paris, a empêché la mise en vente des exemplaires jusqu'à ce que Lacroix, en 1874, ne cède son stock au libraire belge Jean-Baptiste Rozez.

Hippolyte-Louis Verboeckhoven

L'associé de la librairie internationale était chargé des besognes éditoriales et de l'impression des ouvrages, pendant que Lacroix assurait les relations commerciales et le rayonnement de la firme. Ducasse ne le rencontra jamais, sauf à supposer un voyage en Belgique. En revanche, il eut sans doute des échanges épistolaires avec lui au moment de la correction des épreuves.

Auguste Poulet-Malassis

Auguste Poulet-Malassis intervint dans la vie d'Isidore Ducasse en 1869, lorsque le poète le contacta afin d'écouler clandestinement le stock des *Chants de Maldoror* que Lacroix venait de faire imprimer. L'éditeur était depuis six ans à Bruxelles. Il jouissait aux yeux de Ducasse du prestige d'être l'éditeur subversif des *Fleurs du Mal*. Il s'était spécialisé dans la publication d'ouvrages censurés, qu'il faisait passer en France en contrebande ou qu'il diffusait à l'étranger. Poulet-Malassis tenait un *Bulletin trimestriel des publications défendues en France imprimées à l'étranger* où il fit figurer un compte rendu des *Chants de Maldoror*.

Charles Asselineau

En mai 1870, Charles Asselineau donna une brève critique des *Chants de Maldoror* pour le *Bulletin du bibliophile et du bibliothécaire* de Poulet-Malassis. Il jugeait le livre de Ducasse assez durement. La lecture du volume ne l'avait pas enthousiasmé, l'ouvrage se trouve réduit à une curiosité pour les esthètes mais sans grand intérêt littéraire.

Victor Hugo

Alfred Sircos, Frédéric Damé, Louise Bader et Évariste Carrance avaient tous placé leurs revues sous le patronage du poète exilé à

Guernesey, et quand Ducasse dut choisir son éditeur, c'est Albert Lacroix, l'un des éditeurs de Victor Hugo, qu'il choisit pour ses *Chants de Maldoror.* La relation entre Victor Hugo et Isidore Ducasse est peu documentée, mais il semble que l'auteur des *Chants de Maldoror* a d'abord cherché le soutien de Hugo avant de se montrer très critique à son égard. Il ne tarda pas à condamner la quasi-totalité de sa production et le qualifia, dans ses *Poésies*, de « Funèbre-Échalas-Vert » et de « femmelette », auteur de « vaudevilles barbares ».

Félix Rabbe

En 1869, Félix Rabbe donna dans la *Revue de l'Instruction publique de la littérature et des sciences* un second compte rendu du *Chant premier.* On peut se demander pourquoi Rabbe, qui avait probablement reçu l'exemplaire en novembre, a attendu sept mois pour donner son avis sur la brochure, à moins que Ducasse ne lui ait envoyé la plaquette que plusieurs mois après les autres critiques. Ducasse semble s'être personnellement adressé à Rabbe, qui étudie l'œuvre au regard d'un autre ouvrage avec lequel Ducasse a dialogué, *Le Problème du mal*, d'Ernest Naville.

Ernest Naville

On ne sait si Isidore Ducasse fut en contact direct avec le philosophe genevois Ernest Naville, mais il se montre dans sa correspondance très intéressé par son essai consacré au *Problème du mal*, dont il possédait un exemplaire qu'il avait annoté de sarcasme. Il avait pu en entendre parler dans l'*Annuaire philosophique* de janvier-février 1869, de Louis-Auguste Martin, qui contestait d'ailleurs les thèses de ce philosophe. La question n'a pas manqué d'intéresser l'auteur de *Maldoror*, qui affirme dans sa correspondance n'avoir dépeint le mal que pour ramener le lecteur vers le bien.

Gabrie

La librairie Gabrie était l'un des points de vente des *Poésies.* Elle était située dans le passage Verdeau, qui donnait sur la rue du Faubourg Montmartre, à deux pas de chez Ducasse. C'était aussi le point de vente de *L'Union des jeunes*, la nouvelle revue d'Alfred Sircos en 1870. Seuls trois livres figurent sur le catalogue de la librairie : les deux exemplaires des *Poésies* d'Isidore Ducasse, en 1870, et *L'Élève*, pièce en un acte de Paul Dufour, un an auparavant.

Les autres dédicataires des *Poésies*

Tous les dédicataires des *Poésies* n'ont pas été pour Ducasse des contacts intéressés lui servant de passerelles pour entrer dans le monde des lettres : certains amis et certaines connaissances de l'auteur reçurent un exemplaire et entrent, à ce titre, parmi les premiers lecteurs de l'œuvre. Parmi eux, il convient de mentionner Henri Mue, Paul Lespès, Georges Minvielle et Auguste Delmas, ses condisciples de collège, Gustave Hinstin, son ancien professeur de rhétorique, Don Pedro de Zumáran, un notable montévidéen et ami de son père, ainsi que deux dédicataires encore mal identifiés, Joseph Bleumstein et Joseph Durand, un professeur de Ducasse.

Évariste Carrance

Toute l'activité littéraire de Ducasse ne s'est pas faite à Paris. En 1867, le Bordelais Évariste Carrance lança dans sa ville son deuxième concours poétique qui était en fait une publication à compte d'auteur déguisée. Ducasse y donna une version remaniée de l'intégralité du Chant premier, qui fut mise en circulation au mois de février 1869, dans le recueil des *Parfums de l'Âme.* Ducasse n'avait pas emporté le concours, mais recevait tout de même une « mention très honorable ». Son texte, le seul en prose, est le plus long du volume. Il est anonyme, l'auteur étant désigné par trois astérisques. Ducasse ne fait pas figurer le Bordelais dans les dédicataires de *Poésies.* Il semble néanmoins qu'il soit resté en bons termes avec lui : en janvier 1870, Carrance placera sur la quatrième de couverture du volume de *Fleurs et fruits* une publicité pour *Les Chants de Maldoror*, tandis que Ducasse, dans *Poésies II*, fera une réclame pour les *Concours poétiques de Bordeaux.*

Félix Ducasse

Les quelques noms qui vont suivre n'ont pas été en contact avec Ducasse, mais ils permettent de révéler l'existence d'une clique dans les relations de Carrance. En 1927, une polémique éclata entre les surréalistes et Philippe Soupault, récemment exclu du groupe, au sujet d'une regrettable confusion : s'appuyant sur un autre Ducasse dont il avait retrouvé la trace et qui avait inspiré Jules Vallès dans son roman *L'Insurgé*, Soupault avait affirmé que l'auteur des *Chants de Maldoror* s'était fait remarquer pour ses opinions révolutionnaires et ses talents d'orateur politique. Cet homonyme était Félix Ducasse, né en 1844, qui faisait en effet de plus en plus parler de lui, dans les mois qui précédèrent la Commune, pour ses opinions politiques révolutionnaires. Isidore avait-il eu vent des activités dangereuses de son homonyme Félix ? Peut-être est-ce Lacroix qui lui suggéra, pour ne pas être inquiété, de changer de nom pour publier son livre. D'après Gaston Pernollet, qui se présentait comme le neveu de Félix Ducasse, le poète aurait eu l'occasion d'entendre un discours de l'orateur. Méprisant et fort de ses penchants conservateurs, il se serait écrié : « Quelle farce ! » D'après cette note que Pernollet tenait de son oncle, le tribun n'avait aucune sympathie pour Isidore, qu'il connaissait en personne.

Louis Ariste

Avocat et journaliste toulousain, Louis Ariste, né en 1841, était le rédacteur en chef de la revue bruxelloise *La Fraternité.* Parmi les collaborateurs de ce journal, dont la durée de vie fut brève, on trouve Eugène Vermersch, Félix Ducasse et Arthur Monnanteuil, ce petit groupe également lié à Évariste Carrance. Jean-Pierre Lassalle a découvert, à la bibliothèque municipale de Toulouse, un exemplaire des *Parfums de l'Âme* dédicacé par Évariste Carrance à son ami Louis Ariste. Il a donc pu lire, s'il est allé jusqu'au bout de cette prose compacte placée au milieu de productions versifiées de qualité variable, l'une des premières versions du *Chant premier.* Ariste, qui ne connaissait pas Ducasse et n'avait peut-être pas lu ses œuvres, fut initié en 1875 dans la loge maçonnique des Vrais Amis Réunis, à l'Orient de Toulouse, où Georges Dazet allait également être initié en 1886.

Arthur Monnanteuil

Arthur Monnanteuil faisait partie du petit groupe de *La Fraternité* et il côtoyait donc Félix Ducasse, l'homonyme turbulent du jeune poète inconnu, Louis Ariste, Eugène Vermersch, et Évariste Carrance. Monnanteuil est aussi, à partir de décembre 1869, le gérant de la revue *L'Avenir* de Frédéric Damé, l'un des douze dédicataires des *Poésies*, revue à laquelle il collaborait régulièrement et qui eut, elle aussi, maille à partir avec la censure impériale.

Eugène Vermersch

Le futur communard Eugène Vermersch était l'un des membres du groupe de *La Fraternité.* Il partageait les opinions révolutionnaires de ses camarades Félix Ducasse et Arthur Monnanteuil, même si elles étaient encore discrètes. Vermersch, qui n'entendit probablement jamais parler d'Isidore Ducasse, collabora aussi à *La Jeunesse* d'Alfred Sircos.

Eugène Loudun

Isidore Ducasse adressa ses *Poésies* à Eugène Loudun, conservateur honoraire à la Bibliothèque de l'Arsenal. Fervent défenseur de Napoléon III, Loudun ne semblait pas connaître le poète très intimement, puisque son nom ne figure nulle part dans les *Notes sur ma vie* qu'il a laissées, ni dans les listes d'amis, de connaissances nouvelles ou de personnes ayant fréquenté son salon qu'il a dressées. Jean-Jacques Lefrère, qui a parcouru ces listes de noms, y relève la présence de plusieurs collaborateurs de la *Revue populaire de Paris* de Louise Bader, du poète et ami Thalès Bernard, ainsi qu'un homme de lettres, Alexandre Guyard de Saint-Chéron, qui habitait comme Ducasse au 15, rue Vivienne : l'auteur des *Chants de Maldoror* pourrait-il avoir été conseillé par son voisin de palier ? On ignore tout des rapports entre Ducasse et Loudun, et même comment le poète entendit parler du conservateur.

Frédéric Damé

Frédéric Damé est l'autre directeur de revue mentionné dans la dédicace des *Poésies*. Il tenait un journal littéraire, *L'Avenir*. Rien n'indique que Ducasse y ait collaboré, mais ses *Poésies* seront imprimées chez Balitout, qui était également en charge de l'impression de la revue de Frédéric Damé. Le poète eut certainement des échanges avec le directeur de *L'Avenir*, puisqu'il lui dédia sa plaquette aux côtés de Sircos. La revue était dirigée par des étudiants du quartier Latin. Damé et Sircos se connaissaient très certainement, puisque leurs revues partageaient certains points de vente et certains collaborateurs. Frédéric Damé collabora également à d'autres revues, telles que le *Figaro* ou encore *La Revue populaire de Paris*, animée par Louise Bader. De ses rapports avec Ducasse, on ne sait finalement rien.

Théodomire Geslain

Participant des *Voix poétiques* puis des *Parfums de l'Âme* dans lesquels lui aussi s'était vu décerner une « mention très honorable » par Évariste Carrance, Théodomire Geslain n'est lié directement à Ducasse que par l'insertion par ce dernier d'une réclame pour l'*Histoire de la littérature contemporaine en Province* à la fin du volume de *Poésies II*. Geslain était en excellents termes avec Carrance, mais aussi avec Thalès Bernard et avec François-Paul Polydore, avec qui il avait cofondé *Le Concours des muses*.

Thalès Bernard

Le poète Thalès Bernard bénéficia lui aussi d'une réclame de la part de Ducasse pour la huitième livraison de ses *Mélodies pastorales*. Il avait été autrefois un ami proche de Leconte de Lisle et de Louis Ménard, et continuait d'attirer autour de lui un certain nombre de jeunes poètes. La publication à laquelle Ducasse fait référence, la série des *Mélodies pastorales*, en était à sa huitième livraison en mai 1870. Le poète avait mis en place un système de souscription. Parmi les abonnés, on trouvait quelques noms connus, parmi lesquels son ami Théodomire Geslain, Louise Bader, Louis-Auguste Martin, Eugène Loudun et, sur la toute dernière livraison, un Ducasse qui est probablement Isidore, mort avant que ne paraisse la plaquette. S'il fit de la publicité pour Thalès Bernard, celui-ci ne donna rien en retour.

François-Paul Polydore

Les réclames de la fin des *Poésies* mentionnent un certain « *Concours des Muses*, journal des Poètes », à Bordeaux. Il s'agissait d'une revue fondée en 1867 par François-Paul Polydore. Lui non plus ne fit en retour aucune réclame pour Isidore Ducasse.

Louis-Anne Maretheux

Instituteur et franc-maçon, Louis-Anne Maretheux dirigeait *L'Homme*, revue philosophique qui fut suspendue après son numéro du 24 juillet 1870. Ducasse faisait donc la promotion d'une publication toute récente, dont il avait pu apprendre l'existence dans *L'Annuaire philosophique* de Louis-Auguste Martin ou dans *La Revue populaire de Paris* de Louise Bader. On ne trouve, dans les pages de cette revue, aucune publicité en faveur des publications de Ducasse.

La Voce del Popolo

La Voce del Popolo est la seule publication pour laquelle Ducasse fit de la publicité à provenir d'Italie. Cet hebdomadaire publié à Lentini, en

Sicile, édité par Francesco Galati et dirigé par Tommaso Ciampini, fut diffusé entre mars 1869 et novembre 1870. *L'Annuaire philosophique* de Louis-Auguste Martin avait présenté cette revue, que l'on pouvait se procurer à Paris. Ducasse ne participa pas à la revue, mais sans doute en était-il un lecteur. *La Voce del Popolo* n'inséra aucune publicité pour les œuvres du poète en remerciement de celle qu'il leur avait faite.

Alexandre Guyard de Saint-Chéron

On sait peu de choses sur cet homme de lettres qui fut le voisin de palier d'Isidore Ducasse au 15, rue Vivienne. Il était né et, après avoir dans sa jeunesse fait partie des disciples de Saint-Simon, il s'illustra surtout par la suite pour ses publications catholiques et monarchistes. Si son jeune voisin avait été amené à le fréquenter à l'époque de la rue Vivienne, cela confirmerait l'intégration de l'auteur des *Poésies* dans des milieux réactionnaires et conservateurs. Vers la fin des années 1860, l'homme de lettres fréquentait également le salon d'Eugène Loudun. C'est peut-être lui qui parla du conservateur de l'Arsenal à Isidore Ducasse et qui l'invita à lui écrire.

Louis d'Hurcourt

Le baron Louis-Joseph Robert-d'Hurcourt, mentionné dans la dédicace des *Poésies* sous le nom de « Louis Durcour », était âgé de seize ans en 1869, lorsqu'Isidore Ducasse, qu'il avait rencontré dans des circonstances qui nous sont inconnues, décida de le faire figurer dans le Chant VI de Maldoror sous le nom de Mervyn. Louis d'Hurcourt, futur membre de la Ligue des Patriotes, avait-il eu dans sa jeunesse des penchants homosexuels qu'il se sera efforcé de cacher par la suite ? Ou Ducasse essuya-t-il un refus qui l'amena ensuite à se venger par voie littéraire en propulsant l'avatar de d'Hurcourt sur le dôme du Panthéon ? On ignore tout des relations entre Ducasse et Louis d'Hurcourt, mais après Georges Dazet et Edmond Dragon de Gomiécourt, le jeune baron vient s'ajouter à la liste des amitiés troubles qui jalonnent l'adolescence du poète.

1885

Max Waller

Directeur de *La Jeune Belgique*, Max Waller reçut, lors d'une visite à la librairie Rozez, un exemplaire des *Chants de Maldoror* qu'il communiqua à ses amis. Il ne goûta l'œuvre, dont il ne parla jamais, mais il la communiqua cependant à plusieurs de ses correspondants français.

Charles Rozez

Fils de Jean-Baptiste Rozez, c'est Charles Rozez qui fit découvrir à Max Waller le stock des *Chants de Maldoror* que son père avait racheté à Albert Lacroix. La première édition avait été recouverte afin de porter l'adresse de la librairie bruxelloise et la date de 1874.

Henri Maubel

L'un des Jeunes Belgique présents au café Sésino, qui ne fit jamais allusion à Lautréamont.

Albert Giraud

Présent également au café Sésino, Giraud était l'un des membres les plus actifs de *La Jeune Belgique*. Si l'influence des *Chants de Maldoror* sur sa production poétique est difficile à mesurer, il mentionna une fois Lautréamont dans un compte rendu de 1892, le comparant à Arthur Rimbaud.

Georges Eekhoud

Membre de *La Jeune Belgique* présent au café Sésino, Georges Eekhoud était un romancier naturaliste aux préoccupations assez éloignées de celles de Ducasse. D'après Valère Gille, Eekhoud fait partie des premiers convertis, mais il confiera en 1925 dans *Le Disque vert* n'avoir jamais été très convaincu par l'œuvre.

Iwan Gilkin

C'est Gilkin qui, le premier, reconnut le génie de Lautréamont. Il en publia une strophe dans *La Jeune Belgique* et promit une étude, qui ne vint hélas jamais. La poésie de Gilkin, très baudelairienne, contient des traces indéniables d'une lecture de *Maldoror*. Le poète ne s'exprima jamais sur le sujet, sauf lors d'une confidence à son ami Valère Gille quelques années plus tard.

Francis Nautet

L'un des membres de *La Jeune Belgique* présent au café Sésino. Nautet ne fit qu'une seule allusion très lapidaire à *Maldoror*, dans son *Histoire des lettres belges d'expression française.*

Joséphin Péladan

Max Waller lui fit parvenir un exemplaire. Le Sâr était en contact avec *La Jeune Belgique*, qui publiait régulièrement sa prose. Il n'a pourtant jamais commenté *Les Chants de Maldoror.*

Léon Bloy

Un autre correspondant français de *La Jeune Belgique*, à qui Max Waller fit parvenir un exemplaire. À une date indéterminée, Émile Verhaeren lui en envoya un également par l'intermédiaire de son cousin Émile Van Mons.

Jules Destrée

Au cours du mois de septembre 1885, Jules Destrée évoqua les *Chants de Maldoror* avec son ami Gilkin, avant d'envoyer lui-même un exemplaire à Joris-Karl Huysmans. Quand il lut le livre, quelques semaines plus tard, il ne sembla guère convaincu et le trouva même « irritant ».

Joris-Karl Huysmans

L'auteur d'*À Rebours* reçut son exemplaire de Jules Destrée. Il se montra bien plus enthousiaste que ce dernier.

« *La Jeune Belgique* »

Le fragment retenu par Iwan Gilkin fut publié dans le numéro du 5 octobre 1885. La revue bruxelloise, alors à l'avant-garde, occupait une place importante dans la vie littéraire belge, et était lue même par ses détracteurs. Par la suite, *La Jeune Belgique* ne revint jamais sur Lautréamont, sauf pour expliquer à ses lecteurs où se procurer des exemplaires ou pour les informer de la fortune du livre en France. La publication de la strophe des *Chants de Maldoror* fut cependant très remarquée.

Valère Gille

Valère Gille rejoignit *La Jeune Belgique* après 1885 : il n'avait donc pas assisté à la découverte au café Sésino. C'est pourtant lui qui recueillit le témoignage de Gilkin, qu'il communiqua, cinquante ans plus tard, lors d'une séance à l'Académie royale de Belgique. Il ne donna jamais cependant son propre avis sur l'œuvre d'Isidore Ducasse.

Grégoire Le Roy

Poète de Gand qui rallia *La Jeune Belgique* avec ses amis Maeterlinck et Van Lerberghe après que Rodenbach les y eut cooptés, il découvrit *Maldoror* par la lecture de la strophe dans la revue d'octobre 1885. Il est possible, mais incertain, que cette strophe ait été à l'origine de son drame inachevé, *L'Annonciatrice*. On ignore s'il lut par la suite l'intégralité de l'œuvre.

Maurice Maeterlinck

L'influence des *Chants de Maldoror* sur l'œuvre de Maeterlinck est avérée, puisqu'il le reconnut lui-même dans *Le Disque vert*. Pour autant, elle est difficile à mesurer : si les images hallucinées des *Visions typhoïdes* en 1887 et les syntagmes nominaux des *Serres chaudes* rappellent certains traits stylistiques de l'œuvre de Lautréamont, ils doivent autant aux écrits du mystique flamand Ruysbroeck, qui occupait alors l'esprit du jeune poète. Son drame *L'Intruse* s'inscrit dans la continuité des *Flaireurs* de Van Lerberghe et de *L'Annonciatrice* de Le Roy, même s'il se rapproche plus de la strophe qui était parue dans *La Jeune Belgique*. Il est certain que Maeterlinck avait lu l'intégralité des *Chants de Maldoror* en 1889 et qu'il les avait encore à l'esprit en 1890, année où il les mentionne régulièrement dans sa correspondance. *Intérieur*, pièce écrite en 1894, semble encore être une déclinaison de la strophe de *Maldoror* publiée en Belgique.

Charles Van Lerberghe

Si Van Lerberghe ne lut *Les Chants de Maldoror* intégralement qu'au cours de 1889, sa pièce *Les Flaireurs*, achevée quelques mois auparavant, trouve peut-être sa source dans la strophe publiée dans *La Jeune Belgique* qui a également pu inspirer les drames assez proches de ses amis gantois. Après l'écriture des *Flaireurs*, Van Lerberghe fut visiblement séduit par la lecture de l'œuvre, au point d'en parler à Albert Mockel.

Albert Mockel

Le directeur de *La Wallonie* ne s'exprima jamais au sujet de cette œuvre. Il la connaissait pourtant, car Van Lerberghe et Maeterlinck lui en avaient parlé dans leurs lettres.

Arnold Goffin

En l'espace de quelques mois, Arnold Goffin aura célébré ouvertement la grandeur de Lautréamont avant de le renier complètement et de contester aux *Chants de Maldoror* le statut d'œuvre d'art. Sa « Prose lyrique » intitulée « Maldoror » sera légèrement remaniée et renommée « L'Éternel Décevoir » avant d'être néanmoins insérée dans *Le Fou raisonnable.*

Jacques Arnoux

Dans une « Chronique artistique » pour *La Jeune Belgique*, Jacques Arnoux proposera, en février 1890, une comparaison entre l'œuvre de Lautréamont et la peinture de James Ensor.

Émile Verhaeren

Transfuge de *La Jeune Belgique*, Verhaeren apporte à *L'Art moderne* sa connaissance de Maldoror. L'œuvre de Lautréamont semble avoir influencé sa « trilogie noire », écrite au moment où le poète expérimente une poésie de plus en plus symboliste, tout en s'essayant par ailleurs au genre du poème en prose. En 1887, il compara Caïn Marchenoir, le héros du *Désespéré* de Léon Bloy, à Maldoror. Il fit d'ailleurs parvenir à Léon Bloy un exemplaire de l'œuvre d'Isidore Ducasse.

Edmond Picard et « *L'Art moderne* »

Le directeur de *L'Art moderne* cita en une occasion *Les Chants de Maldoror*, à propos du *Désespéré* de Léon Bloy. C'était en 1887, et à partir de cette date, *L'Art moderne* tiendrait régulièrement ses lecteurs informés du succès de l'ouvrage en France.

Hubert Krains et « *La Société nouvelle* »

Dans *La Société nouvelle* du 31 janvier 1891, Hubert Krains rendit compte des *Chants de Maldoror.* Sa chronique reprenait principalement les propos de l'article que Léon Bloy, quelques mois auparavant, avant fait paraître. Hubert Krains rapprocha les visions déployées par Isidore Ducasse des lithographies d'Odilon Redon.

Pierre-Marie Olin et « *La Wallonie* »

Le neveu d'Edmond Picard fit paraître, en février 1889, un fragment intitulé « Mes Mémoires » dans *La Wallonie* d'Albert Mockel. Pour ce quatrième extrait, il choisit comme épigraphe une citation du quatrième chant de *Maldoror.*

Maurice Des Ombiaux et « *Le Coq rouge* »

La revue avait été formée par des dissidents de *La Jeune Belgique* désireux de s'engager dans l'art social et de soutenir les grèves des ouvriers qui agitaient alors la Belgique. Dans son éditorial de septembre 1896, Maurice Des Ombiaux fustigea le snobisme de certains littérateurs qui avaient porté aux nues *Les Chants de Maldoror* en dépit de tous leurs défauts.

Willem Kloos et « *De Nieuwe Gids* »

Le poète néerlandais Willem Kloos, en contact avec les littérateurs bruxellois et attentif à leurs découvertes, s'intéressa suffisamment aux *Chants de Maldoror* pour leur consacrer un article dans la revue hollandaise *De Nieuwe Gids.*

Gaston-Denys Périer

Le témoignage tardif de Gaston-Denys Périer, haut fonctionnaire belge passionné par les cultures africaines, prouve qu'il existait encore, au tournant du siècle, une circulation de l'œuvre en Belgique, même si l'intérêt était nettement retombé.

Émile Van Mons

Ce cousin d'Émile Verhaeren fut chargé de transmettre à Léon Bloy un exemplaire de l'œuvre. La date exacte n'est malheureusement pas connue, mais on peut la situer après la parution du *Désespéré*, en 1887.

Jean Delville

En 1891, le peintre symboliste Jean Delville exposa au salon de l'Essor un frontispice aujourd'hui perdu inspiré du quatrième chant de *Maldoror*. Ignoré par *L'Art moderne* et par le Salon des XX, Delville recevait un soutien sans faille de *La Jeune Belgique*, en particulier de Jules Destrée. Après s'être rapproché du Sâr Péladan et des rosicruciens, Delville écrivit également plusieurs recueils de poésie, dont *Les Horizons hantés* qui contient un poème, « Âmes lasses », qui s'ouvre sur une citation des *Chants de Maldoror*.

Léon Dardenne

En 1887, Léon Dardenne exposa au salon de l'Essor un frontispice inspiré des *Chants de Maldoror*, sur lequel nous n'avons aucune information. Dardenne était un proche des Jeunes Belgique : il illustra plusieurs volumes d'Arnold Goffin et de Georges Eekhoud.

1885-1895

Léon Bloy

Ayant reçu de Max Waller, directeur de *La Jeune Belgique*, un exemplaire dès 1885, le pamphlétaire catholique n'a de cesse de vouloir porter à la connaissance du public l'œuvre du comte de Lautréamont. En cherchant à placer son article « Le Cabanon de Prométhée », il entrera en contact avec Georges Darien et Rodolphe Darzens, auxquels il faudra ajouter Léon Genonceaux, lequel n'a guère de sympathie pour Léon Bloy. Son article, finalement publié dans *La Plume* du 1er septembre 1890, sera lu par de nombreux lecteurs, et notamment le peintre belge Henry de Groux qui se montrera très impressionné. Dans les années qui suivent, Léon Bloy ne revient guère à *Maldoror*, mais il en parle parfois encore à ses amis et disciples.

Joris-Karl Huysmans

Le transfuge du naturalisme devenu l'un des maîtres à penser des jeunes décadents découvre également *Les Chants de Maldoror* en 1885, lorsque Jules Destrée lui fait parvenir un exemplaire de Bruxelles.

Intrigué, Huysmans s'en inspirera pendant l'écriture d'*En Rade* et de *Là-bas*, sans pour autant se laisser contaminer par le style de Ducasse.

Joséphin Péladan

Max Waller avait également fait parvenir un exemplaire des *Chants de Maldoror* au Sâr Péladan, cependant la réaction de celui-ci n'est pas connue. Sans pouvoir affirmer que le mage a lu l'œuvre, il faut pourtant constater que de nombreux futurs lecteurs, de Ray Nyst à Félix Vallotton en passant par Alfred Jarry et Léon-Paul Fargue, vont se rencontrer dans les salons de la Rose+Croix.

Ray Nyst

Ce romancier belge avait probablement déjà entendu parler d'Isidore Ducasse à Bruxelles lorsqu'il rencontra son mentor Péladan. Le poète « Maldoror » [*sic*] figure parmi les personnages d'*Un prophète*, livre paru en 1895.

Léon Spilliaert

Peintre symboliste tardif, Léon Spilliaert est initié à la littérature par la lecture des revues belges et par son ami et mentor, le poète Émile Verhaeren. Entre 1900 et 1904, influencé par sa lecture des *Chants de Maldoror*, il réalise une série de dessins à l'encre de Chine mettant en scène des rapaces et des personnages féminins mi-harpies, mi-vampires.

Lucien Descaves

Ami et disciple de Huysmans, Descaves fut aussi son exécuteur testamentaire. Bien des années plus tard, il s'opposera aux surréalistes en prenant part à la querelle qui, en 1927, mènera Philippe Soupault à confondre Isidore Ducasse avec son homonyme, l'orateur communard Félix Ducasse.

La Jeune Belgique

La revue bruxelloise, hostile au symbolisme, avait révélé au public belge l'existence des *Chants de Maldoror*. Si nous rappelons sa présence au cours de la décennie suivante, c'est qu'elle continue de parler de Lautréamont en Belgique de temps à autres, et qu'elle apporte de nouveaux lecteurs dans les années 1890 : le peintre Léon Spilliaert, sans doute par le biais de Verhaeren, Ray Nyst ou encore Henry de Groux.

Victor Archinet

Bibliothécaire à l'Université de Dijon, Victor Archinet contacta Léon Bloy après avoir découvert l'existence des *Chants de Maldoror* mentionnés dans *Le Désespéré.* Devenu un correspondant régulier et un ami fidèle du pamphlétaire, il l'aide par la suite à essayer de placer son article « Le Cabanon de Prométhée ».

Rodolphe Darzens

C'est dans *La Revue d'aujourd'hui* que Bloy songea d'abord à faire paraître « Le Cabanon de Prométhée ». Il s'adressa alors à Rodolphe Darzens, son rédacteur en chef, mais celui-ci repoussa à plusieurs reprises la publication de l'étude, qui parut finalement dans *La Plume.*

Georges Darien

C'est d'abord avec Georges Darien, romancier anarchiste et collaborateur très actif de *La Revue d'aujourd'hui*, que Bloy fut en relation au moment de négocier la publication de son étude.

Henry de Groux

Le peintre belge Henry de Groux connaissait déjà Lautréamont lorsqu'il vint à Paris, et l'un de ses premiers gestes fut de se présenter aux locaux de *La Plume* pour y rencontrer Léon Bloy, dont il avait admiré l'étude. Ce fut le début d'une longue amitié. L'admiration pour Lautréamont, qui transparaît fréquemment dans le journal inédit du peintre, ne déclina jamais avec le temps.

Charles Bisson

Disciple tardif de Léon Bloy, Charles Bisson confia dans ses souvenirs que le pamphlétaire, dans ses dernières années, parlait encore avec effroi et admiration des *Chants de Maldoror.*

Georges Rouault

Léon Bloy avait rencontré ce peintre au début du siècle. Il s'en fit un ami et un disciple, et lui dédia « Le Cabanon de Prométhée » lorsqu'en 1905, il le réédita dans *Belluaires et porchers.*

Jacques et Raïssa Maritain

Les Maritain devinrent des intimes de Léon Bloy en même temps que

Rouault. Raïssa, qui se souvient de cette époque dans *Les Grandes Amitiés*, a évoqué le sens de cette dédicace sans pour autant donner ses propres impressions sur *Les Chants de Maldoror.*

Rubén Darío

Poète nicaraguayen, Rubén Darío se rendit à Paris dans les années 1890. C'est là qu'il découvrit l'œuvre d'Isidore Ducasse, à travers les articles que lui avaient consacrés Léon Bloy et Remy de Gourmont. Fortement impressionné, il rentra en Amérique du Sud pour y donner une étude en espagnol qui ouvre la voie à une nouvelle réception de l'œuvre d'Isidore Ducasse, perçu comme un enfant du pays.

Ardengo Soffici

Ce poète, l'un de ceux qui introduisirent l'œuvre d'Isidore Ducasse en Italie, se rendit en France en 1907. Il y rencontra Léon Bloy, qu'il admirait.

Edmond de Goncourt

Sur les rapports d'Edmond de Goncourt avec *Les Chants de Maldoror*, on ne sait rien. Reçut-il un exemplaire de Max Waller ? Toujours est-il qu'on en parla chez lui en décembre 1890, comme l'atteste Jean Lorrain dans une lettre à Rachilde.

Alidor Delzant

Érudit et fin bibliophile, Alidor Delzant, ami et secrétaire d'Edmond de Goncourt, avait en sa possession un exemplaire de l'édition Rozez de 1874.

Léon Genonceaux

On ignore comment l'éditeur Genonceaux découvrit *Les Chants de Maldoror* – peut-être par l'intermédiaire d'Albert Lacroix, avec qui il était en contact. En 1890, il fit paraître une édition extrêmement soignée du recueil, précédé d'une préface visant à rétablir la mémoire du poète en mettant à mal la rumeur autour de sa folie. Les ennuis judiciaires de Genonceaux, ainsi que sa fuite subite en Angleterre, compromirent le succès d'une édition qui se faisait, semble-t-il, attendre à Paris.

Léo Trézenik

Dans les revues qu'il dirigea ou auxquelles il collabora – *Le Roquet, Le Carillon* –, Léo Trézenik se montra d'un soutien sans faille envers

Léon Genonceaux, recensant systématiquement ses nouvelles parutions. C'est aussi lui qui avait informé Rodolphe Darzens que l'éditeur ne souhaitait pas voir le nom de Léon Bloy associé à son volume des *Chants de Maldoror*.

José Roy

Spécialisé dans les publications érotiques, Genonceaux avait l'habitude de faire appel à des illustrateurs afin de doter ses ouvrages d'une couverture propre à attiser l'intérêt du lecteur. C'est José Roy qui se chargea de la première illustration historique des *Chants de Maldoror*.

Georges Montorgueil

L'édition Genonceaux parut aussi dans un tirage de luxe limité aux souscriptions qui avaient été faites. Il n'y en eut que dix, et nous ne connaissons de ces souscripteurs que le nom de Georges Montorgueil, journaliste à *L'Écho de Paris*.

Rachilde

Très vraisemblablement, Rachilde découvrit *Les Chants de Maldoror* par son éditeur Léon Genonceaux. Si elle ne s'est jamais très clairement exprimée sur l'intérêt qu'elle portait à l'ouvrage, elle se fit l'artisan d'une campagne de publicité dans les pages du *Mercure de France*. L'intérêt commun pour Lautréamont était aussi au cœur de l'amitié qu'elle partageait avec Alfred Jarry.

Alfred Vallette

Le très discret époux de Rachilde dirigeait dans l'ombre l'une des plus importantes revues symbolistes de l'époque, *Le Mercure de France*. Il fut l'un des premiers à signaler la parution des *Chants de Maldoror* chez Genonceaux.

Jean Lorrain

Dandy et chroniqueur mondain très en vogue, Jean Lorrain avait été approché par son amie Rachilde afin qu'il fasse la critique des *Chants de Maldoror*, ce qui aurait constitué une excellente publicité pour Genonceaux. Mais les manières cavalières de l'éditeur agacèrent Lorrain, et la lecture du volume le laissa froid : il ne fit jamais la chronique qu'il avait promise.

Le Mercure de France

La revue d'Alfred Vallette, alors à l'avant-garde, mena une campagne publicitaire en faveur de l'éditeur de Rachilde, Léon Genonceaux, qui dura tout au long de l'année 1891. Son édition des *Chants de Maldoror* fut mise en valeur par les articles de Remy de Gourmont et de Camille Lemonnier, ainsi que par des références fréquentes sous la plume des divers collaborateurs. Le retentissement fut grand. Le *Mercure de France* révéla en France l'œuvre et le nom de Lautréamont comme *La Jeune Belgique* l'avait fait en Belgique. Dès lors, il devint courant d'évoquer Maldoror au détour d'une phrase sans avoir besoin de préciser sa pensée. D'autres lecteurs du *Mercure de France*, qui allaient bientôt constituer une deuxième génération de symbolistes, se prirent de fascination pour le nom mystérieux révélé par Gourmont : Paul Fort, Alfred Jarry, Léon-Paul Fargue, etc.

Remy de Gourmont

Fervent défenseur du symbolisme et figure intellectuelle majeure de la décennie, Remy de Gourmont a largement contribué à la diffusion de l'œuvre de Lautréamont, qu'il préférait de loin à Rimbaud, en lui consacrant plusieurs articles de recherche approfondie. C'est également lui qui, dans « La Littérature Maldoror », exhuma les deux plaquettes des *Poésies* dont il ne restait alors qu'un exemplaire déposé à la Bibliothèque nationale. Gourmont s'adonna aussi parfois à des tentatives de « littérature Maldoror », sans jamais vraiment laisser son style s'imprégner, et jusqu'à sa mort il continua de citer fréquemment quelques passages choisis de l'œuvre de Ducasse.

Willem Kloos

Hollandais, Willem Kloos avait pu découvrir *Les Chants de Maldoror* par ses contacts belges flamands. Cependant, sa revue *De Nieuwe Gids* développa des liens d'estime mutuelle avec *Le Mercure de France* des débuts. Remy de Gourmont signala, en septembre 1891, une étude qu'il donnait sur Lautréamont et qui s'inspirait en fait très fortement de ses propres articles.

Félix Vallotton

Félix Vallotton fut approché par Remy de Gourmont, qui lui demanda de réaliser des « masques » pour illustrer chacune des notices du livre qu'il préparait. Il composa ainsi un portrait imaginaire d'Isidore Ducasse qui, en l'absence de toute imagerie authentique, ne tarda pas à passer pour vrai aux yeux du public.

Charles Maurin

Mentor et ami de Vallotton, Maurin lui écrivit en janvier 1892 qu'il lui porterait son exemplaire des *Chants de Maldoror* afin de lui faire découvrir cette œuvre singulière. Il n'est pas impossible que Vallotton connaissait alors déjà l'œuvre rééditée un an plus tôt par Genonceaux.

Alfred Jarry

Lorsqu'il fit son entrée dans le monde des lettres parisiennes, le jeune Alfred Jarry connaissait déjà Lautréamont, qu'il avait pu découvrir par les articles de Gourmont et de Léon Bloy, ou par son ami Louis Lormel. Il scella une sorte de pacte secret avec Isidore Ducasse, dont la présence allait désormais hanter toute son œuvre, prenant parfois des formes inattendues comme autant de symboles caractéristiques du bestiaire jarryque. Après avoir longuement livré bataille contre son double, Jarry décida de le liquider pour tenter de fuir une influence trop présente. Il ne parvint cependant jamais tout à fait à s'en débarrasser et jusqu'à sa mort, son œuvre singulière contient d'innombrables références cryptées aux *Chants de Maldoror.*

Édouard Julia

Alfred Jarry demanda à son ami Édouard Julia, chroniqueur au *Mercure de France*, de faire la critique de son recueil *Les Minutes de Sable Mémorial*. Il lui joignit en même temps, comme une clé de lecture, l'article de Gourmont et les extraits cités des *Poésies* d'Isidore Ducasse.

Albert Arnay

Est-ce parce qu'il était belge, et donc peut-être familier de l'œuvre d'Isidore Ducasse depuis plus longtemps, que le critique Albert Arnay se montra plus perspicace que les autres en décelant derrière *Les Minutes de Sable Mémorial* d'Alfred Jarry l'influence majeure des *Chants de Maldoror* ? Il condamna pourtant le recueil comme un pastiche maladroit.

Léon-Paul Fargue

Léon-Paul Fargue fit son entrée en littérature en même temps que son ami Alfred Jarry. Tous deux partageaient alors le secret d'une œuvre qu'ils vénéraient et connaissaient fort bien, *Les Chants de Maldoror*. Mais lorsque Jarry rejeta Fargue en mettant en scène sa mort symbolique dans *Haldernablou*, il le réduisit à un silence qui dura plus de dix ans. Après la mort de l'auteur d'*Ubu roi*, Fargue le dilettante recommença à publier. Son œuvre tardive révèle une excellente connaissance de l'œuvre de Lautréamont, dont il fait cependant un usage très différent de Jarry. En outre, Fargue annonça à son ami Valery Larbaud son intention de publier un article sur Isidore Ducasse. Le projet n'aboutit pas, mais les notes retrouvées montrent que l'écrivain avait véritablement mené l'enquête.

Louis Lormel

Directeur de *L'Art littéraire*, Louis Lormel était un ami des débuts littéraires de Fargue et de Jarry. C'est peut-être lui qui les introduisit à la lecture des *Chants de Maldoror*, car il en possédait un exemplaire dont il se sépara en 1892.

Richard Aldington

Richard Aldington, né en 1892, était un écrivain anglais qui entra en 1914 en contact avec Remy de Gourmont. Aldington donna la première traduction anglaise partielle des *Chants de Maldoror* dans la revue *The Egoist*. Avec Léon Bloy, on peut ainsi dire que Remy de Gourmont a contribué à diffuser l'œuvre de Lautréamont au-delà des frontières de la France et de la Belgique.

Gabriel-Albert Aurier

Critique très fin du *Mercure de France* principalement connu pour avoir révélé Van Gogh au public, Aurier formait avec Gourmont un tandem littéraire, laissant parfois leurs plumes et leurs signatures se confondre. Aurier, mort très jeune, n'eut pas le temps de laisser son appréciation des *Chants de Maldoror*, mais quelques textes qu'il a laissés indiquent une influence du style de Ducasse.

Laurent Tailhade

Poète satirique à la verve féroce, Tailhade ne semble guère avoir particulièrement apprécié *Les Chants de Maldoror* que ses camarades du

Mercure de France mettaient en avant. S'il s'en servit parfois comme épigraphes pour ses ballades, l'opinion qu'il exprima dans *La Nouvelle Revue* en 1906 ne laisse aucun doute sur son désintérêt pour l'œuvre.

Camille Lemonnier

L'écrivain belge, l'un des parrains de *La Jeune Belgique*, préfaça en 1891 *La Sanglante Ironie* de Rachilde. Dans ce texte, également publié dans *Le Mercure de France* de février de cette année-là, il esquissait une comparaison entre la romancière et l'auteur des *Chants de Maldoror*.

Octave Mirbeau

Octave Mirbeau écrivit à Rachilde pour protester contre le rapprochement qui avait été fait entre son roman *La Sanglante Ironie* et *Les Chants de Maldoror*, dont il n'appréciait guère les excès.

Roland de Marès

En février 1895, Roland de Marès compara, dans les pages du *Mercure de France*, la poésie de Francis Viélé-Griffin et celle de Lautréamont.

Charles-Henry Hirsch

Dans sa notice des *Portraits du prochain siècle*, Charles-Henry Hirsch a imaginé une nouvelle interprétation de l'œuvre et de la vie d'Isidore Ducasse, peignant le comte de Lautréamont comme un messie régénérant, par sa venue, une humanité exsangue. Revenu par la suite de cette lecture, et aussi des *Chants de Maldoror* eux-mêmes, Hirsch n'aura de cesse d'amoindrir le génie de Ducasse jusqu'à le nier pleinement.

Jan Verkade

Peintre nabi d'origine néerlandaise, Verkade est l'auteur d'une gravure inspirée des *Chants de Maldoror* qui illustre la notice que Charles-Henry Hirsch écrivit pour le *Livre d'art* de Paul Fort.

René Doumic

En juillet 1894, faisant la critique des *Portraits du prochain siècle*, René Doumic exprima son scepticisme quant à la présence, dans la catégorie des précurseurs du symbolisme, de certaines figures mineures, parmi lesquelles Isidore Ducasse. Bien des années plus tard, en écrivant une charge contre Doumic, devenu entre-temps académicien, Léon Daudet se livra à un pastiche de *Maldoror.*

Ernest Raynaud

Ernest Raynaud, collaborateur du *Mercure de France*, se rappelle dans ses *Souvenirs de police* le temps de sa jeunesse et l'enthousiasme des cénacles pour l'œuvre de Lautréamont.

Christian Beck et Willy

Dans *L'Implacable Siska*, roman à clés de Willy, un personnage nommé Christian Bock est décrit comme un « disciple de Lautréamont ». La périphrase ne dit pas pourquoi Willy associe son collaborateur Christian Beck, qui participa à l'écriture de ce roman, au comte de Lautréamont.

Henri de Régnier

Rien dans l'œuvre poétique d'Henri de Régnier ne laisse à penser qu'il ait pu subir l'influence d'Isidore Ducasse, mais on sait néanmoins, par le témoignage de Valère Gille, qu'il en avait emporté un exemplaire lors d'un voyage à Bruxelles qu'il fit au début des années 1890.

René Emery et *Le Fin de siècle*

René Emery, secrétaire de rédaction du *Fin de siècle*, était l'un des auteurs du catalogue de Léon Genonceaux. C'est probablement à lui que l'on doit les publicités pour *Les Chants de Maldoror* insérées dans la revue. Emery possédait une édition de 1874 et une autre de 1890.

Philippe Gille

Dans *Le Figaro* du 28 janvier 1891, Philippe Gille rendit compte de la nouvelle édition des *Chants de Maldoror*, réaffirmant, malgré les démentis de Genonceaux, la probable folie de l'auteur.

Ernest Jaubert et Albert Lacroix

Dans *Le Magazine français illustré*, revue dont le directeur n'était autre qu'Albert Lacroix, le tout premier éditeur d'Isidore Ducasse, Ernest Jaubert donna un compte rendu sans grand enthousiasme de la réédition de Léon Genonceaux. Lacroix ne prit guère la peine d'ajouter un commentaire alors que la préface de Genonceaux lui était dédiée.

Le Chat noir

Genonceaux avait des liens avec les milieux de la bohème montmartroise, et la revue du *Chat noir* donna, en décembre 1891, une strophe des *Chants de Maldoror.* Cette réclame, qui signalait au passage la réédition récente, arrivait malheureusement trop tard, car Genonceaux venait de fuir précipitamment la justice française en s'exilant en Angleterre.

Princesse Sapho

Quiconque se cache sous ce pseudonyme est assurément un lecteur de Lautréamont : l'étrange roman *Le Tutu* contient, en plus des emprunts stylistiques fréquents, le collage de deux passages entiers des *Chants de Maldoror.* L'identité de Princesse Sapho reste à ce jour mystérieuse, mais il s'agissait d'une personne de l'entourage de Genonceaux.

Gustave Kahn

Peu enthousiasmé par sa lecture des *Chants de Maldoror,* Gustave Kahn protesta dans l'*Enquête sur l'évolution littéraire* de Jules Huret contre la place que Lautréamont occupait alors dans les cercles littéraires parisiens. Paradoxalement, il est ainsi l'un des seuls à le citer dans cette enquête.

Paul Fort

Paul Fort n'a guère écrit sur Isidore Ducasse, auteur qu'il a pourtant porté dans son cœur au point de travailler à un projet d'adaptation théâtrale de quelques strophes des *Chants de Maldoror.* Son intérêt ne faiblit pas et en 1914, la publication intégrale du *Chant premier* dans sa revue *Vers et prose* sera à l'origine de l'intérêt des surréalistes pour Lautréamont.

Albert Boissière

Dans son livre de souvenirs *Le Collier du roi nègre,* Albert Boissière rappelle l'enthousiasme de sa génération pour *Les Chants de Maldoror.*

Henri Mazel

Dans *Aux beaux temps du symbolisme*, Henri Mazel évoque également cette période et l'engouement dont Remy de Gourmont faisait preuve pour Isidore Ducasse.

Louis Reynaud

Louis Reynaud écrivit à son tour un ouvrage de souvenirs, *La Crise du symbolisme*, où il se rappelle l'admiration que suscitait alors l'œuvre de ce « fou obscène », Lautréamont.

Pierre Louÿs

Pourtant amateur de livres rares, Pierre Louÿs aurait pu figurer dans la liste des non-lecteurs de *Maldoror*, si l'on n'avait retrouvé une lettre de lui adressée à son ami André Gide où il l'invitait à lire ce recueil qui avait retenu son attention.

André Gide

Pendant toutes les années 1890, André Gide passa à côté des *Chants de Maldoror* et ce, malgré les conseils de lecture de son ami Pierre Louÿs. Son mépris pour Remy de Gourmont l'incita peut-être à se tenir à l'écart d'une œuvre que le critique citait souvent. Ce n'est qu'en 1905, une fois la vogue décadente passée, qu'il y reviendrait sérieusement.

Paul Valéry

Le troisième membre du groupe de Louÿs et de Gide se tint à distance des *Chants de Maldoror*. Ce n'est que très tardivement, quand on le sollicita pour un numéro hommage du *Disque vert* en 1925, qu'il avoua s'en être très vite désintéressé, trouvant en Rimbaud un plaisir de lecture supérieur.

Jean de Tinan

Une citation recopiée dans son *Journal* en 1895 révèle que Jean de Tinan avait lu *Maldoror*. Il prévoyait d'y consacrer un article mais n'en fit rien.

Léon Daudet

Léon Daudet a visiblement été marqué par sa lecture des *Chants de Maldoror*. L'œuvre lui a semblé une fumisterie admirable, et c'est en plaisantant qu'il en citait quelque fragment, toujours le même, comme pour fustiger ces faux chefs-d'œuvre que la littérature couronne parfois.

Louis Rouart

Louis Rouart plaçait Lautréamont parmi ses auteurs favoris, si l'on en croit les propos rapportés par Francis Jourdain.

Fernand Vandérem

Le bibliophile Vandérem possédait un exemplaire très rare du *Chant premier*, avec une lettre d'Isidore Ducasse adressée à un critique. Pourtant, il semble n'en avoir jamais fait usage et avoir prêté assez peu d'attention à l'œuvre. Il se sépara de son exemplaire en 1921.

Maurice Le Blond

L'un des chefs de file du mouvement naturiste est aussi l'un de ceux qui a le plus explicitement affirmé son agacement devant les « contaminés [...] de Maldoror ». En mettant en avant la nécessité de revitaliser la poésie et de la sortir de la déliquescence fin-de-siècle, il aura aussi sonné le glas d'une époque qui cherchait à voir dans *Les Chants de Maldoror* un archétype de littérature décadente.

Catulle Mendès

Signe assez net que Lautréamont est en train de se démoder, son nom ne figure pas dans le rapport que Catulle Mendès dresse au début du siècle à l'attention du Ministre de l'Instruction publique. Son rôle dans la poésie contemporaine est réduit à presque rien et seul un extrait du *Livre des masques* de Gourmont est donné le concernant.

1895-1917

Paul Brulat

Sans doute après lecture des articles de Remy de Gourmont, le romancier Paul Brulat inséra dans son roman de 1898, *Le Reporter*, une citation des *Poésies I* d'Isidore Ducasse. Une seconde version du même récit fut écrite et publiée en 1900 sous le titre *Meryem*.

Paul Delfus, Saint-Marc, G. de Triors

À leur tour, entre 1896 et 1912, Paul Delfus, Saint-Marc et G. de Triors firent allusion au « canard du doute » de Ducasse dans des articles pour *Le Petit Troyen, Le Gil Blas, Le Supplément, L'Univers, Le Constitutionnel* et d'autres revues encore.

Oscar Méténier et Delphi Fabrice

En 1908, le « canard du doute » est encore repris dans *Notre-Dame de la Butte*, roman de mœurs montmartrois écrit à quatre mains.

Stuart Merrill, Pierre Mac Orlan, Ernest La Jeunesse

Au début des années 1900, les récits de souvenirs de jeunesse et les témoignages nostalgiques sur les glorieuses années du symbolisme se multiplient. Ces auteurs évoquent, parfois sans avoir eux-mêmes participé à cet engouement, la vogue de *Maldoror* dans les années 1890. Mac Orlan témoigne aussi de l'intérêt qu'on lui portait encore parmi la bohème montmartroise, aux alentours de 1901. Mais aucun de ces auteurs ne dit comment il a découvert Lautréamont.

Laurent Tailhade

Le satiriste du *Mercure de France*, qui avait pourtant parfois utilisé *Les Chants de Maldoror* comme épigraphe à ses ballades des années 1890, écrit en 1906 un article dans *La Nouvelle Revue* où il exprime son désintérêt pour une œuvre qu'il juge grossière et maladroite.

André Gide, Jacques Copeau, André Ruyters, Claude Mauriac

Bien que Pierre Louÿs lui ait, dès 1890, recommandé la lecture des *Chants de Maldoror*, ce n'est qu'en 1905 que Gide découvre avec enthousiasme le Chant VI. Son admiration est telle qu'il en parle aussitôt à ses amis Jacques Copeau et André Ruyters. Si, dans son œuvre, les traces d'une influence maldororienne sont maigres et toujours sujettes à caution, l'écrivain semble continuer à fréquenter le livre de Lautréamont qu'il lit parfois à ses amis, comme en témoigne Claude Mauriac. En 1914, Valery Larbaud, fin connaisseur de l'œuvre de Ducasse, décèle une influence des *Chants de Maldoror* dans une scène des *Caves du Vatican*.

Paul Claudel

L'écrivain catholique s'est peu prononcé sur *Les Chants de Maldoror*. Son drame *Tête d'or* avait été comparé à l'œuvre de Ducasse par Maurice Maeterlinck et il est fort probable que Claudel ait eu connaissance de l'œuvre dès 1890. Dans sa préface aux œuvres de Rimbaud, en 1912, il évoquait l'année de publication des *Chants de Maldoror* en se trompant sur la date. Enfin, un texte plus tardif et inédit cite l'épisode du cheveu de Dieu.

Charles Carrington

L'éditeur Charles Carrington, auteur et éditeur de plusieurs ouvrages sur la flagellation, fit figurer *Les Chants de Maldoror* dans la bibliographie et la préface d'un ouvrage sur le sujet. Il est possible qu'Hugues Rebell ait également été lié à ce volume qui offre une curieuse réception – pornographique – de l'œuvre d'Isidore Ducasse. Carrington prenait comme source l'édition de 1874.

Marius Boisson

Publié chez Carrington, Marius Boisson était un lecteur attentif des *Chants de Maldoror*. Si son *Anthologie des baisers*, qui sélectionne les passages les plus explicites de l'œuvre, présente un intérêt limité, on retiendra surtout son intervention en 1930 lors de la polémique autour de l'identité d'Isidore et de Félix Ducasse, où il apporta le fruit de recherches sérieuses et assez poussées.

Louis Morin, Félicien Fagus, Charles Morice, Jules Bois, Francis de Miomandre, Marcel Coulon, Alain-Fournier, André du Fresnois, Edward Sansot et Talasan Giafféri, Pierre Quillard, Maurice Le Blond, A.-Yves Le Moyne, Maurice Verne, Jean de Bosschère, Pierre Termier, Georges Polti, Alfred Poizat

Ces écrivains ont signé, entre 1900 et 1915, divers articles où le nom de Maldoror apparaît parfois de manière inattendue, souvent comme un symbole de toute la production décadente de la fin du siècle, parfois pour servir de comparaison, plus ou moins juste, avec un autre volume chroniqué.

Gustave Kahn

Le symboliste, qui n'appréciait guère *Les Chants de Maldoror* comme il l'avait fait savoir dans l'enquête de Jules Huret, convoqua le souvenir de cet écrivain selon lui oublié à propos du roman de John-Antoine Nau, *Force ennemie*, qui venait de recevoir le Prix Goncourt.

Hector Fleischmann et Robert de Souza

Lorsqu'il donna naissance au très éphémère mouvement somptuariste, Hector Fleischmann rédigea un manifeste aujourd'hui perdu. Le passage que Robert de Souza cite, dans son article-manifeste « Où en sommes-nous ? », paru en 1905 dans le premier numéro de

Vers et prose, évoque les « ruines humaines » célébrées par Maldoror. De Souza ne citait cependant Fleischmann que pour le condamner, avec tous ceux qui avaient voulu enterrer trop vite le symbolisme.

Henri Daragon et Georges Vicaire

Daragon, libraire parisien, possédait un exemplaire de l'édition de 1874, pour lequel il rédigea plusieurs notices destinées à ses catalogues. Il s'inspira pour cela de la description qu'en avait fournie Georges Vicaire dans son volume de bibliophilie.

Georges Fourest

En 1909, Georges Fourest réunit les ballades qu'il avait publiées en 1892 dans *L'Ermitage* sous le titre *La Négresse blonde*. Le recueil, qui fait revivre l'esprit des cabarets montmartrois, comprend deux poèmes faisant référence à Maldoror. Fourest avait été un proche de Laurent Tailhade, mais il connaissait vraisemblablement *Les Chants de Maldoror* depuis 1886, sans doute par l'intermédiaire d'une revue belge.

Guillaume Apollinaire et Charles-Henry Hirsch

Faut-il compter Apollinaire parmi les lecteurs des *Chants de Maldoror* ? Le poète de l'Esprit nouveau n'a jamais fait mention de l'œuvre de Lautréamont. En revanche, Charles-Henry Hirsch compara sa poésie à celle d'Isidore Ducasse, qu'il estimait de moins en moins à mesure que le temps passait, mais qu'il citait régulièrement dans les revues. Quant à Apollinaire, ses amitiés comptaient de nombreux lecteurs de *Maldoror*, d'Alfred Jarry à André Salmon.

André Salmon

André Salmon a raconté comment il lut pour la première fois *Les Chants de Maldoror* dans un exemplaire qu'il avait trouvé chez un libraire de Saint-Pétersbourg. Sa poésie est assez peu marquée par l'esthétique ducassienne, mais le *Manuscrit trouvé dans un chapeau*, publié en 1919 mais écrit en 1905, contient une référence explicite.

Francis Carco, Max Jacob, Jean Cocteau et Raymond Radiguet

Ni Francis Carco, qui les entend à la Closerie-des-Lilas où Paul Fort tient les soirées de *Vers et prose*, ni Max Jacob et Jean Cocteau, qui fréquentent le groupe d'Apollinaire, n'apprécient *Les Chants de Maldoror*. Quand ils en parlent, c'est par sarcasme afin d'exprimer un profond scepticisme. Cocteau se contredit pourtant, lui qui affirme plus tard que *Les Chants de Maldoror* fut une sorte de lecture secrète qu'il partageait avec Raymond Radiguet.

Blaise Cendrars

Pour Cendrars, la filiation est évidente : lecteur admiratif de Gourmont, c'est dans le *Livre des masques* qu'il lit pour la première fois le nom d'Isidore Ducasse. *Les Chants de Maldoror* le marquent, alors qu'il écrit *Moganni Nameh* en 1907. Il cite encore Lautréamont dans l'un de ses *Dix-neuf poèmes élastiques* de 1913, et s'inspire peut-être encore de Maldoror pour élaborer son personnage de Moravagine. En 1919, alors qu'il est directeur de collection aux éditions de La Sirène, il entreprend de rééditer, pour la première fois depuis Genonceaux, *Les Chants de Maldoror*.

André Barre, Charles Le Goffic, Albert-Louis Caillet

Auteur d'un essai et d'une bibliographie sur le symbolisme, André Barre ne manqua pas de faire figurer Isidore Ducasse parmi les précurseurs du mouvement, lui donnant ainsi sa place dans les anthologies. Charles Le Goffic le mentionne également dans son histoire de *La Littérature française au XIXe siècle*. Quant à Albert-Louis Caillet, il le fait figurer dans sa curieuse bibliographie d'ouvrages occultes.

Gabriel Julliot de la Morandière

Écrivain solitaire, Gabriel Julliot de la Morandière fit paraître plusieurs volumes de poésie ésotérique qui témoignent d'une très forte imprégnation de l'œuvre d'Isidore Ducasse. Le plus célèbre et manifeste est *Térandros*, cas unique de réappropriation du style et de l'imagerie des *Chants de Maldoror* sous la forme d'une œuvre qui est à la fois une réécriture et un pastiche.

René Schmickrath

Écrivain d'origine belge, René Schmickrath est l'auteur d'un texte curieux, « Vie et opinions de Maldoror le rétrograde », paru en 1913 dans la revue *Haro !* Il est vraisemblable que Schmickrath ait eu connaissance des *Chants de Maldoror* par le circuit des revues belges.

Charles Melaye

Spécialiste des pastiches, Charles Melaye publia en 1919 un recueil, *Les Pastiches du sérail*, dans lequel on pouvait lire une « Ode à la punaise » prenant pour cible un passage des *Chants de Maldoror*.

Henri Duvernois et Georges Delaw

En 1911, Henri Duvernois donna pour la revue *Je sais tout* un article intitulé « La Fleur de mauvais goût », dans lequel il sacrait *Les Chants de Maldoror* « chef-d'œuvre du mauvais goût ». Le texte était accompagné d'illustrations du caricaturiste Georges Delaw. Paradoxalement, cet article dépréciatif allait faire réagir Valery Larbaud et ainsi contribuer à la redécouverte du texte d'Isidore Ducasse.

Rubén Darío

Ayant découvert *Les Chants de Maldoror* par le biais de Léon Bloy, le poète nicaraguayen Rubén Darío les rapporta dans son pays et, par la publication d'un article ensuite repris dans *Los Raros*, contribua à faire connaître l'œuvre de Lautréamont dans le monde hispanophone.

Francisco Contreras

Critique au *Mercure de France*, Contreras s'intéressait aux lettres hispano-uruguayennes et évoqua plusieurs fois *Les Chants de Maldoror* à travers l'œuvre de Rubén Darío.

Paul Fort

Le directeur de la revue *Vers et prose*, fidèle au symbolisme, était un lecteur des *Chants de Maldoror* depuis les années 1890. Il avait projeté de les faire jouer au Théâtre d'Art, mais l'entreprise échoua. En 1914, *Vers et prose* donna la reproduction intégrale du *Chant premier*, accompagné de la préface de Léon Genonceaux. Cette réimpression, accompagnée d'aucune note explicative au moment où la revue allait devoir brutalement s'arrêter, permit néanmoins de faire découvrir un texte qui n'avait pas été réédité depuis 1890.

Léon-Paul Fargue

Depuis sa rupture avec Alfred Jarry, Fargue s'était fait discret, ne publiant rien et se tenant à l'écart du *Mercure de France*. Son amitié nouvelle avec Valery Larbaud lui donna envie de revenir à la carrière des lettres, et de leurs conversations enthousiastes naquit son projet d'écrire une étude sur Isidore Ducasse. On sait qu'il mena des recherches, mais le résultat fut ensuite perdu et l'étude ne parut jamais.

Valery Larbaud

Larbaud était à la fois proche de la *N.R.f* de Gide et de *La Phalange* de Royère. C'est dans cette dernière qu'il décida de publier un article consacré à Isidore Ducasse, le plus complet et le plus sérieux depuis les travaux de recherche entrepris par Remy de Gourmont. Larbaud vouait à l'œuvre un véritable culte, et ce depuis ses années de collège. Le recueil des *Œuvres de Barnabooth* contient une allusion explicite aux *Chants de Maldoror*, mais malgré cela, la production littéraire de Valery Larbaud demeure fort éloignée du style de Lautréamont.

Bertrand Guégan

L'article de Valery Larbaud avait permis la redécouverte des *Poésies* d'Isidore Ducasse. En attendant les rééditions que feraient bientôt les surréalistes, Bertrand Guégan fit paraître en 1919 un *Almanach du citronnier* dans lequel il donnait plusieurs citations. Guégan était lié aux éditions de La Sirène, et donc en contact avec Blaise Cendrars.

Willem Kloos

Dans les années 1890, Willem Kloos lut avec un vif intérêt les articles de Gourmont au *Mercure de France*. Il publia ensuite dans sa revue hollandaise, *De Nieuwe Gids*, un article sur les lettres françaises où il présentait *Les Chants de Maldoror* pour la première fois à un lectorat non francophone.

Lodewijk van Deyssel, Arij Prins, Frederik van Eeden, Pierre Henri Ritter Jr., Henri Borel

Intrigués par la lecture de l'article de Kloos, ses collaborateurs découvrirent à leur tour *Les Chants de Maldoror*. Lodewijk van Deyssel lui emprunta son exemplaire, puis en parla à Arij Prins, qui connaissait peut-être déjà l'œuvre grâce à son ami Huysmans. Quoi qu'il en soit, l'article de Kloos fit connaître l'œuvre de Lautréamont en Hollande, comme le prouvent les témoignages plus tardifs de Pierre Henri Ritter Jr. et Henri Borel.

Paul Kenis, Johan Stärcke, Willem Frederik Gouwe

En 1909, Paul Kenis donna une première traduction partielle des *Chants de Maldoror* en néerlandais. Mais il fallut attendre 1917 et la traduction posthume de Johan Stärcke pour que la Hollande puisse bénéficier d'une version intégrale. Si Kenis avait probablement découvert *Maldoror* par Gourmont, Stärcke en revanche devait tout à Kloos. Son édition est accompagnée d'un frontispice de Willem Frederik Gouwe. La traduction donna lieu à quelques comptes rendus dans la presse hollandaise.

Richard Aldington

Premier traducteur anglais, Richard Aldington était en contact avec Valery Larbaud et surtout Remy de Gourmont, à qui il doit sa découverte des *Chants de Maldoror.*

Miloš Marten et Josef Capek

Miloš Marten introduisit *Les Chants de Maldoror* en Tchécoslovaquie en publiant un article sur l'œuvre, ensuite recueilli dans l'un de ses volumes de critiques. Marten se plaçait dans la continuité de Genonceaux et rejetait fermement la thèse de la folie. Il faut également signaler une influence de *Maldoror* sur la production romanesque du jeune Josef Capek.

Ramon et Julio Gomez de la Serna, Ricardo Baeza

La lecture de *Los Raros*, l'ouvrage de Rubén Darío poussa Ramon Gomez de la Serna à vouloir faire connaître *Les Chants de Maldoror* en Espagne. Dans sa revue *Prometeo*, il fit paraître une traduction partielle qui avait été réalisée à sa demande par Ricardo Baeza. Par la suite, c'est son frère Julio qui allait signer la première traduction espagnole presque intégrale, tandis que Ramon en rédigerait la préface.

Filippo Tommaso Marinetti et Fritz Vanderpijl, Ardengo Soffici et Giovanni Boine

Il n'est pas certain que le fondateur du futurisme italien ait lu *Les Chants de Maldoror*, mais l'on retrouve des similitudes entre son esthétique agressive et vitaliste et l'univers dépeint par Lautréamont. En 1906, dans sa revue *Poesia*, le poète hollandais Fritz Vanderpijl publia un sonnet bilingue intitulé « Complainte de Maldoror ». Vanderpijl était en lien avec André Salmon. Sa vision de Lautréamont est héritée de celle de Bloy. En 1913, la section florentine du futurisme, portée par Ardengo Soffici et sa revue *Lacerba*, publia un extrait des *Chants de Maldoror*, suivi en 1915 de la traduction italienne d'une strophe. Soffici et Vanderpijl avaient découverts l'œuvre de Lautréamont en France, par le biais d'Alexandre Mercereau. La diffusion de ces deux strophes dans *Lacerba* allait faire connaître Lautréamont en Italie, et notamment au poète Giovanni Boine.

Hugo Ball, Richard Huelsenbeck, Hans Arp, Tristan Tzara et Walter Serner

On ignore qui introduisit le premier Isidore Ducasse dans le cercle des dadaïstes de Zurich, mais il est avéré qu'en février 1916, Hugo Ball planifiait d'en lire quelques extraits traduits lors d'une soirée au Cabaret Voltaire. Les autres membres du groupe ont également témoigné d'avoir connu Lautréamont bien avant la vogue surréaliste, et un projet de traduction des *Poésies* devait voir le jour en 1919, mais il tomba à l'eau.

Marcel Duchamp et Man Ray

Marcel Duchamp semble avoir également eu connaissance des *Chants de Maldoror* assez tôt, probablement par la publication du Chant premier dans la revue *Vers et prose*. Quant à Man Ray, c'est Adon Lacroix qui lui avait fait découvrir l'œuvre.

BIBLIOGRAPHIE

Nous avons fait le choix de ne faire figurer ici que les ouvrages cités en référence dans le présent travail. Une bibliographie critique et exhaustive est en cours de préparation.

BIBLIOGRAPHIE PRIMAIRE
Éditions françaises

Les Chants de Maldoror, Chant premier par ***, Paris, Balitout, Questroy et Cie, 1868, 31 p.

« Les Chants de Maldoror, Chant premier, par *** », *Parfums de l'âme*, recueil anthologique de poésies édité par Évariste Carrance, Bordeaux, Imprimerie de A. R. Chaynes, 1869, p. 30-65.

Les Chants de Maldoror par le Comte de Lautréamont, Paris, Lacroix et Verboeckhoven, 1869, 332 p.

DUCASSE, Isidore, *Poésies I*, Paris, Librairie Gabrie, 1870, Imprimerie Balitout, Questroy et Cie, 16 p.

DUCASSE, Isidore, *Poésies II*, Paris, Librairie Gabrie, Imprimerie Balitout, Questroy et Cie, 1870, 16 p.

Les Chants de Maldoror par le Comte de Lautréamont, Paris et Bruxelles, E. Wittman, 1874, 332 p.

Vicomte de LAUTRÉAMONT, « Maldoror », strophe I, 11, *La Jeune Belgique* nº 10, Bruxelles, 5 octobre 1885, p. 496-500.

Comte de LAUTRÉAMONT, *Les Chants de Maldoror*, avec un frontispice de José Roy et une préface de Léon Genonceaux, Paris, Genonceaux, 1890, 385 p.

LAUTRÉAMONT, « Chant premier », *Vers et prose*, 9e année, t. XXXVI, janvier-février-mars 1914, p. 41-58.

DUCASSE, Isidore, « Poésies I » précédées d'une note d'André Breton, *Littérature* nº 2, avril 1919, p. 2-13.

DUCASSE, Isidore, « Poésies II », *Littérature* nº 3, mai 1919, p. 8-24.

Comte de LAUTRÉAMONT, *Les Chants de Maldoror*, avec une préface de Remy de Gourmont, Paris, La Sirène, 1920, 375 p.

DUCASSE, Isidore, Comte de Lautréamont, *Poésies*, avec une préface de Philippe Soupault, Paris, Au Sans Pareil, 1920, 109 p.

DUCASSE, Isidore, Comte de Lautréamont, *Préface à un livre futur*, Paris, La Sirène, 1922, 125 p.

Œuvres complètes du Comte de Lautréamont. Les Chants de Maldoror, Poésies, Correspondance, étude, commentaires et notes de Philippe Soupault, Paris, Au Sans Pareil, 1927, 446 p.

LAUTRÉAMONT, *Œuvres complètes*, avec une préface par André Breton et des illustrations par Victor Brauner, Oscar Dominguez, Max Ernst, Espinoza, René Magritte, André Masson, Matta Echaurren, Juan Miro, Paalen, Man Ray, Seligmann et Tanguy, Paris, Guy Levis Mano, 1938, 421 p.

DUCASSE, Isidore, Comte de Lautréamont, *Œuvres complètes. Les Chants de Maldoror. Poésies. Lettres*, avec les préfaces de Louis Genonceaux, Remy de Gourmont, Edmond Jaloux, André Breton, Philippe Soupault, Julien Gracq, Roger Caillois et Maurice Blanchot, et deux portraits imaginaires par Salvador Dali et Félix Vallotton, Paris, José Corti, 1953, 411 p.

DUCASSE, Isidore, Comte de Lautréamont, *Poésies*, édition commentée par Georges Goldfayn et Gérard Legrand, Paris, Le Terrain Vague, 1962, 224 p.

LAUTRÉAMONT, *Les Chants de Maldoror*, avec une préface de Jean Cocteau, Paris, Nouvel office d'édition, coll. « Poche-Club », 1963, 381 p.

LAUTRÉAMONT, *Œuvres complètes*, édition de Maurice Saillet, Paris, Le Livre de poche, 1963, 448 p.

LAUTRÉAMONT, et NOUVEAU, Germain, *Œuvres complètes*, introduction et notes par Pierre-Olivier Walzer, Paris, Gallimard, coll. « Bibliothèque de la Pléiade », 1970, 1449 p.

LAUTRÉAMONT, *Œuvres complètes*, édition établie, présentée et annotée par Hubert Juin avec une préface de Jean-Marie-Gustave Le Clézio, Paris, Gallimard, coll. « Poésie », 1973, 504 p.

LAUTRÉAMONT, *Les Chants de Maldoror. Poésies. Lettres*, édition établie par Louis Forestier et illustrée par Louis Cane, Paris, Imprimerie nationale, 1991, 429 p.

LAUTRÉAMONT, *Les Chants de Maldoror. Poésies*, préface et commentaires de Jean-Pierre Goldenstein, Paris, Pocket, coll. « Pocket classiques », 1992, 476 p.

LAUTRÉAMONT, *Les Chants de Maldoror et autres œuvres*, édition établie par Patrick Besnier, Paris, Le Livre de Poche, coll. « Le Livre de Poche classique », 1992, 382 p.

LAUTRÉAMONT, *Œuvres complètes*, édition établie, présentée et annotée par Jean-Luc Steinmetz, Paris, Gallimard, coll. « Bibliothèque de la Pléiade », 2009, 794 p.

BIBLIOGRAPHIE SECONDAIRE

MONOGRAPHIES

ABDELACK, Rym, *Le Travail de la parenthèse dans « Les Chants de Maldoror »*, Tunis, Sud Éditions, Pessac, Presses universitaires de Bordeaux, 2005, 143 p.

ARAGON, Louis, *Lautréamont et nous*, Pin-Balma, Sables, 1992, 98 p ; préoriginales dans *Les Lettres françaises* n° 1185, 1er juin 1967, p. 7-9, et n° 1186, 8 juin 1967, p. 3-9.

BACHELARD, Gaston, *Lautréamont*, Paris, Corti, 1939, 200 p. ; édition augmentée, 1956 ; réimpression, 1965, 156 p.

BELISLE, Pierre, *La Personne mythique du comte de Lautréamont*, mémoire de maîtrise dactylographié dirigé par Marc Angenot, McGill University, 1970, 146 p.

BRUNEL, Camille, *Vie imaginaire de Lautréamont*, Paris, Gallimard, coll. « L'Arbalète », 2011, 181 p.

CAPRETZ, Pierre, *Quelques sources de Lautréamont*, thèse dactylographiée soutenue à la Sorbonne, 1950, n. p.

CARADEC, François, *Isidore Ducasse, comte de Lautréamont*, Paris, Éditions de la Table Ronde, 1970, édition revue et augmentée, Paris, Gallimard, 1975, 384 p.

DAVID, Sylvain-Christian, *Isidore Lautréamont*, Paris, Seghers, 1991, 288 p.

DE HAES, Franz, *Images de Lautréamont. Histoire d'une renommée et état de la question*, Gembloux, Duculot, 1970, 260 p.

FAURISSON, Robert, *A-t-on lu Lautréamont ?*, Paris, Gallimard, 1972, 433 p.

GOURMONT, Remy de, *Sur Lautréamont*, textes réunis et présentés par Christian Buat, Paris, Éditions du Sandre, 2010, 56 p.

GUILLOT-MUÑOZ, Alvaro et Gervasio, *Lautréamont à Montevideo. Témoignages inédits*, Paris, La Quinzaine littéraire, 1972, 120 p.

LABUDA, Aleksander, « Lecture des *Chants de Maldoror* », *Acta Universitatis Wratislaviensis* [Wroclaw], n° 376, 1977, p. 3-114.

LEFRÈRE, [Jean-]Jacques, *Le Visage de Lautréamont*, Paris, Pierre Horay, 1977, 200 p.

LEFRÈRE, Jean-Jacques, *Isidore Ducasse, auteur des Chants de Maldoror par le comte de Lautréamont*, Paris, Fayard, 1998, 686 p.

LEFRÈRE, Jean-Jacques, *Lautréamont*, Paris, Flammarion, 2008, 223 p.

PERRONE-MOISÉS, Leyla et MONEGAL, Emir Rodriguez, *Lautréamont, l'identité culturelle*, Paris, L'Harmattan, coll. « Recherches Amériques latines », 2001, 106 p.

PEYROUZET, Édouard, *Vie de Lautréamont*, Paris, Grasset, 1970, 381 p.

PEYTARD, Jean, *Lautréamont et la cohérence de l'écriture : études structurales des variantes du Chant premier des Chants de Maldoror*, Paris, Didier-Érudition, 1977, 253 p.

PHILIP, Michel, *Lectures de Lautréamont*, Paris, Armand Colin, 1971, 272 p.

PIERRE-QUINT, Léon, *Le Comte de Lautréamont et Dieu*, Marseille, Les Cahiers du Sud, 1930, 167 p. ; réédition Fasquelle, 1967, 180 p.

PIERSSENS, Michel, *Éthique à Maldoror*, Lille, Presses universitaires de Lille, 1984, 213 p.

PITU, Luca, *Lautréamont, la rhétorique et nous*, Brasov, Éditions Aula, 2006, 202 p.

SAILLET, Maurice, *Les Inventeurs de Maldoror*, Cognac, Le Temps qu'il fait, 1992, 160 p.

SALIOU, Kevin, *La Réception de Lautréamont*, Paris, Classiques Garnier, 2021, 923 p.

CAHIERS LAUTRÉAMONT, PARIS, ASSOCIATION DES AMIS PASSÉS, PRÉSENTS ET FUTURS D'ISIDORE DUCASSE, 1987-2010

Nous donnons les articles consultés dans la section « Articles et sections d'ouvrages », à l'entrée correspondant à leur auteur.

ARTICLES ET SECTIONS D'OUVRAGES

ALICOT, François, « À propos des *Chants de Maldoror*. Le vrai visage d'Isidore Ducasse », *Mercure de France*, 1er janvier 1928, p. 199-207.

ASSELINEAU, Charles, *Bulletin du Bibliophile et du Bibliothécaire*, mai 1870, recueilli dans Lautréamont, *Œuvres complètes*, édition établie, présentée et annotée par Jean-Luc Steinmetz, Paris, Gallimard, coll. « Bibliothèque de la Pléiade », p. 321-322.

BATTOUE, Josiane, « De nouveaux indices dans l'énigme Lautréamont », *La Nouvelle République des Pyrénées*, 9 juillet 2009. URL : http://www.ladepeche.fr/article/2009/07/09/636753-tarbes-de-nouveaux-indices-dans-l-enigme-lautreamont.html [consulté le 20 juillet 2020].

BERTACCHI, Daniel, « Isidore Ducasse, garde national mobile », *Cahiers Lautréamont numérique*, 16 mars 2016. URL : https://cahierslautreamont.wordpress.com/2016/03/16/isidore-ducasse-garde-national-mobile-2/ [consulté le 20 juillet 2020].

BLOY, Léon, « Le Cabanon de Prométhée », *La Plume*, 1er septembre 1890 ; article repris dans *Belluaires et Porchers*, Paris, Jean-Jacques Pauvert, coll. « Libertés », 1965, p. 45-60.

BOISSON, Marius, « Un poète mystérieux – Les deux Ducasse – Les *Chants de*

Maldoror ne sont pas l'œuvre d'un orateur des clubs », *Comœdia*, 16 septembre 1927, p. 1.

BOISSON, Marius, « Les Deux Ducasse », *Comœdia*, 30 septembre 1927 ; recueilli dans les *Cahiers Lautréamont*, livraisons I et II, premier semestre 1988, p. 44.

BRETON, André, « En réponse à votre lettre… », *Le Disque vert*, « Le Cas Lautréamont », 1925, recueilli dans Lautréamont, *Œuvres complètes*, édition établie, présentée et annotée par Jean-Luc Steinmetz, Paris, Gallimard, coll. « Bibliothèque de la Pléiade », p. 397.

CALMEAU, Jean-Christian, *De l'étiologie de la scrofule*, Paris, 1880, Derenne, 95 p.

CARADEC, François, « Lettre inédite à Pascal Pia », *Histoires littéraires* n° 57, janvier-mars 2014, p. 117.

CHAPON, François et LAFARGUE, Jacqueline, « Une lettre de Lautréamont à Victor Hugo », *Bulletin du bibliophile*, n° 1, 1983, p. 13-22.

CHARLES, Michel, « Éléments d'une rhétorique d'Isidore Ducasse », *La Nouvelle Revue française* n° 217, janvier 1971, p. 76-87.

COMBALDIEU, Bertrand, « *Les Chants de Maldoror* de 1874 : combien d'exemplaires ? Éléments de réponse », *Cahiers Lautréamont numériques*, 13 juillet 2019. URL : https://cahierslautreamont.wordpress.com/2019/07/13/les-chants-de-maldoror-de-1874-combien-dexemplaires-elements-de-reponse/ [consulté le 20 juillet 2020].

COMBALDIEU, Bertrand, « Les Deux Derniers Exemplaires (et quelques autres) », *Cahiers Lautréamont numériques*, 19 février 2020. URL : https://cahierslautreamont.wordpress.com/2020/02/19/les-deux-derniers-exemplaires-et-quelques-autres/ [consulté le 20 juillet 2020].

COMBALDIEU, Bertrand, « Possédé. Actualisation du recensement des éditions de 1869 et 1874 », *Cahiers Lautréamont numériques*, 14 avril 2020. URL : https://cahierslautreamont.wordpress.com/2020/04/14/possede-actualisation-du-recensement-des-editions-originales-de-1869-et-1874/ [consulté le 20 juillet 2020].

DAVID, Sylvain-Christian, « Darasse, etc. (fin) », *Cahiers Lautréamont*, 2e semestre 1993, livraisons XXVII-XXVIII, p. 111-119.

DAVID, Sylvain-Christian, « Isidore dédicace », *Cahiers Lautréamont*, livraisons XLIX-L, 1er semestre 1999, p. 106.

DAVID, Sylvain-Christian, « L'Armée des signes », *Cahiers Lautréamont*, livraisons LXXXIX-LXXXXII, 2009, p. 80-95.

DAVID, Sylvain-Christian, « Oiseaux, douleur, dieux sanguinaires », *Cahiers d'Occitanie* n° 50, juin 2012, p. 91-120, réédité dans les *Cahiers Lautréamont numériques* : https://cahierslautreamont.wordpress.com/2012/12/09/oiseaux-douleur-dieux-sanguinaires1/ [consulté le 20 juillet 2020].

DAVID, Sylvain-Christian, « La Mort d'Isidore Ducasse », *Cahiers d'Occitanie*, nouvelle série n° 51, décembre 2012, p. 103-121.

DESNOS, Robert, « Lautréamont », *Iman*, avril 1931, p. 98-99.

DUFOUR, Paul, *L'Écolier*, Paris, Gabrie, 1869, 23 p.

DURAND-DESSERT, Liliane, « Iconographie du Paris d'Isidore Ducasse », *Isidore Ducasse à Paris*, Actes du troisième colloque international sur Lautréamont, Paris, 2-4 octobre 1996, *Cahiers Lautréamont*, livraisons XXXIX-XXXX, 2e semestre 1996, Tusson, Du Lérot, p. 197-198.

DUVERNOIS, Henri, « La Fleur de mauvais goût », *Je sais tout*, 15 septembre 1911, p. 173-180.

ÉPISTÉMON, « *Les Chant de Maldoror* par *** », *La Jeunesse* nº 5, 1er-15 septembre 1868, p. 20.

FERMIN, Henri, *Albert Lacroix, promoteur de Saint-Enogat*, Association des amis du musée du pays de Dinard, nº 13, mai 1993.

GIBERT, Pierre, « Ducasse avant Paris », *Isidore Ducasse à Paris*, Actes du troisième colloque international sur Lautréamont, Paris, 2-4 octobre 1996, *Cahiers Lautréamont*, livraisons XXXIX-XXXX, 2e semestre 1996, Tusson, Du Lérot, p. 13-28.

GOLDENSTEIN, Jean-Pierre, « D'un piège à rats perpétuel », *Histoires littéraires* nº 50, avril-juin 2012, p. 43-56 ; recueilli sur le site des *Cahiers Lautréamont numériques* : https://cahierslautreamont.wordpress.com/2012/12/11/dun-piege-a-rats-perpetuel/ [consulté le 20 juillet 2020].

GOURMONT, Remy de, « La Littérature "Maldoror" », *Le Mercure de France*, février 1891, p. 91-106.

GRACQ, Julien, « Lautréamont toujours », préface à Lautréamont, *Les Chants de Maldoror et œuvres complètes*, avec un essai de Julien Gracq, Paris, La Jeune Parque, coll. « Le Cheval parlant », 1947, 288 p. ; recueilli dans l'édition de Jean-Luc Steinmetz, Paris, Galimard, coll. « Bibliothèque de la Pléiade », p. 471-489.

GUÉGAN, Bertrand, « Informations littéraires », *L'Europe nouvelle*, 4 avril 1925, p. 460.

HEINE, Maurice, « Maldoror et la Belle Dame », *Minotaure*, nº 12-13, mai 1939, p. 87-88.

LARBAUD, Valery, « Les *Poésies* d'Isidore Ducasse », *La Phalange*, 20 février 1914, p. 148-155.

LARBAUD, Valery, « *Lautréamont et Laforgue* par Gervasio et Alvaro Guillot-Muñoz », *La Nouvelle Revue française* nº 148, janvier 1926, p. 114-116.

LARBAUD, Valery, « Le Gouverneur de Kerguelen », *Aux couleurs de Rome*, Paris, Gallimard, 1938, p. 170.

LASSALLE, Jean-Pierre, « La Correspondance entre Hugo et Ducasse », *Cahiers Lautréamont*, 2e semestre 1988, p. 78.

LASSALLE, Jean-Pierre, « La bibliothèque du lycée de Pau », *Lautréamont et*

Laforgue dans leur siècle, actes du deuxième colloque international sur Lautréamont, Tarbes et Pau, 21-24 septembre 1994, *Cahiers Lautréamont*, Livraisons XXXI-XXXII, Tusson, Du Lérot, 2e semestre 1994, p. 31-57.

LASSALLE, Jean-Pierre, « Mervyn et Mervyn », *Cahiers Lautréamont*, livraisons XXXV-XXXVI, 2e semestre 1995, p. 125-126.

LASSALLE, Jean-Pierre, « Ernest Naville, lecteur de Lautréamont », *Les Lecteurs de Lautréamont*, Actes du quatrième colloque international sur Lautréamont, Montréal, 5-7 octobre 1998, *Cahiers Lautréamont*, Livraisons XLVII-XLVIII, Tusson, Du Lérot, 2e semestre 1998, p. 329-342.

LEFRÈRE, Jean-Jacques, « Les Tirages du *Chant premier* et de *Poésies* », *Cahiers Lautréamont*, livraison XLIX-L, 1er semestre 1999, p. 100.

LEFRÈRE, Jean-Jacques, « Deux ex-donos inconnus d'Isidore Ducasse : les exemplaires de *Poésies* d'Eugène Loudun », *Cahiers Lautréamont*, livraisons LI et LII, 2e semestre 1999, p. 13-27.

LEFRÈRE, Jean-Jacques, « Les *Poésies* n'ont pas progressé d'un millimètre », *Les* Poésies *d'Isidore Ducasse*, Actes du cinquième colloque international sur Lautréamont, Marseille, 13-15 octobre 2000, *Cahiers Lautréamont*, Livraisons LIV-LV, Tusson, Du Lérot, 2e semestre 2000, p. 9-15.

LEFRÈRE, Jean-Jacques, « La Fausse Vie d'Isidore Ducasse », *Maldoror hier et aujourd'hui. Lautréamont : du romantisme à la modernité*, actes du sixième colloque international sur Lautréamont, Tokyo, 4-6 octobre 2002, *Cahiers Lautréamont*, livraisons LXIII et LXIV, Tusson, Du Lérot, 2e semestre 2002, p. 11-15.

LEFRÈRE, Jean-Jacques, « Lautréamont en Pléiade, le rendez-vous manqué », *L'Express.fr*, 16 février 2010. URL : http://www.lexpress.fr/culture/livre/peut-on-critiquer-la-pleiade_849081.html [consulté le 20 juillet 2020].

LEFRÈRE, Jean-Jacques, « Louis Durcour enfin identifié ? », *Cahiers Lautréamont numériques*, 5 décembre 2013. URL : https://cahierslautreamont.wordpress.com/2013/12/05/louis-durcour-enfin-identifie/ [consulté le 20 juillet 2020].

LEMONNIER, Camille, « Une préface », *Mercure de France*, 1er février 1891, p. 65-73.

LESPÈS, Paul, « Les neuf lettres de Paul Lespès », *Cahiers Lautréamont*, Livraisons V-VI, 1er semestre 1988, p. 9-35.

MATARASSO, Henri, *Beaux livres et autographes*, Paris, 1937, p. 83.

MATARASSO, Henri, *Livres choisis en divers genres. Éditions originales, livres illustrés, beaux-arts*, n° 15, Paris, novembre 1938, p. 6.

MONTAGNE, Edmundo, « El Conde de Lautréamont, poeta infernal, ha existido. Su vida en Montevideo, su misterio, su libro execrable y genial », *El Hogar* [Buenos Aires], vol. XX, novembre 1925, p. 11-12 et 61-62 ; texte traduit Francisco Contreras dans « L'Origine du comte de Lautréamont », *Mercure de France*, 15 juillet 1927, p. 478.

MULLER, Curt, « Documents inédits sur le comte de Lautréamont (Isidore Lucien Ducasse) et son œuvre », *Minotaure*, n° 12-13, mai 1939, p. 73-83.

MURPHY, Steve, « Ducasse satyrique », *Europe*, n° 700-701, août-septembre 1987, p. 60-67.

NOIZET, Jacques, « Dictionnaire du Cacique », *Cahiers Lautréamont*, livraisons LI-LII, 2e semestre 1999, p. 39-96.

PAKENHAM, Michaël, « Ducasse et ses libraires », *Isidore Ducasse à Paris*, Actes du troisième colloque international sur Lautréamont, Paris, 2-4 octobre 1996, *Cahiers Lautréamont*, livraisons XXXIX-XXXX, 2e semestre 1996, Tusson, Du Lérot, p. 85-94.

PIA, Pascal, « De Latréaumont à Lautréamont », *Carrefour*, 8 janvier 1964, p. 18.

PIA, Pascal, « Lautréamont et ses amis », *Le Magazine littéraire* n° 28, avril-mai 1969, p. 42-44.

PICHON-RIVIÈRE, Enrique, « Notas para la biografia de Isidore Ducasse, Conde de Lautréamont (1846-1870) », *La Nación*, 14 avril 1946, recueilli dans les *Cahiers Lautréamont*, livraisons XXI-XXII, 1er semestre 1992, p. 156-157.

PIERSSENS, Michel, « Paris latin », *Ducasse et Lautréamont, l'envers et l'endroit*, Tusson, Éditions du Lérot, 2006, p. 29-40.

PIERSSENS, Michel, « Lucien et François vont en bateau », *Cahiers Lautréamont numériques*, 12 décembre 2012. URL : http://cahierslautreamont.wordpress.com/2012/12/13/54/ [consulté le 20 juillet 2020].

PIERSSENS, Michel, « Demoiselle Davezac (Jacquette Céleste) », *Cahiers Lautréamont numériques*, 16 décembre 2012. URL : http://cahierslautreamont.wordpress.com/2012/12/16/demoiselle-davezac-jacquette-celeste/ [consulté le 20 juillet 2020].

PIERSSENS, Michel, « Joseph Bleumsteim reste introuvable », *Cahiers Lautréamont numériques*, 17 décembre 2012. URL : https://cahierslautreamont.wordpress.com/2012/12/17/joseph-bleumsteim-reste-introuvable/ [consulté le 20 juillet 2020].

PLEYNET, Marcelin, « Celui qui y croyait et l'autre : Bloy et Lautréamont », *L'Herne*, n° 55, 1988, p. 362-367.

POULET-MALASSIS, Auguste, *Bulletin trimestriel des publications défendues en France imprimées à l'étranger*, n° 7, octobre 1869, recueilli dans Lautréamont, *Œuvres complètes*, édition établie, présentée et annotée par Jean-Luc Steinmetz, Paris, Gallimard, coll. « Bibliothèque de la Pléiade », p. 320.

RABBE, Félix, « Le Problème du mal », *Revue de l'Instruction publique de la littérature et des sciences en France et dans les pays étrangers*, n° 12, 17 juin 1869, p. 183.

SALIOU, Kevin, « Isidore Ducasse, pédéraste incompréhensibiliste », *Cahiers Lautréamont*, n° 1, 2019, p. 197-226.

SALIOU Kevin, « Le Cinquième Portrait d'Isidore Ducasse », *Cahiers Lautréamont* n° 2, 2020, p. 167-175.

SOUPAULT, Philippe, « Mon cher ami Ducasse », *Le Disque vert*, numéro spécial « Le Cas Lautréamont », 1925, p. 10-13.

TERAMOTO, Naruhiko, « Beau comme l'infundibulum anatomique », *Cahiers Lautréamont*, livraisons LXXXI-LXXXIV, 2007, p. 37-40.

TOUZEAU, Gérard, « Louis d'Hurcourt, dédicataire des *Poésies* d'Isidore Ducasse », *Cahiers Lautréamont numériques*, 5 avril 2016. URL : https://cahierslautreamont.wordpress.com/2016/04/05/louis-dhurcourt-dedicataire-des-poesies-disidoreducasse-1/ [consulté le 20 juillet 2020].

TOUZEAU, Gérard, « Sur la piste de Pedrito », *Cahiers Lautréamont*, n° 2, 2020, p. 159-165.

VANEIGEM, Raoul, « Isidore Ducasse et le Comte de Lautréamont dans les *Poésies* », *Synthèses*, décembre 1958, p. 243-249.

WALBECQ, Éric, « Une histoire des *Chants de Maldoror* », dans *Les Lecteurs de Lautréamont*, actes du quatrième colloque international sur Lautréamont, Montréal, 5-7 octobre 1998, *Cahiers Lautréamont*, 2e semestre 1998, livraisons XLVII et XLVIII, Paris, Du Lérot, p. 479-493.

WALBECQ, Éric, « Un lecteur inconnu », *Cahiers Lautréamont*, livraisons LXV-LXVI, 1er semestre 2003, p. 31.

SÉLECTION DE SITES INTERNET

Cahiers Lautréamont numériques, site tenu par Michel Pierssens et Kevin Saliou : http://cahierslautreamont.wordpress.com/ [consulté le 6 février 2020].

La Moustache de Lautréamont, site sur les hispanismes dans l'œuvre de Ducasse tenu depuis 1996 par Guy Laflèche. URL : http://singulier.info/ma. [consulté le 6 février 2020].

BIBLIOGRAPHIE GÉNÉRALE

OUVRAGES MÉTHODOLOGIQUES : QUESTIONS LITTÉRAIRES

ALBOUY, Pierre, *Mythes et mythologies dans la littérature française*, Paris, Arman Colin, 2012, 255 p.

AMOSSY, Ruth et HERSCHBERG-PIERROT, Anne, *Stéréotypes et clichés*, Paris, Armand Collin, 2011, p. 13-17 et 28-31.

ARBOUR, Roméo, *Les Revues littéraires éphémères paraissant à Paris entre 1900 et 1914*, Paris, Corti, 1956, 96 p.

ARON, Paul, *Les Revues littéraires belges de langue française de 1830 à nos jours*, Bruxelles, Éditions Labor, 1998, 194 p.

BADESCO, Luc, *La Génération poétique de 1860*, Paris, Nizet, 1971, deux tomes, 1427 p.

BANVILLE, Théodore de, « Chronique de la semaine », *La Presse*, 24 octobre 1864, p. 3.

BARBIER, Frédéric, « Une production multipliée », *Histoire de l'édition française*, dirigée par Henri-Jean Martin et Roger Chartier, t. 3, *Le Temps des éditeurs. Du Romantisme à la Belle Époque*, Paris, Promodis, p. 104.

BÉNÉTON, Philippe, « La Génération de 1912-1914. Image, mythe et réalité », *Revue française de science politique*, t. XXI, n° 5, octobre 1971, p. 981-1009.

BÉNICHOU, Paul, *Le Temps des prophètes*, Paris, Gallimard, 1977, p. 404.

BRUNEAU, Charles, « La Stylistique », *Romance philology*, V, 1951-1952, p. 6.

CALMETTES, Fernand, *Leconte de Lisle et ses amis*, Paris, Librairies-Imprimeries réunies, 1902, p. 78-79.

CELLIER, Léon, *Baudelaire et Hugo*, Paris, José Corti, 1970, 284 p.

CESTOR, Françoise et WAGNEUR, Jean-Didier, *Les Bohèmes 1840-1870 : écrivains – journalistes – artistes*, Seyssel, Champ Vallon, 2012, 1434 p.

COMBE, Dominique, *La Pensée et le style*, Paris, Éditions universitaires, 1991, p. 68-73.

COMPAGNON, Antoine, *Le Démon de la théorie*, Seuil, 1998, 338 p.

COOPER-RICHET, Diana et PIERSSENS, Michel, « Bohemia latina », *in* Pascal Brissette et Anthony Glinoer, *Bohème sans frontière*, Rennes, Presses universitaires de Rennes, p. 279-293.

COURAPIED, Romain, *Le traitement esthétique de l'homosexualité dans les œuvres décadentes face au système médical et légal : accords et désaccords sur une éthique de la sexualité*, thèse soutenue à Rennes 2 sous la direction de Steve Murphy, 2014, 509 p.

DELVAU, Alfred, *Dictionnaire érotique moderne*, Bâle, Karl Schmidt, 1864, p. 147-148.

DESSE, Jacques, « Claudel et les visages de Rimbaud. Des photographies inconnues », *Histoires littéraires* n° 57, janvier-mars 2014, p. 15.

DESSE, Jacques, « Fantasmes biographiques : les portraits de Rimbaud par sa sœur Isabelle », *Histoires littéraires* n° 57, janvier-mars 2014, p. 27-55.

DIDIER, Bénédicte, *Petites revues et esprit bohème à la fin du* XIXe *siècle*, Paris, L'Harmattan, 2009, 380 p.

ETIEMBLE, René, *Le Mythe de Rimbaud*, t. 2 : *Structures du Mythe*, Paris, Gallimard, 1952, 504 p.

FAYT, René, *Auguste Poulet-Malassis à Bruxelles : septembre 1863-mai 1871*, Bruxelles, Les Libraires momentanément réunis, 1993, 166 p.

GLINOER, Anthony et LAISNEY, Vincent, *L'Âge des cénacles : confraternités littéraires et artistiques au XIXe siècle*, Paris, Fayard, 2013, 714 p.

GOURMONT, Remy de, *Les Petites Revues. Essai de bibliographie*, Paris, Mercure de France, 1900, 34 p.

GROJNOVSKI, Daniel et SARRAZIN, Bernard, *Fumisteries : naissance de l'humour moderne, 1870-1914*, Paris, Omnibus, 2011, 1007 p.

GUYAUX, André, *Un demi-siècle de lectures des* Fleurs du mal. *1855-1905*, Paris, Presses de l'université Paris-Sorbonne, 2007, p. 985-986.

HEINICH, Nathalie, *Être écrivain. Création et identité*, Paris, La Découverte, 2000, 368 p.

HEINICH, Nathalie, *L'Élite artiste. Excellence et singularité en régime démocratique*, Paris, Gallimard, 2005, 370 p.

HOVASSE, Jean-Marc, *Victor Hugo. II. Pendant l'exil. 1851-1864*, Paris, Fayard, 2008, 1285 p.

JOANNE, Adolphe, *Guide parisien*, Paris, Hachette, 1863, p. 111.

LAUVERGNE, Hubert, *Les Forçats*, Paris, Baillière, 1841, p. 289.

LÉAUTAUD, Paul, *Journal littéraire*, t. I, Paris, Mercure de France, 1954, p. 284.

LEMONNIER, Camille, *La Vie belge*, Paris, Fasquelle, 1905, p. 87.

LESPÈS, Léo, *Paris-album*, Paris, Administration et bureaux, 1861, p. 92.

LEVAILLANT Françoise, « Préface », dans Yves Chevrefils Desbiolles, *Les Revues d'art à Paris, 1905-1940*, Paris, Ent'revues, 1993, p. 9-20.

LEYMARIE, Michel, « La Belle Époque des revues ? », *La Belle Époque des revues*, Paris, Institut des Mémoires de l'Édition Collective, 2002, p. 14.

MAINGUENEAU, Dominique, *Le Contexte de l'œuvre littéraire. Énonciation, Écrivain, Société, Paris*, Dunod, 1993, 196 p.

MANNHEIM, Karl, *Le Problème des générations*, Paris, Nathan, 1990, 122 p.

MARCHAL, Bertrand, « Avant-propos », in Stéphane Mallarmé, *Œuvres complètes*, t. II, Paris, Gallimard, coll. « Bibliothèque de la Pléiade », p. X-XIV.

MEIZOZ, Jérôme, *Postures littéraires : mises en scène modernes de l'auteur*, Genève, Slatkine, 2007, 210 p.

MEIZOZ, Jérôme, *La Fabrique des singularités : postures littéraires II*, Genève, Slatkine, 2011, 282 p.

MOLESTINA, Vicente Emilio, *Lira ecuatoriana. Colección de poesias líricas nacionales escojidas i ordenadas con apuntamientos biográficos por Vicente Emilio Molestina, doctor en jurisprudencia*, Guayaquil, Imprenta y Encuadernación de Calvo, 1866, 340 p.

MORTIER, Roland, *L'Originalité. Une nouvelle catégorie esthétique au siècle des Lumières*, Droz, Genève, 1982, 218 p.

PARINET, Elisabeth, *Une histoire de l'édition à l'époque contemporaine*, Paris, Éditions du Seuil, coll. « Points Histoire », 2004, 416 p.

PAULHAN, Jean, *Les Fleurs de Tarbes, ou la Terreur dans les Lettres*, Paris, Gallimard, 1941, 226 p.

PEYRE, Henri, *Les Générations littéraires*, Paris, Boivin, 1948, 266 p.

PICHOIS, Claude, *Auguste Poulet-Malassis : l'éditeur de Baudelaire*, Paris, Fayard, 1996, 284 p.

PIERSSENS, Michel, « Le Temps des groupes », *Revue d'histoire littéraire de la France*, n° 5, année 102, septembre-octobre 2002, p. 789-797.

PLACE, Jean-Michel et VASSEUR, André, *Bibliographie des Revues et Journaux littéraires des XIXe et XXe siècles*, Paris, Éditions de la Chronique des Lettres françaises, 1973-1977, trois volumes.

PRÉVOST, Marcel, « Les Gros Tirages littéraires », *Je sais tout*, 2e année, 1er semestre, 1905, p. 273-282.

PROCHASSON, Christophe, *Les Intellectuels, le socialisme et la guerre*, Paris, Seuil, 1993, 354 p.

RAVAL, Marcel, « Haussmann contre Paris », *Destinée de Paris*, Paris, Les Éditions du Chêne, 1943, p. 43-78.

RAYNAUD, Ernest, *La Mêlée symboliste*, Paris, Nizet, 1971, 570 p.

RIFFATERRE, Michael, *Essais de stylistique structurale*, Paris, Flammarion, 1971.

ROMAINS, Jules, « La Génération nouvelle et son unité », *La Nouvelle Revue française*, n° 7, août 1909, p. 30-39.

ROSS, Kristin, *Rimbaud, la Commune de Paris et l'invention de l'histoire spatiale*, Paris, Les Prairies ordinaires, 2013, 233 p.

RUDHARDT, Jean, « Image et structure dans le langage mythique », *Cahiers internationaux du symbolisme*, n° 17-18, 1969, p. 87-109.

SAINT-AMAND, Denis et VRYDAGHS, David, « Retours sur la posture », *COnTEXTES* n° 8, 2011, 5 janvier 2011. URL : http://contextes.revues.org/4712 [consulté le 20 juillet 2020].

SPITZER, Léo, *Études de style*, Paris, Gallimard, 1980, 531 p.

THÉRENTY, Marie-Ève, et VAILLANT, Alain, *Presse et plumes. Journalisme et littérature au XIXe siècle*, Paris, Nouveau Monde Éditions, 2004, 583 p.

THIBAUDET, Albert, « Réflexions sur la littérature : l'idée de génération », *La Nouvelle Revue française*, t. XVI, n° 90, mars 1921, p. 344-353.

TREBITSCH, Michel, « Avant-propos : la chapelle, le clan et le microcosme », *Cahiers de l'Institut d'histoire du temps présent*, n° 20, « Sociabilités intellectuelles : lieux, milieux, réseaux », mars 1992, p. 12-21.

VAILLANT, Alain, « Le Journal, creuset de l'invention poétique », *in* Alain Vaillant et Marie-Eve Thérenty, *Presse et plumes : journalisme et littérature au XIXe siècle*, Paris, Nouveau Monde, 2004, p. 317-328.

VALLETTE, Alfred, « Aux lecteurs », *Mercure de France*, n° 1, janvier 1890, p. 4.

VIALA, Alain, *Naissance de l'écrivain*, Paris, Éditions de Minuit, coll. « Le Sens commun », 1985, 317 p.

VIOREL-DRAGOS, Moraru, *Les Générations dans l'histoire littéraire*, thèse sous la direction de Monique Moser-Verrey, Université Laval, Québec, 2009. URL : http://archimede.bibl.ulaval.ca/archimede/fichiers/26155/26155.html [consulté le 3 juillet 2020].

WALLER, Max, « Le Nommé Carrance », *La Jeune Belgique*, 15 juillet 1882, p. 254.

OUVRAGES ET ARTICLES SOCIOLOGIQUES

ANGENOT, Marc, *1889 : un état du discours social*, Longueuil, Le Préambule, 1989, 1167 p. ; publication en ligne. URL : http://www.medias19.org/index.php?id=11003 [consulté le 20 juillet 2020].

ARON, Paul et VIALA, Alain, *Sociologie de la littérature*, Paris, Presses universitaires de France, coll. « Que sais-je ? », 2006, 128 p.

BECKER, Howard S., *Outsiders : Studies in The Sociology of Deviance*, London, The Free Press, 1966, 179 p.

BIDART, Claire, DEGENNE, Alain, et GROSSETTI, Michel, *La Vie en réseau : dynamique des relations sociales*, Paris, Presses universitaires de France, 2011, 354 p.

BONELLO, Christian, *Discours médical sur l'homosexualité en France au XIXe siècle*, thèse soutenue à Paris VII sous la direction de Michelle Perrot, 1984, 3 volumes.

BOSCHETTI, Anna, « De quoi parle-t-on lorsque l'on parle de réseau ? », *Les Réseaux littéraires*, textes rassemblés et édités par Daphné de Marneffe et Benoît Denis, Bruxelles, Le Cri / Ciel, 2006, p. 44-59.

BOURDIEU, Pierre, « Le capital social. Notes provisoires », *Actes de la Recherche en Sciences Sociales*, n° 31, janvier 1980, p. 2-3.

BOURDIEU, Pierre, « The Forms of Capital », *in* John George Richardson, *Handbook of Theory and Research for the Sociology of Education*, Wesport [Connecticut], Greenwood Press, 1986, p. 241-258.

BOURDIEU, Pierre, *Les Règles de l'art. Genèse et structure du champ littéraire*, Paris, Éditions du Seuil, 1992, 480 p.

BOURDIEU, Pierre, « Un acte désintéressé est-il possible ? », *Raisons pratiques*, Paris, Seuil, 1994, p. 149-167.

BURT, Ronald, *Structural holes. The Social structure of competition*, Cambridge, Harvard University Press, 1992, 313 p.

BURT, Ronald, *Brokerage and Closure*, Oxford, Oxford University Press, 2013, 279 p.

CANET, Nicole, *Garçons de joie. Prostitution masculine, 1860-1960*, Paris, Galerie Au Bonheur du jour, 2018, 351 p.

CANLER, Louis, *Mémoires de Canler, ancien chef du service de Sûreté*, Paris, F. Roy, 1882, t. II, 518 p.

CARLIER, Félix, *Études de pathologie sociale : les deux prostitutions*, Paris, Dentu, 1887, 514 p.

CHARLE, Christophe, « Situation spatiale et position sociale », *Actes de la recherche en sciences sociales*, vol. 13, février 1977, p. 45-59.

COLLINS, Randall, *The Sociology of Philosophies : A Global Theory of Intellectual Changes*, Cambridge [Massachusetts], Belknap Press of Harvard University Press, 1998, 1098 p.

COLLINS, Randall, « The Creativity of Intellectual Networks and the Struggle over Attention Space », *in Knowledge, Communication and Creativity*, études réunies par Arnaud Sales, Londres, Sage, 2007, p. 156-166.

DEGENNE, Alain et FORSÉ, Michel, *Les Réseaux sociaux*, Paris, Armand Colin, 2004, 295 p.

FISCHER, Gustave-Nicolas, *Les concepts fondamentaux de la psychologie sociale*, Paris-Montréal, Dunod / Presses universitaires de Montréal, 1987, 318 p.

FOUCAULT, Michel, *Histoire de la sexualité*, t. 1, *La volonté de savoir*, Paris, Gallimard, 1976, 211 p.

GRANOVETTER, Mark, « The Strength of Weak Ties », *American Journal of Sociology* vol. 78, issue 6, May 1973, p. 1360-1380.

GROSS, Neal et RYAN, Bryce, « The Diffusion of Hybrid Seed Corn in two Iowa Communities », *Rural Sociology*, n° 8, 1943, p. 15-24.

HAHN, Pierre, *Nos ancêtres les pervers. La vie des homosexuels sous le Second Empire*, Paris, Orban, 1979, 335 p.

HOBBES, Thomas, *Le Léviathan*, paru en 1651, traduction de François Tricaud, Paris, Sirey, 1971, p. 82.

KAPFERER, Jean-Noël, *Rumeurs*, Paris, Éditions du Seuil, 2009, 364 p.

LATOUR, Bruno, *Enquête sur les modes d'existence : une anthropologie des modernes*, Paris, La Découverte, 2012, 504 p.

LAZEGA, Emmanuel, *Réseaux sociaux et structures relationnelles*, Paris, Presses universitaires de France, 1998, 127 p.

LE BON, Gustave, *La Psychologie des foules*, Paris, Alcan, 1895, 200 p.

LEMERCIER, Claire, « Conclusion », *Tout est-il réseau ?*, journée d'études organisée par le CRESC le 14 mars 2008 à l'université Paris XIII. URL : http://www.univ-paris13.fr/cresc/images/stories/PDF%20JE%202008-03-14/c._lemercier.pdf [consulté le 20 juillet 2020].

LEMIEUX, Vincent et OUIMET, Mathieu, *L'Analyse structurale des réseaux sociaux*, Bruxelles-Sainte Foy, De Boeck, Presses de l'université de Laval, 2004, 112 p.

LIN, Nan, « Les Ressources sociales : une théorie du capital social », *Revue française de sociologie*, vol. XXXVI, n° 4, octobre-décembre 1995, p. 685-704.

MAGUIRE, Joseph, « Power and Global Sport : Zones of Prestige, Emulation and Resistance », *in Sociology Today : Social Transformations in a Globalizing World*, études réunies par Arnaud Sales, Londres, Sage, 2012, p. 339-357.

MANNONI, Pierre, *Les Représentations sociales*, Paris, Presses universitaires de France, 1998, 126 p.

MARNEFFE, Daphné de et DENIS, Benoît, *Les Réseaux littéraires*, Bruxelles, Le Cri / Ciel, 2006, 289 p.

MEAD, Margaret, *Le Fossé des générations*, Paris, Denoël-Gonthier, 1979, 188 p.

MERCKLÉ, Pierre, *Sociologie des réseaux sociaux*, Paris, La Découverte, 2011, 125 p.

MILGRAM, Stanley, « The Small-World Problem », *Psychology Today*, n° 1, May 1967, p. 62-67.

MORETTI, Franco, *Graphes, cartes et arbres : modèles abstraits pour une autre histoire de la littérature*, Paris, Prairies ordinaires, 2008, 139 p.

MOSCOVICI, Serge, *La psychanalyse, son image et son public*, Paris, Presses universitaires de France, 1961, p. 107-126.

PENISTON, William A., *Pederasts and Others. Urban culture and sexual identity in Nineteenth Century Paris*, New York-London-Oxford, Harrington Park Press, 2004, 258 p.

PONTON, Rémy, *Le Champ littéraire en France de 1865 à 1905*, Paris, École des Hautes Études en sciences sociales, thèse inédite sous la direction de Pierre Bourdieu, 1977, 315 f.

RACINE, Nicole, et TREBITSCH, Michel, « Sociabilités intellectuelles. Lieux, milieux, réseaux », *Cahiers de l'Institut d'histoire du temps présent* n° 20, mars 1992, 220 p.

REVENIN, Régis, *Homosexualité et prostitution masculines à Paris*, Paris, L'Harmattan, 2005, 225 p.

REVENIN, Régis, « Paris gay 1870-1918 », *Hommes et masculinité de 1789 à nos jours*, Paris, Autrement, 2007, p. 22-41.

SALES, Arnaud, FOURNIER, Marcel, *Knowledge, Communication and Creativity*, Londres, Sage, 2007, 192 p.

SALES, Arnaud, *Sociology Today : Social Transformations in a Globalizing World*, Londres, Sage, 2012, 431 p.

SAPIRO, Gisèle, *La sociologie de la littérature*, Paris, La Découverte, coll. « Repères Sociologie », 2014, 128 p.

SIBALIS, Michael, « Une subculture d'efféminés ? L'homosexualité masculine sous Napoléon Ier », dans Régis Revenin (dir.), *Hommes et masculinités de 1789 à nos jours. Contributions à l'histoire du genre et de la sexualité en France*, Paris, Autrement, 2007, p. 75-95.

TARDE, Gabriel, *Les lois de l'imitation*, Paris, Alcan, 1890, 431 p.

TARDIEU, Ambroise, *Étude médico-légale sur les attentats aux mœurs*, 5e édition, Paris, Baillière, 1867, 263 p.

THOMPSON, Victoria, « Creating Boundaries. Homosexuality and Changing Social Order in France : 1830-1870 », dans Jeffrey Merrick et Bryant T. Ragan, *Homosexuality in Modern France*, New York-Oxford, Oxford University Press, 1996, p. 102-127.

WESTPHAL, Carl, « Die Konträre Sexualempfindung : Symptom eines neuropathologischen (psychopathischen) Zustandes », *Archiv für Psychiatrie und Nervenkrankheiten*, Berlin, n° 2, 1870, p. 73-108.

INDEX

Les noms d'Isidore Ducasse et de Lautréamont ne figurent pas dans cet index.

TABLE DES MATIÈRES

IMPRIM'VERT®

Achevé d'imprimer par Corlet,
Condé-en-Normandie (Calvados), en octobre 2021
N° d'impression : 173600 - dépôt légal : octobre 2021
Imprimé en France